MedienRausch – Schriftenreihe des Zentrums für Wissenschaft und Forschung 5

Hrsg. von Benjamin Bigl und Sebastian Stoppe

PL ACADEMIC RESEARCH

Benjamin Bigl,
Sebastian Stoppe
(Eds.)

Playing with Virtuality

Theories and Methods of Computer Game Studies

PL ACADEMIC RESEARCH

Bibliographic Information published by the Deutsche Nationalbibliothek
The Deutsche Nationalbibliothek lists this publication in the Deutsche Nationalbibliografie; detailed bibliographic data is available in the internet at http://dnb.d-nb.de.

The publication of this book has been made possible with generous support by

Wooga

Library of Congress Cataloging-in-Publication Data

Playing with virtuality : theories and methods of computer game studies / Benjamin Bigl, Sebastian Stoppe, (Eds.).
pages cm. — (Medienrausch - Schriftenreihe des Zentrums für Wissenschaft und Forschung ; 5)
Includes bibliographical references.
ISBN 978-3-631-64060-9
1. Internet games. 2. Internet games—Design. 3. Internet games—Social aspects. I. Bigl, Benjamin.
GV1469.15.P55 2013
794.8'1—dc23

2013007656

ISSN 2195-5514
ISBN 978-3-631-64060-9

PL Academic Research is an Imprint of Peter Lang GmbH

www.peterlang.de

Preface

Games as entertainment medium for everyone

25 million people in Germany play computer or video games at least once per month. Almost 2 billion euros are spent on video games in the German market. The industry's revenue is bigger than the revenues of the music industry (1,48 billion euros) and film industry (958 million euros).

Nevertheless computer and videogames are widely seen as a pastime for young men. But the picture is much more colorful. By far the majority of Wooga gamers are, for example, women aged between 25 and 50 years.

The image of game designers is also changing. With Jade Raymond (Ubisoft), Verena Delius (Goodbeans) and Stephanie Kaiser (Head of Studio, Wooga) all being industry leading figures, more and more women are at the helm of the virtual worlds we're entering into. There is still room for improvement, however. Still, one thing is clear: the princess no longer needs Mario and Luigi to escape from Bowser's castle.

There is one aspect that is proving to be a real game changer though. It is the reason why perspectives are changing on gaming as a reputable pastime, and that is the internet and mobile. We are more connected than ever, and we're becoming increasingly more so. This kind of digital connectivity is changing the way we interact with the world around us, and each other. As game designers, graphic artists and engineers work away on the interfaces of the newest and most innovative platforms, Wooga develops content for these platforms. Platforms such as Facebook Web, iPhone and iPad and Android devices.

Developing at eye level for the big platforms

At the moment the European gaming industry is one of the most exciting areas of innovation for tech fans that want to take part in constructing the media formats of tomorrow. Robin Wauters from *The Next Web* commented on the matter in the latter half of 2012:

> *"A lot of the gaming companies that are firmly on my and my colleagues' watch list are indeed located, or were founded, all across Europe. That they're thriving and often punching way above their weight isn't really a new phenomenon, although 2012 has definitely been a breakthrough year for many of them, and 2013 promises to bring more of that." (Robin Wauters, 28.12.2012)*

Gaming developers are always working with the latest operating systems and platforms and must always be on the cutting edge of software. Developers are also "agile", working in small startup like teams within the company. Young employees assume roles of responsibility within the company and get to work to their best from the get go.
So then why does such a future orientated industry merit any kind of scientific discussion at all? The answer to this lies in the lack of scientific discussion given mainstream exposure. There are many controversial media reports on violence and addiction in games. However, these arguments are sometimes based in speculation and hearsay, especially seeing that there are many studies that have come to conclusions based on scientific research pointing to the polar opposite conclusion. It should be in the industry's own interest to base this discussion on a stable fundament.
Digital games are the fastest growing entertainment market with estimated revenues of 82 billion euros by 2015. Given this, how much potential for further growth is there? Every year, the digital revolution continues to deliver new disruptive products and services, such as the iPad and the iPhone - each particularly disruptive when they were released. Games play a particularly important part in these devices, teaching early adopters how to interact with these devices in accessible and engaging ways. No other media content is so adept at adapting rapidly and successfully to new technology.
Given this argument, it would be hard to disagree with the idea that games influence how we perceive media content and how we consume. Games are also "hyper-involving" meaning that they are not a background medium. They provoke tangible reactions from those engaging with them, whether that is the player physically leaning into a corner as their onscreen racer turns, or howling with joy as they win a weekly tournament at the very last moment. From a developers perspective it is very interesting to learn what provokes these reactions, what is fun and kind of features better help a player relate to a game. Our knowledge about the *homo ludens* and *homo narrans* are still very limited, although media competence and usage should already play a defining role in today's education.
"Computer and Video Game Sciences" might sound like a fun subject matter, but the more pertinent question is how we play, interact and develop socially by being connected to these technical platforms.

Games are common ground for entire generations

A positive factor is that video and computer games constitute a common ground to tackle all these issues. Monkey Island, Mario Kart or Zelda III evoke memories of sleepless nights, joyous moment and misplaced homework in most of us. These are all wonderful associations to be made with gaming, much to the chagrin of teachers everywhere, I am sure.

It would be fair to say that video games are an essential part of our lives. Playing a round of Counter Strike with people from South Korea helps us better understand the globalized world and thanks to our ability to react to the hyperdynamic technical revolution we are able to connect through common experiences in Angry Birds and Plants vs. Zombies. In essence gaming helps us to understand technology and the world around us and through social games we are able to create, nurture and invent virtual worlds ourselves.

Our vision at Wooga is to have gaming seen as an equal peer of music and film by 2020. For that reason our team of 270 employees from 35 nations is connecting people with friends across platforms such as web and mobile, and introducing gaming to the lives of people who have never before played.

We are also trying to propel the university landscape into the digital future. That is the reason why we are supporting HTW Berlin and are taking part in the German Scholarship program. We want women to play a bigger role in the games industry and support Geekettes and Rails Girls. We think that video games will become part of a broader media landscape and will be seen as an equal to TV, music and the written word. That is why we are very appreciative of this opportunity to support this study.

Jens Begemann
Founder and CEO, Wooga GmbH

Contents

BENJAMIN BIGL, SEBASTIAN STOPPE
Introduction 13

CHAPTER 1: GAME THEORIES

FLORIAN KIEFER
Involvierung über Involvierungsbrüche.
Eine Strukturanalyse zur Beschreibung des Involvierungspotenzials
von *Call of Duty 4. Modern Warfare* 21

MATTHIAS STORK
The spectacle of the interface:
post-cinematic aesthetics in action computer games and films 39

ANTONIO JOSÉ PLANELLS DE LA MAZA
Sorry, but our princess is in another castle!
Towards a theory of video games as ludofictional worlds 53

RAFAEL BIENIA
Das Computer-Rollenspiel-Genre 65

STEFAN HÖLTGEN
Game Circuits. Platform Studies und Medienarchäologie
als Methoden zur Erforschung von Computerspielen 83

LETÍCIA PERANI
Playing for serious reasons:
brief notes on the influence of games in early HCI history 101

CHAPTER 2: METHODS

GARETH SCHOTT, JASPER VAN VUGHT, RAPHAËL MARCZAK
Not knowing:
locating player experience between ideal and active play 115

BENJAMIN BIGL
If the game goes on. Perceived transfer effects
from virtual game worlds into everyday life 135

SEBASTIAN KOCH
Is there a blind spot?
An empirical study on the awareness for violence in videogames 147

ANNE METTE THORHAUGE
Intended and negotiated gameplay:
the interpretive power of the player 163

DANNY PANNICKE, RÜDIGER ZARNEKOW
Post-Adoption virtueller Welten 177

CLAUS WOHLGEMUTH
A qualitative study on immersion in videogames:
avatar-identification as a factor influencing immersion 191

CHAPTER 3: GAME SPACES

JANINA MARIC
Gaming at the e-sport event:
Mediatized confrontations (re)negotiating sport, body and media 205

ARNE SCHRÖDER
Playing with the avatar: *World of Warcraft* avatars as play things 225

DAVID GAUSE, VOLKER GEHRAU
The effect of real world-cues on the use of
online football manager games 239

CHAPTER 4: GAMES AND IDENTITY

PASCALINE LORENTZ
Video-ludological socialization 255

GABRIELA T. RICHARD
Gender and gameplay: research and future directions 269

JUAN F. BELMONTE
Identity through free choice?
The frontiers of sexuality and gender in computer games 285

CHAPTER 5: LEARNING WITH GAMES

MATTHEW BARR
Computer games and learning: the current state of play 299

FELIX KRONENBERG
Computer games as agentive and immersive spaces
for language learners 313

MIRIAN CHECA, ANA BELÉN GARCÍA VARELA, NATALIA MONJELAT, DAVID HERRERO, HÉCTOR DEL CASTILLO
Participatory culture and skills for new media learning 333

MICHAEL FILSECKER, MICHAEL KERRES
Designing and studying educational games:
Limitations of current design and research approaches
in game-based learning 349

CHAPTER 6: GAMES AS CHALLENGE FOR SOCIETY

JASPER A. FRIEDRICH
Computerspiele und Medienethik.
Zur Systematik des Forschungsfeldes. 369

THOMAS-GABRIEL RÜDIGER
Gamecrime und Metacrime -
Kriminogene Aspekte virtueller Welten 397

Contributors 417

BENJAMIN BIGL, SEBASTIAN STOPPE

Introduction

Since the early 1970s the academic discourse about computer games is determined by different perspectives. The first one is situated in the broad field of *media studies* and is oriented in a more general way about the media itself. The second one is taken by the *Game Studies*. Generally spoken, the Game Studies try to establish an academic area which can fulfill the special needs of computer games. However, it must be noted ahead that it is the claim of the present book to embed both of these perspectives. Some preliminary considerations are needed to outline the current development in the field. Especially because the Game Studies themselves were conducted hitherto in two slightly different traditions. First, *Narratology* tries to approach the subject's area by determining the narrative paradigms within the medium and its structure. It recurs on an "objective framework (story and discourse, dramatic design of the game) beyond its use" (Schuhmacher & Korbel, 2010: 57). Second, in contrast, *Ludology* refers to the game play which includes rules, game mechanics and the application of these rules (ibid.). Therefore both approaches try to describe and to explain the features, the fascination and the function of computer games in a particular view. They do this either "through their narrative or representational strategies" (Apperley, 2006: 8) or with models or typologies of players or games. Nevertheless, both traditions try to decrypt the digital code of the game to make the quality of the game-experience understandable also for non-players.
We also have to notice the upcoming relevance of the academic discourse in general. This is demonstrated impressively in various journals like *gamestudies.org, eludamos.org, edugamesresearch.com, the Games for Health Journal* or *the International Journal of Computer Games.* Furthermore there are also newer ones like the *computergamesjournal.com,* whose editors try to bring academics and game developers together. A striking importance is also shown through international conferences ranging from *DiGRA, The Philosophy of Computer Games Conference,* and the *Game Developers Conference* to the *gamescom* in Cologne. More than 250.000 visitors in 2012 (Gamescom, 2012) and huge media coverage made an impressive statement that computer games have arrived at the center of society, too. The reasons for this evolution in academia are not only lying in the fascination of these fictional worlds. In fact, computer games have

fascinated millions of users for more than 30 years now. In addition, they constitute the strongest sector in media-entertainment industry. In summary, they are part of the digital everyday life experience.
The scientific community is receiving numerous publications from many dedicated authors at this time. They consider both areas inside the Game Studies as well as the media studies either through introductions into the different issues of the field (e.g. Egenfeldt-Nielson et al., 2008) or with emphasis on special topics. For example, with respect to famous titles attention is paid to the learning and education with games (Miller, 2009), to the design of games and its rules (Salen & Zimmermann, 2003), to the relationship between games and cultural aspects of this new medium (Fromme & Unger, 2012), and to the history of computer games (Kent, 2001).

Nevertheless, why do we need yet another anthology about computer games?

Regardless of the specific positions and traditions of the Game Studies pointed above we have to ask first which perspectives and benefits are given through a *communication studies* view. This third perspective to the topic requires also some preliminary remarks. One considers the appropriate use of the terms *communication* and *media*. One asks to what extent computer games are *communication based media*. In general, as a communication medium computer games are located between players and stakeholders (e.g. programmers and producers). In particular — spoken more or less abstractly — they are *part of the communication process*. Going into detail the reciprocal exchange of mediated information through signs and symbols is included in this view (Blumer, 1986; Mead, 1967). The reciprocal exchange is relevant to the players on a personal level (e.g. regarding the game experience itself) and furthermore on the level of society (e.g. through ethical values or economic regulations). Role-taking is required (Beck, 2010: 31) to accomplish this kind of understanding of what communication really is. Moreover, all participants in this process must have access to the same repertoire of symbols and signs (e.g. they must understand the communicative symbols inside the game). Certain theories and methods established in the traditional fields of communication sciences try to shift the focus on this perspective. One important benefit of these shifts is the possibility to include contiguous academic disciplines, like media-psychology, in which research with high relevance to the topic is also done. We also have to take respect to research covering the new developments in the field of online communication and online games like *World of Warcraft,* which are offering a huge potential for scientific research (Bainbridge, 2007) as well as with new gaming devices. Both developments are supposed to offer a virtual game experience to players (e.g. Taylor, 1997; Biocca & Levy, 1999). Due to this circumstance, computer games are slowly accepted as a relevant topic at international conferences in the field of communication studies like the *ICA* or *IAMCR* as well as in publications with this specific view (e.g. Quandt et al., 2009).

Unfortunately, the discussion and the academic research about usage and effects of computer games mostly takes place isolated within these outlined contexts with various theoretical and methodological approaches. Therefore, this anthology is an attempt to combine the perspectives of the media studies, the game studies and the communication studies as well as to present their findings.

Five aims outline the anthologies character. First, the main concept of the anthology is to bring together the drafted divergent perspectives from media studies, game studies, and communication studies to the topic. Second, we want to introduce the reader to the latest findings in computer game research, its current topics and theoretical and methodological approaches gained in diverse disciplinary contexts. Third, the book‘s style is a kind of an anthology which gives some benefits to the reader. In addition to the traditional reference lists a compact list of *literature for quick access* into the topics of our contributors is given to the reader. Fourth, the book chapters bring together well experienced authors and scholars with young academic talents who are often not able to publish their work due to various reasons. They can give important impulses to the scientific community. The fifth aim refers to the structure of the book. It places great emphasis on a well-balanced compilation of latest findings and topics in research and overall considerations. Therefore we have divided this publication into six different chapters. **Chapter 1** and **Chapter 2** are dealing with theories and methods in current and overall game research. Furthermore, the **Chapters 3, 4 and 5** are giving examples for the application of game research in society related fields. In the end, **Chapter 6** outlines two challenges for society as well as for every game player.

In the first chapter **Florian Kiefer** analyzes the quality of involvement using the example of *Call of Duty 4*. **Rafael Bienia** tries to clarify two modes of play within the genre of role-playing games. **Matthias Stork** is combining theories of cinema with video games while looking at post-cinematic aesthetics and **Antonio José Planells de la Maza** discusses video games as ludofictional worlds. Finally, **Stefan Höltgen** introduces us to early microcomputer phenomena like illegal opcodes or errors in programming and **Letícia Perani** shows influences of games in human-computer interaction.

Our second chapter tries to illustrate different methods of Game Studies. **Gareth Schott et al.** describe a mixed methodology approach on how you can capture accounts of players' experiences of play by combining knowledge of structure and function of games with quantitavive summaries and qualitative reflections on gameplay. **Benjamin Bigl** describes in his contribution how certain transfer effects have an impact on the player's real life, while **Danny Pannicke** and **Rüdiger Zarnekow** discuss the interdependencies between online role-playing games and consumer behavior. The awareness of violence in video games is the topic of an empirical study by **Sebastian Koch. Anne Mette Thorhauge**'s contribution deals with alternative gameplay activities created by players in game discussion forums and how these differ from the intended gameplay of the game designers. **Claus Wohlgemuth** presents us a qualitative study concerning the relation between player and avatar with a certain focus on immersion as a result of game design and metagame.

Playing with the avatar is also the main topic of **Arne Schröder**'s contribution in the third chapter of our book (discussing game spaces). He describes the deliberate process of creating a virtual character by the player within the game space of *World of Warcraft*. The two other contributions in this section focus on e-sport games. **Janina Maric** discusses e-sport as a socio-cultural phenomenon and **David Gause** and **Volker Gehrau** write about certain characteristics that motivate people to play football manager games.

In the fourth chapter we will have a closer look on identity through gaming. **Pascaline Lorentz** talks about ludological socialization using the example of *The Sims*. The current and future research on gender and gameplay will be examined by **Gabriela T. Richard** and **Juan F. Belmonte** in their contributions.

Our penultimate chapter five has its focus on the opportunity of learning with video games. The current states of play will be examined by **Matthew Barr.** Video games may be a powerful tool for innovative educational setting as it will be discussed by **Héctor del Castillo et al.** while **Felix Kronenberg** has a certain focus on how one can learn foreign languages with video games. However, **Michael Filsecker** and **Michael Kerres** have a closer look on the limitations of design and research approaches in game-based learning.

We want to conclude our book with our sixth and final chapter about the challenges that games represent for society. **Thomas-Gabriel Rüdiger** points out that as virtual game worlds become common, there are also more and more offences in the virtual world like theft or sexual harassment. Eventually, **Jasper A. Friedrich** provides us with a short and strong insight into the main topics of media ethics and how various stakeholders within the gaming community should react.

We like to thank Sandro Freudenberg for his support, Sascha Kummer for proofreading, Constanze Schelten-Peterssen for her help with some illustrations as well as Jens Begemann, Gitta Blatt, and Fabian Heuser of Wooga GmbH for their generosity in financing the publication of the book. We are very proud that this anthology marks the fifth entry in the series "Medienrausch" of Zentrum für Wissenschaft and Forschung | Medien e. V., an association of academics in the field of media studies based in Leipzig, Germany. We like to thank all members of this association, Markus Schubert and our publisher at Peter Lang AG for being part of this series.

Last but not least, we have to thank our fellow contributors to this anthology. Without their contributions this book would not have been possible.

References

Apperley, T.H. (2006). Genre and game studies: Toward a critical approach to video game genres. Simulation Gaming, 37(1), 6–23.

Beck, K. (2010). Kommunikationswissenschaft (2. Aufl.). Stuttgart: UTB.

Bainbridge, W.S. (2007). The scientific research potential of virtual worlds. Science, 317(5837), 472–476.

Biocca, F. & Levy, M.R. (1999). Communication in the Age of Virtual Reality. Devon: Mallory.

Blumer, H. (1986). Symbolic Interactionism: Perspective and Method. Berkeley: University of California Press.

Egenfeldt-Nielson, S., Smith, J.H. & Tosca, S.P. (Eds.) (2008). Understanding Video Games: The Essential Introduction. New York: Routledge.

Fromme, J. & Unger, A. (Eds.) (2012). Computer Games and New Media Cultures. A Handbook of Digital Games Studies. Berlin: Springer.

Gamescom (2012). Pressemitteilung Nr. 29: Mehr als 275.000 Besucher feiern die Welt der Spiele im Rahmen der gamescom 2012 in Köln. <http://www.press1.de/wrapper.cgi/www.press1.de/files/kmeigen_kmpresse_1347871932.pdf> (Last accessed on January 4th, 2013)

Kent, S. (2001). The Ultimate History of Video Games: from Pong to Pokemon and beyond...the story behind the craze that touched our lives and changed the world. New York: Three Rivers Press.

Mead, G.H. (1967). Mind, Self and Society. Chicago: University of Chicago Press.

Miller, C.T. (Ed.) (2009). Games: Purpose and Potential in Education. Berlin: Springer.
Quandt, T., Wimmer, J. & Wolling, J. (Eds.) (2009). Die Computerspieler. Studien zur Nutzung von Computergames. Wiesbaden: Springer VS.
Salen, K. & Zimmerman, E. (Eds.) (2003). Rules of Play: Game Design Fundamentals. Massachusetts: MIT Press.
Schuhmacher, H. & Korbel, L. (2010). Game Studies und Agency: Ein Forschungsbericht zu ihrem Verhältnis und ein Vorschlag zu einer neuen Forschungsperspektive. In C. Thimm (Ed.). Das Spiel Muster und Metapher der Mediengesellschaft (p. 55–78). Wiesbaden: VS Verlag für Sozialwissenschaften.
Taylor, J. (1997). The Emerging Geographies of Virtual Worlds. Geographical Review, 87(2), 172–192.

CHAPTER 1:

GAME THEORIES

FLORIAN KIEFER

Involvierung über Involvierungsbrüche. Eine Strukturanalyse zur Beschreibung des Involvierungspotenzials von *Call of Duty 4. Modern Warfare*

Abstract

That video games occupy a substantial part of the leisure culture of children and adolescents seems as undisputed as the fact that their impact and use is controversial discussed. On the one hand there are arguments, which emphasize that new media is generally suspected of dumbing down and assumed trigger a "digital dementia". This essay takes a consistently different perspective. The purpose of this article is to analyze a video game while examining its initiated involvement. Involvement is hereby divided into two sub-concepts "immersion" and "engagement" (Douglas & Hargadon, 2000). Through this point of view we are able to describe the involvement as an expression of gameplay experience, which is based on the structure of game. It is assumed that the game experience is organized via five structural characteristics, of which one (in our opinion the central) draws the attention: the game as system of rules. We aim to examine how the game can move a short- to long-term retention of the apparatus attention to user side. For illustrating the potential of this structural model, this approach will be applied on the first-person shooter: Call of Duty 4. Modern Warfare (2007).

Einleitung

Dass Bildschirmspiele einen wesentlichen Teil der Freizeitkultur von Kindern und Jugendlichen einnehmen, scheint ebenso unbestritten wie die Tatsache, dass deren Wirkung und Nutzung kontrovers diskutiert wird. Vor allem das jüngst von Spitzer erschienene Buch (2012) stellt Neue Medien unter den Generalverdacht der Verdummung und unterstellt, Auslöser einer „Digitalen Demenz" zu sein. Eine konsequent davon abzugrenzende Perspektive nimmt dieser Aufsatz ein. Dieser stellt sich dem Medium und untersucht daran die vom Computerspiel initiierte Involvierung.

Involvierung samt seiner Teilkonzepte „Immersion" und „Engagement" (Douglas & Hargadon, 2000) soll als Zugang herangezogen werden, um so die Faszination von Computerspielen beschreiben zu können. Im Ge-

gensatz zu Arbeiten, die Involvierung auf Nutzer-Seite untersuchen (vgl. Jennett et al., 2008) soll das Involvierungspotenzial ausgehend von der Struktur des Medium-Hybrid-Phänomen beschrieben werden. Es wird davon ausgegangen, dass das Spielerleben über fünf Strukturmerkmale[1] organisiert wird, die zusammen das Computerspiel konstituieren. Aus diesem Orchester soll das m. E. zentrale Merkmal des Computerspiels, herausgegriffen werden - das Regel-System. Daran ausgerichtet soll untersucht werden, wie das Spiel eine kurz- bis langfristige Bindung des Aufmerksamkeitsapparats auf User-Seite[2] verlagern kann.
Um das involvierende Potenzial dieses Strukturmerkmals zu illustrieren, soll diese an einem Fallbeispiel angewendet werden. Bei dem zu analysierenden Spiel handelt es sich um den „gewalt- und aggressionsinszenierenden" (Bopp, 2009: 184) First-Person-Shooter *Call of Duty 4. Modern Warfare* (2007).
Ferner tangiert dieses Genre bzw. Spiel zwei Diskurse von öffentlicher Relevanz. In der Tradition einer im Sinne einer monokausalen bzw. monoperspektivistischen Wirkungstheorie wird dem Genre/Spiel fälschlicherweise unterstellt, es würde - einerseits - Gewalttätigkeit im realen Leben fördern, weil sich durch den technischen Fortschritt die Wahrnehmungsgewohnheiten von virtueller und realer Welt immer weiter annähern würden (Witting & Esser, 2003: 33). Andererseits wird betont, dass Shooter zu einem exzessiven Spielen animieren würde (Rehbein et al., 2009).[3] Nicht nur das unter sozialisationstheoretischen Aspekten die (exzessive bzw. Gewalt fördernde) Mediennutzung mehrperspektivisch und interdependent zu denken ist (vgl. Kübler 2009), vielmehr liegt die Gefahr beider Argumentationsstrategien m. E. darin, dass das zugrunde liegende Politik- bzw. Konfliktszenario im Einzel und Mehrspieler-Modus gänzlich unberührt bleibt. Um der Frage nachzugehen, wie der jeweilige Spielmodus seine involvierende Kraft entfaltet, sollen beide Spielmodi dahingehend untersucht werden.

---

[1] Diese sind systemische, sensorische, narrative und soziale Merkmale sowie das Interface.

[2] In dieser Arbeit werden in unregelmäßiger Folge männliche und weibliche Funktionsbezeichnungen verwendet. Soweit nicht ausdrücklich auf ein Geschlecht Bezug genommen wird, sind immer beide Geschlechter gemeint. Zum Unterschied zwischen Spieler und User siehe Rittmann (2008: 11).

[3] Es sein an die jüngst von Spitzer vorgebrachten Position erinnert, die er in der Talkshow „Günther Jauch" vom 02.09.2012 darlegte. Darin gibt Spitzer an, dass er ein Buch gesehen habe, welches Bausteine beinhalten würde, die zur Herstellung eines abhängigkeitsfördernde Spiel herangezogen werden können.

Interaktivität oder Ergodizität

Wird von Seiten der Öffentlichkeit oder Politik oft das gewalthaltige oder Abhängigkeit förderndes Potenzial als zentrales Merkmal von Computerspielen betont, bewerten Jugendliche diese Aspekte als weit weniger relevant (Fromme & Meder, 2000: 230). Primär werden die Punkte der *Virtualität* und *Interaktivität* als attraktives und zentrales Kennzeichen von Computerspielen herausgestellt. Während sich der Grad der Teilhabe beim Film als vergleichsweise passiv beschreiben lässt; er ist in der Rolle des Zuschauenden. Im Gegensatz dazu kann der Spielende ausschließlich über Eingaben auf das Computerspiel voranbringen. Interaktivität, das kann vorweggenommen werden, wird primär über die im Spiel gestellten Aufgaben i. w. S. initiiert. Durch die hochfrequentierten Wechselwirkungsprozesse zwischen Maschine und Mensch unterscheiden sie sich von anderen Formen traditioneller Unterhaltung – wie der Literatur oder dem Film. Klimmt (2004: 137) beschreibt Interaktivität daher als Input-Output-Schleife:

> „Interaktivität ermöglicht den Nutzerinnen und Nutzern bestimmte Eingaben, die das Spielprogramm im PC registriert und umsetzt. Auf diese Tastendrücke reagiert das Spielprogramm und stellt weitere Ereignisse auf dem Bildschirm dar. Es entsteht ein Kreislauf von Interaktionen zwischen Menschen an der Tastatur und dem Spiel, der den Spielverlauf vorantreibt."

Der hohe Grad an Interaktivität hängt stark mit dem Erleben von Selbstwirksamkeit zusammen (Klimmt & Hartmann, 2006): Ich bin es, der auf eine Taste drückt und die Pixel unmittelbar bewegt. Dadurch können dadurch Spielziele und -geschichte maßgeblich beeinflusst (vgl. *Fallout 3*, 2008).

Neben dem Begriff der Interaktivität existiert ein weiterer, der ebenfalls die wechselseitige Mensch-Maschine-Beziehung berücksichtigt. Der Begriff *Ergodik* (Aarseth, 1997) erweitert den recht technisch orientierten Begriff der Interaktivität um eine prozessorientierte Komponente. Er „verweist auf die komplexere, reflexive Beziehungsstruktur zwischen Medium und Nutzer" (Rumbke, 2009: 47), weil Computerspiele auf die Eingaben des Users auf eine andere, eben komplexere Weise reagieren als bei einem DVD-Menü. Mit Blick auf eine bessere Lesbarkeit wird auf eine konsequente Verwendung des Ergodizitäts-Begriff verzichtet und mit dem Begriff Interaktivität im Folgenden synonym verwendet.

Involvierung, Immersion, Engagement

Versucht man einen (theoretischen) Zugang zur Faszination als Ausdruck des Unterhaltungserlebens von Computerspielen ausfindig zu machen, lassen sich mehrere Ansätze identifizieren. Nach Sleegers (2007) sei u. a. das Ausüben von Macht, Herrschaft bzw. Kontrolle ebenso attraktiv, wie das Einnehmen fremder Rollen. In der Tat erweitern bzw. verändern Medien die Wahrnehmungsgewohnheiten und erlauben eine, wenn auch mittelbare, Erfahrung „fremder" Kulturen – wie die von Napoleon oder Spiderman.
Das faszinierende (Spiel-) Erleben über Involvierung zu beschreiben, ist keineswegs ungewöhnlich oder neu. Verwiesen sei an dieser Stelle auf die Arbeiten zum Zustand des *Flows* (Csikszentmihalyi, 1992).

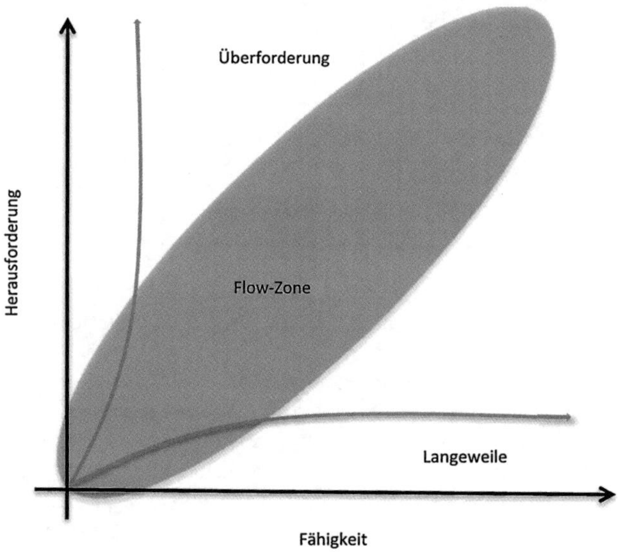

Das Flow-Konzept nach Csikszentmihaly (1992).

Das Flow-Konzept basiert auf Untersuchungen des Psychologen Mihaly Csikszentmihalyi. Dieser konnte bei Künstler beobachten, dass allein die Tätigkeit (und nicht das Ergebnis) des kreativen Arbeitens ausschlaggebender Punkt war, um sich völlig auf die Bearbeitung zu fokuszieren. Ebenso bezeichnend ist der Verlust von Zeitgefühl. Dabei scheint das Empfinden für sein Handeln intrinsisch belohnt zu werden, neben der (zeitlich begrenzten) Verlagerung der Aufmerksamkeit in Richtung der Tätigkeit, und wohl zu den charakteristischen Merkmalen dieses Zustandes zu gehören (ebd.: 91 ff.). Zentral für das Entstehen von Flow ist das Vorhandensein eines konkreten Zieles, dass unter der Einhaltung von Regeln die Aussicht auf Bewältigung haben muss, die den Nutzer fordert. Gleichzeitig muss es dem Anwender erlaubt sein, entsprechend seiner Fähigkeiten handeln zu können.

Dieser von Csikszentmihalyi vorgebrachte Ansatz eignet sich, wenn auch mit Einschränkungen, um das Computer-Spielen als involvierende Tätigkeit zu beschreiben. Hervorzuheben ist, dass das Subjekt erst durch sein aktives Handeln und weniger durch bloße passive Rezeption den Flow-Zustand erreicht. Durch den Einsatz von Spannungsbögen in der Story bzw. die Einteilung in Spielabschnitte (Level, Kampagnen, Raid) bieten Bildschirmspiele kaum permanent gleichbleibende Anforderungen. Ganz im Gegenteil: Wird doch gerade dadurch den Einsatz verschiedener (stilistischer) Mittel das Spielerleben irritiert bzw. unterbrochen! Und trotzdem können sich beim Spielen die o. g. Merkmale des Flow-Zustandes entfalten, d.h. Involvierung kann sich sowohl bei monotonen als auch abwechslungsreichen Tätigkeiten entfalten. Weil aber beim Spielen weniger von einer monotonen Tätigkeit die Rede sein kann, erscheint es vielversprechender den Flow-Zustand als ein durch Unterbrechungen gekennzeichnetes Erleben zu betrachten.

Demzufolge bedarf es einer Differenzierung, die der Beschaffenheit und damit den potenziellen Involvierungsniveaus des Mediums berücksichtigt. Douglas und Hargadon (2000) haben unter Hinzunahme der Schemata-Theorie[4] ein Modell von Involvierung entwickelt, das an der Komplexität des zugrunde gelegten Textes[5] ansetzt. Die Autoren gehen davon aus, dass das Einlassen (Involvierung) auf einen Text mit den „Anknüpfungspunkten“ (Schemata) korrespondiert, die der selbige beim User hervorruft. Ist ein Text so konstruiert, dass nur etablierte Anknüpfungspunkte angesprochen werden, entsteht eine (tiefe) *Immersion*. Die Komplexität des Textes korrespondiert mit den Schemata des Users, so dass er sich auf die Story, Charaktere und Spielwelt einlassen kann. Löst die Rezeption eines Textes eine, wie hier beschriebene unkritische Haltung aus, kann von tiefer *Immersion* gesprochen werden. Initiiert dahin-

[4] „Schemata sind große komplexe Wissenseinheiten, die typische Eigenschaften und feste standardisierte Vorstellungen umfassen, die man von Objekten, Personen oder Ereignissen hat [...]. Sie enthalten nicht nur Sachverhalte, Schematisches, sondern auch Bildhaftes, Emotionales, Haptisches, Gerüche usw.“ (Esch, 2006: 43).

[5] Hier im weitesten Sinne zu verstehen.

gegen ein Text aufgrund seiner Komplexität Irritationen beim Rezipienten, muss dieser seine Wahrnehmungsmuster auf diese widersprüchliche Situation anpassen und verändern. Etablierte Schemata werden kritisch hinterfragt bzw. analysiert. Dieser Zustand der Rezeption, wird als *Engagement* bezeichnet (ebd.: 154). Engagement wird im Folgenden als kognitiv-systemische Reflexion verstanden und findet u.a. in Phasen des Spielens statt, in denen sich der Rezipient mit dem Spiel erstmalig befasst: Es ist davon auszugehen, dass der Spieler die zugrunde liegenden Spielregeln nicht kennt und erst erfassen muss.

Gewinnbringend kann resümiert werden, dass hohes Involvement (Flow) bei Computerspielen trotz oder gerade durch den Einsatz von Irritationen entstehen kann. Douglas & Hargadon (ebd.) unterbreiten angesichts dieser Differenzierung ein Vokabular, das zwischen einer unkritischen Rezeption (Immersion) sowie reflexiven Auseinandersetzung (Engagement) unterscheidet. Weil der Flow-Zustand erst im Zuge einer Tätigkeit initiiert werden kann, soll nun ein Ansatz ins Spiel gebracht werden, der es erlaubt, Involvierung über die im Spiel gestellten Herausforderungen (i. w. S.) zu untersuchen.

Laura Ermi und Frans Mäyrä unternehmen den Versuch, Involvierung eben über diesen Ansatz zu beschreiben und nennen diese Form der Involvierung „challenged-based immersion" bzw. herausforderungsbasierte Involvierung (2005: 7). Diese Form der Involvierung entsteht, „when one is able to achieve a satisfying balance of challenges and abilities" (Ermi & Mäyrä, 2005: 7). Die Nähe zum Flow-Erlebnis von Czikzentmihaly (1992) ist dabei nicht von der Hand zu weisen.

Herausforderungen, die durch das Spiel geliefert werden, beziehen sich offensichtlich nicht nur auf die zu bewältigenden Spielziele. Sie streben gleichermaßen die Beherrschung des Interfaces oder der Regelstruktur (Frasca, 2003: 232 f.) an. Der (unerfahrene) Spieler steht einer Bastion an Regeln gegenüber, die in einer Weise zu erfassen und zu verinnerlichen sind, so dass sie zum Gegenstand von Immersion, einem Teilaspekt von Involvierung, werden. Erst jetzt kann sich das Spielerlebnis in Form seiner tiefen, unkritischen Form darstellen. Zwar bietet sich das von Czikzentmihaly vorgelegte Konzept nur bedingt für die Analyse von Flow-Zuständen (s. o.) an. Allerdings kann untersucht werden, wie sich das Verhältnis von Situationen des Aufgehens in einer Tätigkeit gegenüber dem Herausreißen aus dieser Tätigkeit darstellt.

Was heißt das für die hier vorgenommene Analyse von Bildschirmspielen? Kringiel (2009) analysiert vor dieser Folie das Spiel *Max Payne 2*. Unter Rückgriff auf den von Aarseth (1997) vorgelegten Begriff der Ergodik unterscheidet Kringiel zwischen einer ergodischen und non-ergodischen Phasen (Kringiel, 2009: 89 ff.). Ergodische Phasen sind solche, bei denen der Spieler aktiv ins Spielgeschehen eingreift: Er spielt. Demgegenüber nennt der Autor Sequenzen, in denen der Spieler inaktiv ist, „non-ergodische Phasen" (ebd.). Diese „non-ergodische Phasen" liegen u. a. vor, wenn, wie am Beispiel *Max Payne 2* gezeigt, filmische Sequenzen oder Cutscenes eingeschaltet werden. Es wird angenommen, dass der Spieler mehrfach zwischen dieses Phasen wechselt. Griffiths (2010: 191) und Seda (2008: 137) gehen davon aus, dass die Integration von Pausen bzw. der Wechsel zwischen aktiven und passiven Phasen einen bindenden Effekt haben.

Gewinnbringend kann resümiert werden, dass hohes Involvement (Flow) bei Computerspielen trotz oder gerade durch den Einsatz von Irritationen entstehen kann. Douglas und Hargadon (ebd.) unterbreiten angesichts dieser Differenzierung ein Vokabular, das zwischen einer unkritischen Rezeption (Immersion) sowie reflexiven Auseinandersetzung (Engagement) unterscheidet. Weil der Flow-Zustand erst im Zuge einer Tätigkeit initiiert werden kann, soll untersucht werden, wie „das Spiel" über den Wechsel von ergodisch-aktiven und non-ergodisch-passiven Phasen seine involvierende Kraft entfaltet. Vor allem die Kontrastierung zwischen Single- und Multiplayer soll zeigen, wie sich diese Spielmodi dahingehend charakterisieren lassen. Zuvor soll das Spiel, *Call of Duty 4* (2007), kurz vorgestellt werden.

Einführung in *Call of Duty 4. Modern Warfare* (2007).

Grundsätzlich kann gesagt werden, dass das oberste Spielprinzip, welches für den Einzel- und Mehrspieler-Modus eines Shooter gilt, im mit „Kill or get killed" (Juul, 2005: 88) zugespitzt zusammengefasst werden kann. Nicht nur die Inszenierung des Wettkampfes (Caillois, 1982) über massive körperliche Gewalt und aggressivem Verhalten ist charakteristisch für einen First-Person-Shooter. Auch der eingenommene „subjektive Point of View" (Neitzel, 2007: 21) inszeniert die Spielwelt, so dass die Perspektive des Spielers und der insinuierten Spielfigur zusammenfallen. Der in dem Bild angedeutete Arm, der die Waffe trägt, unterstützt den Eindruck, dass es sich um die Extremitäten des vor dem Bildschirm sitzenden Users handeln muss.

Der Einzelspieler-Modus

Im Einzelspieler-Modus schlüpft der Spieler in die Rolle zweier Infanteristen hochdekorierter Spezialeinheiten. Um gegen ein Konglomerat aus russischen und islamischen Extremisten vorzugehen, die mit dem Abschuss von Atomraketen drohen, muss sich der Spieler gegen zahlenmä-

ßig weit überlegene, computergesteuerte Gegner (Bots) genretypisch zur Wehr setzen.
Der Plot wird in Form einer klassischen Erzählstruktur, dem Monomythos (Campbell, 1999) eingearbeitet, und stellt sich (erstmalig in der Geschichte der Call-of-Duty-Serie) als zusammenhängende, über drei Akte erstreckendes Szenario dar, die in Form von Kampagnen bzw. Level zu bewältigen sind (vgl. die Tabelle hinten).[6] Die Spielabschnitte können entsprechend vier Schwierigkeitsgrade gespielt werden, wobei Grad der Anforderungen sukzessiv zunimmt.

Der Mehrspieler-Modus

Dahingegen spielt der User im Mehrspieler-Modus ausschließlich gegen von Menschen gesteuerte Avatare, dessen Spiel-Verhalten damit zwar dynamisch aber unvorhersehbar ist. Ferner lassen sich vier weitere Sub-Spielmodi erkennen, die sich durch die verschiedenen Typen von Spielzielen unterscheiden. Diese Sub-Spielmodi wurden überwiegend aus etablierten First-Person-Shootern übernommen. (Team-) Deathmatch ist aus der Quake-Reihe (1996) bekannt. Ziel ist es, in Anlehnung an das Spiel „Gotcha", entweder Jeder-gegen-Jeden oder Team-gegen-Team zu spielen. Im Modus „Sabotage" (Counter Strike, 2000) werden zwei Teams gebildet, worin einerseits die Aufgabe im Positionieren einer Bombe besteht, die es gilt bis zur Detonation zu verteidigen. Andererseits ist es die Aufgabe der Opponenten, diese Bombe aufzuspüren (sie liegt an verschiedenen Orten auf der Spielkarte), diese einzunehmen und den Sprengsatz der Bombe zu entschärfen. Aus den Spielen der Battlefield-Reihe (2002) wurde der Modus „Herrschaft" übernommen. Zentral für diesen Modus ist die Existenz zweier Flaggen, die es zu verteidigen bzw. einzunehmen gilt. Jedes Team besitzt eine und muss die Flagge des Gegners stehlen und an den Ort der eigenen Flagge bringen. Lediglich der Modus „Hauptquartier" stellt eine Eigenentwicklung dar. Ziel ist es, eine bestimmte Position (hier Hauptquartier genannt) entweder zu erobern und zu verteidigen bzw. zu bekämpfen und einzunehmen.

[6] Dem Aufbau dieses Dramas folgend ist der Plot von einem Prolog (Tutorial) und einem Epilog (Bonusmission) eingerahmt.

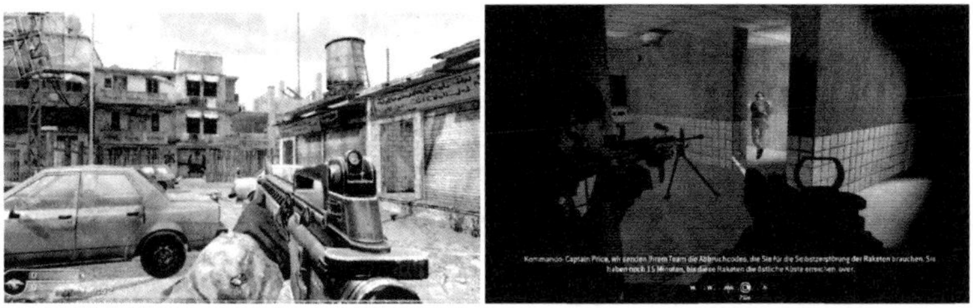

Zentralperspektive beim Einzelspieler- (li.) und Mehrspieler-Modus (re.)

In Abhängigkeit der Modi verschiebt sich die Aufgabenstellung und damit das Ziel, was es zu erreichen gilt. Bis auf den (Team-)Deathmatch-Modus ist den restlichen Modi gemein, dass sie vornehmlich über ein strategisch-taktisches Spielverhalten gewinnbringend sind. Ob nun das Einnehmen und Verteidigen eines Hauptquartiers oder bspw. das aus Counterstrike bekannte Sabotage-Szenario; das Entwerfen einer geeigneten Strategie, um eine Stellung einzunehmen, bedarf der Dekonstruktion der zur Verfügung stehenden Ziel- und Manipulationsregeln. Demnach stellt sich das Spiel weniger als einfaches „Killerspiel" dar, sondern als ein Spiel, dessen Aufgabe es ist, die optimale Kombination aus der Interaktion mit dem Spielraum unter Beherrschung der Spielregeln zu finden. Bei genauerer Betrachtung zeigt sich das militärische Szenario als Rahmen, um den Wettkampf zu arrangieren. Die Entwicklung einer geeigneten Strategie stellt sich als komplexe Aufgabe dar, dessen prozesshafter Verlauf wiederum unter Ausblendung von Zeit und Raum im Sinne des Flow-Zustandes bearbeitet werden kann.

Involvierung am Beispiel von Call of Duty 4

Als nächster Punkt wird der Grad der Interaktivität als Gegenstand von Involvierung betrachtet. Als erster Schritt soll eine Gegenüberstellung ergodischer sowie non-ergodischer Abschnitte zeigen, wie sich das Spiel und dessen Einzel- und Mehrspieler-Modus über dieses Verhältnis darstellen.

Der Einzelspieler-Modus ist durch ein Aneinanderreihen von Kampagnen geordnet, diese sind vornehmlich durch Kampfhandlungen geprägt. Bis auf wenige Ausnahmen ist der Spieler überwiegend damit beschäftigt, die gestellten Aufgaben genretypisch, d.h. durch schießen, ducken und rennen, zu erfüllen. Hier ist der Spieler ergodisch-aktiv. Es ist davon auszugehen, dass der Spieler in Abschnitten, die sich durch eine hohe Dichte ergodischer Momente auszeichnen, besonders in das Spiel hi-

neingezogen wird. Eine Frage, die gestellt werden muss, ist es, wie es das zugrunde gelegte Skript von *Call of Duty 4* schafft, die Attraktivität des Einzelspieler-Modus aufrecht zu erhalten und ggf. zu einem mehrmaligen Spielen zu animieren.
Die Spielgeschichte stellt sich und für den (First-Person-)Shooter klassisch als lineares Konstrukt dar, dessen (einziges) Finale bereits vor Schluss des Spielens feststeht. Zwar muss sich der Spieler den Weg zum Finale bahnen, denn er kann nicht – wie beim Film – zum Abspann „vorspulen". Damit unterscheidet sich der Shooter nicht zwangsläufig von einem Film. Eine mittel- oder gar langfristige Attraktion des Einzelspieler-Modus kann nicht allein im Meistern der Spielgeschichte liegen. Auf der Suche nach weiteren narrativen Enden würde ein erneutes Durchspielen keinen Sinn machen, weil es nur über ein Ende verfügt.
Vielmehr können die vier Schwierigkeitsgrade einen Reiz ausmachen, sich in unterschiedlichen Stufen der Herausforderung des Einzelspieler-Modus zu stellen. Damit versucht das Spiel, sich grob der Erfahrungen und Kompetenzen des Spielers anzupassen. Eine Instanz, die den Fähig- und Fertigkeiten in dynamischen Abstufungen zu berücksichtigen versucht, ist das „Dynamic-Difficulty-Adjustment-System". Das DDA-System strebt eine Balance zwischen den Anforderungen des Spiels und dem Können des Users an. Das System verwertet die Eingaben des Spielers und berechnet so den (optimalen) Grad der Anforderungen (Hunicke & Chapman, 2004). Je nach Spielverlauf kann der Spieler mit mehr oder weniger Munition bspw. Gegnern begegnet werden.
Auf diese Weise wird der Spieler nicht nur über das Tutorial in die Spielweise herangeführt, auch innerhalb der Kampagnen findet eine individuelle Betreuung des Schützlings statt.
Zusätzlich zu den ergodisch-aktiven Phasen des Spiels, lassen sich Situationen im Einzelspieler-Modus identifizieren, die durch einen geringeren Grad an Ergodizität gekennzeichnet sind, die dennoch ein Einwirken des Users einfordert. Um für den Plot relevante Höhe- bzw. Wendepunkte zu illustrieren, werden bestimmte Erzähltechniken verwendet. So sind Cutscenes zumeist durch einen schwarzen Balken ober- und unterhalb des Fensters markiert. Während eines solchen Abschnittes ist es dem Spielenden nicht möglich, auf die Spielwelt einzuwirken. Diese Sequenz kann als non-ergodisch bezeichnet werden. Diese Erzähltechnik wurde mittlerweile überarbeitet, so dass sich der Avatar während dieser Zwischensequenzen unter Einschränkung frei in der Spielwelt bewegen kann.
Zwei Beispiele sollen verdeutlichen, wie dadurch versucht wird, den involvierenden Charakter aufrecht zu halten.

No.	1	2	3	4	5	6	7	8	9	10	11
Struktur	Prolog			Akt I							
Kampagne	1	2	3	1	2	3	4	5	6	7	8
IZS			Ja								Ja
Mission	F.N.G.	Crew Expandable	The Coup	Blackout	Charlie Don't Surf	The Bog	Hunted	Death from above	Shock and Awe		Aftermath
Charakter	Soap MacTavish	Soap MacTavish	President Yasir Al-Fulani	Soap MacTavish	Paul Jackson	Paul Jackson	Soap MacTavish	Thermal Imaging TV Operator	Paul Jackson	Paul Jackson	Paul Jackson

No.	12	13	14	15	16	17	18	19	20	21
Struktur	Akt II					Akt III				Epilog
Kampagne	1	2	3	4	5	1	2	3	4	
IZS			Ja		Ja				Ja	
Mission	Safehouse	All Ghillied UP	One Shot, One Kill	Heat	The Sins of the Father	Ultimatum	All In	No Fighting in the War Room	Game Over	Mile High Club
Charakter	Soap MacTavish	Lt. Price	Lt. Price	Soap MacTavish	Soap MacTavish	Soap MacTavish	Soap MacTavish	Soap MacTavish	Soap MacTavish	Soap MacTavish

Einzelspieler-Modus aufgeschlüsselt nach Struktur, Kampagne, Interaktiver Skriptsequenz sowie den steuerbaren Charakter

Diese stellen sich im hier vorliegenden Spiel auf zwei unterschiedliche Arten dar. Gleich zu Beginn des Spiels, in der Kampagne *„The Coup"*

(Prolog, Szene 3) schlüpft der Spieler kurzzeitig in die Rolle eines geschassten Präsidenten, der, an den Händen geknebelt und durch Schläge auf den Kopf benommen, auf dem Weg zu dessen Exekution ist. Dabei wird er entweder von zwei Schergen geschliffen oder befindet sich (auf der Fahrt zur Vollstreckung) in einem Auto. Die äußeren Gewalteinwirkungen drücken sich durch eine auf den Kopf reduzierte Bewegungsfreiheit aus. Dadurch, dass der Spieler über diesen genannten Aktionsradius in den beiden vorangegangenen Kampagnen des Prologs verfügen konnte, unterscheidet sich diese Art des Spielerlebens massiv von dem gewohnten Fundus an Handlungsmöglichkeiten. Die Hilflosigkeit des Präsidenten wird damit zur Hilflosigkeit des Spielers. Dieser rückt durch die Irritation gewohnter Aktionsmuster näher an das ihm präsentierte Geschehen. Durch den in geringerem Maße vorliegenden ergodischen Charakter dieser Sequenz bei gleichzeitiger Einschränkung, soll diese Phase als semi-ergodisch bezeichnet werden.
Am Ende der Mission *„The Bog"* (Akt 1, Szene 3) ruft ein Vorgesetzter alle Soldaten für eine Abschlussbesprechung der zurückliegenden Mission zusammen. Alle Gegner wurden bekämpft, die Ziele erreicht und die Mission erfolgreich abgeschlossen. Ebenso wird unser Protagonist, Sgt. Paul Jackson, zum Briefing gerufen. Während des Briefings ist es ihm möglich, sich in der Spielwelt frei zu bewegen. Ohne direkt am Briefing teilnehmen zu müssen, geht der Verlauf der Besprechung bis zur Einblendung „Lade-Screen" weiter. Diese Sequenz kann nicht mit dem Aarseth'schen Vokabular als non-ergodisch bezeichnet werden.
In Anbetracht dieser beiden Beispiele wird das von Kringiel (2009) vorgeschlagene Vokabular zur Analyse der ergodischen und nonergodischen Abschnitte um einen Teilaspekt erweitert. Auffallend ist, dass diese semi-ergodischen Phasen als Instrumente der Dramatisierung überwiegend zum Abschluss eines jeden Erzählaktes untergebracht sind.[7]
Anders stellt sich der Multiplayer-Modus dar. War der Einzelspieler-Modus noch durch einen Plot strukturiert, existiert hier ein vager thematischer Bezug zum Weltkriegsszenario! Dieser vage Bezug ist notwendig, um das Szenario thematisch zu rahmen (Goffman, 1980) und Designele-

[7] Neben dieser Szene gibt es weitere im Spiel (vgl. „Aftermath", Akt 1, Kampagne 8 sowie „Game Over", Akt 3, Kampagne 4). Die Kampagne „Aftermath" dient allein der Inszenierung einer zerstörten Stadt. In „Game Over" bekommt der Spieler in der finalen Situation eine Pistole zugeschoben, um den Antagonisten dieses Spiel zu erschießen. In diesen Abschnitten sinkt der Grad der ergodischen Interaktivität darauf ab, dass dieser lediglich über die Maus auf die Spielwelt Einfluss nehmen kann.

mente wie Waffen und andere militärischen Elemente im Spiel zu legitimieren. Durch das Ausbleiben eines Plots bleiben damit verbundene semi- bzw. non-ergodische Phasen, Unterbrechungen zugunsten der Story, außen vor. Unterbrechungen im Spielfluss werden allein durch die Regeln des Gameplays („kill or get killed") initialisiert. Auf den Multiplayer bezogen bedeutet dies, dass die Fertigkeit des Spielers über das Andauern der ergodischen Phasen entscheidet. Er ist nun Initiator bzw. Ko-Autor und eigenverantwortlich für das Fortbestehen aktiver Phasen. Deshalb ist davon auszugehen, dass sich das Verhältnis zum Spiel im Vergleich zum Einzelspieler-Modus verändert. Der Spieler ist daran interessiert, Phasen der Inaktivität zu vermeiden bzw. eine möglichst ununterbrochene Aktivität anzustreben. Je länger diese aktiven Phasen bestehen, umso größer ist die Wahrscheinlichkeit, dass er (weil Sieger der Runde, viele Kills, Bonuspunkte) Aussicht auf Erfolg hat. Er erhält einen Vorteil gegenüber seiner Gegner und ist bestrebt seinen Avatar schnellstmöglich mit Fertigkeiten und Gegenständen auszustatten.
Ein Ausbleiben von Aktivität kommt dem virtuellen Tod gleich, also dem kurzzeitigen Ausscheiden am Spielgeschehen. Daher stellt sich der Mehrspieler-Modus idealtypisch als eine Aneinanderreihung ergodischer Phasen dar, die es gilt, nicht (durch äußere Einflüsse[8]) zu unterbrechen. Scheidet der Spieler oft aus, kann das DDA-System hier nicht wirksam werden. Nimmt der Spieler den Spielvorgang als eine vornehmlich von Unterbrechungen geprägte Phase wahr, kann sich der Flow-Zustand nur schwerlich einstellen. Allerdings kann die Aussicht auf ein Scheitern diesem Zustand zuträglich sein. Der Eindruck vom Spiel unterfordert zu werden, kann das Entstehen des Flow-Erlebens ebenso einschränken. Da sich der Spieler darüber bewusst ist, dass der Tod als Metapher zu verstehen ist und er seinen virtuellen Stellvertreter nach Abschluss der Spielrunde stets reaktivieren kann, stellt sich keine Sorge um die Spielfigur ein. Ganz im Gegenteil: Die latente Bedrohung durch einen Misserfolg suggeriert eine Herausforderung, welches dem User das lohnenswerte Ziel des Meisterns permanent vor Augen hält. Dieser Aspekt ermöglicht die Entfaltung des Flow-Zustandes sowohl im Einzel- als auch Mehrspieler-Modus von *Call of Duty 4*.

---

[8] Ausgenommen sind Verbindungsprobleme des Netzwerkes, Fehler oder das Abstürzen des gesamten Computer-Systems.

Zusammenfassung und Ausblick

Ausgehend von der Struktur des Einzel- und Mehrspieler-Modus sollte betrachtet werden, wie sich die beiden Spiel-Modi unter dem Aspekt der Inter-Aktivität respektive der systemischen Involvierung darstellen. Involvierung wurde als Konstrukt verstanden, welches aus den Teilkomponenten „Immersion" und „Engagement" (Douglas & Hargadon, 2003) besteht. Weil davon ausgegangen wurde, dass das Spielerleben als Wechsel von ergodischen und non-ergodischen Phasen erlebt wird, sollten diese Instanzen unter Hinzunahme des Flow-Konzeptes betrachtet werden.

Einzel- und Mehrspieler-Modus zeichnen sich idealtypisch durch einen Wechsel zwischen diesen Phasen aus. Dabei wurde die von Kringiel (2009) unterbreitete Differenzierung um die semi-ergodische Phase erweitert. Es konnte gezeigt werden, dass Phasen der Aktivität beim Einzelspieler-Modus entweder durch den „virtuellen" Tod oder durch die Implementierung von Zwischensequenzen oder unterbrochen werden. Inaktivität bedeutet, dass die Spielfigur noch lebt bzw. der Partizipationsgrad abnimmt.

Semi-ergodische Abschnitte sind ausschließlich beim Einzelspieler-Modus vorhanden und um bisher non-ergodische Zwischensequenzen durch Interaktionsmöglichkeiten (vgl. Kampagne *„The Coup"*) zu erweitern. Neben Momenten der Involvierung ist es ebenso denkbar nach Involvierungsbrüchen Ausschau zu halten und zu untersuchen, in welcher Weise diese bewusst eingesetzten Gestaltungs-Mittel ihren Beitrag zur Involvierung leisten. Demzufolge müsste untersucht werden, in welcher Weise Involvierungsbrüche zur Unterstützung von Involvierung beitragen. Eine solch eingenommene Perspektive auf das Computerspiel scheint gewinnbringend. Ist doch das Spiel von Inkonsistenzen durchzogen (vgl. Poole, 2000: 51).

Eine Auseinandersetzung in dieser Art und Weise ermöglicht einen Blick, um sich dem Phänomen Bildschirmspiel sowohl auf Basis seiner Struktur als auch unter Berücksichtigung der Involvierung zu nähern. Demnach müssten sämtliche, zu Beginn beschriebenen Strukturmerkmale herausgearbeitet werden, um die Bandbreite einer potenziellen Involvierung rekonstruieren zu können. Nimmt man diese Überlegungen ernst und lässt sie Ausgangspunkt einer medienpädagogischen Diskussion werden, so lassen sich auch Bildungsprozesse im Modus des Engagements vermuten. Aus Sicht einer strukturalen Medienbildung (Jörissen & Marotzki, 2009) lassen sich aus diesem Zusammenspiel Anlässe ableiten, dieses Wechselspiel zu untersuchen, um Bildungsimpulse herausarbeiten zu können. Jörissen & Marotzki (2009) bringen die Misere einer gelungenen Involvierung aus einer pädagogischen Perspektive auf den Punkt: Ein hoher Grad an Involvierung mache eine reflexive Auseinandersetzung unmöglich, da sie über eine (emotionale) Kopplung eine „Reflexionsposition“ unterbinde (ebd.: 44). Wie soll eine aktive Auseinandersetzung mit dem Thematisierten stattfinden, wenn der Zuschauer in eine Betroffenheitsposition geleitet wird?

References

Aarseth, E. (1997). Cybertext. Perspectives on Ergodic Literature. London: John Hopkins University.

Caillois, R. (1982 [1958]). Die Spiele und die Menschen. Maske und Rausch. Frankfurt am Main: Ullstein.

Campbell, J. (1999). Der Heros in tausend Gestalten. Frankfurt am Main: Insel-Verlag.

Csikszentmihalyi, M. (1992). Flow. Das Geheimnis zum Glück. Stuttgart: Klett-Cotta.

Douglas, Y. & Hargadon, A. (2000). The pleasure principle: immersion, engagement, flow, Conference on Hypertext and Hypermedia, Proceedings of the eleventh ACM on hypertext and hypermedia, 153160. <ftp://ftp.cse.buffalo.edu/users/azhang/disc/disc01/cd1/out/papers/hypertext/p153-douglas.pdf> (letzter Zugriff: 28.06.2011).

Ermi, L. & Mäyrä, F. (2005). Fundamental Components of the Gameplay experience: Analyzing Immersion. <http://www.digra.org/dl/db/06276.41516.pdf> (letzter Zugriff: 22.01.2011).

Esch, F.-R. (2006). Wirkung integrierter Kommunikation. Ein verhaltenswissenschaftlicher Ansatz für die Werbung. Wiesbaden: Gabler.

Frasca, G. (2003). Simulation versus Narrative: Introduction to Ludology. In M. Wolf & B. Perron, (Hg.): The Video Game Theory Reader. New York: Routledge, S. 221-235.

Fromme, J. (2007). Spiele in virtuellen Umgebungen. Überlegungen zur Beschreibung und Analyse eines neuen Mediums. In D. Hartwich, C. Swertz & M. Witsch (Hg.): Mit Spieler. Überlegungen zu nachmodernen Sprachspielen in der Pädagogik, Würzburg: Königshausen & Neumann, S. 9–29.

Goffman, E. (1980). Rahmen-Analyse. Ein Versuch über die Organisation von Alltagserfahrungen. F.a.M.: Suhrkamp.

Griffiths, M. (2010). Online gaming addiction: Fact or Fiction? In Kaminski, W./Lorber, M. (Hg.): Clash of Realities 2010. Computerspiele: Medien und Mehr... München: kopad, S. 191-203.

Hunicke, R. & Chapman, V. (2004): AI for Dynamic Difficulty Adjustment in Games. <http://cs.northwestern.edu/ ˜hunicke/pubs/Hamlet.pdf> (letzter Zugriff: 28.09.2012).

Jennett, C., Cox, A., Cairns, P., Dhoparee, S., Epps, A., Tijs, T. & Walton, A. (2008). Measuring and Defining the Experience of Immersion in Games. International Journal of Human Computer Studies, 66 (9), 641-661.

<http://www.palegallery.com/honours/papers/JennettIJHCS08.pdf> (letzter Zugriff: 08.11.2012).
Jörissen, B. & Marotzki, W. (2009). Medienbildung. Eine Einführung. UTB: Wiesbaden.
Juul, J. (2005). Half-real. Video games between real rules and fictional worlds. Cambridge, Mass: MIT Press.
Klimmt, C. (2004). Computer- und Videospiele. In R. Mangold, P. Vorderer & G. Bente (Hg.): Lehrbuch der Medienpsychologie. Göttingen: Hohgräfe, S. 696-716.
Klimmt, C. & Hartmann T. (2006). Effectance, self-efficacy, and the motivation to play video games. In P. Vorderer & J. Bryant (Hg.): Playing video games: Motives, responses, and consequences. Mahwah: Lawrence Erlbaum Associates, S. 132-145.
Kringiel, D. (2009). Computerspielanalyse konkret. Methoden und Instrumente. Erprobt an Max Payne 2. München: Kopaed.
Kübler, H.-D. (2009). Mediensozialisation. Ein Desiderat zur Erforschung von Medienwelten. Versuch einer Standortbestimmung und Perspektivik. In: Diskurs Kindheits- und Jugendforschung, 4 (1), Opladen: Leske + Budrich, S. 7-26
Neitzel, B. (2007). Point of View und Point of Action. Eine Perspektive auf die Perspektive in Computerspielen. In K. Bartels & J.-N. Thon (Hg.): Computer/Spiel/Räume. Materialien zur Einführung in die Computer Game Studies. Hamburg: Universität Hamburg, S. 8-28. <http://www. slm.uni-hamburg.de/imk/HamburgerHefte/HamburgerHeft_5.pdf> (letzter Zugriff: 08.02.2011).
Poole, S. (2000). Trigger Happy. Videogames and the Entertainment Revolution. New York: Arcade Publishing.
Rehbein, F., Kleimann, M. & Mößle, T. (2009). Computerspielabhängigkeit im Kindes- und Jugendalter. Empirische Befunde zu Ursachen, Diagnostik und Komorbiditäten unter besonderer Berücksichtigung spielimmanenter Abhängigkeitsmerkmale. <http://www.kfn.de/versions/ kfn/assets/fb108.pdf> (letzter Zugriff: 22.02.2011).
Rumbke, L. (2009). P1 – Das klassische Shoot 'em up als kinetische Konfiguration. In M. Bopp, R. F. Nohr & S. Wiemer (Hg.): Shooter. Eine multidisziplinäre Einführung, Münster: Lit, S. 43-74.
Sleegers, J. (2007). Und das soll Spaß machen? – Faszinationskraft. In W. Kaminski & T. Witting (Hg.): Digitale Spielräume. Basiswissen Computer- und Videospiele. München: kopaed, S. 17-20.
Spitzer, M. (2012). Digitale Demenz. Wie wir uns und unsere Kinder um den Verstand bringen. München: Droemer.
Witting, T., Esser, H. (2003). Nicht nur das Wirkende bestimmt die Wirkung. Über die Vielfalt und Zustandekommen von Transferprozessen beim Bildschirmspiel. In J. Fritz & W. Fehr (Hg.): Computerspiele. Virtuelle Spiel- und Lernwelten. Bonn: Bundeszentrale für politische Bildung. S. 30-48.

Online Resources

<http://www.usk.de/pruefverfahren/genres> (Letzter Zugriff: 28.08.2012).
<http://callofduty.4players.de/board120-call-of-duty-1-6/board45-call-of-duty-modern-warfare-2/board47-allgemeines-zu-call-of-duty-modern-warfa-

re-2/4323-liste-herausforderungen/?s=facb456f1fbb6a0143f283a4fdb823dce8476fdc #post62347> (Letzter Zugriff: 28.09.2012).

Games

Battlefield (2002): Electronic Arts.
Call of Duty 4. Modern Warfare (2007): Activision.
Counter-Strike (2000): Sierra Entertainment, EA Games
Fallout (2004): Bethesda Softworks
Quake (1996): GT Interactive.

MATTHIAS STORK

The spectacle of the interface: post-cinematic aesthetics in action computer games and films

> "[A]n idea of cinema persists or subsists within the new media as their predominant cultural and aesthetic model for engaging the vision and imagination of viewers."
>
> (Rodowick, 2007: 125)

> "[W]e are all part of a moving-image culture and we live cinematic and electronic lives."
>
> (Sobchack, 1994: 83)

> "We are now at the end(s) of the cinematic. This is registered within cinema, and cinema remains influential across all of its inheritors. Hence, the times are 'post-cinematic' and not anti-or non-cinematic."
>
> (Bowman, 2011)

Cinema as an interface in transition

Since the late 1910s, cinema has prodigiously furthered its function as the central reference point in mainstream visual culture. Through a ritualized regime of directed vision — generally referred to as the style of classical continuity editing — the cinematic interface has facilitated the entry into the popular moving image for mass audiences. Utilizing a controlled and seamless aesthetic which conceals its own materiality in favor of narrative storytelling, the cinematic interface positioned spectators in a film's diegetic sphere, enabling them to carefully observe as well as logically interpret on-screen events from a series of carefully chosen vantage points.

Over the course of the twentieth century, this continuity-based interface of cinematic presentation established itself not only as the lingua franca of commercial filmmaking but as the foundation of habitual viewing practices. Indeed, continuity evolved into a perceptual convention, structuring how audio-visually encoded information is presented to and processed by audiences around the world. This year-long development reached its apex with the integration of the cinematic interface in modern computer technology in the early 1970s. Today, new media users employ the basic components of classical continuity — including establishing shots, match-cuts, expressive zooms, and lucid camera movements — to organize digital data on electronic screens, browsing *Google*, watching *YouTube*, navigating *Windows*. Lev Manovich (2001) provides a comprehensive account of this transition, arguing that in a predominantly digital age, "[r]ather than being merely one cultural language among others, cinema is now becoming *the* cultural interface, a toolbox for all cultural communication" (86).

The presentational mode of the cinematic now exists on the big and the small screen, as both movie and graphical user interface (GUI). But the proliferation of digital technologies has not only conventionalized and cemented the role of the cinematic in visual culture; it has equally reconfigured it, even challenged it, to its very core. In the New Digital Hollywood, "the aesthetic space of neo-spectacle" (Darley, 2000: 12), cinematic ways of seeing, hearing, and feeling have come under striking revision. New forms of popular entertainment have radically transformed the concept of cinematic continuity. A burgeoning breed of computer-driven mass attractions, including 3-D IMAX, simulators, and motion picture rides, revolutionizes entertainment spectacle by seeking to render the entry into the image — as well as the presence within — ever more sensually intense and physically stimulating. In the process, continuity is exaggerated, subverted, or completely discarded; its very transformation is put on display. As a result, the viewing experience is dramatically altered. The interface becomes a spectacle in itself.

Commercial computer games are of particular interest in this context, for two specific reasons. First of all, they explicitly remediate and modify cinematic continuity (Bolter & Grusin, 1999), turning *moving* images that manipulate and structure the viewer's experience into *living* images that can be manipulated and structured by the viewer/user. By consequence, computer games create a new experience of haptic spectacle. Furthermore, their cultural cachet and financial profitability has positioned them as a legitimate nexus for aesthetic cross-pollination in the entertainment industry. Since the 1970s, Hollywood studios have sought to emulate the look and feel of computer games in an effort to open up new profit-pools. Action blockbusters, in particular, are said to adopt and appropriate the aesthetics of games through their blatant disregard for the broader concerns of continuity — most notably spatial clarity and visual coherence — in favor of the immediate sensual affect of the spectacular. In this respect, the genre of filmic and gamic action illustrates the transformation of the cinematic continuity-based interface. In its place, these films and games substitute an interface that modifies and foregrounds the style and technology of the cinematic, aiming for action spectacle that foregoes traditional continuity. This spectacularized interface may be characterized as post-cinematic.

This essay accordingly sets out to examine the post-cinematic in contemporary visual culture. Using the examples of computer games and digitally enhanced action films, I seek to exemplify how their style modifies hitherto established continuity practices to provide a new experience of spectacle. Moreover, I shall equally trace out the different manifestations of the post-cinematic in the two media forms.

Defining the post-cinematic interface

21st century news culture has seen a continuous proliferation of visuals, delivering and making available information anywhere and around the clock. The established mode of presentation are images and screens which boast an unprecedented supply of aesthetic forms, ranging from small-screen smartphone displays to the multiple-window plane of the personal computer to the grandiose excess of the IMAX. Visuality, as an instrument for social and professional communication and interaction, thus constitutes a complex phenomenon that requires a universal operating language to function globally. The continuity-centric aesthetic of the cinematic interface fills this role.

This notion of the cinematic interface came into existence in the formative years of cinema as filmmakers "sought to arrange their shots so as to tell a story coherently and clearly" (Bordwell & Thompson, 2008: 231). They conceived a normative corpus of techniques in editing and staging: the axis of action, (re)-establishing shots, match-cuts, the eyeline match, shot/reverse-shot patterns, all designed to ensure narrative continuity, "to allow space, time, and action to continue in a smooth flow over a series of shots" (ibid.). The overarching goal of this approach, termed *classical continuity,* is to conceal the act of storytelling — render its technology invisible —, thereby focusing the spectator's attention entirely on the narrative information. It is a style of transparency, nurturing contemplation. Its overarching purpose is to convey story information to an audience most efficaciously. Accordingly, it has been appropriated as the leading communicative tool in modern visual culture.

But on closer inspection, the central tenets of this concept do not apply in the age of the digital anymore. While it is true that the techniques of the cinematic interface remain cultural reference points for visual information, the context of their usage has changed profoundly, in two ways. First, as Manovich (2001) observes, "cinematic ways of seeing the world, of structuring time, of narrating a story, of linking one experience to the next, have become the basic means by which computer *users* access and *interact* with all cultural data" (78-79, my emphasis). Cinematic techniques, hitherto the sole domain of the filmmaker, are now available to the average consumer (or rather prosumer, the average computer user who both consciously and subconsciously utilizes the cinematic by way of the graphical user interface to actively organize, access, and create information). Spectators are thus put in control of the cinematic, as image-users. As a result, cinematic techniques are no longer devices that only facilitate the entry into, or legibility of, the image; they are instruments that equally make possible the manipulation of the image. They simultaneously offer "the potential for passive immersion (as in watching a movie) and the possibility of active, general-purpose control" (Rodowick, 2007: 179). They are consumable and usable. In this regard, they transcend the cinematic.

Secondly, the hyperactive state of the image in digital culture, the "frenzy of the visible" (Ndalianis, 2000), rigorously resists the principles of classical continuity. The ubiquity and speed-inducing hapticity of screens and images, as well as their hypermediacy, i.e. their material opacity (cf. Bolter & Grusin, 1999), flaunts the technological texture of cinema, privileging an aesthetic of immediacy and spatiotemporal discontinuity. The norm of seeing and watching is no longer bound to the contemplative look, but to the affective glance, a type of spectacle-seeking vision that favors short-term intensity and flair over long-term effect (steady emotional build-up), images that do not convey content information but "dazzle and stimulate the eye (and, by extension, the other senses)" (Darley, 2000: 212), if only ephemerally. The arbitrariness of this action-driven, user-manipulated visuality makes continuity the subject of experimental play, to be transformed endlessly.

These forms of interactivity and hypermediacy effect the transition from cinematic to post-cinematic interface. Cinematic techniques are no longer utilized to construct continuity as the basis for unobtrusive, visually coherent storytelling and the legibility of visual information. Instead, their circulation in user-controlled aesthetic environments modifies classical continuity to showcase the cinematic as spectacular entertainment. This hypermediate and performative quality of the post-cinematic interface is especially evident in computer games.

Post-cinematic aesthetics in computer games

The post-cinematic aesthetics of action computer games are predicated on two defining features: first, the remediation of cinematic techniques

and simultaneous production of hyper-continuity; and second, the functionality of a user-controllable interface and its potential for performative player agency.
In general, the continuity-based style of the cinematic interface employs distinct editing patterns to create a cohesive diegetic space. Computer games adopt this strategy in the design of *cut-scenes* — pre-recorded mini-movies that convey narrative information in non-interactive moments — which are predominantly governed by classical continuity.[1] The actual gameplay, however, the interactive, post-cinematic sphere of the game, uses a combination of the virtual camera, the long take, and tracking shots as its image-interface. Contrary to cinema, it thus bases its look entirely on sustained, uninterrupted shots. The centrality of continuous space and the deliberate absence of montage create an aesthetic of hyper-continuity.
Hyper-continuity manifests itself in two different forms in computer games. The first-person shooter (FPS) synthesizes the long take with the subjective point of view (POV). Here, the virtual camera becomes a stand-in for the player's vision (as well as an extension of the in-game weaponry). The third-person shooter (TPS), on the other hand, enables the player to look at an in-game representative, the avatar character, via a series of expressive zooms and dynamic camera movements, all centered on the character's movements. In both cases, the camera situates the players in the thick of the action. The continuous, unedited aesthetic brings them closer to the space. This form of hyper-continuity, along with the effect of closeness, is neither possible nor sought after in narrative filmmaking which, by its very design, offers, at best, "a selection (by means of framing and editing) from the continuum of the real" (Shaviro, 2010: 145-146), to be viewed from a distance.[2] Computer games, by con-

---

[1] *Cut-scenes* are not exclusively non-interactive anymore. Games such as *The Bourne Conspiracy* (Sierra Entertainment, 2008) offer rather rapidly-paced cut-scenes that require carefully-timed player action. For instance, the game's *takedown mode* asks players to press a series of buttons at particular intervals, thereby interrupting the gameplay with a cut-scene which only lasts a few seconds before the gameplay sets in again. Here, images become actions and cinematic presentation becomes truly interactive, and hence post-cinematic.

[2] Furthermore, games' reliance on subjective shots is absent from cinema. Alexander Galloway (2006) explains that cinema, in contrast to games, cannot sustain the subjective POV shot for a long time since it is primarily utilized to convey psychological and physical anomalies visually: "where film uses the subjective shot to represent a problem with identification, games use the subjective shot to create identification" (69).

trast, offer not a fragmented and artificially assembled but a "fully rendered, actionable space" (Galloway, 2006: 63) which requires the use of the uninterrupted take. In both the FPS and the TPS, players can explore the game world in detail, using the dynamic viewpoint of the camera which is centered, yet movable. "[T]his never-changing perspective heightens the sense of 'being there'" (Bryce & Rutter, 2002: 72), a more immediate mediated experience, facilitated by the flexibility of the virtual camera, the traversable space of the virtual environment and the mobility of the image-interface. Players are thereby able to see the world on-screen up-close.

But computer games offer players more than the mere opportunity to explore a game's diegetic environment. They can in fact manipulate it. The *mise-en-scène* of the game is tangible, a feature for the player to look at and use. Hence, its components — objects and NPCs (non-player characters) — are actively involved in the gameplay experience. In action games, players fire weapons, pick up health kits, and engage in physical combat with opponents, all the while interacting with the gamic world. The aesthetics of the post-cinematic interface further enable players to employ a set of distinct cinematic techniques to affect the mise-en-scène. Said techniques enhance the player's perception through sophisticated technology, available to players through the HUD display.[3] For example, the *detective mode* in *Batman: Arkham Asylum* (Rocksteady Studios, 2009) equips the player with a type of x-ray vision. The screen is submerged in blue, transparent light. Text graphics inform the player of his surroundings, whether enemies are in the vicinity of his position or not. If they are, the screen automatically colors them red, as threats. In games such as *Red Dead Redemption* (Rockstar Games, 2010), players can even manipulate the temporal layer of the game, using slow-motion to improve their physicality and reaction time. A similar, yet technologically advanced post-cinematic interface is present in the RPG *Fallout 3* (Bethesda Game Studios, 2008) with the Vault-Tec Assisted Targeting System (V.A.T.S.). If activated, the system freezes the game and enables the player to examine his opponents, carefully selecting specific body areas to inflict corporeal injury. Through the use of expressive color and garish lighting, minute details come to the forefront, including NPCs' faces and physical definition. Once the player employs V.A.T.S., hyper-continuity is momentarily suspended in favor of a variety of perspectives. The player's post-cinematic performance initiates a cinematically staged mini-movie.

[3] The head's-up-display utilizes cinematic techniques to present and make accessible visual information to players.

To quote Liang & Cheng (2002), "[p]laying the game thus becomes almost synonymous with directing a movie" (101).
And indeed, the post-cinematic interface turns players from viewers into image-users, interactors, and thus performers. They control the mise-en-scène and the camera, both of which evolve from "a presenting device to an interactive cocreative one" (Nitsche, 2008: 148). They command the interface and can use its cinematic features to stage action (within the restrictions of the gameplay, of course). This player agency, the ability to not only move through space and manipulate it, but creatively interpret and control it, creates a form of interactive spectacle. While players remain in control of the post-cinematic interface and its attributes, games maintain suspense through automated computerized data which introduce scenarios that keep players at the verge of losing control. Players can envision an action scene but they cannot (completely) plan it ahead. Rather, the act of playing, marked by unforeseeable potentialities of the game (behavior of NPCs, glitches), renders each experience unique and not fully controllable. Positioned as the chief agent in the game, "the centre of sensual assault" (Darley, 2000: 147), players thus consistently oscillate between the authority of control and the risk of losing said control.
The interactive quality of post-cinematic aesthetics grants players the opportunity to author their own experience of spectacle. The ability to traverse the gamespace freely, to manipulate its visual representation, and affect its diegetic events puts the player in a constant state of sensual empowerment. The use of the post-cinematic interface, in this respect, transforms the player's vision, from a contemplative and structured to an affective and arbitrary regime (cf. Schwingeler, 2008: 142), governed entirely by the moment-by-moment action on-screen and the emotions it generates. The interface is not to be looked at and pondered on. It demands rapid, intuitive decision-making. Traditional cinematic viewing practices are too passive, or rather inactive, to accommodate such an action-driven engagement. Thus vision evolves into "an activity that is always anticipating menus of possible actions that must be responded to in split-second decisions" (Rodowick, 2007: 232). The player becomes "the man with the movie camera as proposed by Vertov" (Nitsche, 2008: 135), commanding an arsenal of cinematic stylistic devices, which due to hyper-continuity is usable in real-time; and he has to act like "a director of a theatre of war [...] a director of something like a movie-on-the-go" (Liang & Cheng, 2002: 106).
The self-directed spectacle of the interface in computer games, this *kinaesthetic performance* (cf. Darley 2000), is governed by the player's proximity to the diegetic action, the resulting sense of increased affect, the

unyielding flow of visual information afforded by the uninterrupted space of hyper-continuity, the player's control over the gamespace, and the ability (almost obligation) to perform actions. These are the defining features of the post-cinematic aesthetic of spectacle. And their wide-ranging cultural impact has prompted other media, the cinema in particular, to update its own aesthetics.

Post-cinematic aesthetics in action films

Contemporary action cinema and its stance towards classical continuity has been the subject of intense recent debate, in which stylistic parallels between filmic and gamic iterations of the genre have been intimated. Mainstream action blockbusters such as *Transformers: Dark of the Moon* (Michael Bay, 2011), *Battle Los Angeles* (Jonathan Liebesman, 2011) or *Battleship* (Peter Berg, 2012) subvert traditional rules of continuity to "emulate the look and feel of combat computer games" (Shaviro, 2010: 143). The resulting aesthetic displays "a tendency towards enveloping the spectator in pure, unadulterated spectacle" (Ndalianis, 2000), one that flaunts an image-interface which "takes on an imposing and arresting presence of its own" (Darley, 2000: 351). Following the early 20th century of the cinema of attractions, these exhibitionist films thus seek to render action *game-esque* by making the technological process of film-making visible and directly confronting the audience with its digitally enhanced attractions. To put it differently, the post-cinematic action film "displays its visibility, willing to rupture a self-enclosed fictional world for a chance to solicit the attention of the spectator" (Gunning, 1990: 57). It is thus the interface itself that the spectator is invited to enjoy, as a form of spectacle (cf. Palmer 2012).
The centrality of the post-cinematic interface forms part of the action film's overarching strategy to produce the same visceral effects that computer games provide. The goal is to replicate the defining features of games' post-cinematic aesthetics: proximity to the on-screen action, constant (over)flow of visual information, and performative control over space. But in spite of distinct aesthetic similarities, at their core, films and games are two different media. Shaviro (2010) correctly locates this difference in the position between the game player and the movie spectator: "The gamer must perforce act, or provide input; but even when the film viewer identifies with the action onscreen, he or she is incapable of contribution to it, or of having any influence upon it whatsoever" (146). Computer games are inherently interactive. They require physical activity from players. Films, by contrast, postulate an immobilized and (physi-

cally) inactive spectator. By consequence, films cannot directly imitate the post-cinematic aesthetics of games. Instead, they "have to reject the actual elements of video game construction, and provide cinematic equivalents for these elements" (146). They thus have to simulate a quasi-interactive interface, one that moves spectators closer to the action, generates a hyper-continuous space, and exerts performative control. Action filmmakers' approach to this challenge is based on excessive remediation. Through a *chaotic* aesthetic of unstable camerawork, disjunctive editing, and movement towards the screen, they achieve extreme action proximity, an anti-continuous space, and a feeling of control loss.[4] This type of filmmaking is not concerned with continuity but with chaos, ignoring the unity of time and space, visual logic, and narrative incorporation in favor of "a moment-by-moment manipulation of the spectator's affective state" (ibid., 167).

Computer games allow players to be part of the on-screen action through control of the virtual camera. Film spectators can neither operate the camera nor affect on-screen events otherwise. Instead, action films move them close to the action and situate them in the fray by virtue of the shaky-cam. This style of camerawork is designed to mimic physical movements, rendering the motion through cinematic space more tangible. With this aesthetic, spectators become real-time participants in the action, tracking a disembodied camera eye on the run. This post-cinematic device contrasts sharply with the steady camerawork of classical continuity which displays its control over the diegetic space. The shaky-cam, by contrast, creates an element of unpredictability, heightening the sense of control loss that spectators experience when watching a film. The uncoordinated gyrations of the camera evoke a volatile and precarious atmosphere, at all times. The degree of visceral power is thus extremely high.

The hyper-continuous representation of space in games is not possible in film (it is, technically, but not dramatically as it decreases visceral impact and is thus deemed inappropriate). Action films thus offer a different interpretation of hyper-continuity. Instead of an uninterrupted flow of vis-

---

[4] Moreover, action films equally construct an aesthetic of machinic vision to emulate computer games' HUD display as in the perceptual shots of the Iron Man suit in *The Avengers* (Joss Whedon, 2012). And they sometimes strive to imitate games' hyper-continuity through the use of carefully designed virtual long takes, as in the FPS sequence in Doom (Andrzej Bartkowiak, 2005). But such experiments cannot be sustained throughout the entire film, without losing affective impact. Steven Poole (2000) puts it concisely: "If you make a film based on a videogame world, you instantly lose what is most essential to the videogame experience" (132).

ual information, they create a series of rapidly assembled shots, replacing the traditional notion of continuity with a continuous stream of disjunctive edits — Shaviro (2010) accordingly refers to this style as post-continuity —, thereby mainstreaming Eisenstein's concept of the montage of attractions. The film performs a spectacle of visual jolts, a barrage of stimulants, which endlessly affect the spectator's sensorial apparatus. As in games, it is "the spectators [...] themselves who are the locus of the action" (Darley, 2000: 312).

The final post-cinematic remediation strategy that action films employ to render action more gamic is based on the creation of complete control loss and simulated physical assault. It is the most extreme form of address the cinema can mount. Specific scenes involve movement towards the screen and, by extension, the spectator. Geoff King (2002) notes that "the propelling of objects at high speed out towards the screen [is] often used in Hollywood action sequences to create a heightened impression of viewer proximity to, or participation in, the action" (61). Turning the action onto the spectator thus imbues the film experience with a participatory quality. In computer games, the player acts and is, in turn, acted upon by the game. It is an interactive cycle, designed to stimulate consistent visceral engagement, through physical control. While the post-cinematic action film cannot enable the spectator to become an actor, it can create a feeling of being acted upon by the film. Movement towards the screen — and indeed the penetration of the screen as when objects shatter the camera — creates, even performs, a powerful impact *on* the spectator. This is particularly the case with the aesthetic motif of the crash-cam. Here, a camera is placed either directly inside or outside of a moving vehicle. In the former scenario, objects crash into the car and destroy the camera as in the elaborately choreographed car chase in Michael Bay's *The Island* (2005). In the latter, the vehicle brutally crashes into the camera lens, seen frequently in Paul Greengrass' *Bourne* sequels. The cinematic principles of spectatorial distance and technological transparency are thoroughly subverted in this post-cinematic aesthetic. And the visceral sentiment of losing active physical control over a situation, associated with computer game aesthetics, is transposed into the realm of the action film.

Films are not computer games. And computer games are not films. But within the genre of action, they achieve an aesthetic and affective resemblance that is unparalleled in other media discourses. Both games and films react to each other's distinctive qualities, appropriating and reconfiguring them to their own needs. And, in the process, they create a new language, that of the spectacular, post-cinematic interface, which will continue to define the experience of entertainment in the 21st century.

The spectacle of the interface

Cinematic forms of representation remain in effect in popular culture. In fact, they are more visible than ever. The transformation of traditional continuity practices has brought about a visual culture of complete opacity, with cinematic techniques being put on display, as aesthetic agents. Never before has the cinematic interface been so performative. It is no longer a presentational device. It has evolved into a universal application, to be used creatively, freely, extensively, by a spectator/user. In the post-cinematic era, cinematic images are not only to be looked at anymore. They are designed to be acted upon, to be manipulated; they are to be used to control, to induce, and to manage affective input and output. This trend towards interactive spectacle is especially evident in the synergetic relationship between action computer games and films, two media caught in a remediation loop that consistently informs their aesthetic configuration. Action games demand interactive performance by players. Action films substitute active performance of cinematic technology. And in both cases, the interface, this corpus of stylistic techniques and devices, reaches new heights of spectacle, heights that are only possible if the cinema dies and rises from its own ashes, "revitalized precisely by its own decline and disappearance" (Shaviro, 2010: 146), the post-cinematic.

References

Bolter, J. & Grusin, R. (1999). Remediation: Understanding New Media. Cambridge: MIT Press.

Bordwell, D. & Thompson, K. (2008). Film Art: An Introduction. New York: McGraw-Hill.

Bowman, P. (2011). Post-Cinematic Effects. <http://mediacommons.futureofthebook.org/imr/2011/08/30/post-cinematic-effects> (Last accessed on August 26, 2012).

Bryce, J. & Rutter, J. (2002). Spectacle of the Deathmatch: Character and Narrative in First-Person Shooters. In G. King & T. Krzywinska (Eds.). ScreenPlay. Cinema/Videogames/Interfaces (pp. 66-80). New York: Wallflower Press.

Darley, A. (2000). Visual Digital Culture: Surface Play and Spectacle in New Media Genres. New York: Routledge.

Galloway, A. (2006). Gaming: Essays on Algorithmic Culture. Minneapolis: University of Minnesota Press.

Gunning T. (1990). The Cinema of Attractions – Early Film, Its Spectator and the Avant-Garde. In T. Elsaesser (Ed.). Early Cinema: Space, Frame, Narrative (pp.56-62). London: British Film Institute.
King, G. (2002). Die Hard/Try Harder: Narrative, Spectacle and Beyond, from Hollywood to Videogame. In G. King & T. Krzywinska (Eds.). ScreenPlay. Cinema/Videogames/Interfaces (pp. 50-65). New York: Wallflower Press.
Liang, W. & Cheng, M. (2002). Vision and Virtuality: The Construction of Narrative Space in Film and Computer Games. In G. King & T. Krzywinska (Eds.). ScreenPlay. Cinema/Videogames/Interfaces (pp. 98-109). New York: Wallflower Press.
Manovich, L. (2001). The Language of New Media. Cambridge: MIT Press.
Ndalianis, A. (2000). The Frenzy of the Visible: Spectacle and Motion in the Era of the Digital. Senses of Cinema, 06. <http://sensesofcinema.com/2000/feature-articles/matrix-2> (Last accessed on August 27, 2012).
Nitsche, M. (2008). Video Game Spaces: Image, Play, and Structure in 3D Game Worlds. Cambridge: MIT Press.
Palmer, L. (2012). Cranked Masculinity: Hypermediation in Digital Action Cinema. Cinema Journal, 51, 1-25.
Poole, S. (2000). Trigger Happy: Videogames and the Entertainment Revolution. New York: Arcade.
Rodowick, D. (2007). The Virtual Life of Film. Cambridge: Harvard University Press.
Schwingeler, S. (2008). Die Raummaschine: Raum und Perspektive im Computerspiel. Boizenburg: VWH Verlag.
Shaviro, S. (2010). Post-Cinematic Affect. Washington: Zero Books.
Sobchack, V. (1994). The Scene of the Screen: Envisioning Cinematic and Electronic "Presence". In H. Gumbrecht & K. Pfeiffer (Eds.). Materialities of Communication (pp. 83-106). Stanford: Stanford University Press.

Films

Bartkowiak, A. (2005). Doom. Universal Pictures.
Bay, M. (2011). Transformers: Dark of the Moon. Paramount Pictures.
Bay, M. (2005). The Island. Dream Works/Warner Bros.
Berg, P. (2012). Battleship. Universal Pictures.
Liebesman, J. (2011). Battle Los Angeles. Columbia Pictures.
Whedon, J. (2012). The Avengers. Walt Disney Pictures.

Games

Batman: Arkham Asylum (2009). Rocksteady Studios.
Bourne Conspiracy (2008). Sierra Entertainment.
Fallout 3 (2008). Bethesda Game Studios.
Red Dead Redemption (2010). Rockstar Games.

Literature for quick access

Bolter, J. & Grusin, R. (1999). Remediation: Understanding New Media. Cambridge: MIT Press.
Galloway, A. (2006). Gaming: Essays on Algorithmic Culture. Minneapolis: University of Minnesota Press.
Manovich, L. (2001). The Language of New Media. Cambridge: MIT Press.

ANTONIO JOSÉ PLANELLS DE LA MAZA

Sorry, but our princess is in another castle! Towards a theory of video games as ludofictional worlds

Nowadays, with the debate between *narratologists* and *ludologists* almost resolved (Gómez García, 2007), it seems usual to think that video games have, to a greater or lesser extent, the ability to generate a complex and autonomous fictional world. The idea of Jenkins to conceive video games as "narrative spaces" (2004), together with the proposals of Ryan — the video game as a generator of stories (2004) — represent conciliatory positions between ludology and narratology. In this paper we will assume this "hybrid concept" of game and we will focus on the Theory of Possible Worlds: the computer game as a ludofictional world from which, through interaction and in relation to the rules and aesthetics, different narrative experiences emanate. And from this perspective, we will propose a typology of possible worlds that can participate in the construction of a ludofictional world. Finally, we will make a brief comparison between two successful games — *Civilization V* and *The Elder Scroll V: Skyrim* — to show the potentiality of the Theory of Possible Worlds to video game analysis.

The video game as a generator of possible worlds: the Internal World of Reference

The game is not a given, fixed text, but a potential generator of texts by forming different possible worlds. The construction of the possible worlds and, therefore, every transformation in narrative experiences is determined by an Internal World of Reference (IWR), which establishes a state of things (characters, properties, rules) and allows, through interaction with the player, the setting of new possible worlds recombining its elements. Therefore, the game is a possible world that allows its players to establish new worlds.

Considering the ideas of the structuralist semiotics of Greimas (1970, 1982, 1987) we can say that the video game IWR is manifested through a superficial and audio-visual level that essentially shares the spotlight, in parallel, with the system rules that set the properties of possibility and necessity of the world. Thus, the IWR also provides the axiological level, an abstract system of values: the game designer, determined by his own encyclopedia, first sets up a theoretical IWR and then he moves it to an aesthetic and interactive level.

Superficial level: aesthetics, discursive structures and rules of play

The values of the axiological level — the ideas contained in the reference world — are transformed into the superficial level. The audiovisual and narrative condition of video games is reflected in the aesthetics (visual and sound elements) and in the discursive structures (mainly referred to the actants, space and time). On the other hand, the interactive condition is manifested through the predefined game rules.

The construction of characters, spaces and objects is the best example of the visual nature of video games. Depending on the development of the reference world, aesthetics may be more realistic or more subversive, in relation to "reality".

We consider reality from the most faithful representation, that is, the imitative construction of the object to the fault of some attributes but without altering the perception of that object in a widely accepted discursive framework (Cuadrado, 2004). For example, some cartoonish games like Theme Hospital exaggerates the main attributes without actually modify the essence of what is represented. Some *mods*, programs created by the players to modify the original games, subvert the designer's world of reference, for instance, by transforming a zombie game into a bloody conflict between Palestinians and undead Israeli soldiers.

Discursive structures set actants involved in the game world with its properties and spatial elements (a particular structure can be seen in Cuadrado, 2008). Their association with the game rules is narrow because depending on the type of character main actions will be allowed or prohibited: Lara Croft is a beautiful archaeologist who can use weapons and jump but, just because she is human, she cannot pass through walls or fly.

The normative components or rules build the foundation of the system determining the main objectives, the beginning and end of the game and the prohibitions of possible actions for the player. In this sense, Frasca proposed the following rules that may be relevant:[1]

[1] We will not take into account the first rule proposed by Frasca, called "representation and events", as we understand that it has to be separated from the context of game rules to take its own space as an aesthetic and discursive structure. We will also leave out the concept of "meta-rules" (software that can alter the original game) as they fall out of the construction of the original ludofictional world.

"The second level is the one of manipulation rules: what the player is able to do within the model. In some cases, certain manipulation rules state a possibility. In others, they are necessary to attain a level three goal. For example, in *Grand Theft Auto III* (GTA III) it is possible to shoot prostitutes in order to get money after having sex with them. Even if many people were disgusted by this possibility, it is essential to point out that this is not the goal of the game. Rhetorically, a game where you may kill sexworkers is very different from a game where you must kill them in order to win.
[...] The third level is the one about goal rules: what the player must do in order to win. It deals with what the author states as mandatory within the simulation. While it is possible to have fun in Super Mario without rescuing the princess, the player cannot win unless he accomplishes this goal. Games with goal rules provide both a personal and social ward: whoever reaches the end of a game will be recognized as a good player. At this third level, simauthors funnel through all the available actions and encourage some that will lead to the winning scenario" (Frasca, 2003: 232-233).

Both Frasca categories show how far the Theory of Possible Worlds is interesting for us. Modal logic, which constitutes the core of this theory, adds to propositional logic the symbols □ ("It is necessary that") and ◊ ("It is possible that") to link, in our case, different events, characters and properties. If we carefully read Frasca's rules we can see how the manipulation rules are translated into ◊, while the rules of order can be expressed by □.

Thus, we can say that if the aesthetic and discursive structures determine the "what", "who", "why", "where" and "when" of the IWR construction, the game rules come to establish the relations between all of them, the system and the player.

Game experience: possible world and narrative experience

So far we have constructed a proposal on game design from a reference world (level of values) built by the designer and some aesthetic and discursive components to a surface level that can be interacted by the player. In this section we will deal with the game experience: different possible worlds shaping up through interaction and its translation into narrative experiences.

One of the most remarkable features of any story is the pre-established order in the sequence of events. The arrival of the interaction enables the player to recombine the elements that the designer has created as a game

space or diegese. Thus, the IWR is always destined to be modified and recombined by a further user, the player, in an interactive and ludic diegese while the possible worlds generated by these actions become, at the end, narrative experiences.
The gaming experience is not a quantifiable or rigid concept: it is rather the immersion that the player experiences through the recombination of the IRW and in all possible states of each new world (in other words, the actual world). Not all players have the same experience, not all have the same expectations and requirements or build the same possible worlds with the same intensity. However, when the gamer's direct experience gets narrativized, narrative experiences appear: that is the case of explaining the last saved game to a friend, remembering or fantasizing about the next game or even dreaming about our latest adventures in our favorite fantasy world or attending to collective events where experiences are shared. And that is because "living real life is not living narratively; you only live this life narratively when it is interpreted as a story in someone's mind. If this interpretation is made explicit in a text, oral or written, then it has built a story. Only through the interpretation and/or the text true life experience stories can be obtained" (Ruiz Collantes, 2008: 20-21). The following chart presents, in summary, how the Theory of Possible Worlds is useful from the conception and design of a video game to players' narrative experiences:

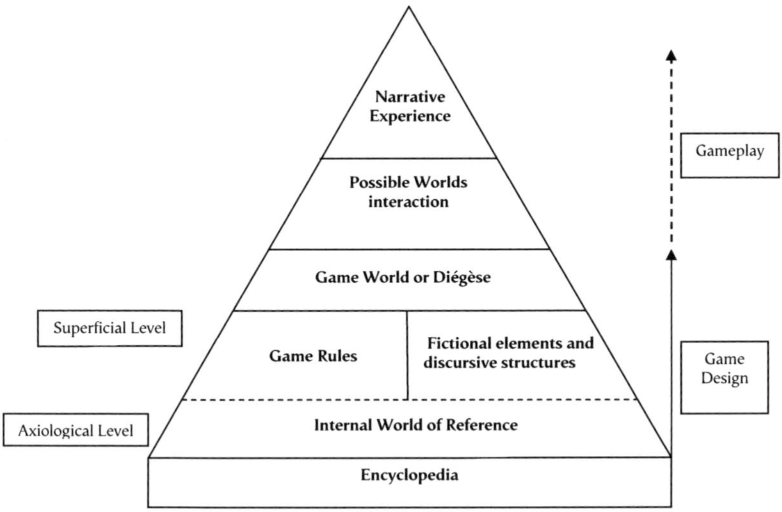

Source: self-elaboration

So far, we have analyzed and proposed a ludofictional structure based on Possible Worlds. In the next section we propose a typology of all possible worlds and their impact on the ludofictional system.

Ludofictional world structure: the worlds system

The Possible Worlds Theory approach has been articulated from the field of literary studies, by Pavel (1986), Ryan (1991), Albaladejo (1998) and Dolezel (1999), among others. In this sense, the adaptation of a philosophical model (discussed and proposed, among others, by Leibniz, 1982, Kripke, 1980 and Lewis, 1986) to the literature has led to a reappraisal of the notion of fiction and its role as a cultural object. However, how can we structurally configure all possible worlds of fiction in an interactive and ludic context?

Here we propose a macro-structural analysis of a triad of values that constitutes, in relation to the model of meaning suggested above, a first approach to the video games as ludofictional worlds. These properties are Actuality, Necessity and Possibility.

Actuality implies, taking the perspective of the philosopher David Lewis, to assume that the actual world is one in which we are now, just as another person's actual world is the one in which he is now (1986: 92-

93). In the context of a video game, this value is obtained from the following question: is currently the character in such a Possible World? On the other hand, the Possibility and Necessity establish different types of worlds, some only accessible and others necessary for the progress of the game, and they can be identified through the following questions: is the Possible World ludic and fictionally possible in connection with the ludofictional system or any of its components? Is the Possible World structurally necessary for the coherence of ludofictional system or for any of its components?
From the relationship of these variables we can obtain the following chart:

		Actuality	**Possibility**	**Necessity**
1	Primary Possible World	Yes	Yes	Yes
2	Secondary Possible World	Yes	Yes	No
3	Failed Possible World	Yes	No	No
4	Narrative Internal Possible World	Yes	No	Yes
5	Extra-ludofictional Possible World	No	No	No
6	Narrativa External Possible World	No	No	Yes
7	Primary Goal-Oriented Possible World	No	Yes	Yes
8	Secondary Goal-Oriented Possible World	No	Yes	No

Source: Self-elaboration

These possible worlds can be grouped into the following categories:

Primary Possible Worlds: Numbers 1 and 7.

All of them are necessary and, therefore, should be part of the central structure of the ludofictional world. Thus the set of "worlds 1" is one in which the fictional character is present, it can be completed and it also needs to be completed to progress through the game: it is, therefore, the backbone of the whole network of worlds. This basic structure is working with another major world, "world 7", which provides the projection and main objectives of future possible worlds: that is, "world 7" can be a short term or long term objective. The player has to complete "world 1" in order to accomplish the "requirements of "world 7" and, then, gain access to another "world 1". However, in some cases the last "world 7" becomes impossible to access (the Possibility property then becomes negative because another player has solved first); while in other cases it has to be accessed to finish the game.

Secondary Possible Worlds: Numbers 2 and 8.

Possible worlds are proposed to the player and he can accept playing them without destabilizing the general structure of the ludofictional world. This does not mean that these worlds cannot have any influence on the structure (for example, helping the hero in the determination of different game ends), but its lack of necessity therefore implies a restriction.

Goal-Oriented Possible Worlds: Numbers 4 and 6.

This type of worlds allows players to understand the reasons — or establish their own reasons — for the progress in the ludofictional system. In fact, these objectives are dependent on both Primary and Secondary possible worlds: that is, these goal-oriented worlds exist and are necessary not only for the ludofictional system but also for certain worlds in particular. This is because the goal of a world is linked to its own existence and thus, if the world exists, the objective automatically gets the property of necessity.

Narrative Possible Worlds: Numbers 3, 4, 5 and 6.

This category involves the audiovisual dimension of all possible worlds: in "worlds 4", a more or less interactive in game scene, sets the objectives to follow, while in "worlds 6" there is a suspension of the actuality property, showing a little film or cut scene. Similar to the previous category, cut scenes are dependent on some concrete worlds or they are used to link between different worlds.

Extra-ludofictional Possible Worlds: Worlds 3, 4 and 5.

This category configures a set of worlds which, for various reasons, cannot be integrated in the ludofictional structure. Thus, "world 5" is the most singular. It can neither be upgraded, nor is it possible or necessary. That is, a world that does not take part or participate in the system of worlds. On the other hand, "worlds 3" and "4" require different degrees of exclusion. Thus, in the case of "world 3", the player is in a world that cannot be played and there is no need to be played, and the same thing happens with "world 4", except that here it is an essential world for the structure. In both cases the game incurs in an error — the game crashes, the computer freezes.

Thereby, a ludofictional world shall consist of at least one Primary Possible World and, of course, its corresponding goal-oriented possible world, but also all those other worlds the designer has decided to implement. In the following section we will make a brief analysis of two mainstream video games that would allow us to see how far ludofictional contemporary worlds have reached a high degree of complexity.

World structure and game experience: a comparison between *Civilization V* and *The Elder Scrolls V: Skyrim*

Civilization V (Firaxis Games, 2010) is the fifth product of the famous turn-based strategy series for PC. In this game, the player has to lead his civilization through social, economic and political evolutions to achieve some of the game objectives. In this sense, the Primary Possible World has as Primary Goal-Oriented Possible World any of these: The PW of Conquest — "the civilization reaches territorial hegemony being the only one that retains its capital" —, the PW of Culture — "the civilization reaches a cultural victory with Project Utopia" —, the PW of Science — "the civilization builds a space shuttle powerful enough to colonize space" —, the PW of Diplomacy — "the civilization leader becomes the most important member of the United Nations organization" —, and, as PW closure, the civilization with the best score by the year 2050. This is a multiplayer game — multiplayer or against an AI — so, according to the law of non contradiction, only one player can achieve one of these types of worlds.

Thus, *Civilization V* offers five different Primary Possible Worlds that channel the whole structure of the game and allow players to decide what other Primary Possible World they will play. Therefore, the player's choice not only defines a future goal, but the entire evolution of the civilization: if you choose military domination, the strategy should be geared towards creating troops, while the cultural or scientific strategy leads to the construction of buildings and the acquisition of intellectuals and scientists.
Considering that it is a complex game, *Civilization V* foresees a Secondary Possible World named "tutorial" that explains the basic principles of the five Primary Goal-Oriented Possible Worlds and also shows the internal structures and game mechanics. Thus, the game is not proposing a set of different Primary Possible Worlds but one that must evolve in relation to a specific Primary Goal-Oriented Possible World. This scheme can be summarized as:

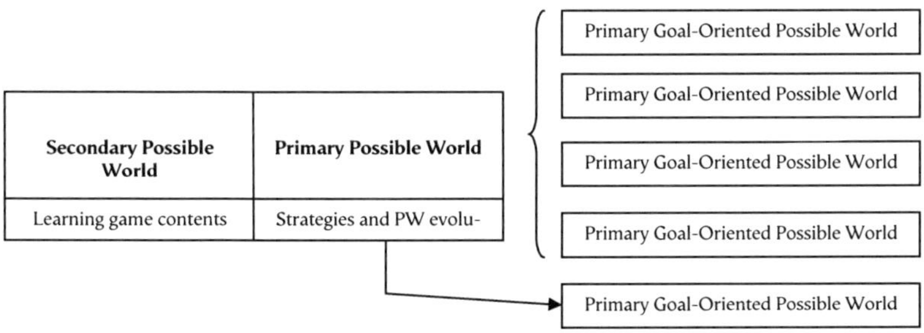

Source: Self-elaboration

Furthermore, players can choose to start their game experience from a possible world, — the tutorial is not necessary — or, if the player knows the game mechanics, he can start modifying the Primary Possible World using a concrete strategy: belligerent, diplomacy — good relations with other nations, cultural or scientific, — investing in libraries and research centers with public funds. The Primary Goal-Oriented Possible World number 5 — the score in 2050 — is the world that closes the game by default to avoid leaving it unfinished.
On the other hand, *The Elder Scrolls V: Skyrim* (Bethesda Softworks, 2011) raises the Dovakhiin legend, a story about a hero who inhabits a world with many possibilities whose destiny will lead him to fight against Alduin, a dragon God. *Skyrim* follows the trail of the modern online role

playing game: large areas to explore with multiple quests, so its structure is very different from the one in *Civilization V*.

Skyrim establishes a central axis by a chain of Primary Possible Worlds leading the hero to his fight against the Dragon and his adventures through different cities, monasteries and mountains: all these state changes – from the beginning of each mission to the conclusion – become most difficult, complex and fictionally more powerful throughout the game.

On the other hand, the game offers a set of Secondary Possible Worlds of two types: the first comprises the various quests the player can take to improve his level in the game. These kinds of possible worlds are not necessary and therefore have no direct impact on the structure of the Primary Possible Worlds. The second category of the Secondary Possible Worlds is a system of random missions that can be found or not related to the first type of secondary worlds. In this case, the ludofictional boundaries are extended without breaking the consistency of the world and, simultaneously, generating a sense of endless adventures. The conjunction of worlds creates the following structure:

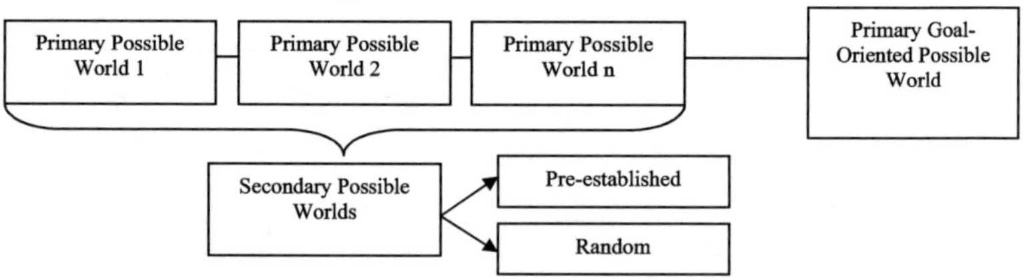

Source: Self-elaboration

This type of worlds – primary, secondary and secondary-random sets –, are grouped in a different way in *Skyrim* or *Civilization V*. Firstly, the gaming experience in *Skyrim* is not exclusively oriented to an objective, but allows a free use of the options proposed by the possible worlds. So, while the game of Firaxis Games promotes competitiveness and strategy, the Bethesda game offers a further exploration of a given ludofictional world. Secondly, the *Skyrim* secondary worlds are difficult to separate from the core structure, while in *Civilization V* such worlds hardly take on an educational role.

	Civilization V	**The Elder Scrolls V: Skyrim**
Primary Possible Worlds	A unique Primary Possible World	Several chained Primary Possible Worlds
Secondary Possible Worlds	Tutorial	Pre-established and random
Goal-Oriented Possible Worlds	5 Primary Goal-Oriented Possible Worlds	1 Primary Goal - Oriented Possible Worlds Several Secondary Goal-Oriented Possible Worlds (pre-established and random)

Source: Self-elaboration

The Theory of Possible Worlds, suitably adapted to the particularities of video games, is a good perspective for understanding the complex worlds of video games as well as its fictional content and the game rules. In this way, and once the division between the rules of play and the narrative potential of video games is solved, the idea of a world seems appropriate for the establishment of an analysis system that does not marginalize any of the options. Thus, the idea that video games are actually large ludofictional structures in which an external user can perform certain actions or find himself forced to do something in a closed context is very interesting. In this chapter we have proposed a first glimpse of what the theory can be but, in any case, there are still many possible worlds to discover.

This work is part of the research project "Cultura audiovisual y representaciones de género en España: mensajes, consumo y apropiación juvenil de la ficción televisiva y los videojuegos" (Audiovisual culture and gender portrayal in Spain: messages, consumption and appropriation of television fiction and video games by the young) ref. FEM2011-27381, financed by the Ministry of Economy and Competitiveness, Spain.

References

Albadalejo, T. (1998). Teoría de los mundos posibles y macroestructura narrativa. Análisis de las novelas cortas de Clarín. Alicante: Publicaciones de la Universidad de Alicante.

Cuadrado Alvarado, A. (2008). Los Sims: del software toy al cine interactivo. iEnter, Jornadas sobre entretenimiento audiovisual interactivo. Barcelona, 28-29 February.

Cuadrado Alvarado, A. (2004). El imaginario de la creación de vida artificial y los personajes virtuales. Revista Internacional de Comunicación Audiovisual, Publicidad y Estudios Culturales, 2, 13-29.
Dolezel, L. (1999). Heterocósmica. Ficción y mundos posibles. Madrid: Arco libros.
Eco, U. (1993). Lector in Fábula. Barcelona: Lumen.
Frasca, G. (2003). Simulation versus Narrative: Introduction to Ludology. In M. Wolf & B. Perron (Ed.). The Video Game Theory Reader (221-236). New York: Routledge.
Gómez García, S. (2007). Videojuegos: el desafío de un nuevo medio a la Comunicación Social. Revista Historia y Comunicación Social, 12, 71-82.
Greimas, A. J. (1987). Semántica estructural: investigación metodológica. Madrid: Gredos.
Greimas, A. J. (1982). Semiótica: Diccionario razonado de la teoría del lenguaje. Madrid: Gredos.
Greimas, A. J.(1970). Du sens: essais semiótiques. Paris: Seuil.
Jenkins, H. (2004). Game design as narrative architecture. In N. Wardrip-Fruin & P. Harrigan (Eds.). First Person: New media as story, performance and game (118-130). Cambridge: The MIT Press.
Juul, J. (2010). A casual revolution. Reinventing video games and their players. Cambridge: The MIT Press.
Kripke, S. (1980). Naming and Necessity. Cambridge: Harvard University Press.
Leibniz, G. W. (1982). Principios de la Naturaleza y de la Gracia fundados en razón. In Ezequiel Olaso (Ed.). Escritos filosóficos. Buenos Aires: Editorial Charcas.
Lewis, David K. (1986). On the plurality of worlds. Oxford: Blackwell
Ruiz collantes, X. (2008). Juegos y videojuegos. Formas de vivencias narrativas. In A. Scolari, Carlos (Ed.). L'homo videoludens. Videojocs, textualitat i narrativa interactive (15-52). Vic: Eumo Editorial.
Pavel, T. (1986). Fictional Worlds. Cambridge: Harvard University Press.
Ryan, M.L. (1991). Possible worlds, artificial intelligence and narrative theory. Bloomington: Indiana University Press.
Ryan, M.L. (2004). La narración como realidad virtual. La inmersión y la interactividad en la literatura y en los medios electrónicos. Barcelona: Paidós.

Literature for quick access

Jenkins, H. (2004). Game design as narrative architecture. In N. Wardrip-Fruin & P. Harrigan (Eds.). First Person: New media as story, performance and game (118-130). Cambridge: The MIT Press.
Pavel, T. (1986). Fictional Worlds. Cambridge: Harvard University Press.
Ryan, M.L. (1991). Possible worlds, artificial intelligence and narrative theory. Bloomington: Indiana University Press.

RAFAEL BIENIA

Das Computer-Rollenspiel-Genre

Abstract

Role-playing games seem to be a paradox for themselves, as they include 'play' and 'game'. While role-playing games encourage a systematic approach, as described recently in Game Studies (Juul, 2005), role-playing requires a different approach. Backed on recent role-playing studies (Hitchens & Drachen, 2009; Montola, 2012), this article suggest therefore a twofold approach towards the computer role-playing genre, including single-player and multiplayer games. The theoretical concept of 'consequence' serves as a unifying element and explains that both can exist separately but are able to mix. The aim of this text is to clarify confusion between two 'Spielweisen' or modes of play when dealing with role-playing games.

Einleitung

Das Computer-Rollenspiel gehört neben dem Pen & Paper Role-Playing Game (P&P RPG) oder Tischrollenspiel und dem Live Action Role-Playing (Larp) oder Live-Rollenspiel zu den drei prominenten Genres deswestlichen Rollenspiels. Im Computer-Rollenspiel dient die synthetische Welt (sensu Edward Costronova) als Spielort und erlaubt die Spielhandlung. Das P&P RPG bedient sich primär der verbalen Kommunikation, um die Spielwelt zu beschreiben sowie um die Charaktere mittels Beschreibung oder direkter Rede in dieser zu „bewegen". Im Live-Rollenspiel wird die Umgebung mit einbezogen, sodass man in Polen Larp auch als „Graterenowa" (Geländespiel) bezeichnet. Als klassisches Beispiel gilt ein Waldstück als Veranstaltungsort, der mittels Requisiten zur Kulisse für ein fantastisches Setting umgestaltet wird, in dem jeder Teilnehmer eine Rolle verkörpert. Die Handlungen des Spielers gelten übertragen als Handlungen der Spielfigur.

Die Entwicklung von Rollenspielen im 20sten Jahrhundert ist dem P&P RPG *Dungeons & Dragons* (Gygax & Arneson, 1974) zu verdanken, welches die drei genannten populären Genres des modernen Rollenspiels bis heute am stärksten prägt. Direkte Vorläufer sind die so genannten „table top strategy war games", die sich aus dem preußischen *Kriegsspiel* von Georg Leopold von Reiswitz (1812) entwickelt haben. Teilnehmer übernehmen in diesen die Rolle eines historischen Generals, um basierend

auf der historischen Grundaufstellung einer Schlacht eigene Entscheidungen zu treffen. Die aktuelle Forschung geht davon aus, dass Vorläufer von Rollenspielen bereits in den letzten Jahrtausenden existiert haben (Harviainen, 2011; Montola, 2012; Morton, 2007). So fand die US-amerikanische Journalistin Lizzie Stark heraus, dass unter anderem eine Hybridform von Brettspiel und Kostümspiel in Kanada in den 1940er Jahren von Studenten veranstaltet wurde; dreißig Jahre vor *Dungeons & Dragons*. Die Frage nach den Ursprüngen zeigt, dass das moderne Rollenspiel ein kultureller Gegenstand ist, der mehr mit sozialen Praktiken unserer Gesellschaft verwoben ist, als der erste Blick erscheinen lässt.
Dieser historische Abriss soll als Orientierung dienen, um eine Kontextualisierung des Computer-Rollenspiels als Genre des modernen Rollenspiels zu ermöglichen.[1] Als Grundlage wird eine ausführliche theoretische Einleitung dienen, die das vorherrschende beengte Verständnis von Rollenspiel in der Spieleforschung zu beheben versucht. Als prominentes Beispiel kann Jesper Juuls Klassifizierung von (Pen & Paper-)Role-Playing Games als „borderline cases" von „classic games" gelten (2005). Juul begründet seine Klassifizierung mit der Tatsache, dass beim P&P RPG ein menschlicher Spielleiter dazu verleitet werden kann, die Regeln zu brechen. Feste Regeln sind dagegen definitorische Größen von „classic games" und da das Rollenspiel diese Regel nicht erfüllt, kann man es nicht als „classic game" bezeichnen. Betrachtet man alternative Tischrollenspielformen wie die Jeepform oder auch gewisse Ausprägungen von Live-Rollenspiel, so ist es möglich, auf den Spielleiter als Person zu verzichten. Spieler selbst können diese ‚Rolle' übernehmen, sodass es nicht notwendig ist, Rollenspiele mittels eines Spielleiters oder Schiedsrichters zu definieren, wie Montolas Ausführungen zeigen (2012: 116). Folgt man der Unterscheidung von „games" und „play" oder *ludus* und *paidia* im Sinne Caillois (1938), so ist es zu erklären, das Rollenspiele beide Spielmodi erlauben, was der englische Begriff Role-*play*ing *Games* ausdrückt. Während im Deutschen das Wort „Spiel" beides bezeichnet, unterscheidet das Englische „game" und „play". Es sind also Mischformen denkbar in Spieldesign und Spielweise, die nicht rein dem „classic game" zuzurechnen sind, gleich ob Pen & Paper, Computer- oder Live-Rollenspiel.
Eine strukturalistische Definition, die sich ausschließlich auf die ludischen Aspekte bezieht, kann daher das Rollenspiel nicht vollständig begreifen. Um diese Lücke zu schließen, folgt dieser Beitrag Markus Montolas Dissertation *On the Edge of the Magic Circle: Understanding Role-*

[1] Eine Historie des Computer-Rollenspiels leistete Matt Barton in *Dungeons & Desktops* (2008).

playing and Pervasive Games (2012, in Druck). Montola integriert sowohl Hitchens und Drachens (2009) strukturalistische Definition von Rollenspielen als ludische Spiele („games") als auch eine Definition von Rollenspiel als *paidia* („play"). Der Unterschied zwischen „Rollenspiel spielen" („role-playing game") und „Rollenspielen" („role-playing") wird dazu dienen, beide als zwei Spielweisen zu unterschieden, um eine einseitige Beschreibung zu verhindern. Damit wird dieser Beitrag der Spielerperspektive gerecht und ergänzt eine Betrachtung des Computer-Rollenspielgenres um eine soziologische Perspektive, wie sie Garry Crawford in *Video Gamers* (2011) als notwendigen Schritt in den Game Studies befürwortet. Das Spielerverhalten des Akteurs, seine Umgebung und seine Spielpraktiken standen bisher kaum im Fokus der Forschung und ihre Betrachtung ermöglicht neue Erkenntnisse.[2]

Das Role-Playing Game oder die strukturalistische Definition von Rollenspiel

Erste Publikationen über das Rollenspiel erschienen bereits in den 1980ern (Fine, 1983). Eine neue Blüte erfuhr die theoretische Auseinandersetzung mit diesem Hobby dank Online-Newsgroups und Internet-Foren in den 1990ern.[3]

Seit der Jahrtausendwende versammeln sich in Nordeuropa Spieler auf sogenannten Conventions, um Rollenspiele zu spielen sowie zu diskutieren. Diese Spielertreffen brachten eine neue Welle an (an wissenschaftliche Publikationen angelehnte) Veröffentlichungen mit sich (vgl. z. B. die Knutepunkt-Bücher seit 2001). In den vergangenen Jahren entstand eine vollwertig akademische Betrachtung von Rollenspiel, die neue Impulse mit sich bringt.[4]

Hitchens und Drachen (2009) bestimmen in Ihrer strukturalistischen Definition Rollenspiel anhand von sechs Elementen: Spielwelt, Teilnehmer,

---

[2] Für eine rein deskriptive Klassifizierung von Computer-Rollenspielen nach Subgenres, Plattform, Erscheinungsjahr, Hersteller und Spielperspektive vergleiche man die umfassende Liste auf <http://www.mobygames.com/browse/games/role-playing-rpg/> (Letzter Zugriff: 22.10.2012).

[3] Für einen detaillierten Überblick über die entstandenen Rollenspiel-Modelle empfiehlt sich John H. Kims Website <http://www.darkshire.net/jhkim/rpg/> (Letzter Zugriff: 22.10.2012).

[4] Ein klärendes Beispiel ist der Artikel *The many faces of role-playing* (2009). Hitchens und Drachen definieren Rollenspiele nicht als Randerscheinungen von Spiel („game"), sondern beschreiben sechs Elemente, die ein modernes Rollenspiel definieren. Hierbei ist es zu erinnern, dass diese Definition alle drei Genres beschreiben kann: P&P RPG, Larp und Computer-Rollenspiele (CRPG).

Charakter, Spielleiter, Interaktion und Erzählung. Damit erlauben sie die strukturellen Komponenten von Rollenspiel genauer zu bestimmen. Spieler erforschen eine imaginäre Spielwelt, wobei sie nicht an einen linearen Weg gebunden sind, sondern ihre Charaktere frei bewegen können. Die Teilnehmer werden unterschieden in Spieler, die individuelle Charaktere kontrollieren, und Spielleiter, die alle weiteren Elemente, wie Nicht-Spieler-Charaktere (NSC) und die Gestaltung der Spielwelt, kontrollieren.[5] Der Spieler versetzt sich in seinen Charakter und agiert, „als ob" er in dessen Haut stecken würde. Rollenspiel mit Charakteren unterscheidet sich damit von anderen Formen, wie dem Einnehmen von sozialen Rollen im Alltag (Partner, Arbeitnehmer, Freund) oder weiteren fiktionalen Spielarten wie zum Beispiel Improvisationstheater. Ein Spielziel des Rollenspiels ist die Entwicklung der eigenen Charaktere, insbesondere ihrer Fähigkeiten. Punkte drücken Erfahrung aus und werden im Spiel gesammelt. Der Spielleiter gibt die Spielregeln vor und steuert den Rest der Spielwelt. Mittels einer Rahmengeschichte (des so genannten „Plots") motiviert er die Charaktere zu handeln und strukturiert das sonst freie Spiel. Auf der ludischen Ebene fungiert der Spielleiter als Schiedsrichter. Spieler können durch Interaktion auf verschiedene Art in der Spielwelt handeln. Ihre Möglichkeiten werden beschränkt und ermöglicht durch die Spielregeln und den Charakter der entsprechenden Spielfigur. Ein Detektiv etwa in einem *Cthulhu*-Spiel wird andere Fähigkeiten und andere Eigenschaften mit sich bringen (z. B. Überzeugen) als ein Schläger (z. B. Faustkampf) und dementsprechend Situationen anders lösen. Der Spielleiter versetzt die Charaktere in eine Erzählung. Typische Erzählungen beginnen damit, dass Charaktere vor ein Problem gestellt werden oder eine Aufgabe bekommen. Das Lösen der Ausgangssituation liegt in Spielerhänden, der Spielleiter „spielt" die Reaktion der Spielwelt auf die Handlungen. Die Aufgabe des Spielleiters ist es, Handlungsspielraum zu ermöglichen, was eine intensive Vorbereitung im Vorfeldder Spielrunde bedeuten kann. Der Spielleiter ist als eigenständige Instanz umstritten, und kann als Aufgabe betrachtet werden, die von Teilnehmern spontan übernommen werden kann (Arjoranta, 2011).

Hieraus leitet sich die erste Spielweise für das Computergenre ab, die das Rollenspiel als ein Spielsystem von Rollentypen (1) versteht. Der Fokus des Spielers ist nicht aus einer Figur heraus auf die Spielwelt gerichtet, sondern blickt auf das gesamte Spielfeld mit allen Spielfiguren aus einer

[5] Charaktere sind Spielfiguren, die in der Spielwelt agieren. NSC übernehmen gewöhnlich Aufgaben, wie das Darstellen von friedlichen und feindlichen Bewohnern der Spielwelt.

„externen Position“ (Ryan, 2004). Die Spielweise konzentriert sich darauf, die Eigenschaften der Spielfiguren einzusetzen, um das Spielsystem zu schlagen. Im Jargon nennt sich diese Spielweise „Roll-playing“ im Gegensatz zu „Role-playing“. Roll-playing wird meist assoziiert mit einer gewinnorientierten Spielweise gegen das System. Handlungsziel ist es, die Würfel im P&P RPG oder die Zufallsgeneratoren im Computer Rollenspiel (CRPG) zugunsten des Avatars „rollen“ zu lassen. Wie etwa beim Schach würde man das Rollenspiel aus der God's-View-Perspektive spielen und die Rollen, die gespielt werden, aus ihrer Funktion und ihren Fähigkeiten heraus spielen und nicht aus ihren individuellen Charakterzügen, die definiert werden durch eine persönliche Hintergrundgeschichte. „Spiel“ (1) in Rollenspielen ist zielorientiert. Der Fokus liegt nicht auf dem Erlebnis aus einem Charakter heraus, sondern auf dem taktischen Verständnis von Funktionsrollen (Nahkämpfer, Fernkämpfer etc.). Hier liegt der Grund für die Vermischung der beiden Spielweisen zu sehen, denn das ursprüngliche *Dungeons & Dragons* war bis zur dritten Auflage ein taktisches Kriegsspiel, das Spielfiguren und komplexe Berechnungen von Kampfmanövern beinhaltete. Erst Frank Metzners Beitrag zur dritten Auflage im Jahre 1984 ergänzte das Rollenspiel um erzählerische Aspekte, die für das „role-play“ verantwortlich sind.

Das Role-Play oder die Definition von Rollenspiel als „Mindset“

Montola entwickelt Satu Heliös Konzept von Rollenspiel als „Mindset“ weiter:

> „[...] role-playing is not seen as a system, but as a way of playing: Just like play in general is about constructing an additional layer of meaning on top of pre-existing brute and social reality, role-play in games is about constructing an additional layer on top of pre-existing social reality of the game used in play.“ (Montola, 2012: 119)

Mindset kann als geistige Haltung oder Denkweise verstanden werden, also eine Weise, wie gespielt wird. Diese Definition vom Rollenspielen bietet eine Ergänzung zu der strukturalistischen Definition nach Hitchens und Drachen (2009).
Im diesem Fall wird das Rollenspiel „aus einer Rolle heraus“ gespielt, um in eine imaginäre Spielwelt einzutauchen. Dieses Eintauchen wird als „Immersion“ bezeichnet, ein Konzept das bekannt ist aus der Narratologie. Im Unterschied zur narratologischen Verwendung geht es jedoch im Rollenspiel nicht nur darum, in eine Erzählwelt einzutauchen, sondern in dieser Handlungsfähigkeit zu erlangen. Während beim Lesen eines

Buches der Leser dem Erzähler folgt, wird im Rollenspiel der Spieler zum Leser und Erzähler in einer Person, sowohl für sich als auch für die anderen Spieler. Weiterhin kann das Rollenspielen als Erzählung geformt werden. Dies geschieht als Erinnerung des Spielers kurz nach der Spielszene oder nach Spielende, wenn das Spiel in Nacherzählungen manifestiert wird, so zum Beispiel im Charakter-Tagebuch oder ähnlichem. Während des Spiels selbst wird nicht eine Geschichte erzählt, sondern Handlung verbal beschrieben. Der Unterschied liegt darin, dass eine Geschichte einem Verlauf folgt, während eine Handlung, selbst wenn sie erzählt wird, mittels des Zufallsprinzip festgelegt wird, das im P&P Rollenspiel durch Würfel und im CRPG durch Zufallsberechnung. Den Rahmen bildet die Rollenspiel-„Erzählung", die der Spielleiter – oder analog der *Game Designer* – anbietet. In der Regel spricht man von einem „guten" Rollenspiel, wenn es dem Spieler überlassen wird, sich auf diese Rollenspiel-„Erzählung" einzulassen oder nicht.

Der Reiz im Rollenspielen (2) liegt darin, die Spielwelt zu erleben, „als ob" man ein Teil von ihr wäre, um in ihr zu handeln. Dieses Eintauchen in eine fiktionale Welt ist bereits Gegenstand früherer Theoretisierung gewesen (Murray, 1997; Ryan, 2001) und trifft ebenfalls auf Online-Rollenspiele zu (Linderoth, 2008).

Das Angebot der Computer-Rollenspielwelten beschränkt sich zurzeit auf Genres der Fantastik (Fantasy, Science Fiction), wie prominente Beispiele zeigen (*Warcraft, Star Wars*). Nach dem frühen kommerziellen Scheitern von *The Secret World* (Funcom, 2012), das ein kontemporäres Setting im Horrorgenre bespielt, stellt sich die Frage nach der Massentauglichkeit von alternativen Erfahrungsräumen, die mittels Immersion betreten werden können. Es bleibt zu hoffen, dass das begrenzte Spektrum von Computer-Rollenspielen um Ideen aus dem Independent-Games-Bereich[6] erweitert wird. Die jüngsten Ergebnisse aus der Liverollenspiel-Forschung zeigen u. a., dass im Larp Immersion eine neue Qualität erreichen kann. Die nordische Rollenspielgruppe *Viåkerjeep* hat den Begriff „Bleed" geprägt (Montola, 2010). „Bleed" ist die Wechselwirkung zwischen Spieler und Spielcharakter. Empfindet zum Beispiel der Spieler in einem Horrorszenario Furcht, so ist davon auszugehen, dass dies der Spielcharakter ebenfalls empfindet. Dies kann auch in der anderen Richtung möglich sein, wenn die Spielerin beispielsweise so sehr in ihre Rolle eingetaucht ist, dass sie die Furcht ihres Charakters selbst empfindet,

[6] Meist kleinere Entwicklerstudios ohne finanzielle Unterstützung seitens der Publisher.

obwohl sie sich im Grunde nicht vor der Situation fürchten würde, da sie als Spielerin um die Künstlichkeit der Situation weiß.

„Rolle" manifestiert sich im Computerspiel im Spielcharakter und in audiovisuellen Spielwelten im Avatar. Ziel dieser Spielvariante ist es, eine Rolle zu spielen. Die Perspektive des Spielers übernimmt teilweise die „interne Perspektive" (Ryan, 2004) aus einem Charakter heraus. Wenn man als Beispiel Schach als Rollenspiel spielt, so versetzt man sich in die Figur eines Bauern, Springers oder einer anderen Figur und erlebt aus dieser Sicht das gesamte Schachspiel. Durch die Begrenzung auf eine Figur treten deren individuellen Charakterzüge hervor. Wenn Rollenspiel von mehreren Personen durchgeführt wird, ist es wichtig, eine Kommunikationsmethode zu wählen, auf die sich alle einigen, um ihre Vorstellungen von der Spielwelt zu synchronisieren. Damit gelingt es jedem Spieler, durch seine Spielfigur auf dem gleichen „Schachbrett" zu spielen. Literarische Vorläufer für die Idee, Schach zu „rollenspielen", findet man in Lewis Carrolls *Through the Looking-Glass* (1874) sowie mit Bezug zu virtueller Realität besonders in Tad Williams' *Otherland*-Zyklus. Im ersten Band *City of Golden Shadows* (1996) werden die Protagonisten des Romans gezwungen, eine Schachrolle zu übernehmen.

Rollenspiel in dieser Spielweise folgt keinen vorgegebenen Strukturen und ermöglicht freie Bewegung, womit es zu *paidia* gerechnet werden kann (Caillois, 1938). Je nach gespielter Rolle können agonale Interessen verfolgt werden, die sowohl vom Charakter als auch vom Spieler motiviert wären.

Die Sichtweise, Rollenspiele als zwei Spielweisen zu begreifen, bringt den Vorteil einer umfassenden Definition von Rollenspielweisen, die sich ergänzen können aber nicht ausschließen müssen. Folgt man der strukturalistischen Beschreibung von Spiel, ist Rollenspiel als „game" zu verstehen, wie es zum Beispiel Juul verorten möchte: „Pen and paper Roleplaying games are not normal games because with a human gamemaster, their rules are not fixed beyond discussion" (Juul, 2003). Betrachtet man Rollenspielen als „way of playing", ist die zweite Spielweise erkennbar, die Montola (2009; 2012) ausarbeitet. Diese Unterscheidung kann an den Begriffen *ludus* und *paidia* (sensu Caillois) festgehalten werden. Rollenspiele als Spielgenre erlauben beide Spielweisen, die als Grundlage dienen werden, um im Folgenden das Computer-Rollenspiel-Genre näher zu beleuchten und eine neue Klassifikation anzubieten, die es ermöglicht, alle Rollenspielgenres am Computer einzuordnen.

Spielkonsequenz

Beide Spielweisen sind gebunden an eine entscheidende Komponente, die „Spielkonsequenz". Unter Spielkonsequenz verstehe ich, dass im Rollenspiel (1 und 2) jede Spielerhandlung eine Veränderung der Spielwelt hervorrufen muss. Rollenspielen etwa in einem Computerspiel (1) kann nicht als solches gelten, wenn im Beispiel von *The Witcher* (2007) Geralt den Elfen hilft und dies keine Konsequenz auf seine Kollaboration mit den Rittern der Brennenden Rose hat, die mit den Ersteren verfeindet sind. Computer-Rollenspiele ohne Spielkonsequenz sind schwer als Rollenspiele zu verstehen. Zum Beispiel ist *MassEffect 2* (2010) weniger ein Computer-Rollenspiel als ein Actionspiel mit Rollenspielelementen. Die Spielkonsequenz ist fast ausschließlich auf Dialoge beschränkt, wobei die Interaktion mit der Spielwelt auf ein Minimum reduziert ist. Das Interagieren mit Spielräumen ist reduziert auf das Öffnen von Türen, es hat keine Konsequenz dahingehend, ob der Avatar mit der Spielumgebung interagiert oder nicht. Diese Möglichkeit ist durch die Programmierung einfach nicht gegeben. Um Rollenspielen aus dem Spiel (1) zu ermöglichen, ist es entscheidend, dass das Game-Design dieses anlegt. Ein Gegenbeispiel zu *MassEffect 2* wäre *The Elder Scrolls III: Morrowind* (2002), das nicht nur Interaktion mit der Spielwelt erlaubt, sondern zusätzlich die Konsequenz der Spielwelt auf NPCs simuliert. Zum Beispiel reagieren computergesteuerte Figuren automatisch auf einen Sandsturm.

Für das Rollenspielen im Spiel (2) ist es wichtig, dass die Spielwelt auf das Rollenspiel des Spielers reagiert. Damit wird der Aufwand, Computer-Rollenspiele (CRPG) zu programmieren, schnell an die Grenzen geführt. Je realistischer das CRPG werden soll, umso mehr animierte und statische Objekte müssen auf den Spieler reagieren, um diesem mehr Interaktion zu erlauben. Vergleicht man das Computer-Rollenspielgenre mit dem Pen & Paper- oder Live-Rollenspiel, so wird deutlich, dass diese Spielweise durch den heutigen Stand der Programmierung nur eingeschränkt möglich ist. Die Handlungs- und Bewegungsfreiheit des Avatars in der Spielwelt ist begrenzt auf das Game Design. In *The Witcher* kann Geralt weder über Hindernisse springen noch andere Städte in den Nördlichen Königreichen außerhalb des Spielgebiets betreten. Im polnischen Pen & Paper-Rollenspiel *Wiedźmin: GraWyobraźni* (Marszalik et al., 2001) ist dies möglich. Eine Live-Rollenspielveranstaltung ist zwar ebenfalls räumlich gebunden an den durch die Spielleitung gewählten Ort, erlaubt aber eine weitaus größere Fülle an Handlungsmöglichkeiten, die den Avatar vielleicht nicht ans Spielziel bringen, jedoch Rollenspiel als Spielweise intensiver, da realistischer machen. Auf die Rolle von Spielkonsequenz auf das Rollenspiel im Computer-Rollenspielgenre (1 und 2) gehe ich weiter unten ein.

Im Fall von „Spiel“ in Rollenspiel (1) ist es wichtiger, dass jede Spielhandlung die Spielfigur konsequent ans Ziel näher bringt oder sie davon entfernt. „Ziel“ ist in den meisten Definitionen von Spielen als definitorische Größe enthalten (Costikyan, 2002; Juul, 2005). Spielkonsequenz ist damit in beiden Spielweisen wichtig. Das Spiel muss Möglichkeiten bieten zu handeln sowie auf Spielhandlungen zu reagieren. Betrachtet man die Unterkategorien Singleplayer und Multiplayer im Computer-Rollenspiel, so verliert die erste Spielweise „Rollenspielen“ im Spiel in beiden Modi an Möglichkeiten der Spielkonsequenz. Computersoftware im Singleplayer Computer RPG kann zurzeit nur beschränkt auf Handlungen reagieren und erlaubt eine geringe Variation von Interaktionsmöglichkeiten. Je komplexer das Game Design auf der Ebene von „Game Structure“, „Game World“ und „Game Play“ (Aarseth, 2003: 2), desto vielseitiger ist das Rollenspielen möglich. Wird Software ergänzt um menschliche Mitspieler, wie es das MMORPG erlaubt, so ist eine breitere Varianz an Rollenspiel und Spielkonsequenz möglich. Interne und externe Chatsoftware erlaubt es, die Spielmöglichkeiten zu erweitern, wenngleich dieses Spiel keine Konsequenz auf die Game Structure hat. Die Spielwelt und der Avatar werden durch zum Beispiel Chat-Rollenspiel nicht verändert und erfüllen nur im Rahmen der Spielrunde zwischen zwei oder mehreren Personen eine Spielkonsequenz.

Spielkonsequenz zeigt, wie wichtig diese Eigenschaft für das Rollenspielerlebnis ist, und Spielweisen zeigen, welche Weise von Rollenspiel davon profitiert. Diese Unterscheidung soll keine anderen Computerspielgenres ausschließen. Der Spielspaß bei *Magicka* (2011) zum Beispiel wird generiert, indem es Konsequenz hat, wenn man Magieblitze kreuzt. In den meisten Spielen hat es keine Auswirkung, wenn Energiestrahlen sich überlagern. *Magicka* macht es zum Spielprinzip und es ist möglich, die Zaubersprüche auf diese Weise mit seinen Mitspielern zu kombinieren. Da es das Charakter-Element nur auf eine rudimentäre Weise beinhaltet und seine Spielweise eher dem Action RPG und Adventure-Game-Genre ähnelt, kann *Magicka* jedoch nicht als Computer-Rollenspiel gelten. Spielkonsequenz ist hier ebenso wichtig wie für das Rollenspiel, jedoch ist im letzteren Fall Spielkonsequenz die Währung, die am stärksten ist. Je mehr die virtuelle Umgebung auf Spielerhandlungen reagiert, desto authentischer erlebt der Spieler die Illusion und desto einfacher gelingt die Immersion.

Singleplayer und Multiplayer

Singleplayer

Einzelspieler-Titel bewegen sich zwischen offenen Spielwelten, die nonlinear erforscht werden können, wie *The Elder Scrolls V: Skyrim* (2011), und Spielen, die die Bewegungsfreiheit einschränken. Der Spieler bewegt seine Figur durch einen fühlbar engen Korridor, der labyrinthisch aufgegabelt ist. In *The Witcher* (2007) wird Bewegung von vorgegebenen Pfaden beschränkt, der Avatar kann sich nicht über die Grenzen bewegen. Espen Aarseth führt den Begriff „ergodic literature“ ein. Ergodische Literatur verlangt vom Leser einen nicht trivialen Aufwand, um ein Vorwärtskommen zu ermöglichen (Aarseth, 1997: 1). Die Spielerhandlung wird auf das Aktivieren von vorgefertigten Handlungsabschnitten reduziert, die automatisch ablaufen. „Railroading“ ist ein weiterer Begriff, der auf dieses Spielererlebnis aufmerksam macht und als Schienenmetapher („rail“) darauf hinweist, dass Spielerhandlungen innerhalb dieser vorgefertigten Bahnen geführt werden („roading“).

Ludisches Spielen (1) in *The Witcher* wird bestimmt durch den sportlichen Geist, gewinnen zu wollen. Es gilt, das System zu verstehen und den optimalen Weg durch das Spiel zu finden. Die zahlreichen Einstellmöglichkeiten und Spielhandlungen reizen mit ihrer Fülle und Verschachtelung diejenigen Spieler, die auf Strategie und Taktik setzen, wie zum Beispiel „Theorycrafter“, die die Algorithmen der Programmierung mittels systematisch variierter Spielhandlung austesten, um die schnellsten und effektivsten Strategien herauszufinden (Paul, 2011). Hier ist die Verbindung von Rollenspiel mit Strategiespieldeutlich. Das erste *Dungeons & Dragons* wurde 1974 als taktisches Kriegsspiel ausgelegt. Erst Frank Mentzer führte mit der zweiten Überarbeitung des Systems in *Dungeons & Dragons Set 1: Basic Rules* (Gygax & Arneson, 1983) Rollenspielen als Spielweise (2) ein.

Der „Spielleiter“ wird hierbei von der Spielsoftware gestellt. Weitere „Teilnehmer“ entfallen ebenfalls und spielen erst eine Rolle, wenn der Spieler Metagaming betreibt. Metagaming bezeichnet den Fall, wenn ein Spieler Hilfe von außerhalb des Spiels in Anspruch nimmt, wie zum Beispiel das Konsultieren von Komplettlösungen (Walkthroughs) und Veränderungen der Software mittels zusätzlicher Programme (Modding). Der Spieler wählt den „Charakter“ nicht, um sich mit ihm zu identifizieren, sondern um ihn als Spielfigur durch die „Spielwelt“ zu führen. Bei *The Witcher* handelt es sich um Geralt von Riva, dem Protagonisten nach den Romanen von Andrzej Sapkowski, die als Vorgaben der Spielwelt dienen. Diese wird als Gelände betrachtet. Ein Einfluss dieser Spielweise

im Rollenspiel ist anhand der Kartenfunktionen im Interface zu erkennen. Die „Interaktion" erfolgt zielgerichtet und auftragsbestimmt, was den Aufbau der Spielwelt unterstützt. Die Bewegungen des Avatars sind eingeschränkt (z. B. ist kein Springen über Hindernisse erlaubt) und die Spielwelt besteht nur aus den Gebieten, die für die „Erzählung" wichtig sind. Diese bietet eine Vielzahl an Optionen, moralische Handlungen auszuführen und die entsprechenden Konsequenzen zu ziehen. Entscheidet sich der Spieler dafür, einer Figur in der Spielwelt zu helfen, so kann es vorkommen, dass diese ihm in seiner Mission hilft. Entscheidet man sich zum Beispiel dagegen, Triss Merrigold zu unterstützen, zerbricht als Konsequenz deren Beziehung zum Protagonisten. *The Witcher 2: Assassins of Kings* (2011) hat die Spielkonsequenz verbessert und bietet sechzehn unterschiedliche Spielausgänge, abhängig von Entscheidungen während des Spiels. Die Eingrenzung der Handlungsmöglichkeiten führt hingegen zu einem Design, das auf der anderen Seite eine miteinander verwobene Erzählung erlaubt.
Rollenspiel (2) im Singleplayer-Modus zu betreiben ähnelt dem Lesen von Spielbüchern[7] oder Solo-Abenteuern, die in Deutschland spätestens mit dem *Das Schwarze Auge* (1984) P&P RPG bekannt geworden sind. Der „Spieler" übernimmt teilweise die Rolle des „Spielleiters" und ergänzt Spielmöglichkeiten, die die Computersoftware nicht leisten kann. Das Eingreifen in die Spielmechanik der *Elder Scrolls*-Titel gilt seit *Morrowind* (2002) als gängige Praxis. Mit einem von den Entwicklern veröffentlichten Programm ist es möglich, das Spiel an seine eigenen Vorstellungen anzupassen, indem neue Inhalte erstellt und zum Kernprogramm hinzugefügt werden können. Typische rollenspielerische Modifikationen (Mods) sind Veränderungen am Spiel, die die „Spielwelt" realistischer erscheinen lassen. So zum Beispiel wird es durch Mods möglich, stimmungsvoll die Konsequenzen von gewalttätigen Konflikten darstellen, indem bei einer definierten Anzahl von Treffern die Steuerung des Charakters schwieriger wird, da dieser „verletzt" ist. Die Städte werden mit mehr Nicht-Spieler-Charakteren (NPC) bevölkert, um das Gesamtbild einer lebendigen Stadt zu verbessern. Zusätzliche Bewegungen werden über Mods ermöglicht, die es beispielsweise erlauben, dass die Spielfigur

---

7 Die Hochzeit von Spielbüchern, auf Englisch Choose-Your-Own-Adventure-Books (CYOA), bildeten die Achtziger Jahre. Der Leser eines Spielbuches entschied sich nach einem Textabschnitt, wie die Geschichte weiter ging. Durch den Weiterverweis auf unterschiedliche folgende Textpassagen öffnet er zum Beispiel die Tür zu einem Keller oder untersucht das Dachgeschoss. In Deutschland war vor allem die *Einsamer Wolf*-Reihe von Joe Dever aus dem Goldmann Verlag verbreitet.

sich hinsetzen kann und trinken oder essen kann. Dies steigert das Rollenspielen, da solche Ergänzungen den Spielspaß erhöhen, indem sie die Spielwelt stimmiger simulieren.
Rollenspiel als Metagaming kann die Erfahrung der Einzelspielerwelt mit anderen Spielern verbinden, wenn über das Spiel Verbindungen geschaffen werden. Fanfiction, kreatives Schreiben inspiriert durch ein populäres Vorbild, transportiert die Spielerfahrung über das Spiel hinaus und lässt es in Kontakt mit anderen Spielern und deren Geschichten interagieren, wenn auch nicht im Spiel selbst, sondern über Kurzgeschichten, Blogs, Romane und andere literarische Formen, die von Fans produziert werden. Weitere reale Aktivitäten, wie das Ausspielen des Computercharakters als Charakter auf einem Live-Rollenspiel oder die Darstellung des Avatars im Cosplay[8], sind solche, die Rollenspiel außerhalb des eigentlichen Spiels erlauben, jedoch davon abhängig sind. Hier ist es möglich, dass andere „Teilnehmer" an der gleichen „Erzählung" mitwirken und es zu Interaktion mit anderen Spielern kommen kann. Auch wenn Rollenspiel im Singleplayer-Modus fremd anmuten sollte, ermöglicht es alternative, privatere Spielerlebnisse.
Abschließend ist zu sagen, dass das Spielen mit dem Rollenspiel als Spielsystem (1) häufiger ist als eigentliches Rollenspielen (2). Metagaming-Aktivitäten sind entscheidend, um Rollenspielelemente in ein vorhandenes Spiel zu integrieren. Hieraus entstehen interessante soziale Praktiken, die sich außerhalb des eigentlichen Spiels ereignen (Crawford, 2011).

Multiplayer

Massively Multiplayer Online Role-Playing Game (MMORPG) ist ein Genre der Computer-Rollenspiele, das mehrere Tausend Spieler über eine Internetverbindung verbindet. Server verteilen die Last von manchmal mehreren Millionen Spielern, indem sie Kopien der Spielweltüber Server anbieten. Rollenspiel im MMORPG ist am häufigsten vertreten auf teilweise explizit bezeichneten Rollenspiel-Servern, die wie im Beispiel *World of Warcraft* eigenen Regeln folgen.[9] Im Falle eines Bruchs

[8] Cosplay, kurz für „costume play", entstand in Japan, indem Fans ihre Lieblingsfiguren mittels oft selbst gemachter Kostüme darstellen (vgl. auch Lamerichs, 2010).
[9] So zum Beispiel stellt unter anderem Blizzard mit ihrer Role-Playing Realms Policy (<http://us.battle.net/support/en/article/roleplaying-policy>, letzter Zugriff: 22.10.2012) einen Verhaltenskodex auf. Dieser stellt Grundsätze auf, Rollenspiel und Spielkonsequenz zwischen Spielern als freiwilligen Kontrakt zu tragen, wird jedoch nicht zusätzlich mit einem Eingriff in den Code des eigentlichen Spiels verbunden.

können Spieler bei Mitarbeitern des Spieleentwicklers Blizzard Entertainmentgemeldet werden, was in bestimmten Fällen zu einer Abmahnung oder zu einem Spielverbot auf dem Server führen kann. Falls zwischen zwei oder mehreren Spielern Spielkonsequenz nicht eingehalten wird, hat dies erst in zweiter Linie Auswirkungen auf den Spieler. Da Rollenspiel (2) abhängig ist von Interaktion auf einer zweiten, da textuellen Ebene, wird der Mangel an Spielkonsequenz mit einem schlechten Ruf gestraft. „Schlechte" Rollenspieler werden von den Betroffenen und deren Bekannten gemieden und finden schwieriger Anschluss, wobei ein einfacher Avatar-Wechsel eine Möglichkeit gibt, den Spielkonsequenzen aus schlechtem Rollenspiel auszuweichen.

Generell kann man davon ausgehen, dass die Rollenspiel-Community sich untereinander kennt, denn es gibt in den bekannten MMORPGs wenige oder keine reinen Rollenspielserver, die auf die zweite Spielweise „Rollenspielen" ausgerichtet sind. Ausnahmen finden sich bei *The Lord of the Rings Online: Shadows of Angmar* (2007), das momentan einen separaten Role-Playing-Server anbietet, sowie *The Secret World* mit mehreren einsprachigen Servern, die dem Rollenspiel gewidmet sind. Auf diesen Servern werden regelmäßig Veranstaltungen von Spielern und Spielleitern organisiert, sie sind jedoch im Vergleich zum Modus Player-versus-Player und Player-versus-Environment-Servern wenig populär.

Wie in den Multi User Dungeons[10], den ersten Online-Rollenspielen, wird der Großteil der Spielhandlung mittels Texteingabe getragen. Im MMORPG bedient man sich der Chatfunktion oder weicht auf Zweitanbieter von Nachrichtensofortversandprogrammen (wie ICQ oder Skype) aus. Der Spieler erweitert die Möglichkeiten der Bewegung seines Avatars und der audio-visuellen Repräsentation der Spielwelt, wodurch das Spiel zusätzliche Handlungs- und Darstellungsmöglichkeiten bekommt. Mittels des Texts innerhalb des Chats übernehmen die Teilnehmer die „Spielleiterrolle" und schreiben die „Spielwelt" neu um. So wird z. B. ein im Hafen anliegendes Schiff durch Chat-Rollenspiel auf Reise gesetzt, während das eigentliche Schiff und die Avatare faktisch sich weiterhin im Hafen befinden. Eine solche Spielweise ist aufwändig, da das eigentliche Spiel über Texteingabe erfolgt. Die „Interaktion" mit anderen Spielern und der neu geschriebenen Spielumgebung erfolgt über Texteingabe, was gegenüber Telefonie und über Internettelefonie Zeit zum Lesen

[10] Das Multi User Dungeon oder Mehrspieler-Verlies entstand an der University of Essex, als Roy Trubshaw und Richard Bartle eine der frühesten *Dungeons & Dragons* Computer-Adaptionen, *Adventure* (1976), für mehrere Spieler entwickelten (Aarseth, 1997: 13).

und Formulieren von Eingaben erlaubt und den Gesprächsverlauf zurückverfolgen lässt. Es sind bei dieser Spielweise daher vergleichsweise hohe sprachliche und narrativ-kreative Voraussetzungen gefordert. Um die „Erzählung“ in einem MMORPG zu entwickeln, ist es notwendig, kreativ und spontan zu erzählen und sich dabei des Mediums Schrift auf korrekte und schnelle Weise zu bedienen. „Language Fluency“ ist ein Konzept, dass die Fähigkeit beschreibt, Sprache zu verstehen und einzusetzen (Lesen, Schreiben, Verstehen, Sprechen). Es wird besonders im pädagogischen Bereich erforscht (Pikulski & Chard, 2005). Zur sprachlichen Flüssigkeit ist ein gewisses Vorwissen notwendig. Auf der inhaltlichen Ebene wäre es die Hintergrundgeschichte um die Spielwelt, auch „Lore“ genannt, auf der formalen Ebene ein reicher Wortschatz.
Eine solche provisorische Spielumgebung verlangt von den „Teilnehmern“ viel, inspiriert jedoch zu weiteren Aktivitäten, um die „Interaktion“ in der „Spielwelt“ zu vereinfachen. Über so genannte „Add-on-Funktionen“ können bei den meisten MMORPGs Zweitprogramme geladen werden. So ist es möglich, die grafische Benutzer-System-Schnittstelle zu erweitern, um das Rollenspiel (2) zu vereinfachen. Programme erlauben das Erstellen von In-game-Profilen, die den eigenen Charakter detaillierter darstellen, als das Spiel es mittels graphischen und kinetischen Elementen ermöglicht.
Festzuhalten ist, das die erste Spielweise „Spiel“ (1) dominiert und das Metagaming in Rollenspiel (2) sozial und interaktiv geprägt ist (Consalvo, 2005). Die Unterscheidung von Singleplayer und Multiplayer weicht durch als Metagaming zählende Rollenspiel-Praktiken auf, die teils zwangsweise außerhalb des eigentlichen Spiels ausgeübt werden müssen. Metagaming verbindet daher Aktivitäten mit der Spielsoftware. Social-Networking-Möglichkeiten und das Einbeziehen der physischen Welt mittels Technologien wie Augmented Reality und Mobile Gaming werden sich in Zukunft weiterhin förderlich für die Entwicklung von Metagaming-Rollenspiel-Praktiken auswirken.

Konklusion

Um auf Rollenspiel als Konglomerat von Spielweisen im Computer-Rollenspiel aufmerksam zu machen, wurde der Unterschied zwischen zwei Spielweisen gemacht: „Spiel in Rollenspielen“ (1) und „Rollenspielen im Spiel“ (2). Damit ist es möglich, eine klare Unterscheidung zu treffen, um unterschiedliche Präferenzen seitens der Spieler und Spieldesigner genauer bestimmen zu können. Eine einseitige Definition - entweder als System oder Mindset - kann Rollenspiel nicht vollständig erfassen.

Damit trägt diese begriffliche Unterscheidung dazu bei, manches Missverständnis von Rollenspiel in den Game Studies zu klären.
Dieser Beitrag hat gezeigt, dass ein Grund für die Popularität des Computerspiels die Fähigkeit der Computertechnologie ist, Welten nicht nur zu repräsentieren, sondern darüber hinaus zu simulieren. Rollenspiele bilden ein System, wie diese Welten funktionieren können. Die Spielkonsequenz ist aufgrund der heutigen Möglichkeiten sehr begrenzt und anstelle einer echten Simulation mit gesteuerter Umwelt treten automatisch ablaufende Szenen und andere Spieler in die Bresche. Rollenspiel im Sinne zweier Spielweisen zu betrachten, erlaubt es, diese Spielwelten unterschiedlich zu betreten und zu verändern. Beide bieten unterschiedlich ausgeprägte Subgenres und Spieltitel sowie eine einzigartige Mischung, was die Vielfalt des Genres erklärt. Festzuhalten ist, dass im Computer-Rollenspiel-Genre das Spiel im Rollenspielen (1) sowohl auf der Ebene des Game Design als auch auf Seite der Nachfrage dominiert. Rollenspiel im Spiel (2) dagegen wurde vielleicht nicht verdrängt, spricht jedoch eine kleinere Gruppe Spieler an, als die eher gewinnorientierte Spielweise.
Festzuhalten ist weiterhin, dass Rollenspiele komplexe Spiele sind, die wiederum von einem Geflecht unterschiedlicher Spielweisen getragen und weiter entwickelt werden. Rollenspielen ist weitaus mehr als das konsequenzlose Eintauchen in eine imaginäre Welt. Die hier vorgestellten Spielweisen beeinflussen nicht nur das eigene Spielerlebnis, sondern formen die Spielwelt nachhaltig, da gemeinsam gespielt und die Erlebnisse miteinander teil. Konsequenz aus Spiel ist das konkrete Weiterbauen an einer imaginären Welt, die kommerzielle Rollenspielwelten eröffnet haben. Vorproduzierte Inhalte können grundlegend erweitert werden und artifizielle soziale Räume werden konstruiert, um diese Prozesse zu steuern. Inwieweit sich Spieler und Spieldesigner weiter beeinflussen, werden die Entwicklungen der Spielindustrie in den nächsten Jahren zeigen.

References

Aarseth, E. (1997). Cybertext: perspectives on ergodic literature. Johns Hopkins University Press.
Aarseth, E. (2003). Playing Research: Methodological approaches to game analysis. Proceedings of the 2003 DiGRA Conference Level Up in Utrecht.
Arjoranta, J. (2011). Defining Role-Playing Games as Language-Games. International Journal of Role-Playing, 1 (2), S. 3-17. <http://www.marinkacopier.nl/ijrp/wp-content/issue2/IJRPissue2-Article1.pdf> (letzter Zugriff: 15.09.2012)
Barton, M. (2008). Dungeons and desktops: The history of computer role-playing games. AK Peters.
Caillois, R. (1938). Le mytheetl'homme (Vol. 6). Gallimard.

Consalvo, M. (2005). Rule Sets, Cheating, and Magic Circles: Studying Games and Ethics. International Review of Information Ethics, 4. <http://www.i-r-i-e.net/inhalt/004/Consalvo.pdf> (letzter Zugriff: 22.10.2012)

Costikyan, G. (2002). I have no words & I must design: Toward a critical vocabulary for games. Computer, 4 (1), S. 9-33.

Crawford, G. (2011). Video Gamers. Routledge.

Fine, G. A. (1983). Shared fantasy: Role-playing games as social worlds. Chicago: University of Chicago Press.

Gygax, G. & Arneson, D. (1974). Dungeons & Dragons: Rules for Fantastic Medieval Wargames, Playable with Paper and Pencil and Miniature Figures. Tactical Studies Rules.

Gygax, G. & Arneson, D. (1983). Dungeons & Dragons. Basic Rules (3.Auflage). Lake Geneva: Tactical Studies Rules.

Harviainen, J. T. (2011). The Larping that is not Larp. Think Larp. Academic (S. 175–193). Presented at the Knuptepunkt 2011, Stockholm.

Hitchens, M. & Drachen, A. (2009). The many faces of role-playing games. International Journal of Role-Playing, 1 (1). <http://marinkacopier.nl/ijrp/wp-content/uploads/2009/01/hitchens_drachen_the_many_faces_of_rpgs.pdf> (letzter Zugriff: 22.10.2012).

Juul, J. (2003). The game, the player, the world: Looking for a heart of gameness. Level up: Digital games research conference proceedings. Utrecht University, The Netherlands.

Juul, J. (2005). Half-real: Video games between real rules and fictional worlds.

Lamerichs, N. (2010). Stranger than fiction: Fan identity in cosplay. Transformative Works and Cultures, 7.

Linderoth, J. (2008). The struggle for immersion.Narrative re-framing in World of Warcraft. In O. Leino, G. Calleja, & S. Mosberg Iversen (Hrsg.), Proceedings of the player conference. IT-University of Copenhagen, Denmark.

Montola, M. (2009). The invisible rules of role-playing: the social framework of role-playing process. International Journal of Role-Playing, 1(1), S. 22–36.

Montola, M. (2010). The positive negative experience in extreme role-playing. Proceedings of Experiencing Games: Games, Play, and Players-First Nordic Digra August 16-17, 2010, Stockholm, Sweden.

Montola, M. (2012). On the Edge of the Magic Cirle: Understanding Role-playing and Pervasive Games. Dissertation, University of Tampere.

Morton, B. (2007). Larps and their cousins through the ages. Lifelike, S. 245–260.

Murray, J. H. (1997). Hamlet on the holodeck: The future of narrative in cyberspace. Free Pr.

Paul, C. A. (2011). Optimizing Play: How Theorycraft Changes Gameplay and Design. Game Studies, 11(2).

Pikulski, J.J. & Chard, D.J. (2005). Fluency: Bridge between decoding and reading comprehension. The Reading Teacher, 58 (6), S.510–519.

Ryan, M.L. (2004). Narrative across media: The languages of storytelling. University of Nebraska Press.

Ryan, M.L. (2001). Narrative as virtual reality : immersion and interactivity in literature and electronic media. Baltimore: Johns Hopkins University Press.

Literature for quick access

Hitchens, M. & Drachen, A. (2009). The many faces of role-playing games. International Journal of Role-Playing, 1 (1). <http://marinkacopier.nl/ijrp/wp-content/uploads/2009/01/hitchens_drachen_the_many_faces_of_rpgs.pdf> (letzter Zugriff: 22.10.2012).

Montola, M. (2012). On the Edge of the Magic Cirle: Understanding Role-playing and Pervasive Games. Dissertation, University of Tampere.

STEFAN HÖLTGEN

Game Circuits. Platform Studies und Medienarchäologie als Methoden zur Erforschung von Computerspielen

Abstract

The following chapter combines the theory and method of computer game Media Archaeology and Platform Studies. After defining the terms and history of archaeological media theory since the early 20th century I will summarize the definition and program of the 2009 established Platform Studies as a part of US-American Cultural Studies. Then I give two examples of early microcomputer (game) phenomena (e.g. illegal opcodes and programming errors) which can show how Media Archaeology of computer games can be used to contribute (historical/technical) informatical aspects to a wider range media epistemology of the microcomputer.

Was hat sich eigentlich am Spiel und am Spielen verändert, als der Computer das Spielfeld be- und als Medium zwischen die Spieler trat? Dieser Frage gehen sowohl die *Medienwissenschaft(en)*[1] als auch die *Game Studies* nach, welche die Möglichkeiten und Wirklichkeiten von Spielen vor dem Hintergrund der Turingmaschine untersuchen. Die Fragen richten sich dabei auf Einzelaspekte von Interaktivität zwischen Spieler und Spielgeschehen/-figur, der Narration und den Genres von Spielen, der Geschichte, den ästhetischen Einzelaspekten wie Sound, Grafik, Perspekti-

[1] Der vorliegende Text versteht sich als ein Beitrag einer im Singular verstandenen Medienwissenschaft, die zuvorderst den Kanal und nicht den Mediennutzer oder -inhalt aspektiert. Da unter dem plural-medienwissenschaftlichen Komplex „Game Studies" bislang betriebenen Zugriffe auf Computerspiele zumeist aus soziologischen, ästhetisch-hermeneutischen oder kulturwissenschaftlichen Perspektiven stattfanden, hält es eine medienarchäologisch operierende Medienwissenschaft daher an der Zeit und für erforderlich, das technische Apriori des Mediums Computer und Computerspiele (wieder) ins Bewusstsein zu rufen. Dies kann nur in der Diktion technischer Analysen und Beschreibungen erfolgen, die das dazugehörige Vokabular aus den Ingenieurs-, Struktur- und Naturwissenschaften nutzen. Es sei daher darauf hingewiesen, dass dieser Text nicht zur Verkomplizierung, sondern zur Vereindeutigung technikwissenschaftliche Züge besitzt. Kulturwissenschaftliche Theoriekonzepte und Methoden, auf denen die Medienarchäologie basiert, werden in den hier dokumentierten Texten (insb. von Parikka) im Detail referiert, weswegen ich auf diese oft in Form der Kürzel ihrer Autorennamen (Foucault, McLuhan etc.) verweise.

ve/Räumlichkeit etc. Sie sehen das Spiel als Gegenstand für gendertheoretische, anthropologische, philosophische und andere akademische Fragen. Es existieren Untersuchungen zur Produktionsästhetik von Computerspielen (Game-Design, KI-Design), zu ihrer Rezeption und Wirkung (Immersion, Medienwirkung) sowie zu mediensoziologischen Fragen (Vergemeinschaftung durch Spielen, Wirkung von Spielinhalten auf den Spieler usw.). Eine eigentümliche Blindstelle der bisherigen kultur- und medienwissenschaftlichen Beschäftigung mit dem/den Computerspielen bilden jedoch die unsichtbaren und impliziten Bedingungen ihrer Möglichkeiten: die Hardware und die Software der Spiele – also die *Plattform* und der *Code*.

Beide Problembereiche verlassen natürlich den Sektor der rein geistes- und kulturwissenschaftlichen Beschäftigung mit Computerspielen und stellen Verbindungen zur (technischen) Informatik (Hardwaredesign, Programmiersprachen), zur Mathematik (Spieltheorie), zu Elektronik, Physik und Technikgeschichte her. Ziel einer Befragung dieser Disziplinen kann es sein, Episteme freizulegen, die dem Computerspiel und seinen Hard- und Software-Bedingungen unterliegen. Eine im Foucaultschen Sinne verstandene *Archäologie des Computerspiels* würde also Schnittstellen zum Feld der *Game Studies* suchen, diese aber auch überschreiten, um Aussagen größerer theoretischer Reichweite formulieren zu können. Denn vielleicht zeigen die Popularität, die ökonomische Relevanz und der derzeit hohe Grad an Diskursivität von Computerspielen, dass das Computerspiel nur das Symptom eines viel umfassenderen kulturellen und medialen Bruchs darstellt, von dem mancher sogar als „Kulturrevolution" (Seeßlen, 1984: 7) spricht. Dieser Bruch, das hat Foucaults akribische Untersuchung des Archivs und seiner Bestandteile gezeigt, offenbart sich nicht im Blick auf das große Ganze, sondern im Gegenteil, in der Analyse des Kleinen, der Fissuren und Ränder der Bruchstelle – um im Bild zu bleiben.

Der vorliegende Beitrag möchte genau diese Perspektive einnehmen und zwei Methoden bzw. Ansätze vorstellen, die hierfür adäquat erscheinen: die *Medienarchäologie* und die *Platform Studies*. Zunächst will ich skizzieren, was Medienarchäologie ist und auf welche Weise sie sich bislang mit dem Computerspiel beschäftigt hat. Die Frage, wie *Medienarchäologie* und *Platform Studies* zusammen zu denken wären, stelle ich im darauffolgenden Teil dar, um zum Schluss an zwei konkreten Beispielen (Fissuren) zu zeigen, welche Möglichkeiten sich daraus für eine *Medienarchäologie des Computerspiels* ergeben.

„What is Media Archaeology?"

Dass das Fundament unserer Kultur, ihrer Diskurse und Praktiken spätestens mit Beginn des Gutenberg-Zeitalters (u. a. Marshall McLuhan) von Medientechnologien geprägt ist, ist eine Erkenntnis, die nicht erst in der *Toronto School* entstand, sondern sich in Ansätzen bis zu Walter Benjamin zurückverfolgen lässt (vgl. Parikka & Huhmtamo, 2011: 6 und Parikka, 2012: 5-7), der bereits in seinem unvollendeten *Passagen-Werk* eine Analyse des Mediums *Panorama* eng an die es hervorbringende Kultur band und umgekehrt die mediale Wirklichkeit derselben als allgemeinen Ausdruck jener Medientechnologie sah. Der Nexus zwischen einer Kultur und ihren Medien wird in der Folge immer häufiger zum Gegenstand der Analysen und erhält durch Foucaults „Archäologie des Wissens" (1969) ein methodologisches Fundament. Foucault sieht Kulturen nicht mehr als die Summe von konkreten menschlichen Akteuren, sondern als Gefüge von Diskursen und Dispositiven, zu denen vor allem auch die Medientechnologien gezählt werden. Medien werden so zu nicht-menschlichen Aktionen erklärt, die einen enormen Einfluss auf das Wissen und Nicht-Wissen besitzen und deshalb im Rahmen einer Epistemologie zentral berücksichtigt werden müssen.
Den dezidierten Grundstein zu einer *Medienarchäologie* legt daher tatsächlich erst McLuhan in *Understanding Media*, wenn er sich vom Medieninhalt ab- und dem Kanal zuwendet: „The Medium is the Message" lautet sein berühmtes Diktum, das nicht weniger als eine Aufforderung darstellt, sich dem verführerischen „Inhaltismus" (Pias, 2005a: 337 und Ernst, 2007: 284) zu versagen und nicht mehr zu fragen, was das Medium sagt, sondern welche technischen Bedingungen seine Aussagemöglichkeiten überhaupt erst ermöglichen (und natürlich, auf welchen Epistemen diese Bedingungen ihrerseits fußen). Das hat Konsequenzen für die sich mit solchen Inhalten beschäftigenden Wissenschaften. Eine regelrechte „Austreibung des Geistes aus den Geisteswissenschaften" sieht Kittler, ausgelöst durch drei den Geisteswissenschaften querlaufende Methoden um 1900 (vgl. Kittler, 1980: 8 f.) und leitet später daraus (s)einen Medienmaterialismus ab, der die Sichtweise McLuhans noch weiter radikalisiert. Der Computer wird für Kittler dabei zum wichtigsten Medium des 20. Jahrhunderts und zugleich zum zentralen Gegenstand seiner eigenen Analysen. Seine materialistische Perspektive reicht hier so weit, dass er 1993 konstatiert: „Es gibt keine Software" und damit meint, dass „Software als maschinenunabhängige Fähigkeit [des Computers, d. A.] nicht existiert" (Kittler, 1993: 235), sondern lediglich ein Konstrukt zur Etablierung von Copyright-Ansprüchen sei. Programme realisierten

auf der untersten Ebene der Verarbeitung vielmehr (ausschließlich) in Hardware implementierte Funktionen der Signalverarbeitung. Von Kittler ausgehend verzweigt sich die Medienarchäologie in unterschiedlichste Richtungen, erhält - je nach Sichtweise und Gegenstandsbezug - verschiedene Radikalisierungen, Färbungen und Anschlüsse an andere Diskurse. Entscheidend für ihr Programm bleibt jedoch, was Parikka in seiner jüngsten Publikation zum Thema folgendermaßen zusammenfasst:

> „Media archaeology is introduced as a way to investigate the new media cultures through insights from past new media, often with an emphasis on the forgotten, the quirky, the non-obvious apparatuses, practices and inventions. In addition [...] it is also a way to analyse the regimes of memory and creative practices in media culture - both theoretical and artistic. Media archaeology sees media cultures as sedimented and layered, a fold of time and materiality where the past might be suddenly discovered anew, and the new technologies grow obsolete increasingly fast." (Parikka, 2012: 2f.)

Damit weist Parikka die Medienarchäologie gleichzeitig als Theorie und Methode aus, kennzeichnet ihren Unterschied zur Geschichtsschreibung und zur klassischen Archäologie als einer vor allem *auf Diskontinuitäten und „Remedialitäten" konzentrierten Archäologie der Gegenwart* und unterstreicht ihren Mehrwert gegenüber Ansätzen mit ausschließlich singulärer Perspektive (auf Inhalte, Historizität, Diskursivität o. ä.)

Computer spielen

Für das Computerspiel hat Pias als einer der ersten eine medienarchäologische Untersuchung vorgenommen. Er stellt einer bis dato ohnehin noch in den Kinderschuhen steckenden Wissenschaft der Computerspiele ein Konzept zur Seite, dass das Computerspiel bereits als einen Indikator der Kultur der Neuzeit definiert. Seine Thesen lassen sich in etwa folgendermaßen zusammenfassen. Der Computer ist:

1. ein Disziplinierungsmedium: Actionspiele unterwerfen den Körper des Spielers einer Disziplin, die in Hard- und Software vorformuliert ist und diese damit in die Tradition der Arbeitswissenschaft des 19. und frühen 20. Jahrhunderts stellt.
2. ein Netzmedium: Adventure-Spiele konstruieren Räume, stellen Sprachmöglichkeiten und -barrieren über Programmiersprachen und -techniken auf, versinnbildlichen Graphentheorien und damit

Tracing- und Routing-Probleme, die in der außer-spielerischen Wirklichkeit des Kalten Kriegen konstitutiv wurden.

3. ein Kriegsmedium: Spielen ist die fundamentale Funktion von Computern. Alles, was dieser kann, ist Wirklichkeiten auf der Basis von Simulationen durchzuspielen – sei es Differenzialgleichungen von Flugbahnen lösen (die für einen realen Flugkörper stehen), Simulationen etablieren, die ein natürliches System (etwa das Areal einer Panzerschlacht des Koreakrieges) symbolisch nachahmen oder eben Computerspiele auszuführen. Letztere verdoppeln emblematisch, was der Computer immer schon ist: eine Maschine, die mithilfe der Statistik (Spieltheorie) der Komplexität und dem Zufall die Reduktion, Berechnung und Simulation von Möglichkeiten entgegenstellt.

Pias basiert seine hier vielleicht etwas holzschnittartig zusammengefassten Thesen auf genauester Lektüre kultur-, technik- und wissensgeschichtlicher Quellen. Dabei geht er gleichermaßen kultur- wie technikwissenschaftlich vor. Zur Analyse der Adventure-Spiele untersucht er die Codes verschiedener Programmiersprachen und beschreibt die Funktionsweise von Parsern (Pias, 2002: 125 ff.); zur Differenzierung von Computer- und Videospiel (Pias, 2002: 106-118) nimmt er detaillierte elektronische Beschreibungen und Analysen von Hardware (Platinen) vor. Mit *Computer Spiel Welten* verwirklicht er so die von Kittler eingeforderte materialistische Medienwissenschaft in Hinblick auf Computerspiele und nutzt sie, um epistemische Fissuren nachzuzeichnen, anstatt – wie die meisten vorherigen Beschäftigungen mit dem Gegenstand – im Historisch-Anekdotischen oder in inhaltlichen und technischen Beschreibungen zu verweilen.

Zum Sammelband *Media Archaeology,* herausgegeben von Parikka und Huhtamo, steuert Pias die englische Übersetzung seines Essays *Die Pflichten des Spielers. Der User als Gestalt der Anschlüsse* (Pias, 2005a) bei, worin er noch einmal nachdrücklich auf die medienarchäologische Perspektive seiner Untersuchungen hinweist. Im Text geht Pias detailliert auf jene diese Medienepistemologie erst ermöglichende Aktantenvertauschung seiner Computerspieltheorie ein: *Der Computer spielt mit dem Spieler,* indem er dessen Körper dazu diszipliniert zur bestimmten Zeit bestimmte Handlungen auszuführen, was mit dem Fortgang des Spielverlaufs belohnt wird. Mensch und Maschine testen sich gegenseitig, wie er am Beispiel „Pong" zeigt, dass die spielerische Emanation des Ping-Protokolls bildet, welches eben prüft, ob am anderen Ende einer Leitung ein Antwortender ist. Der Spieler ist damit nur „der fleischgewordene

Sonderfall von Gerätekommunikation“ (Pias, 2005a: 327). Deshalb ist es ihm gelegen,

> „[...] die Technik im weiteren Sinne ins Zentrum zu rücken und sie dabei nicht auf Extensionen, Apparate, Handlungsanweisungen oder funktionierende Trivialisierungen zu reduzieren, [... sondern] als eine Kraft oder Figur [zu] begreifen, die Relationen organisiert und dadurch innerhalb eines strategischen Dispositivs Neues und Unerwartetes produziert. [...] Technik ist nicht etwas, sondern tut etwas, und dies zugleich an mehreren Stellen: Sie stiftet ästhetische, praktische, apparative und epistemische Zusammenhänge, deren ästhetische, praktische, apparative und epistemische Folgen wiederum unbestellt und nicht präjudizierbar sind.“ (Pias, 2005a: 338 f.)

Der Rahmen, den Pias sich hier wie auch in *Computer Spiel Welten* setzt, ist zugleich ein Aufruf an seine Leser: Seine Computerspiel-„Geschichte“ hört eigentlich an dem Punkt auf, an dem die Zeit der Computerspiele (im engeren Sinne) beginnt. Zwar spielen im Buchkapitel noch Titel wie *Ages of Empires, Panzergeneral II* und *Civilizations III* aus den 1990er-Jahren eine Rolle – doch lediglich zur Illustration der Zentralthesen (dass Computer stets Krieg spielen). Demzufolge geht Pias auch nicht detailliert auf diese Spiele ein.

Für die wichtige Zeit der Computerspiele (insbesondere der Spiele, die im Privaten gespielt wurden) zwischen 1977 und etwa 1995 steht eine medienarchäologische Untersuchung noch aus. Das Material, das durch die sich seit einigen Jahren organisierende *Retro-Computing*-Szene systematisiert, archiviert und im Internet publiziert wird, ist derartig reichhaltig, dass es schon für die *Game Studies* einen immensen Fundus darstellt. In dieser Zeit wurden ungezählte Rechnerplattformen *auf Mikroprozessorbasis* veröffentlicht, die selten kompatibel zueinander waren und deshalb jeweils eigene „technologische Nischen“ im Software- und Peripheriemarkt ausbildeten. Hinter jeder einzelnen dieser *Plattformen* (hier schon im Sinne Bogosts & Montforts, 2009 gesprochen, s. u.) stehen Entwicklungsgeschichten, Nutzer-/Spieler-Szenen, Hacker-Subkulturen, Publikationen und oft unikale Spiel(konzept)e. Im Übergang von der *Arcade-* zur *Homecomputer*-Ära in den späten 1970er-Jahren explodiert die Zahl solcher Plattformen regelrecht und macht aus dem Computer – in den allermeisten Fällen vermittels der Spiele! – ein Massenmedium, das wie alle vorherigen Massenmedien Aneignungspraktiken unterzogen wird (Hobby-Computists, Hacker, Cracker, Demo-Entwickler usw. bilden die konkreten Aneignungsformen).

Plattform Studies

Sieben Jahre nach Pias, jedoch – glaubt man dem Literaturverzeichnis – nicht in dessen Gefolge, rufen die Medienwissenschaftler Bogost und Montfort die *Platform Studies* ins Leben. Ihr Auftakt, in dem sie zugleich das Forschungsprogramm formulieren und es auf eine der ersten Spiel-Plattformen anwenden, heißt *Racing the Beam* und untersucht die Hard- und Software der *Atari-VCS*-Spielkonsole. Diese stellt nicht nur einen der frühesten universell programmierbaren Spielcomputer dar, sondern ist aufgrund ihrer besonderen Architektur ein Beleg für den Umbruch, den Computerspiele für die Computerindustrie der späten 1970er-Jahre bedeuten. Ein spartanisch ausgestatteter 8-Bit-Microprozessor (auf Basis des 1975 veröffentlichten *MOS 6502*, der in den frühen professionellen Homecomputern von *Apple* und *Commodore* arbeitete) wird unterstützt von einem Spezialchip (*Television Interface Adapter – TIA*), der für die Generierung der Videosignale und des Tons zuständig ist und so den Prozessor entlastet. Die Programmierung dieser Plattform geriet förmlich zur Kunst und noch heute werden Spiele und Demonstrationen für die *VCS* entwickelt, von deren Möglichkeit die Erbauer der Konsole wahrscheinlich nicht einmal träumten. Hier zeigt sich bereits ein wichtiger Aspekt der *Platform Studies*: Die Hardware wird im Verbund mit der Software zu einer Emergenz produzierenden Einheit – erst dies ermöglichte der *VCS* ihren Erfolg und ließ die *Homecomputer*-Szene auf ganz ähnliche Architekturen setzen:

> „A platform in its purest form is an abstraction, a particular standard or specification before any particular implementation of it. To be used by people and to take part in our culture directly, a platform must take material form, as the Atari VCS certainly did. This can be done by means of the chips, boards, peripherals, controllers, and other components that make up the hardware of a physical computer system. [...] Whatever the takes for granted developing, and whatever, from another side, the user is required to have working in order to use particular software, is the platform. In general, platforms are layered – from hardware through operating systems and into other software layers – and they relate to modular components." (Bogost & Montfort, 2009: 2 f.)

Die *Platform Studies* untersuchen nun stets *eine* solche Plattform in Hinblick auf ihre Hardware-Besonderheit(en), ihre Software und der daraus ablesbaren Programmier-Historie, aber auch ihrem Einfluss auf die Branche, die Kultur und das „Echo", als das die jeweilige Plattform in späteren Architekturen vernehmbar ist:

> „Our approach is mainly informed by the history of material texts, programming, and computing systems. Other sorts of platform studies may emphasize different technical or cultural aspects, and may draw on different critical and theoretical approaches. To deal deeply with platforms and digital media, however, any study of this sort must be technically rigorous. The detailed analysis of hardware and code connects to the experience of developers who created software for a platform and users who interact with and will interact with programs on that platform." (Bogost & Montfort, 2009: 3)

Bislang sind drei Monografien zu diesem Forschungsprogramm erschienen: Das Buch über die *Atari VCS* und im Frühjahr und Sommer 2012 eine umfangreiche Untersuchung über den *Commodore Amiga* (Maher, 2012) sowie die *Nintendo-Wii*-Konsole (Jones & Thiruvathukal, 2012), jeweils vor dem Hintergrund der (spiel-)technologischen Neuerungen, die diese Computer eingeführt haben. Was unterscheidet diesen Ansatz nun von einer *Medienarchäologie des Computerspiels* und wie ergänzen sich beide?

Auch wenn der *methodische Zugang* der *Platform Studies* dem der *Medienarchäologie des Computerspiels* zunächst in seiner technischen Rigorosität ähnelt, basiert diese nicht auf demselben *theoretischen Ansatz*, sondern verortet sich deutlich im Programm der US-amerikanischen *Cultural Studies*: „A computational platform is not an alien machine, but a cultural artifact that is shaped by values and forces and which expresses views about the world" (Bogost & Montford, 2009: 148). Hier tritt bereits ein den *Cultural Studies* immanenter Medienkonstruktivismus hervor, von dem sich die Medienarchäologie abgrenzt (vgl. Pias, 2002: 1), weswegen Parikka die *Platform* und die *Software Studies auch nur* zu deren „cognate fields" (Parikka, 2012: 163) zählt. Die Konzentration auf die Plattform und die technische Beschreibung von Hard- und Software schließt hierbei vor allem eine Argumentationslücke innerhalb der *Cultural Studies* des Computerspiels:

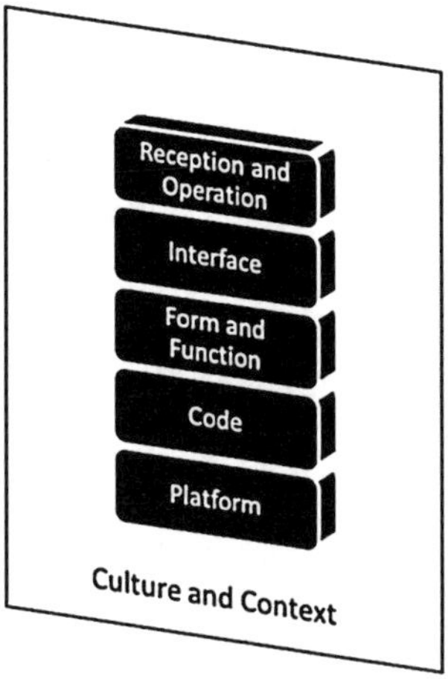

Die „layer" und der „cultural context" der Plattform

Die Ebenen der *Platform* (Hardware) und die des *Codes* (Software) fanden – wohl aufgrund anderer Ausbildungsschwerpunkte kultur- und geisteswissenschaftlicher Studiengänge – bislang selten Betrachtung; auch weil das einflussreiche Programm der *Cultural Studies* vornehmlich einer Untersuchung der *Kultur als Alltagspraxis* verpflichtet ist, die fachwissenschaftliche Diskurse (wie die der Elektronik und Informatik) außer Acht lassen kann.[2] An zwei Beispielen aus meiner derzeitigen Forschung[3] will ich abschließend andeuten, worin der mögliche Zugang einer *Plattformnahen Untersuchung von Computerspielen unter medienarchäologischer Perspektive* bestehen kann.

Signal, Symbol und Ikon: Die subkutane Sprache der Spiele

Der Siegeszug der Computerspiele begann erst, als Computer günstig genug wurden, um für derartige Freizeitaktivitäten verfügbar zu sein. Die

---

[2] Der Ebene des Codes widmet sich Bogost ebenfalls seit 2009 in einer anderen von ihm herausgegebenen Publikationsreihe mit dem Titel Software Studies. Da hier – bis auf eine Ausnahme (vgl. zum Programm der Software Studies insb. Wardrip-Fruin, 2012: ix-x) – Computerspiele keine vornehmliche Rolle spielen, soll auf eine Einzeldarstellung der Software Studies im Rahmen dieses Beitrags verzichtet werden.
[3] Am *Fachgebiet Medienwissenschaft* untersuche ich zurzeit der Veröffentlichung dieses Beitrags die „Archäologie des frühen Digitalcomputers und seiner Programmiersprachen".

ersten Computerspiele entstanden auf Analog-, Groß- oder Minicomputern (vgl. Pias, 2002: 76 ff.), welche zumeist in Universitäten zu finden und zu bespielen waren. Noch zu Beginn der 1970er-Jahre waren Computerspiele ausschließlich in Form von Single-Purpose-Spielcomputern (etwa „Computer Space“ oder „Pong“) in Bars und Spielhallen aufgestellt. Dies änderte sich mit der Verfügbarkeit von Mikroprozessoren, die auf der günstigen NMOS-Technologie basierten. 1975 erschien von der Firma *MOS Technology Inc.* der Prozessor *MOS 6502*, der in den folgenden zehn Jahren in zahlreiche Plattformen verbaut wurde. Darunter befanden sich auch jene Computer, die für die Spielentwicklung besonders nachhaltige Bedeutung erlangten: Der *Apple II*, die Computer der Firma *Commodore* (insbesondere der *VC-20* und der *C-64*) sowie die 8-Bit-Konsolen und -Homecomputer der Firma *Atari*.

Nur ein Jahr nach der Veröffentlichung des *MOS 6502* erschien von der neu gegründeten Firma *Zilog* der 8-Bit-Konkurrent *Z80*, der der bislang am häufigsten und vielfältigsten implementierte Mikroprozessor überhaupt ist. Neben zahllosen Homecomputern (von *Sinclair* und *Amstrad* bis zur *MSX*-Reihe) fand er sich in Textcomputern, Mikrocontrollern und vor allem in Experimental-Systemen zur Programmierlehre. Das didaktische Potenzial des *Z80* kulminierte in einer umfangreichen Programmierhandbuch-Bibliothek und unzähligen Einplatinen-Computer-Bausätzen, mit denen man nicht bloß die Programmierung, sondern gleich die Hardware-Konstruktion eines eigenen Computers einüben konnte. Die beiden Prozessoren *MOS 6502* und *Z80* (und deren abwärtskompatible Nachfolger) fanden sich wahrscheinlich in etwa 95 Prozent aller auf dem Homecomputer-Markt verfügbaren Plattformen. Eine Untersuchung dieser Plattformen in Hinblick auf die in ihnen verbauten Komponenten (neben den Mikroprozessoren sind hier vor allem die Hilfsprozessoren für Grafik, Sound, sowie Input/Output-Chips wichtig) könnte also unterhalb der Ebene der Plattform noch weitere Faktoren für eine Untersuchung von Computerspielen anbieten. Hierzu müssten Methoden und Diskurse der (historischen) *Technischen Informatik* hinzugezogen werden.

Zunächst scheint es wichtig darauf hinzuweisen, dass mit dem Erscheinen der frühen Mikroprozessoren eine „Tradition“, die ab den 1950er-Jahren die Mikroarchitektur der CPU bestimmt hatte, fallen gelassen und ein Schritt „zurück“ gegangen wurde: 1951 schlägt Wilkes nach Begutachtung des *Whirlwind*-Computers vor, eine weitere *symbolische Ebene* zwischen die der Programmierung in Assembler oder Maschinensprache und die der Verarbeitung der Instruktionen in Form elektrischer Signale im Prozessor einzuziehen (Wilkes, 1951). Mit Hilfe der so genannten

Mikroprogrammierung soll einerseits die Komplexität der Verdrahtung innerhalb des Computers reduziert werden, andererseits sollen dessen werkseitige Fähigkeiten (etwa wie viele und welche Opcodes implementiert sind) nachträglich veränderbar sein. In der Frühzeit des Mikroprozessors (1971-1985) reüssiert die so genannte „random logic" (Festverdrahtung), die von Zuses *Z1* bis zum *Whirlwind* vorherrschend war, nun erneut: In dieser Zeit nutzen alle CPUs festverdrahtete Opcodes.
Daraus resultieren verschiedene Effekte für die unterste Symbolebene des Computers: Von den Ingenieuren nicht berücksichtigte Verdrahtungswege ermöglichen so genannte „illegale Opcodes", die entweder keine Funktion (so genannte *NOPs* – No Operations) aufrufen, den Rechner zum Absturz bringen oder emergente Funktionen des Prozessors aufrufen. Letztere wurden vielfach und auf unterschiedlichste Weise genutzt – etwa um in professionelle Software Kopierschutzverfahren auf der untersten Ebene einzuführen. Solche Programme mit „illegalen Opcodes" können beim Disassemblieren (also der vom User durchgeführten, jedoch vom Urheber unerwünschten Rückübersetzung des ausführbaren Programms in die Assembler-Mnemonics) nicht korrekt rückübersetzt werden. Die Implementierung dieses Schutzes funktioniert folgendermaßen: Bei der Programmierung (vgl. Gelfang et al., 1987: 116) werden offizielle durch „illegale" Opcodes mit gleicher Funktion zum Zwecke der Code-Obfuskierung getauscht. Lässt man ein solches Programm später durch einen darauf nicht vorbereiteten Disassembler laufen, kann dreierlei passieren: Es werden Fehler ausgegeben, es können falsche „legale Opcodes" erscheinen oder es kann zur Verwechslung von Programm-Instruktionen und Daten kommen (die in der von-Neumann-Architektur ja stets im selben Speicher residieren). Während die erste Möglichkeit offensichtlich auf das Vorhandensein „illegaler Opcodes" hinweist, sind die anderen Ausgaben nur sehr schwer als Fehler identifizierbar und daher als Kopierschutz überaus gut geeignet.
Die oben von Kittler zitierte These, dass Software die bloße Realisation von Hardware-Effekten sei und allenfalls urheberrechtliche Existenzberechtigung besitze, zeigt sich vor diesem Hintergrund in ihrer radikalsten Form: Die Existenz eines okkulten Vokabulars (der „Illegal Opcodes") im symbolübersetzenden und signalverarbeitenden Kern des Computers macht den Kopierschutz zu einer von den Ingenieuren *unbewusst implementierten* Funktion. An dieser Stelle böte sich eine genauere Untersuchung des Erfindungsprozesses der betreffenden Mikroprozessoren an, der die Möglichkeiten und Effekte der Chips an die zurzeit ihrer Konstruktion vorherrschenden Machtdispositive koppelt. Mit dem weitläufigen Bekanntwerden der „illegalen Opcodes" werden diese Effekte näm-

lich zunehmend bewusster genutzt und später – in mikroprogrammierten CPUs – dann sogar als „nicht dokumentierte" Funktionen deklariert, die ein Pendant zu den „protected modes" (vgl. Kittler, 1993: 208 ff.) der Betriebssysteme bilden.
Neben der Kopierschutz-Funktion bietet die Verwendung „illegaler Opcodes" jedoch auch andere, für die Programmierung sehr nützliche Effekte. So lassen sich etwa Funktionen, für die eigentlich zwei Opcodes benötigt würden, in einem „illegalen Opcode" aufrufen und damit Verarbeitungszeit und Speicher sparen. 6502-Assembler-Programmierhandbücher (etwa für den werkseitig mit nur 2 KB RAM spärlich ausgestatteten *VC-20*) führen deshalb schon sehr früh die Möglichkeiten solcher Codes vor und fördern damit eine Form des Hackings auf der untersten Ebene. Von den Chip-Herstellern werden diese – einmal „bewusst" gewordenen – Möglichkeiten allerdings ebenso schnell registriert und zum Zwecke der Arbeitsstabilität der Prozessoren in späteren Revisionen der CPUs teilweise revidiert. *Zilog* führt in den ansonsten voll abwärtskompatiblen Z180 sogar eine Erkennung von „illegalen Opcodes" ein und sperrt die damit aufgerufenen Funktionen. In der dem 6502 folgenden Revision 65C02 deaktiviert *MOS Technology Inc.* ebenfalls die Emergenzen produzierenden Verdrahtungswege ihres Prozessors mit fatalen Folgen für einige Computerspiele, die auf früheren Versionen des *Apple II* „illegale Opcodes" nutzten. Das populäre Rollenspiel *Ultima I* ist auf den *Apple*-Rechnern *IIe, IIc* und *IIgs* nicht mehr gewinnbar, weil es sich aufgrund des für den Prozessor unverständlichen Codes aufhängt. Erst durch eine Abänderung (vulgo: das Cracken) der die „illegalen Opcodes" repräsentierenden Hex-Codes auf der Diskette oder im RAM durch den User werden solche Spiele wieder spielbar. Das von Kittler (1993: 208 ff.) als Wiederaneignung der Hardware und Pias (2005b) als maßgebliche Konsequenz aus der frühen Geschichte der Computerspiele abgeleitete Phänomen des *Hackings* überkreuzt sich sichtbar in diesem Beispiel medialer Emergenzproduktion.

Der Sturz aus der Signalverarbeitung in die Welt des Symbolischen

Ultima I ist damit also plötzlich fehlerhaft. Nun wäre wohl diese so verursachte Dysfunktionalität kaum als *Programmierfehler* zu deklarieren, obwohl sie im Effekt als ebensolcher in Erscheinung tritt: Der Computer wird mit fehlerhaftem Code konfrontiert und stürzt ab. „Echte" Programmierfehler lassen sich in drei Klassen unterteilen: *Syntaxfehler* (durch Falschschreibung des Codes) führen ebenso zum sofortigen Abbruch des Programms oder des Kompiliervorgangs, *Semantik- oder Laufzeitfehler* (etwa durch eine Eingabe provozierte undurchführbare Berechnungen, wie z. B. „Division durch Null") und *Logikfehler* (die ungenügende Kodifizierung eines realweltlichen Problems in einen Algorithmus zur Lösung desselben) treten erst beim Ablauf des Programms in Erscheinung. Letztere Fehler sind besonders schwer vermeidbar, weil der erste Programmtester zumeist der Programmierer selbst ist, der auch beim Debuggen natürlich noch nicht weiß, was er schon beim Programmieren nicht wusste. Programmierfehler aller drei Kategorien zeigen sich jedoch nicht allein bei der Nutzung von Hochsprachen; sie treten schon bei der Assembler-Programmierung auf und zeitigen dort nicht selten sehr markante Effekte.

So offenkundig wie zur Zeit der frühen Großcomputer zeigen sich Fehler in Maschinensprache-Programmen für Mikroprozessoren nicht mehr. Und so leicht zu debuggen, wie jener „actual bug" Grace Hoppers im *Mark II* (vgl. Höltgen, 2011: 12) sind sie auch nicht. Aus den Einflugschneisen der *Mark-II*-Motte, die sich im Relais jenes Großrechners verfangen und dort für eine Unterbrechung des Signalflusses gesorgt hatte, sind zur Zeit der Homecomputer mentale und vielleicht sogar ideologische *Fehlleistungen* des Programmierers geworden, die medienarchäologisch mit Hilfe der von Kittler (1980: 8 f.) als transversale Methode der Geisteswissenschaft zuwiderlaufende Psychoanalyse analysiert werden könnten. Die Psychoanalyse, als Methode zur „Aufhebung" des Unbewussten ins Bewusste und – halb neurowissenschaftlich gesprochen – Übersetzung von elektrischen Neuronensignalen in sprachliche Symbole böte für folgenden Fall vielleicht das passable Instrumentarium:

Im 1983 zunächst für *Atari*-Computer, kurz darauf für verschiedene andere 8-Bit-Plattformen auf 6502- und Z80-Basis erschienenen Actionspiel *Blue Max* ist es Aufgabe des Spielers mit einem Doppeldecker-Flugzeug über ein Schlachtfeld zu fliegen und Bomben auf Fahrzeuge, Brücken und feindliche Hangars abzuwerfen sowie andere Flugzeuge mit dem Bord-Maschinengewehr abzuschießen. Der Begleittext zum Spiel besagt, dass dem Spieler der Orden „Blauer Max" verliehen wird, sollte er dabei den feindlichen Piloten Max Chatsworth vom Himmel holen. In der isometrischen Perspektive überfliegt man also Runde für Runde Feindesgebiet, um am Ende wieder auf der eigenen Landebahn zu landen und aufzutanken bzw. nachzuladen. In der Ursprungsversion für den *Atari* enthält das Spiel einen bemerkenswerten Fehler: Bombardiert man am Ende des Levels den *eigenen Hangar*, anstatt regelkonform auf der Landebahn daneben zu landen, bricht der Grafikbildschirm zusammen und man findet das eigene Flugzeug inmitten einer „Landschaft" aus ASCII-Zeichen wieder:

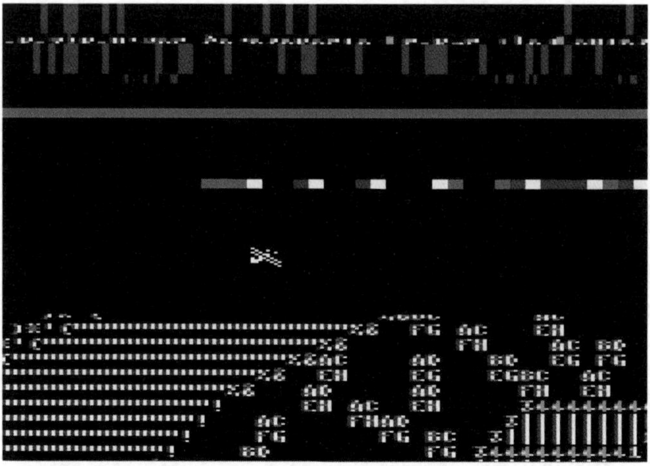

Screenshot „Blue Max" – Atari-Version

Das Spiel bricht in dieser Situation allerdings nicht ab, sondern man steuert das Flugzeug nun durch eine Welt voller Symbole; der programmatische „Absturz" erfolgt dann erst kurz darauf, wenn eine Kollisionsabfrage positiv ausfällt, man also gegen „etwas" geflogen ist, das man als Hindernis oder Gegner nicht identifizieren konnte. Obwohl ein *Disassemblat* des Programms derzeit noch aussteht, lässt sich bereits folgendes als Grund für diesen Effekt annehmen. Im Code des Spiels liegt am Level-Ende eine Kombination aus Laufzeit- und Logikfehler vor. Der Programmierer ging beim Schreiben wohl nicht davon aus, dass der Spieler quasi die (inhaltliche) Bedingung seines Weiterspielens verunmöglicht, indem er seine eigene Basis zerstört. Deshalb ruft das Bombardement des eigenen Hangars die zuvor wahrscheinlich bereits mehrfach zu sehende Animation von der Zerstörung ähnlicher Feindesgebäude auf. Zugleich wird aber eine Position im Level (respektive ein Counterzustand in einer Speicherzelle) erreicht, an der die Prüfung der erfolgreichen oder gescheiterten Landung auf der eigenen Landebahn ansteht. Das Ergebnis dieser schizoiden Doppelverzweigung führt dann zum beschriebenen Effekt.

Warum der Programmierer diese Entscheidungsmöglichkeit des Spielers nicht vorhergesehen und eingeschränkt hat, lässt sich nur vermuten – böte aber eine interessante Anschlussmöglichkeit für eine Diskursanaly-

se, welche Fragen zu (Un-)Denkbarkeit (un)patriotischen Verhaltens zurzeit des Kalten Kriegs sowie zur Präzession real-historischer Simulakra[4] im Medium Computerspiel aspektieren könnte. Interessant ist hier jedoch, dass sich der Fehler in einer Adaption (für den *C64*) des Spiels wiederholt, in der anderen (für den *Sinclair ZX Spectrum*) jedoch nicht, was zu folgender Deutung einlädt: Die Übertragung des 6502-Maschinensprache-Codes vom *Atari*- auf den *Commodore*-Computer konnte beinahe automatisch vollzogen werden: Die Opcodes selbst mussten nicht verändert werden, einzig die Ansteuerung des RAMs und der Spezialchips für Grafik, Sound und I/O (beim *C64:* VIC und SID, beim *Atari:* POKEY/GTIA und ANTIC) verlangte nach einer Modifikation von Portadressierung, Interruptsteuerung und anderer Details.
Die Übertragung auf den Z80A des *Spectrum*-Computers war jedoch diffiziler: Hier musste umfangreich (und höchstwahrscheinlich unter Vorlage des 6502-Sourcecodes[5]) neu programmiert werden, weil sich die Prozessoren und ihre Maschinensprachen stark voneinander unterscheiden. Der vergleichsweise orthogonalen Architektur[6] des 6502, welche das „wilde Denken" des Programmierers inspiriert, steht eine sehr stark „strukturierte" Programmierung des Z80 gegenüber. Dieser verfügt gegenüber den drei Mulitfunktionsregistern A (Akkumulator), X und Y (Indexregister) des 6502 über eine große Anzahl spezialisierten Registern, die bereits bei ihrer Implementierung dem Regime des *Symbolischen* unterworfen, indem die *Zilog*-Ingenieure die Mnemonics für die Registerbezeichnungen alphabetisch geordnet haben: A (Akkumulator), B/C (ByteCount), D/E (Destination), F (Flags), I (Index-Register-Halbwort), HL

[4] „Blue Max" spielt im Titel auf einen gleichnamigen Film über sowie auf den „Roten Baron" aus dem Ersten Weltkrieg, durch die Vergabe des Spielerrangs „Kamikaze Trainee" auf den Zweiten Weltkrieg und das vollständig aus dem SF-Game „Zaxxon" übernommene Gameplay und Grafiksetting auf eine unbenannten Zukunft an. Indiziert wird das Spiel in Deutschland aufgrund mit der Begründung, dass am Rande eines möglichen Dritten Weltkrieges wenigstens die Kinderzimmer frei von kriegerischer Gewalt bleiben sollen.

[5] In *Atari*-Computern wurden die Revisionen 6502A und 6502C verbaut, im *C64* die Revision 6510. Der Übersichtlichkeit fasse ich diese im Text unter der Bezeichnung 6502 zusammen. Der mit 4 MHz getaktete Z80A stellt eine Revision des Z80 dar.

[6] Je orthogonaler ein Prozessor angelegt ist, desto „"vieldeutiger"" die Adressierungsarten und Verwendungsweisen von Registern, was dessen Assembler der natürlichen Sprache (bzw. deren Ambiguität) nähersteht als Prozessoren mit weniger orthogonal angelegten Befehlssätzen. Das äußerst sich bereits im Umfang der Befehlssätze: 256 mögliche Opcodes des 6502 stehen 1268 möglichen Opcodes für den Z80 gegenüber.

(High-Low-Byte).[7] Dieses Konzept hat didaktische Konsequenzen: Während die Programmieranleitungen für den 6502 oft anhand der Spielentwicklung vorgehen (vgl. Zaks, 1980a), gab es für den Z80 kein einziges einführendes Werk, das auf die Übersichtlichkeit eines Blockdiagramms verzichten würde; Spielprogrammierung für diesen Prozessor sucht man hingegen vergebens in den Lehrbüchern (vgl. Zaks, 1980b). Dass der symbolisch so hochgradig durchorganisierte Z80 „trotzdem" auf *random logic* aufgebaut ist, wird deshalb in der Sekundärliteratur zum Prozessor entweder nicht erwähnt oder es wird sogar fälschlicherweise behauptet, er sei der erste *mikroprogrammierte* Mikroprozessor. Dies verwundert angesichts der Akribie, die seine Konstruktion bestimmte, kaum – und ebenso wenig, dass sein Nachfolger, der Z180, dann tatsächlich der erste mikroprogrammierte Mikroprozessor wurde, bei dem das Regime des Symbolischen noch tiefer in die Hardware eingeschrieben und – wie erwähnt – vorhandene Hardware-Emergenzen getilgt wurden.
Dieser Unterschied auf der Ebene der Symbolverarbeitung zeigt sich vielleicht in jenem Moment deutlich, an der *Blue Max* auf dem *Atari*-Computer in die geschilderte schizoide Situation gerät. Wie bei frühen Computerspielen üblich, werden Hintergrundgrafiken mithilfe der so genannten Bitmap-Grafik erzeugt. Dazu wird ein Symbol des im ROM implementierten ASCII-Zeichensatzes Punkt für Punkt redefiniert, so dass beispielsweise aus einem Buchstaben „A" ein Geschoss „•" oder der Teil eines Gebäudes, eines Flusses, Baums o. ä. werden kann. Auf diese Weise lässt sich das Spielfeld rasch mit Zeichen füllen, die ihren Symbolcharakter dann jedoch zugunsten einer *ikonischen* Verwendung eingebüßt haben. In dem Moment, wenn bei *Blue Max* der Bildschirmhintergrund zusammenbricht, sucht das Programm die Bitmap-Tabelle für das nächste Hintergrundbild. Da der Code jedoch offensichtlich gerade wieder die ASCII-Symbole aus dem ROM lädt, um sie im Speicher zu einer neuen Landschaft zu verbauen, wird der Bildschirm nun anstatt mit Ikons mit ASCII-Symbolen gefüllt.

---

[7] Diese Register sind als „Schattenregister" (A', BD', ...) sogar doppelt vorhanden. Zusätzlich existieren im Z80 zwei weitere „vergessene" Register W & Z, die jedoch nicht von den Ingenieuren vergessen wurden, sondern von den Unsern zu vergessen sind, weil sie interne Funktionen besitzen. Die zahlreichen opaken Bereiche des Z80 verdeutlichen das Maß an programmierdidaktischer Planung bei der Konstruktion des Prozessors.

Game Over

So zeigt sich, dass die Beschränkung auf die Plattform als untersten „layer“ des Computers und damit die Ausblendung einer noch tiefer liegenden Schicht jener „chips, boards, peripherals, controllers, and other components“ (Bogost & Montfort, 2009: 2) Aspekte ausklammert, die konstitutiv für die Definition dieser Plattform sind. Zudem vergibt diese Beschränkung darüber hinaus einen Anschluss für eine medienepistemologische Diskussion, wie etwa hier gezeigt: über den variablen Grenzverlauf zwischen Signalfluss und Symbolverarbeitung, also über die protosymbolische und symbolische Ebene des Computers, an der sich technikhistorische Diskontinuitäten ebenso wie kulturelle Ein- und Rückflüsse bei der Konstruktion von Hardware offenbaren.

Zwar zeigten Bogost & Montfort (2009: 77-79) an Spielvergleichen wie jenem zwischen *Pacman* und *Ms. Pacman* den Zugriff auf nicht-offizielle Hardwarefunktion zum Zwecke der Spielverbesserung, ignorieren jedoch den sich darin offenbarenden epistemischen Bruch, der die Nutzung von Computern im Zeitalter des Mikroprozessors bestimmt. Eine medienarchäologische Untersuchung von Computerspielen kann solche Brüche hingegen zusätzlich offenlegen und damit sowohl die *Game Studies* (als einer im positiven Sinne „selbstzweckhaften Beschäftigung“ mit Computerspielen) als auch die *Platform Studies* für eine Medien- und Kulturtheorie größerer Reichweite ergänzen.

References

Bogost, I. & Montford, N. (2009). Racing the Beam. The Atari Video Computer System. *Platform Studies* Bd. 1. Cambridge: MIT.

Gelfrand, R., Felt, J., Strauch, M. & Krsnik, D. (1987). Das Anti-Cracker-Buch. Düsseldorf: Data Becker.

Höltgen, S. (2011). Vom Bug-on-a-chip zum House-on-a-Disc. „Little Computer People“ und die Archäologie des Computerfehlers. In Retro Magazin, Nr. 21 (Herbst 2011), 12-14.

Huhtamo, E. & Parikka, J. (Hg.) (2011). Media Archaeology. Approaches, Applications, and Implications. Berkeley u.a.: University of California Press.

Jones, S.E. & Thiruvathukal, G.K. (2012). Codename Revolution. The Nintendo Wii Platform. *Platform Studies* Bd. 3. Cambridge: MIT.

Kittler, F. (1980). Einleitung. In Ders. (Hg.): Austreibung des Geistes aus den Geisteswissenschaften. Programme des Poststrukturalismus (pp. 7-14). Paderborn u.a.: Schöningh.

Kittler, F. (1993). Es gibt keine Software. In Ders.: Draculas Vermächtnis. Technische Schriften (pp. 225-242). Leipzig: Reclam.

Kittler, F. (1993). Protected Mode. In Ders. Draculas Vermächtnis. Technische Schriften (pp. 208-224). Leipzig: Reclam.

Maher, J. (2012). The Future was Here. The Commodore Amiga. *Platform Studies* Bd. 2. Cambridge: MIT.
Parikka, J. (2012). What is Media Archaeology? Malden: Polity Press.
Pias, C. (2002). Computer Spiel Welten. Zürich & Berlin: Diaphanes.
Pias, C. (2005a). Die Pflichten des Spielers. Der User als Gestalt der Anschlüsse. In M.Warnke, W. Coy & G. C. Tholen (Hgg.): HyperKult II. Zur Ortsbestimmung analoger und digitaler Medien (pp. 313-342). Bielefeld: Transcript.
Pias, C. (2005b). »Children of the Revolution« - Video-Spiel-Computer als Kreuzungen der Informationsgesellschaft. In Ders. (Hg.): Zukünfte des Computers (pp. 217-240). Zürich & Berlin: Diaphanes.
Seeßlen, G. & Rost, Ch. (1984). Pac Man & Co. Die Welt der Computerspiele. Reinbek: Rowohlt.
Wardrip-Fruin, N. (2009). Expressive Processing. Digital Fictions, Computer Games, and Software Studies. Cambridge & London: MIT.
Wilkes, M. V. (1951). The Best Way to Design an Automated Calculating Machine. Manchester University Computer Inaugural Conf., 16-18. (Wiederveröffentlicht unter: Ders.: The Genesis of Microprogramming. In IEEE Annals of the History of Computing, Vol. 8, Nr. 3, 1986, 116-126.)
Zaks, R. (1980a). 6502 Games. 6502 Series Vol. 4.o. O.: Sybex.
Zaks, R. (1980b). Die Programmierung des Z80. Düsseldorf u.a.: Sybex.

LETÍCIA PERANI

Playing for serious reasons: brief notes on the influence of games in early HCI history

Conceptual framework

In 1982, at the rise of Graphical User Interfaces (GUIs) and together with the increasing popularity of home video games systems at that time (e.g. the *Atari Video Computer System— VCS*), American researcher Thomas W. Malone published *Heuristics for Designing Enjoyable User Interfaces: Lessons from Computer Games.* Malone considered that video games supply intriguing clues for HCI designers, and after doing an empiric study on which qualities make games interesting, he proposed the use of the following ludic characteristics in interfaces projects: *challenge, fantasy* and *curiosity* (Malone, 1982: 64). But these elements were treated by Malone as mere design tools, not encompassing conceptual and/or empirical explorations on that subject, maybe influenced by Aristotle's negative views on playful activities[1]: "This chart should be viewed as a checklist of ideas to be considered in designing new interfaces. Certainly not all the features will be useful in all interfaces" (Malone, 1982: 6). Malone's paper became one of first works to make a direct association between GUIs and games, and even with the little interaction between these two areas up to today (Jørgensen, 2004) this kind of researches surely has its space in the HCI field.

As an example of how researchers are interested in developing connections between HCI and games, there is the *Funology,* a recent branch of Human-Computer Interaction theories, founded after the 2005 book *Funology: From Usability to Enjoyment,* edited by British and Dutch researchers. In the book's introduction, editors Mark Blythe and Peter Wright vivaciously quote as an epigraph a verse from Sheryl Crow's music "All I Wanna Do" ("*All I want to do is have a little fun before I die*"), explaining that in the beginning of computer popularization, Personal Computers were meant to be powerful work tools, thus focusing in efficiency and quickness; "however enjoyment has become a major issue as

[1] For Aristotle, playful activities have recreational purposes only, as a break from work activities and from virtuous actions which lead us to happiness, as an activity that fulfills our lives (Regis & Perani, 2009).

information and communication technology have moved out of the office and into the living room" (Blythe & Wright, 2005: XVI). Yet for Blythe and Wright, thinking of *Funology* would be not only the creation of a new field of researches on the pleasures of computer use, aiming to understand the demands of home users, but also an epistemological move that is required, since designers' focus should drift away from usability questions — i.e. how easy and efficient is a digital device — to the pleasurable use of digital tools.

Mark Blythe and Peter Wright also indicate that ontological questions on entertainment/ludic/pleasure are very ancient and could be retraced from Socrates and Plato to contemporary scholars of Cognitive Sciences. For this reason they quote some of conceptual mistakes that the connections between ludic theory and HCI can lead for people less familiar with this topic:

> "Are we talking about entertainment and play? There's a clear link to technology but games aren't the only applications we enjoy. What about work? People can enjoy that too and a good interface can make a task more enjoyable, but isn't that just usability? Are we talking about cute interfaces or that awful winking paperclip in windows? Is this all about aesthetics? It's possible to enjoy a beautiful web page so long as it doesn't take half an hour to download. Or are we talking about pornography, isn't this the main way an awful lot of people enjoy interacting with their computers?" (Blythe & Wright, 2005: XIII)

As noted in these *Funology* explanations and issues, an enhanced understanding on the connections between ludic ontology and HCI are very recent ones and not fully explored yet; mentions on the influence and importance of games to the HCI development are far more ordinary, as in the seminal 1982 paper by Thomas W. Malone. In *Mainframe Games and Simulations* (2008), David H. Ahl states that the association between games and computers began in 1950, with the *imitation game*[2] proposed by Alan Turing in *Computer Machinery and Intelligence*, which was the cornerstone of Artificial Intelligence (AI) studies (Regis, 2010). Ahl also explains the reasons why programmers had spent time at writing games even with scarce time and funds for computational works:

> "Common reasons included exploring the power of the computer, improving understanding of human thought processes, producing educa-

[2] "In the imitation game a human judge engages in a natural language conversation with two other parties, one a human and the other a machine; if the judge cannot reliably tell which is which, then the machine is said to pass the test" (AHL, 2008: 31).

> tional tools for managers or military officers, simulating dangerous environments, and providing the means for discovery learning." (Ahl, 2008: 31)

American psychoanalyst Sherry Turkle describes the resemblances between games and computers using the testimony of a kid involved in programming activities in the early 1980s: "Video games showed me what you could do with computers, what you could program. They show you what you can do" (Turkle, 2005: 74). In *Direct Manipulation: a step beyond programming machines* (1983), Ben Shneiderman declares that games would be (at that time) the better demonstration of *direct manipulation* techniques, offering us "true lessons" on user interfaces design. In *Remediation: understanding new media* (1998), David J. Bolter and Richard Grusin also reveal a historical connection between computer games and GUI development:

> "The ongoing development of arcade and home games paralleled or anticipated the development of the desktop computer and its interface (...) with an implicit suggestion that gaming, or at least an immediately responsive, graphical interface, is what computing should really be about." (Bolter & Grusin, 1998: 89-90)

Trying to build a method

As we notice from these excerpts above, it is not hard to find mentions on the connections between games and the HCI researches. However, it seems that the majority of those references indicate them, "telling" us the history without going towards a critical exploration on this subject (e.g. in Rehak, 2008; Ahl, 2008). Few works display critical reviews, yet restraining them to certain time periods, up to the late 1970s—the early 1980s (e.g. Jørgensen, 2009; Monfort & Bogost, 2009), when a incipient UI industry was in their very beginning, and video games were already popular in the United States, Japan and Western Europe.

For these reasons, we believe there is a gap in this field that can be fulfilled: the development of a comprehensive, critical research on the influences of games in early HCI works, especially in the period from 1945 and 1984. Our goal is to make an historical exercise with some few differences from the usual methods used by HCI scholars. According to Anker Helms Jørgensen (2007), a large part of HCI researches is done from an *internalist* perspective, a concept that is far from its meaning in epistemological studies, corresponding to works written by the pioneers of computation (e.g. key people as Vannevar Bush, Douglas Engelbart

and Alan Kay), reporting their personal experiences, focusing on tools and techniques developed, and exposing technical questions. Our approach also focus on the work of these pioneers, but using the cross-referencing method recommended by Henry Oinas-Kukkonen in "From Bush to Engelbart: 'Slowly, Some Little Bells Were Ringing'" (2007) — instead of thinking of the HCI history as linear and without linkages between its pioneers and their researches, our investigation will look for connections and mutual influences between their works.
As doing these searches for connections and linkages, our method is somehow close to Hans Ulrich Gumbrecht's historical contemplations in his book *In 1926: Living at the Edge of Time.* Based on his experience, which he does not define as a formal, rigid method (Gumbrecht, 1999), we adopt some other key points[3] as the tentative non-hierarchization of consulted sources: we will use primary and secondary sources for our research — technical reports, books, transcription of interviews, papers and journalistic material —working with sources coming from both the internalist and externalist perspectives of HCI history, which focus on historical contexts of HCI rather than technical/design issues (Jørgensen, 2006). We also adopt from Gumbrecht the tentative reduction of interpretative comments and (as a priority) the *empirical observation of recurrence,* i.e. recognizing themes and common interests appearing in consulted sources; in our case, identifying and describing how the connection between games and HCI is presented (connotatively and denotatively), following Siegfried Zielinski's suggestion that researches on media history should not "[...] seek the old in the new, but find something new in the old" (Zielinski, 2005: 3), trying to reveal new perspectives and insights that can help us to reach our goals.
Therefore for our present work, that intends to be an exploratory observation for future adjustments in our method (that is why we are working with a reduced number of sources and topics covered), we defined the spectrum of our research with the following parameters:

1. Search for historical sources — books, papers, journalistic material and technical reports — regarding HCI development from 1945 (first publication of Vannevar Bush's seminal paper *As We May*

[3] At this point we would like to clarify that we do not embrace all the methods of Gumbrecht's "historical experience"; since this is not a formally described method, we took the liberty of not following concepts like the "stage without actors" (avoiding sequentiality and constructing a historical line by excluding subjects as historical agents) or the attempt of building a "direct experience" of the past.

Think) to 1984 (the beginning of user interfaces popularization, following the commercial release of the *Apple Macintosh*);
2. Search for references in these historical sources;
3. *Cross-reference* obtained references, thus identifying recurrent themes on the games/HCI connection.

Defining these parameters, we may now proceed to a brief demonstration of what would be a research using this method, trying to textually describe and emphasize connections between games and the HCI theories.

Games and HCI: a brief exploration

We shall begin our brief exploration following the track proposed by David H. Ahl in the paper *Mainframe Games and Simulations,* and turning our attention to *Computing Machinery and Intelligence,* written by British scientist Alan Turing in 1950. In its very beginning, Turing asks us a question: *can machines think?,* and suggests an "imitation game" (Turing, 1950) as a way for digital computers to simulate human behavior, later describing formal procedures for programming — building bases for the programming languages that we know today. These formal procedures, described by Howard Rheingold as a "[...] rigidly defined kind of game that specifies rules for manipulating tokens" (Rheingold, 2000: 47) are presented by Danish researcher Jesper Juul as the reason for the games/computer approximation, a direct result of the logical composition of these two systems:

> "This explains some of the affinity between games and computers — and the fact that a several thousand-year-old-non-electronic game is easily implementable in a computer program: The drive toward definiteness in the rules makes the game ripe for implementation in a programming language." (Juul, 2005: 38)

And exactly because of that capacity of executing rules, Janet H. Murray thinks of the computer as a procedural medium, i.e. which generates user interest through discovering possibilities of interactive use of a given program: "Procedural environments are appealing to us not just because they exhibit rule-generated behavior but because we can induce the behavior. They are responsive to our input." (Murray, 2003: 80)
Thus Turing's imitation game would be *interactive* by the moment that machines would give real-time responses to players, using a "natural language conversation" (Ahl, 2008: 31). However, the statement that

Computing Machinery and Intelligence would be the ground zero of the games/HCI connection is maybe weakened by the description that Howard Rheingold (2000: 49) makes about the universal Turing machine (UTM), described in Turing's *On Computable Numbers, with an Application to the Entscheidungsproblem* (1936) as a logical game — albeit Turing makes no reference to this question in his paper.
The connection between logic/games/computers appears again in one of the last works of Alan Turing: *Digital computers applied to games,* published in 1953. In this paper, Turing demonstrates that computers can be programmed to play chess rounds as long as formal notations with no ambiguities are given, and also defining a table with values for pieces and moves, helping the machine decide for the best move for every situation. The British scientist even describes a possibility of computer programming which is nowadays associated with Artificial Intelligence (AI) studies:

> "[...] It would be quite possible to programme the machine to try out variations in its method of play (e.g. variations in piece value) and adopt the one giving the most satisfactory results. This could be described as 'learning', though it not quite representative of learning as we know it." (Turing, 1953: 10)

After Alan Turing, Computer Science researchers started using chess for programming explorations. Jesper Juul (2005) demonstrates that Claude Shannon proposed (in 1950) using chess to develop a multitask computer, since the structure of this game would be well fit to digital devices. In *Hackers: Heroes of the Computer Revolution* (2010), Steven Levy writes about several moments that programmers have used this logical game to develop their skills: e.g. Levy assures that one of the AI class assignments at the Massachusetts Institute of Technology (MIT), in the early 1960s, was to program chess games. Levy also reports a student prank on professors which had an important practical result — a demonstration that interactive programs could be played using networked computers:

> "According to Samson, the hackers called in the venerable AI pioneer John McCarthy to sit by the PDP-1. 'Professor McCarthy, look at our new chess program!' And then they called another professor to sit by the TX-0. 'Here's the chess program! Type in your move!' After McCarthy typed his first move, and it appeared on the Flexowriter on the TX-0, the hackers told the other professor that he had just witnessed the TX-0's opening move. 'Now make yours!' After a few moves, McCarthy noticed that the computer was outputting the moves one letter at a time, sometimes with a suspicious pause between them. So McCarthy followed the wire to his

> flesh-and-blood opponent. The hackers rocked with mirth." (Levy, 2010: 45)

In the book *Games Playing With Computers*, published in 1972, A.G. Bell assumes that games (especially chess) would be good tools for teaching programming to beginners, since games regards both theoretical and practical coding. Even with several researchers working with game design, Bell describes a certain bias against this kind of activity, and humorously advises:

> "A word of advice: do not say you wish to play games. Much better is a wish to study dynamic techniques of search and evaluation in a multi-dimensional problem space incorporating information retrieval and realized in a Chomsky Type 2 language." (Bell, 1972)

In *Fire in the Valley: The Making of the Personal Computer* (2000), Paul Freiberger and Michael Swaine give us the history of Peter Jennings, a Canadian student who was a chess fan and had programmed the *Micro-Chess* game for MOS Technology KIM-1 computers, in his High School times, and he knew he could sell it for computer aficionados:

> "When Chuck Peddle, president of MOS Technology, manufacturer of the KIM-1, offered Jennings a thousand dollars for all rights to the program, Jennings declined, saying, 'I'm going to make a lot more money selling it by myself'. [...] The orders poured in. Jennings found that people who couldn't play chess, and who weren't even interested in learning chess, nevertheless bought the program. With MicroChess, computer owners could show their friends that this thing they possessed was powerful and real. It could play chess. In a sense, MicroChess legitimized the micro-computer." (Freiberger & Swaine, 2000: 167-168)

But not only chess games assisted developing the video game industry: in several reference works we are able to find quotes on how video games helped to expand and consolidate microcomputing. In *Zap: Rise and Fall of Atari*, published in 1984, right after the North American video game crash, Scott Cohen asserted that 60 % of the software sold in the early 1980s were games, same percentage presented in *From Airline Reservations to Sonic The Hedgehog: a history of the software industry* (2003), by Martin Campbell-Kelly:

> "[...] Home computers were bought for a variety of uses: for home offices, for small businesses, for educational purposes, and so on. But in practice most home computers ended up with game playing as their principal use.

> Games accounted for about 60 percent of home computer software sales." (Campbell-Kelly, 2003: 276)

The dominance of games in the microcomputing market is also reported by M. Mitchell Waldrop in *The Dream Machine: J.C.R. Licklider and the Revolution That Made Computing Personal* (2001), and by Steven Levy in *Hackers*: "Then you would plunk down your twenty or twenty-five or even thirty-five dollars and go home for what was the essential interface with the Apple. Playing games" (Levy, 2010: 314). When approaching the gaming phenomena in *The Second Self: Computers and the Human Spirit* (first edited in 1984), Sherry Turkle states that most people had their first contact with computers through video games:

> "Video games are a window onto a new kind of intimacy with machines that is characteristic of the nascent computer culture. The special relationship that players form with video games has elements that are common to interactions with other kinds of computers. [...] At the heart of the computer culture is the idea of constructed, 'rule-governed' worlds." (Turkle, 2005: 67)

And at the beginning of this computer culture cited by Sherry Turkle, there were the laboratories of the Massachusetts Institute of Technology, birthplace of a groundbreaking game: *Spacewar!* Created in 1962 by Steve "Slug" Russell with the assistance of several of his MIT colleagues, *Spacewar!* was the most quoted event of connection between games and HCI among all the sources consulted for this work. At least two books present a chapter named "Spacewar" after this game: *Dealers of Lightning: Xerox PARC and the Dawn of the Computer Age* (1999), by Michael Hiltzik, and *Hackers*, by Steven Levy. Another source named after *Spacewar!* was *SPACEWAR: Fanatic Life and Symbolic Death Among the Computer Bums*, written by Stewart Brand and published by the *Rolling Stone* magazine in December 1972. This story used *Spacewar!* as a metaphor for the playful, countercultural-influenced lifestyle adopted by portrayed HCI researchers:

> "Reliably, at any nighttime moment (i.e. non-business hours) in North America hundreds of computer technicians are effectively out of their bodies, locked in life-or-Death space combat computer-projected onto cathode ray tube display screens, for hours at a time, ruining their eyes, numbing their fingers in frenzied mashing of control buttons, joyously slaying their friend and wasting their employers' valuable computer time. Something basic is going on." (Brand, 1972)

Brand's description is also supported by researchers who have worked at the Palo Alto Research Center — PARC, one of the birthplaces of HCI:

> "'The lights would all be lit and dozens of people around, even it if was nine or ten at night', he [Jack Goldman, PARC founder] recalled. 'Often they were playing computer games. Now, just remember, in those days computer games were not what they are today. This was a new thing. These guys were literally inventing computer games and learning how to use the machine.'" (Hiltzik, 1999: 154)

According to Steven Levy, *Spacewar!* was developed starting from the suggestion that visually interesting games should be the better way to demonstrate the graphical features of the PDP-1 computer, a so-called innovative device. That suggestion seemed to be well-known at the time: M. Mitchell Waldrop quoted DEC founder Ken Olsen claiming that "'[Spacewar] made a great demonstration for the stockholders!' he later said with a laugh - not to mention for potential customers" (Waldrop, 2001: 188). Levy also mentions DEC's use of *Spacewar!* to amaze PDP-1 customers:

> "DEC was delighted to get a copy, and the engineers there used it as a final diagnostic program on PDP-1s before they rolled them out the door. Then, without wiping the computer memory clean, they'd shut the machine off. The DEC sales force knew this, and often, when machines were delivered to new customers, the salesman would turn on the power, check to make sure no smoke was pouring out the back, and hit the 'VY' location where Spacewar resided. And if the machine had been carefully packed and shipped, the heavy star would be in the center, and the cigar-shaped rocket and the tube-shaped rocket would be ready for cosmic battle. A maiden flight for a magic machine." (Levy, 2010: 56)

Writing from the early 1970s, Stewart Brand envisioned new computer development opportunities stating from the *Spacewar!* experience:

> "Yet Spacewar, if anyone cared to notice, was a flawless crystal ball of things to come in computer science and computer use: 1. It was intensely interactive in real time with the computer. 2. It encouraged new programming by the user. 3. It bonded human and machine through a responsive broadband interface of live graphics display. 4. It served primarily as a communication device between humans. 5. It was a game. 6. It functioned best on stand-alone equipment (and disrupted multiple-user equipment). 7. It served human interest, not machine. (Spacewar is trivial to a computer). 8. It was delightful." (Brand, 1972)

What was noted?

This work was an exploratory experiment in textual form seeking future adjustments in the applied methodology, and using few sources. Yet we believe the gathered data may show us some interesting insights:

1. Highlights on the importance of games for HCI development seems to be consensual among consulted references (books, papers, journalistic material and technical reports). In the next phases of our research (with a larger number of sources) we shall verify whether this statement is truly consensual or whether there are disagreements — covering a broader scope of ideas and events about our research topic;
2. We were able to notice the recurrence of some topics, thus highlighted in the third part of this paper: the connection between games and logical thinking especially highlighted by chess programs; the aid provided by games for the construction of a computer market in North America; the seeming importance and influence of *Spacewar!* for computer history, as an example of all the topics covered in this research. Several other themes found were not included in this paper but shall be incorporated in future works, as the seeming influence of Atari in the development of early Apple devices or the educational role of computer games.

Besides these two observations — which are directly related to the experiment that we conducted for this work — a kind of abductive reasoning make us notice that these historical issues on the games/HCI relationship may bring us interesting questions not yet fully explored by researchers in these two fields. Understanding how games influenced the development of methods and tools for Human-Computer Interaction may help us to understand how we relate to digital media.

The author would like to acknowledge the contributions of the following individuals to the development of this work: Anker Helms Jørgensen (IT University of Copenhagen) for his insights and references; Fátima Regis (Rio de Janeiro State University), for her support and guidance as an MSc/PhD advisor; and Dimas Tadeu de Lorena Filho, who helped refining this paper.

References

Ahl, D.H. (2008). Mainframe games and simulations. In M.Wolf. The video game explosion: a history of Pong to Playstation and beyond. Westport: Greenwood Press.

Bell, A.G. (1972). Games Playing with Computers (online edition). <http://www.chilton-computing.org.uk/acl/literature/books/gamesplaying/intro.htm> (Retrieved August 09, 2010).

Blythe, M. & Wright, P. (Eds.) (2005). Funology: From Usability to Enjoyment. Dordrecht: Kluwer Academic Publishers.

Bolter, J.D. & Grusin, R. (1998). Remediation: understanding new media. Cambridge: The MIT Press.

Brand, S. (1972). SPACEWAR: Fanatic Life and Symbolic Death Among the Computer Bums. Rolling Stone, dec. 1972. <http://wheels.org/spacewar/stone/rolling_stone.html> (Retrieved August 11, 2010)

Campbell-Kelly, M. (2003). From Airline Reservations to Sonic The Hedgehog: a history of the software industry. Cambridge: The MIT Press.

Cohen, S. (1984). Zap: Rise and Fall of Atari. New York: McGraw-Hill.

Freiberger, P. & Swaine, M. (2000). Fire in the Valley: The Making of the Personal Computer. New York: McGraw-Hill Professional.

Gumbrecht, H.U. (1999). Em 1926: vivendo no limite do tempo. Rio de Janeiro: Record.

Hiltzik, M. (1999). Dealers of Lightning: Xerox PARC and the Dawn of the Computer Age. New York: HarperBusiness.

Juul, J. (2005). Half-real: video games between real rules and fictional worlds. Cambridge: The MIT Press.

Jørgensen, A.H. (2009). Context and Driving Forces in the Development of the Early Computer Game Nimbi. IEEE Annals of the History of Computing, vol. 31, no. 3, pp. 44-53.

Jørgensen, A.H. (2006). Exploring the History of User Interfaces - The Myth of Xerox PARC and other Oddities. Proceedings of the Sixth Danish HCI Research Symposium. Aarhus: University of Aarhus.

Jørgensen, A.H. (2004). Marrying HCI/Usability and computer games: a preliminary look. ACM International Conference Proceeding Series; Vol. 82 - Proceedings of the Third Nordic conference on Human-computer Interaction. Tampere: Association for Computing Machinery (ACM).

Levy, S. (2010). Hackers: Heroes of the Computer Revolution (25th Anniversary Edition). Sebastopol: O'Reilly Media.

Malone, T.W. (1982). Heuristics for designing enjoyable user interfaces: lessons from computer games. Proceedings of the 1982 Conference on Human Factors in Computer Systems, Gaithersburg: Association for Computing Machinery - ACM.

Monfort, N. & Bogost, I. (2009). Racing the Beam: the Atari Vídeo Computer System. Cambridge: The MIT Press.

Murray, J.H. (2003). Hamlet no Holodeck: o futuro da narrativa no ciberespaço. São Paulo: Itaú Cultural/Unesp.

Oinas-Kukkonen, H. (2007). From Bush to Engelbart: "Slowly, Some Little Bells Were Ringing". IEEE Annals of the History of Computing, vol. 29, no. 2, pp. 31-39.

Regis, F. (2010). Práticas de Comunicação e desenvolvimento cognitivo na Cibercultura. Proceedings of the XIX Encontro Anual da Compós. Rio de Janeiro: PUC-Rio.

Regis, F. & Perani, L. (2009). Comunicação e entretenimento na Cibercultura: repensando as articulações entre lúdico, cognição e tecnologia. Proceedings of the III Simpósio da Associação Brasileira de Pesquisadores em Cibercultura - ABCiber. São Paulo: ESPM.

Rehak, B. (2008). The Rise of the Home Computer. In M.J.P. Wolf. The video game explosion: a history of Pong to Playstation and beyond. Westport: Greenwood Press.

Rheingold, H. (2000). Tools for Thought. Cambridge: The MIT Press.

Shneiderman, B. (1983). Direct manipulation: a step beyond programming languages. IEEE Computer, v. 16, n. 8.

Soares, L.P. (2008). Interfaces gráficas e os seus elementos lúdicos: aproximações para um estudo comunicacional (MSc. thesis). Rio de Janeiro: UERJ.

Turing, A.M. (1950). Computing machinery and intelligence. Mind, n. 59, pp. 433-460. <http://www.loebner.net/Prizef/TuringArticle.html> (Retrieved August 10, 2010).

Turing, A.M. (1953). Digital computers applied to games. <http://www.turingarchive.org/viewer/?id=461&title=1> (Retrieved August 10, 2010).

Turing, A.M. (1936). On Computable Numbers, with an Application to the Entscheidungsproblem. <http://www.cs.virginia.edu/~robins/Turing_Paper_1936.pdf> (Retrieved August 10, 2010).

Turkle, S. (2005). The second self: computers and the human spirit (20th anniversary edition). Cambridge: The MIT Press.

Waldrop, M.M. (2001). The Dream Machine: J.C.R. Licklider and the revolution that made computing personal. New York: Viking Penguin.

Zielinski, S. (2006). Arqueologia da Mídia: em busca do tempo remoto das técnicas do ver e do ouvir. São Paulo: Annablume.

Literature for quick access

Gumbrecht, H.U. (1999). Em 1926: vivendo no limite do tempo. Rio de Janeiro: Record.

Jørgensen, A.H. (2004). Marrying HCI/Usability and computer games: a preliminary look. ACM International Conference Proceeding Series; Vol. 82 - Proceedings of the Third Nordic conference on Human-computer Interaction. Tampere: Association for Computing Machinery (ACM).

Malone, T.W. (1982). Heuristics for designing enjoyable user interfaces: lessons from computer games. Proceedings of the 1982 Conference on Human Factors in Computer Systems, Gaithersburg: Association for Computing Machinery - ACM.

CHAPTER 2:

METHODS

GARETH SCHOTT,
JASPER VAN VUGHT, RAPHAËL MARCZAK

Not knowing: locating player experience between ideal and active play

Introduction

During the last decade, humanities-oriented studies of interactive digital games have intensified, offering enticing accounts of the way games constitute a distinct form of expression and discrete category of cultural activity. Constantly unsettling and aggravating the progression of theoretical discussions of game-play experience is the constant and frequent experiential shifts that occur with each form of technological advancement. Rather than narrative or game invention, it is technological advancement that most often underscores a game's distinctiveness either from its predecessor or its competitors. Game scholarship with an emphasis on player experience is therefore required to function within (and correspond to) a shifting culture of engagement that, even during its most technologically durable periods, remains a complex form of engagement that supports idiosyncrasies. At an abstract level game studies recognizes that games exist "in potential" until actualized by the player (Klastrup, 2003), but rarely is this detailed sufficiently in broader player research studies.

Scholarly treatment of more "receptive" forms of media (e.g. literature or film) have experienced a gradual shift from seeking to understand "authorial intent" to greater recognition of the relevance and value of audiences' active interpretative work (e.g. Barthes, 1978). In positioning and distinguishing the qualities of interactive games within an increasingly expansive and contemporary media-scape, game studies have, from the onset, set out to emphasize the active role of the player in the construction of the "text". Yet, the notion of activity extends beyond how it is understood in relation to more traditional forms of media; with the recognition of the way games demand that players perform the text in an "extranoematic" sense (Aarseth, 1997). Games are described as involving players in recursive actions (Lauteren, 2002) that produce polysemic performances and readings (Consalvo, 2003).

In crafting a new mode of thinking (e.g. ludology) distinct from old categories of thought, game studies scholars were extremely quick off the mark to warn against analysts that might assume that games "present only one type of experience and foster one type of engagement" (Newman, 2002: 1). In focusing scholarly attention on the role of rules, game studies was able to move beyond "visualism" as a focal point for exposing the mechanics by which texts operate. Games are therefore understood as a particular kind of activity, rule-based, which determines that they have explicit requirements and clear boundaries. In turn, engaging with rules dictates the flow of a game and encourages the player to respond with the most effective strategy for progress and a successful outcome (Björk & Holopainen, 2003). Despite the strong advancement of conceptual propositions concerning game rules and mechanics and the construction of taxonomies and morphologies of existing games (Mateas & Stern, 2005), the value and the role of the player within this kind of scholarly activity has varied quite considerably.

The player has been represented on a continuum between "implied" player (Aarseth, 2007) and "active player" (Smith, 2006). For the former, the emphasis remains on developing an understanding of the game that, in turn, has determined that the player's role is understood more in terms of the predisposed need to have "a player" act on games in order for a game to function as intended and "exercise its effect" (Aarseth, 1997: 127). Accounts of games, produced by the player/analyst or author-as-player therefore contain a tendency to portray the player as an "unfree player subject" (Gadamer, 1960), their role reduced with emphasis given to how the games are "facilitators that structure player behaviour" (Aarseth, 2007: 130). At the other extreme, Smith (2006) describes how player-focused research has shown a tendency to overstate what he has categorized as the "active player". Not determined by the "preferred reading" of the author, instead it is the *unrepresentative* but "unexpected, aberrant, oppositional or directly subversive" (30-31) moments of play that are found interesting and of greater interest within academic discussions.

With games described as "half-real" ("in that we interact with real rules *while* imagining a fictional world", Juul, 2005) and players as "half-ourselves" ("games rule us", Aarseth, 2007: 133), the player dimension is often lost within analysis. In order to overcome the "complex tensions between the real historical player and the game's human components" (Aarseth, 2007: 130), game studies requires more focus on actual accounts of game-play that "fully grasp the *moment* of [the game's] enactment as it is played" (Dovey & Kennedy, 2007: 4). This represents a desire to "uncover the relationship between the structure of a game and the way people engage with that system" (Waern, 2012: 1). By examining the way in which players negotiate and activate the interactive matrices of a particular game-text containing "semantic, narrative, figurative and strategic resources" (Ferri, 2007: 3) we aim to come to a better understanding of how particular game content is *experienced*.

To date, research has sought to validate different aspects of player engagement (fun, enjoyment, pleasure, flow) that serve to conceptually refine player experience to its constituent parts. In doing so, a range of qualitative methodologies, such as player observation, in-depth interviews and game-play surveys have been employed (Consalvo & Dutton, 2006). More recently, separate lines of research employing more quantitative techniques such as the analysis of game-play metrics (Drachen & Canossa, 2009) and biometrics (Nacke, 2009) have also been adopted in an attempt to achieve precision accounts of player behavioral patterns and discern what in games is pleasurable. While these new lines of inquiry are being developed and employed with different research objectives, Canossa (2011) has warned that game metrics contain limitations. He states that "player behavior is not homogeneous nor is all to be considered a conscious or unconscious expression of personality or intention" (1). Similarly, there are no psycho-physiological measures that differentiate the intentionality of the measured outputs.

It is also worth noting that research agendas, beyond game studies, have begun to recognize the potential value of researched accounts of player experience. For example, with reference to the regulation and classification of game content, research employed to evaluate the social mores and taste boundaries of the public will often serve only to reflect dominant frameworks that reflect caution and concern for young people who engage with games. To this effect, the public have grown accustomed to being researched and in response have learnt how to "perform being a citizen by 'expressing' what they [see] as appropriate opinions" (Buckingham & Bragg, 2004: 23). Indeed, the classification office in New Zealand (our research context) recognizes this phenomenon, citing how it serves to disrupt and eclipse explorations of the specific conditions and experiences offered by specific texts. They suggest that there is a value in seeking to "explore the extent to which the public's perception of causal links between game playing and various social ills" can be "moderated or even undermined by [knowledge of] how players actually respond to and negotiate their way through the content and characteristics of the medium" (OFLC, 2009: 24).

The context provided above, seeks to draw attention to the varied role that "the player" has assumed within different scholarly treatments of games. The subsequent discussion now aims to introduce a mixed methodological approach that has been implemented to seek to capture more mundane yet faithful accounts of players' experiences of play. In doing so, we seek to combine knowledge of the structural and textual functioning of games, quantitative summaries and accounts of within-game behavioral activity, together with player's conscious reflections on game-play and their uninhibited bodily responses. This research design is therefore located at an intersection between humanities, social sciences and computer sciences and aims to explore the possibilities of overcoming existing paradigmatic barriers.

A multi-method approach to game-play experience

Our research design is predicated on requiring individual players to play a single game text over a period of five weeks. During this period the project seeks to engage with participants on the subject of their play experience in a number of different ways. The first level of engagement concerns measurement of the game (audio visual output) together with an understanding of the player's role in its production. Player's engagement is variously represented by

1. quantifying and analyzing the player's within-game behaviors via the aid of automated screen-extracted game-play metrics developed for the project (Marczak et al., 2012)
2. assessing physiological reactivity (indicating levels of arousal) that are then applied in the production of biometric storyboards (Mirza-Babaei & McAllister, 2011) which visualize any relationship between a player's biometric signal and game events and
3. employing eye-tracking to determine how and also what game-players and non-game players attend to on-screen.

As Smith (2011) states, it is "only the visual information at the centre of attention that can be perceived in detail and encoded in memory." By plotting the gaze of a "viewer" onto game-play footage, it is possible to note what is being viewed and the time spent examining and attending to particular information. Beyond the activation of game texts during play, we also ask participants to engage in retrospective player commentaries (the focus of this chapter) in response to footage of their own game-play sessions. This procedure has extended to also include "commentaries" from non-players who are recorded viewing the footage generated by our participants (to again enable eye-tracking). Finally and beyond the confines of our research set up, participants complete diary entries that capture their accounts of their game-play experiences away from the research context of our study[1].

Commentary sessions

The selection of game-play footage for players to engage with during commentary sessions was based on the use of a range of different measures. Field notes taken while observing play, together with biometric measures of participants galvanic skin response (GSR) and heart rate (both denoting physical reactivity) and the capture of the game-play footage (representing each participants path, actions and choices), provided a range of materials that enabled analysis of the different ways players opted to configure games. While each data stream is being processed and analyzed separately, the various data sources were also combined and synchronized (see next figure) to enable the selection of sections of play that were presented back to the player for reflection and evaluation. These commentary sessions, were an attempt to draw out aspects of the player's intrinsic (paratelic) and extrinsic motivations for play behavior and their recall of specific in game events. It is this element of the research process that the remaining sections of this chapter will focus on.

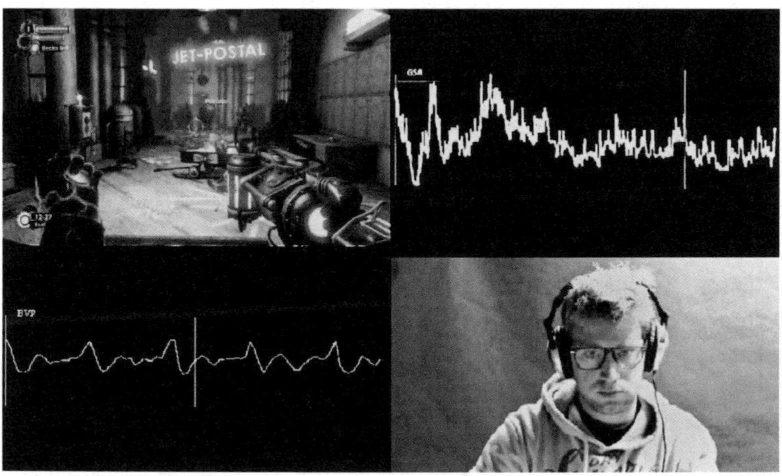

[1] See Vught et al. (2012) for an account of diary results.

Synchronized presentation of data outputs (top left: game-play; top right: bio-feedback; bottom left: automated analysis of visual output; bottom right: research team player image in place of participant to maintain anonymity)

High school students aged between 14 and 16 years of age[2] played survival horror first person shooter game *Bioshock 2* (2K Marin). Participants played the game for approximately four hours over a five-week period. In week six the participants were presented with approximately ten selected segments of their game-play footage (between 5-10 mins. in length) based variously on 1) significant peaks, drops or leveling out their physical reactivity, 2) points of interest noted in their in-game behavior (observational field notes), and 3) observation of the player as they played (also captured via a high definition webcam). During a period of one to two hours, players were asked to talk the researchers through what happened during the game-play moments selected for them.
In having the participants engage in "close readings" of their own game-play, the commentary sessions aimed to transcend disciplinary boundaries between the social sciences and humanities. Instead of studying the game as an aesthetic object (humanities) or studying other players and their behavior (social sciences), the commentaries allowed for the players to take on the role of the player-analyst and thoroughly examine and articulate their experiences to the researchers (beyond our own observations and interpretations of participants' behavior). Without exception, all the participants welcomed this exercise with great interest and pleasure, expressing how this allowed them to see their strategy and actions in a different light and learn from them:

> This is the first time I have done this before looking at my own game-play, it's a bit funny.

> It is really interesting watching myself play. I've never really recorded myself playing or anything. Q: Is it different? Yeah it is different I can see other ways it could have gone or something, ways I could have done things better. So it's quite interesting.

[2] In order to study participants aged between 14-16 years of age with a game classified restricted 16 (R16), it was necessary to gain exemption from the NZ Chief Censor, possible under Section 44 of the current classification act. Exemptions are achieved per game title and not for the study as a whole. This process also occurs in addition to ethics approval procedures required for studies involving human participants, conducted at the University of Waikato.

Participants also noted how play requires a clearly different engagement with the screen content compared to watching the footage:

> If you are watching, you're not really paying attention to supplies or whatever, when you are watching you take more smaller details in, when you are playing you kind of take in the big picture you are not taking in the smaller details as much.

Although we have yet to validate this with our eye tracking data, from the commentary sessions it emerged that reviewing and watching their footage back allowed players to broaden their gaze and attention to the whole screen. In doing so, players indicated that they were attuning to details on-screen that were not perceived or as apparent during moments of play. We explain this in terms of the required attentional focus on the kinaesthetic qualities of the game (Calleja, 2011) thereby leaving little room for the player to tune into the finer visual stimuli that fail to present themselves as important to the player engaged in action.
Participants' obvious awareness that bio-feedback measures were being taken throughout the study, together with being informed that their recorded biofeedback data was used to select the footage for the commentary exercise, had the effect of leading them to speculate about moments of bodily arousal. It is interesting to note that their speculations, when raised, were both accurate and in line with our selection processes, showing the incredibly precise recall of their game-play as an experience, even when presented with a proportion of footage from several weeks prior. For example:

> Was my heart rate spiking there? I remember being disappointed that he just fell over. I was expecting more. I was really disappointed for no reason I thought something better should have happened.

The commentaries also produced instances where participants, reviewing their game-footage claimed to able pinpoint moments of behavioral change, for example, *"I just realized I was on half health,"* referring to a change in action, orientation and motivation. Such comments, provided the research with moments that were missed or difficult to discern from observation and analysis of players' game footage alone and point to the value of directly engaging the agent of game activation.

Bioshock 2

The particular game focused on and discussed in this chapter is *Bioshock 2* that presents players with possibilities to form affective relationships with both the game space as a fictional geography (resplendent in its decaying Art Deco beauty) and the cybernetic organism that players assent to "become". Set in the underwater city of *Rapture*, players find themselves in the remnants of a libratory counter-culture that has faltered in its pursuit of bio-evolution. Befitting the genre label of bio-punk, *Rapture's* culture of bio-modification determines that the player's genetic code can be constantly written, re-written and replaced with new information at the "hack" of a vending machine.

Bioshock 2 is a complex representation of past, present and futures. Despite its aesthetic consistency (e.g. with the lavish Deco ocean liner *SS Île de France*) and textual propinquity to works such as *20,000 Leagues Under the Sea* (1954) or *City Under the Sea* (1965), the game's narrative is purposely set between 1960 and 1970, the very height of the bio-technology revolution in which life itself was "synthesized" and technology became capable of engineering human development. Extending the concept of "technological physicalisation", *Bioshock 2* explores the visible, human, fallible and most importantly accessible nature of machines via the game's space and the represented bodies within it. The physicality of the machine is reinforced both from the perspective of the city as a living and breathing life form, although it is most pronounced in the manner in which physical identity is itself a problematical construct.

If the core "affordances" of the game are understood relative to the agent (Linderoth, 2010), in the case of *Bioshock 2*, the player assumes the role of Subject Delta, a protector or Big Daddy, encased within a deep-sea diving suit that both fortifies and protects the player, but also permits them to move freely within, around, and beyond the confines of Rapture and into the ocean. As defined by the storyline, Big Daddies are symbiotically connected to a Little Sister and act as their protectors. This is a requirement due to Little Sister's ability to harvest Rapture's most precious resource, "Adam" (totipotent stem cells capable of giving rise to any cell type that have been abused by citizens of Rapture leading to its downfall). Purpose is attributed to the direction and goal of movement across Rapture, in the form of Subject Delta's separation from his particular Little Sister. This *encourages* and gives meaning to the player's progress toward Fontaine Futuristics to save her, but also the prescribed bond between them *demands* it in order for him to stay alive (a condition that goes untested by player action).

Aside from the spatial *scope* of the game (connected to win/lose, complete/incomplete state of the game) a key "attractor" that was expected to become an ongoing concern for players of *Bioshock 2* as they experienced the game, deals with the combination of resources available to them that they put into action. To explain, as the player moves through the dilapidated corridors containing traces of the function rooms and entertainment complexes of an opulent past of the city, players have the ability to enhance Subject Delta using "plasmids" (genetic consumer products). Through plasmids, players gain a number of abilities, ranging from pyrokinesis to invisibility. The player can upgrade these abilities at upgrade stations, making them more powerful or longer lasting. In addition, plasmids are also simultaneously wielded with weapons, therefore increasing the effectiveness of players to deal with its different classes of enemies throughout the game. Such combinations become a matter of choice, comfort and preference. Yet, these factors constitute the "possibilities" that cause us to assume, when observing play, that player's act decisively and intentionally, sustaining least damage and gain the most reward. To this effect, how the game "is played" can be continually tested, rethought and altered.

Extrinsic motivators

Game-related triggers were clearly a key determinant of player action. To this effect, it was possible to identify key "extrinsic objectives" (Schoenau-Fog, 2010) or goals set up by the game. A good example of this was the availability of ammo or positioning of health stations around which players oriented and planned their actions. For example:

> You have to look where you shoot and actually take into account the environment rather than shooting everything and hoping for the best.
> Just generally things that can help you, you can destroy, like the health station at that one point ... I was shooting at something and I missed the shot and accidentally shot it, so ...
> So when you respawn you always spawn half health, so at the start I could go back and get full health and get further than usual, but as soon as I'd destroyed it, I had to kill everything in that room so then you have to go and find health somewhere else and come back.

In the above example the player learnt the value of the health station as a key node around which incremental incursions deeper into Rapture could be oriented. Mistaken removal of the health station required the

player to adjust how the game could be played, increasing difficulty unnecessarily.
Similarly, one participant also attributed his calmness to his proximity to a health station. In one section of the game where a participant was engaged in intense conflict and battle, bio-feedback indicated little arousal. During the commentary the participant, unprompted, stated:

> Here I was confident as I had the thing backing me up, the health station backing me up.

Similar, to the calming presence of the health station in the above quote, being underwater and out of the city produced a similar sensation for players, for example:

> the views, just, kinda of relaxing, you move slow, the music ... I also feel safe underwater, I know the enemies can't get me, so I am alone underwater.

In the above example we found a common response to a section of the game, where all players were required to undertake a brief journey underwater between two different sections of the city. In this context, the scale and gravity of "Rapture" as experiment, as city, as a failed ideal is driven home and presented to the player. Encased within a deep-sea diver suit, the player ordinarily feels oversized and ungracious as he moves through the once-lavish spaces occupied by the affluent leisure classes. But underwater, undisturbed by his ungracious physicality, the player becomes what Frome (2007) describes as an "observer-participant", referring to when players engage with games as an artwork without changing its material form. In this role, the experience becomes similar to engagement with films; the cityscape is revealed and observed from a distance, as the player comes over the brow of the sea-bed, a moment that is accompanied by the rising intonation of the musical score. This is an engineered moment of reflection and contemplation, caused by undeniable actions of the game (sending the player outside the city) and made more obvious by the lack of demands placed on the player, who is only required to traverse the space. Yet, even in this situation there were instances where players' prior reinforced behaviors, encouraged by the design of the game, (e.g. *I'm just checking my corners, that's from other games, I always usually check my corners)* served to cancel out the impact of the underwater scene. Indeed, some players failed to look up at all (despite the musical cues), preferring to instead scour the sea-bed for useful game components. This moment sparked our interest, as it did not necessarily form a conscious contravention of expectations (that might be defined as "active play"). Instead, this action instead revealed an unawareness of the demands of the scene (and role for the player) due to the distraction and privileging of resource collection, a reinforced behavior within the confines of the cityscape up until that point in the game. We will return to this notion of "awareness" and the consciousness of the player as we further explore player motivations and behaviors.

As Järvinen (2005) states "strategy games often privilege game components and managing their relations" (2) and this rang particularly true for player experience and behaviors with *Bioshock 2*. The prevalence and availability of ammunition for example meant that the game communicated to players that it was unnecessary to be frugal or save ammo. Constant availability and the obvious placement of "ammo" throughout the environment led to game-play behavior that found it quicker to remove obstructions (such as Splicers) rather than attempt to move around them or other avoidance strategies.

> You can't really sneak around an enemy in this, its um, it's actually like people in the game describe it as a "dog eat dog" um world, like Elenor actually says in one her videos, that Sophia Lamb, that Sofia told her that it's a dog eat dog place out there and she met one of the dog eaters and um, so if I had just gone out and just tried to go around them and they wouldn't notice me and attacked ... there's no chance that they won't attack you ... so I wouldn't say that they deserve to die, um, you just don't really think about it, more, it's just sort of an obstacle ... you can't really outrun them as they are faster than you.

Players were observed (and confirmed) that much of their time was spent collecting resources and tools. This constituted scavenging through empty trashcans, or cash registers, checking corpses of "Splicers" scattered around the city. Like most games, there was a clear need for the player to collect and utilize a range of items in order to advance the game:

> I was always looking for money or health packs or something, because you see there I have got no Eve, Eve hypos so I can't use my Plasmids.

Killing non-player-characters in the game was therefore not merely motivated by a conception of kill-or-be-killed (fiction of the game), but was also actively sought after for the acquirement of necessary items. Indeed, players articulated their action motivations as a complex concurrence of fiction and game elements. As Juul (2005) has argued, games can be considered as half real, where players engage in games with real rules in fictional worlds. This leads to a complex interaction between fiction and game, sometimes competing for the player's attention, sometimes complementing each other. As one player stated:

> This game, I like playing them for storylines mostly, I like, the storylines can be interesting, and then there is end-game objectives which you kind of get a rush when you complete it.

The most explicit choice made available to players (often cited as an example of player agency in commentaries), concerned whether, upon securing a Little Sister from its Big Daddy, the player should either "harvest" her for (short term) personal benefit of gathering more Adam, or set her free (a potential strategy in consideration of longer-term implications and benefits of acting kindly effecting the game's outcome), in doing so, achieving only a modest amount of Adam. It was revealed that this decision was approached with both game and fiction motivators in mind. For example:

> I think you did have a part to play, like the Little Sister's you could either chose to sacrifice them and get more Adam, or just let them ... or save them, get less but the story would play out differently for you. WHAT DID YOU DO? I saved them ... because in the end you'd get, like I heard from a friend that it's better to do that even though it's a small amount now. But later in the game it would generate a bigger reward or something.

It might be expected that rescuing the Little Sister would be warranted by willingness to adhere to the morally justified presented in the game's fiction whereas harvesting her would be instigated by the level of player's personal success in the game. However, it appeared that the players' motivations were a much more complex interaction between fiction and game elements where both function as essential action motivators at all levels of the decision making process.

Behavioral intent

As argued above, when studying game-play it is essential to account for actual played material to observe and analyze how players actually activate the text under investigation. However, although analyzing player behavior can bring us a long way in constructing player profiles or understanding what the players encounter onscreen, it is a misunderstanding to think that all of the analyzed behavior is intended by the player (Canossa, 2011). From an observer's perspective most player action might seem intentional since players generally portray continuous strong-minded behavior and rarely pause, suggestive of doubts as to intent or game comprehension. However, there is little need to motivate movement within games, as this is the natural state of an "action content space" based on the principles of activity (Gunder, 2003). With this in mind, many of the players' actions may therefore be improvised responses to unexpected events or even chaotic button-mashing or spamming as a panic reaction to the prospect of a highly undesirable outcome. Indeed, many of the participants expressed a more chaotic or improvised approach to game-play behavior, often explaining the cause of the physiological arousal measured by the researchers.

> I was a bit panicked, I didn't really concentrate on the person talking, I didn't even really know there was an elevator.
>
> I was constantly pressing re-load but it wasn't reloading, I think the keys were inversed, so I couldn't reload, so here I am just giving him a good old bashing and beating.
>
> I think I was just spamming the button, that wasn't intentional that was just spamming.

Of course players also expressed the intentionality for a number of their actions by articulating their carefully planned out strategies and the pride they gained when the execution of the plan lived up to their expectations.

> The combat in general as it adds an edge to the game, so if you ran in there all guns blazing then you would generally die, so you had to play more tactically.
>
> You see I am using the track bolt, I am kind of letting it drag him down before I attacked. You see you have to do it the smart way.

In most cases the players' intended actions were colored by the choices made available to them by the game's design, thereby complying to the role of the implied player. Even in cases where the game allows for other choices, some action was still guided by what players expected or speculated the authorial or designed intend to be. For example:

> Examining things is not what you need to be doing, you need to be progressing things, progressing the story.

Playing in the unknown

While Schoenau-Fog (2011) states that in order to become engrossed or "immersed" a "player should invest time, effort and attention while playing" (2), we would again argue that this is a natural state of affairs when playing games, even for experienced players. Conceptualization of engagement (stressing "enjoyment", IJsselsteijn et al., 2008; "pleasure", Costello & Edmonds, 2009; or "fun", Koster, 2004) typically pushes interpretation of play experience as a process of conversion where players go from outside to being inside. Yet once in a sense of ease and "perceptive actualization" is suggested as to the player's comprehension of the requirements behaviorally and objective-wise (game rules). Ermi and Mäyrä (2005) point to a form of "challenge-based immersion" that is concerned with the balance of challenges and abilities. While this comes closer to describing the articulation of play extracted from the player commentaries collected within our study, our participants also showed a tendency to emphasize what they "did not know" and how that shaped play to a larger degree. This certainly continues to work within Ermi and Mäyrä's concept of a "challenged-based immersion" but stresses the more "knotty entanglement" (Fine, 1994: 72) of "emic" (or "outsider perspective") and "etic" ("insider perspective") (Pike, 1967). That is, whilst culturally players might constitute an "insider", through their playing experience and knowledge, they can remain engaged in more traditionally conceived processes of "decoding" that reflect a more "negotiated" interpretation of the text rather than meditation of options.

Aarseth (1997) states: "The word interactive operates textually rather than analytically, as it connotes various vague ideas of computer screens, user freedom, and personalized media, while denoting nothing" (48). Here we would like to *denote* a difference that revealed itself via the game-play commentaries. On the one hand, there is a notion of players as active constructors of textual meaning. Players construct "readings" of cybertexts based on the ergodic choices that are available to them. For example;

> In some games when you get a shotgun or something, you might be able to use it at medium range but in this game, the drill, you could only use at close range.

Here there are certain conditions attached to the use or selection of weapons in *Bioshock 2*, that tend to emphasize the limitations and weaknesses of mid range weapons in order to encourage either only close range melee combat or the desired utilization of plasmids (electro-bolt, hypnotize, incinerate, insect swarm) in combination with close range weapons, such as the drill. On the other hand, when players expressed:

> I didn't understand how you could switch ammo types,
>
> I didn't realize when you shot them [traps from rivet guns] you could pick them back up, I usually went and bought more.
>
> [Walking around carrying a barrel of Fireflies] I was waiting for the instruction on how to drop it. I didn't want them to kill me.
>
> One of the problems with this game is that they didn't tell you how to switch plasmids before this, so I had to look at the controls. I actually got lost here, I was walking in circles because you had to shock open a door, because I didn't know how to use plasmids I didn't get my shocking thing back up ... I was kind of looking for another way around but you are supposed to switch back to bolt and shoot open the door or shoot the control panely [sic] thing and it opens.

Above we find something distinct from "flawed" design, as the game remains playable and enjoyable, but is played with what can be described as an unawareness (when revisited and reviewed in retrospect) of the possibilities that only later become apparent. This kind of activity or behavior sits outside "making choices" within the ergodic structure of the game to a certain degree. In these moments, players are not necessarily being subjugated by the game as a rule system, as there is a "continuation desire" (Brown & Vaughan, 2009: 18) in motion, but it is one that is not necessarily characterized or driven by any sort of explicit "metacognition" (awareness of all the necessary component steps in a process and their successfulness). During the ergodic journey, as "a series of responses to events initiated by the computer that require action from the player" (Apperly, 2010: 15), we feel it is important to distinguish between available strategy, strategy-selection processes and then the strategy itself. Awareness of the strategy being executed, was often articulated in terms of what they did not know how to do and therefore became a strategy by default.

This kind of negotiated movement through the game, became evident in what otherwise might be described as "preferences". For example, participants expressed that they were not capable of exploiting the usefulness of certain weapons:

> I never really use telekinesis as you'd actually have to find objects to throw, so I was paying more attention to the actual enemies than the environment, like watching myself play [in the context of the commentary], I wasn't shooting explosive things near enemies to take them out, I'd just hit the enemy directly.

Thus, distinct from existing accounts of player engagement that focus on what makes people want to *continue playing* (previously researched concepts of engagement), we encountered insights into *how players played* and the factors that determined their play behavior. Factors that were not always possible to discern from analyzing the game-play footage or observing play alone.

Conclusion

Employing a multi-method approach obviously provides depth and breadth that is difficult to fully disseminate and demonstrate in a single output such as a book chapter. The multiple strands of research data described here, each individually offer a range of findings that demand analysis and summation. Nevertheless, this chapter has sought to identify the value and necessity of combining a multi-method approach in order to capture aspects of player experiences, appropriate to thematic-modal nature of game texts that we have found to have produced incomparable experiential encounters between player and system. Idiographic initiation and realization within a nomothetic system, while recognized abstractly, rarely emerges from an author-as-player approach to analysis, as such an outcome is suggestive of subjectivity (a distinctly unfavorable quality within certain sections of the academy). On the other hand, player research to-date has not succeeded in counter-balancing this due to confines of the methods employed, when administered in isolation.

Obviously it is possible to take separate lines of inquiry (as has been the inclination of researchers pursuing focused and worthwhile concept and theory development over the last decade) and analyze a game like *Bioshock 2* both textually and structurally. Indeed, it constitutes a fully realized fictional world that promises and presents complex and multiple storylines that are played out and revealed in a systematic fashion as a result of player activity and progress in response to the opportunities presented by the space itself. Yet, analysis of the consequence of the encounter between player and system via audio-visual output that represents game-play is by itself insufficient to capture intent, comprehension and motivation of the player. Behavioral analysis of how play is executed or analysis of physiological reactivity to engagement with the text required further contextualization by players themselves, who provided readings of the game and accounts of the experience that separate analyses would have mis-read resulting in the misrepresentation of players.

It is true that no action can happen in the game if the system itself does not permit it (either intentionally, or unintentially via glitches in the design process). However, without being able to present the comprehension and awareness of players alongside their actions and responses to games, separate lines of enquiry will divert analysis away from the player and produce accounts that become detached from the phenomenon that theory and research is attempting to articulate.

References

Aarseth, E. (1997). Cybertext. Perspectives on Ergodic Literature, London: The John Hopkins University Press.

Aarseth, E. (2007). I Fought the Law: Transgressive play and the implied player, Proceedings of Digital Game Research Association Conference: Situated Play, <www.digra.org/dl/db/07313.03489.pdf>. (Last accessed on January 9th 2013)

Apperly, T. (2010). What Game Studies Can Teach Us About Videogames in the English and Literacy Classroom, Australasian Journal of Language and Literacy, 33(1), 12-23.

Barthes, R. (1978). Image, Music, Text, New York: Hill and Wang.

Björk, S. & Holopainen, J. (2003). Describing Games: An Interaction-Centric Structural Framework. In M. Copier & J. Raessens (Eds.). Level Up: Proceedings of the Digital Game Research Conference. Utrecht: University of Utrecht Press.

Brown, S.L. & Vaughan, C.C. (2009). Play: How it stimulates the brain, opens the imagination and invigorates the soul, London: Penguin.

Buckingham, D. & Bragg, S. (2004). Young People, Sex and the Media: The facts of life? New York: Palgrave.

Calleja, G. (2011). In-Game: From immersion to incorporation, Cambridge, MA: MIT Press.

Canossa, A. & Cheong Y. (2011). Between Intention and Improvisation: Limits of Gameplay Metrics Analysis and Phenomenological Debugging. Proceedings of DiGRA 2011 Conference: Think Design Play, <www.itu.dk/~alec/Canossa_Intention_Improvisation.pdf>. (Last accessed on January 9th 2013)

Consalvo, M. (2003). Hot Dates and Fairy-Tale Romances: Studying sexuality in videogames. In J. P. Wolf and B. Perron (Eds.). The Video Game Theory Reader, New York: Routledge.

Consalvo, M. & Dutton, N. (2006). Game Analysis: Developing a methodological toolkit for the qualitative study of games, Game Studies, 6(1), <http://gamestudies.org/0601/articles/consalvo_dutton>. (Last accessed on January 9th 2013)
Costello, B. & Edmonds, E. (2009). A Tool for Characterizing the Experience of Play. Proceedings of the Sixth Australasian Conference on Interactive Entertainment IE '09. New York: ACM Press.
Dovey, J. & Kennedy, H. (2006). Game Cultures: Computer games as new media, Maidenhead: Open University Press.
Drachen, A. & Canossa, A. (2009). Towards Gameplay Analysis via Gameplay Metrics. Proceedings of the 13th MindTrek (pp. 202-209), Tampere, Finland: ACM-SIGCHI Publishers.
Ermi, L. & Mäyrä, F. (2005). Fundamental Components of the Gameplay Experience: Analysing immersion, Proceedings of DiGRA 2005 Conference: Changing Views – Worlds in Play, <www.digra.org/dl/db/06276.41516.pdf>. (Last accessed on January 9th 2013)
Ferri, G. (2007). Narrating Machines and Interactive Matrices: A semiotic common ground for game studies. Situated Play: DiGRA Conference Proceedings, <www.digra.org/dl/db/07311.02554.pdf>. (Last accessed on January 9th 2013)
Fine, M. (1994). Working the Hyphens: Reinventing self and other in qualitative research. In N. Denzin & Y. Lincoln (eds.) The Handbook of Qualitative Research, London: Sage.
Frome, J. (2007). Eight Ways Videogames Generate Emotion, Proceedings of Digital Game Research Association Conference: Situated Play, <www.digra.org/dl/db/07311.25139.pdf>. (Last accessed on January 9th 2013)
Gadamer, H-G. (1960). Truth and Method, London: Sheed & Ward.
Gunder, A. (2003). As If By Magic: On Harry Potter as a novel and computer game. In M. Copier & J. Raessens (Eds.). Level Up: Proceedings of the Digital Game Research Conference. Utrecht: University of Utrecht Press.
Heide Smith, J. (2006). Plans and Purposes: How videogame goals shape player behaviour, Unpublished PhD Manuscript, IT University, Copenhagen.
IJsselsteijn, W., van den Hoogen, W., Klimmt, C., de Kort, Y., Lindley, C., Mathiak, K., Poels, K., Ravaja, N., Turpeinen, M. & Vorderer, P. (2008). Measuring the Experience of Digital Game Enjoyment, Proceedings of Measuring Behavior 2008, Maastricht, Netherlands, 88-89.
Järvinen, A. (2005). Theory as Game: Designing the Gamegame, Proceedings of DiGRA 2005 Conference: Changing Views – Worlds in Play.
Juul, J.(2005). Half Real: Video games between real rules and fictional worlds, Cambridge, MA, MIT Press.
Klastrup, L.(2003). A Poetics of Virtual Worlds, Digital Arts and Culture Conference Proceedings, Melbourne, 2003.
Koster, R.A. (2004). Theory of Fun for Game Design, Scottsdale, AZ: Paraglyph Press.
Lauteren, G. (2002). Pleasure of the Playable Text: Towards an aesthetic theory of computer games. In F. Mäyrä (Ed.). Computer Games and Digital Cultures Conference 2002 Proceedings, Tampere: Tampere University Press.

Linderoth, J. (2010). Why Gamers Don't Learn More: An ecological approach to games ads learning environments, Proceedings of DiGRA Nordic 2010: Experiencing Games: Games, play, players, <www.digra.org/dl/db/10343.51199.pdf>. (Last accessed on January 9th 2013)
Marczak, R., van Vught J., Schott, G. & Nacke, L. (2012). Feedback-based Gameplay Metrics: Measuring player experience via automatic visual analysis. IE '12: Proceedings of The 8th Australasian Conference on Interactive Entertainment: Playing the System, ACM Digital Library.
Mateas M. & Stern, A. (2005). Build It to Understand It: Ludology Meets Narratology in Game Design Space. Changing View: Worlds in Play, DiGRA Conference Proceedings 2005, <www.digra.org/dl/db/06278.41489.pdf>. (Last accessed on January 9th 2013)
Mirza Babaei, P. & McAllister, G. (2011). Biometric Storyboards: Visualizing meaningful gameplay events. CHI 2011. ACM Digital Library.
Nacke, Lennart E. (2009). Affective Ludology: Scientific Measurement of User Experience in Interactive Entertainment. Ph.D. Thesis. Blekinge Institute of Technology, Karlskrona, Sweden.
Newman, J. (2002). The Myth of the Ergodic Videogame, Game Studies, 2(1), <www.gamestudies.org/0102/newman/>. (Last accessed on January 9th 2013)
Office of Film and Literature Classification (2009). Public Perceptions of a Violent Videogame: X-Men Origins: Wolverine, Wellington: OFLC.
Pike, K.L. (Ed.) (1967). Language in Relation to a Unified Theory of Sturcture of Human Behaviour, The Hauge: Mouton.
Schoenau-Fog, H. (2010). The Player Engagement Process – An Exploration of Continuation Desire in Digital Games, Proceedings of DiGRA 2011 Conference: Think Design Play, <www.digra.org/dl/db/11307.06025.pdf>. (Last accessed on January 9th 2013)
Smith, T. (2011). Watch You Watching There Will Be Blood. In K. Thompson & D. Bordwell (Eds.). Observations on Film Art. <http://www.davidbordwell.net/blog/2011/02/14/watching-you-watch-there-will-be-blood/>. (Last accessed on January 9th 2013)
Vught, J. van, Schott, G. & Marczak, R. (2012). Understanding Player Experience: Finding a useable model for game classification. IE '12: Proceedings of The 8th Australasian Conference on Interactive Entertainment: Playing the System, ACM Digital Library.
Waern, A. (2012). Framing Games. Proceedings of Nordic DiGRA 2012. <www.digra.org/dl/db/12168.20295.pdf>. (Last accessed on January 9th 2013)

Literature for quick access

Calleja, G. (2011). In-Game: From immersion to incorporation, Cambridge, MA: MIT Press.

Marczak, R., van Vught J., Schott, G. & Nacke, L. (2012). Feedback-based Gameplay Metrics: Measuring player experience via automatic visual analysis. IE '12: Proceedings of The 8th Australasian Conference on Interactive Entertainment: Playing the System, ACM Digital Library.

Vught, J. van, Schott, G. & Marczak, R. (2012). Understanding Player Experience: Finding a useable model for game classification. IE '12: Proceedings of The 8th Australasian Conference on Interactive Entertainment: Playing the System, ACM Digital Library.

BENJAMIN BIGL

If the game goes on. Perceived transfer effects from virtual game worlds into everyday life

Introduction

"Computer games are part of our culture," as the President of the German Cultural Council, Olaf Zimmermann, once said (Zimmermann, 2008). That's a provocative statement, for sure. But even the critics of this immersive new media have to admit: Computer games have developed to a mass phenomenon. World-wide. The growing markets (Medienpädagogischer Forschungsverbund Südwest, 2011; Interactive Software Federation of Europe, 2011; BIU, 2011; Quandt et al. 2011) are showing us again and again as well as the various contributions for this anthology that leisure time means always media usage (Krotz, 2007: 35). Despite the heterogenous findings, especially in the field of violent video game playing, the focus of public opinion has been put on debates about restrictive regulations (Robertson, 2008; Quandt et al., 2011a: 414). The public arena is still assuming that negative effects dominate life after playing video games. Nevertheless, it seems clear, that intense violent video game usage correlates with aggressive behavior and aggression among children as well as among adolescents (Willoughby et al., 2012; Krahe, 2012) – especially with new virtual gaming devices (Jeong et al., 2012). However, it seems also clear that a variety of factors are working together including personal expactations towards hostile media usage (Hasan et al., 2012). In conclusion, results of meta-analyses show that "not every viewer or player will be affected noticeably, but from understanding the psychological processes involved, we know that every viewer or player is affected in some way." (Krahe, 2012: 339-340) Therefore we have to explain both, the attractiveness and the effects of playing video games. However, the perspective of those, who actually play these games, is often missing.

Scientific interest

Because of this important reason, this contribution seeks to give some small insights into recent findings about perceived effects after playing. The present study was aiming to focus on the player's perspective and the simple research question: "Do video game players remember some-

thing after playing? Can they make a connection between the remembrance and a specific computer game or a situation inside the game?"
First we have to take into account that media — or "quasi media" as McQuail said (McQuail, 2010: 39) — are offering experiences of reality and experience areas for the players which cannot be achieved in this quality through unmediated experiences (Merten, 1994: 158). Media (re)construct reality and images of reality. Second, the term "something" mentioned above describes simple phenomena of perception, experiences or memories of game situations. In the long run, however, the term describes associations and mental relations — in other words: effects of transmission and transformation. In this perspective, the term "something" refers to the transfer from the virtual game world into the real world of the players' everyday life. As a comment, another aspect is important in order to locate the theoretical coordinates and main assumptions. Media and communication science lacks a unified theory to analyze and understand the functions and mechanism of games and effects after playing. This has been pointed out in the preface of this book. The way out of this dilemma could be to put the theoretical frame to the context of the so-called *Transfer Model* (Fritz, 2003).[1]

The Transfer Model as a theoretical frame

In general, the model describes exchange processes of elements between separated virtual worlds (Klink et al., 2009: 264) and real worlds. This virtual worlds can bee seen as arenas, which are "pointing to the ever-increasing possibilities for action within them." (Malaby, 2006: 145) Therefore, the virtual game world is a place, where reality meets imagination (see also Bartle, 2006: 479). Furthermore, I will point out that in the perspective of constructivism these worlds are created through cognitive processes because of the structure of certain (media) stimuli (Burkart, 2002: 304; Bühl, 2000: 142-143). Overall, the model of Fritz relies on the concept of a "network of a living world" (Fritz, 2003: 2) assuming that impressions from different worlds obtain their meanings only in relation to the assignment to other worlds — for example over the similarity of objects (Ellis, 1979) or for certain patterns of activity. This relies also on assumptions regarding the processes of learning (Haskell, 2006: 23).
Ten types of transfer are known at this time (Fritz, 2003; Witting & Esser, 2003). Most of them are founded on qualitative data:

[1] See also the contributions of Koch, Pannicke & Zarnekow, Wohlgemuth, Schröder, and Checa et al., which are relating directly and indirectly to the transfer model.

1. problem solving transfer (e.g. thinking about problems),
2. emotional transfer (e.g. anxiety)
3. instrumental and action-oriented transfer (e.g. training patterns of action)
4. ethical and moral transfer (e.g. changing values)
5. associative transfer (e.g. regarding the connection between different stimuli)
6. reality structuring transfer (e.g. acquisition of game experience)
7. transfer of information
8. memory related transfer (e.g. memory of specific game elements)
9. loss of time (related to the flow experience)
10. dreaming

Other research related to the categories of Fritz was done from Witting und Esser (2003), Ladas (2002), Gieselmann (2002), Wesener (2004), Witting (2007), Bigl (2009), Bigl & Schubert (2011) and de Gortari (Gortari & Griffiths, 2012; Gortari et al., 2011). Just like the studies from Bigl & Schubert (2011), the studies from de Gortari et al. (2011 & 2012) are focused on the player's experiences inside the virtual world. In contrast, the theroretical foundations from de Gortari et al. are not directly related to the concept of Fritz. In their view of the phenomena — they call it "Game Transfer Phenomena" (GTP) — they found that it occurs "when video game elements are associated with real life elements triggering subsequent thoughts, sensations and/or behavior among players" (Gortari et al., 2011: 17). Nevertheless, Gortari et al. have found "no empirical studies examining the phenomenological experiences of video game players' mental processes and consequent behaviour" (Gortari et al., 2011: 17). An important factor, which positively favors the occurrence of transfer, is a fragile framing competence (Fritz, 2004: 83). This means that players can not sufficiently recognize the similarities and differences between the worlds. Accordingly to the few findings in the field, the goal of the present study was to check the assumptions from Fritz with a quantitative research design. Parts of the findings (see Bigl, 2009) are presented as follows.

Self-perception of experienced players

In the present study I relied on the self-perception and observation of experienced players. I asked them as "experts in their own thing" about their experiences after playing and about situations in which they remembered having played. But how to get in contact with these experienced players? There is no listing about the population of "computer game players". But: computer game players are enthusiastic about technology. Studies suggest for this special group the Internet as an instrument for data collection (Quandt et al., 2011). The close proximity of game technology to the services of the Internet is underlined by the popularity of several services. Think of online games like *World of Warcraft* or platforms like *Second Life*. There are also lots of websites even for traditional single player offline games as well as commercial and non-commercial online communities, forums and newsgroups. And these communities were the objectives for an online survey. The following multi-level procedure was used in the study.

Preliminary study

Analysis of online forum threads

First I tried to answer the research question in a preliminary investigation in three online forums of two popular gaming print magazines and one online forum with game related topics (*www.gamestar.de*; *www.pcgames.de*; *www.mogelpower.de*). The players were asked undercover about their experiences based on a description of one transfer phenomenon. Overall, 69 contributions in the threads and 34 offtopic constributions were hermenutical analyzed. The findings were categorized, summarized and compared with the transfer types from the model of Fritz. In a second step I set up a quantitative online survey and placed it in 35 online forums. Three examples are demonstrating the online forums discussions:

> "I'm like this only when I have played very intensively. E.g. these days I play Rome a lot and when I was watching the World Cup seeing so many people on the field (teams+FIFA, people+referees+assistants etc.) I instinctively wanted to attack the wings." (Ryan)

> "During my school days while I was writing a test I really wanted to do a quickload and for a few seconds I was wondering why it didn't work, until I realized that this feature hasn't been implemented in real life yet." (Sirponkel)

First results

Associative transfer effects

As a first result, three categories of associative transfer effects could be identified. No comparable portrayals for the "ethical moral transfer", for "loss of time transfer" and the "problem solving transfer" could be found. Furthermore, these types are not specific enough for computer games and describe no direct transmission from the reality of play into the reality of everyday life. It was tried to confront the suitable transfers with each other and to produce a temporal order and to summarize them simplified. It was obvious that all transfers had a connecting element in common: they originated from mental associations which have been shown by the analysis of the open answers. In the following they are summarized therefore under the term "Associative Transfer Effects". We can differentiate in analytical transfers, functional transfers and transfers with an affective-cognitive distinction. In the next step, an online survey proved these new categories.

Main study

Online survey

The occurrence of possible transfers was measured with a simple confirmation or a denial of the following statements, which based directly on the seven types of transfers from the preliminary study:

- I already did get causes for thought or useful information by a game. (Transfer of Knowledge, 21.4 %)
- I dreamed of games or I widened the story of a game. (Transfer of Dreams, 30.8 %)
- I empathized with characters of a game. (Transfer of Emotions, 12 %)
- In my thoughts, I tried to act like in a game action. (Transfer of Action Patterns, 1.6 %)
- After playing I noticed that I could analyze situations much better and quicker than before. (Transfer of Analysis Ability, 9.2 %)
- It surprised me that I wanted to use certain functions of tools or features of a game in real life. (Transfer of Functions, 4.4%)
- I think I have better spatial imagination abilities than others now. Unconsciously, I scan the surrounding area for prominent objects. (Transfer of attention and visual orientation, 6.3 %)

Own experiences could be described in an open response field. After this, 23 suitable online forums of popular games were identified for data collection with an internet research. In addition, a further group of general game portals was chosen to increase the range and to include the casual game players.

Results

Sociodemographics

With a processing time of about nine minutes (M=590 sec; SD=319 sec) and an ending ratio of 65 % and the sample is fairly well established regarding its exploratory character. Altogether, calculations were done with N=1146 participants. The sample consists only of 117 female (10.2 %) and 1029 (89.8 %) male participants. This means that the sample is quite similar to other computer-related studies. The variables "sex" and "origin" differed significantly from each other. Approximately 60 percent of the female participants came e.g. from forums of the category "Simulation Game", approximately a third of all male participants from "Adventure/Role Playing Game" related forums — I want to argue that the origin can be rated as an indicator for game preferences. The sample also showed a relatively young age structure (M= 22.1 age) and consists of rather experienced computer game players who are familiar with this medium very well. For instance, more than 80 percent have played for more than four years. This value corresponds with the school marks, which the players should give themselves for their experience with games. 82 percent gave themselves the mark 1 ("very well") or the mark 2 ("well"). This is an indicator that the sample does not correspond completely with those players who are not engaged in online activities.

Playtime

How long are the players regular staying inside virtual worlds? At least 86 % are playing twice a week, 37 % are playing video games daily. The daily usage ranges from 10 minutes to 15 hours (M=2.3 hours). Overall, this corresponds with other findings. In the genres of "Shooter" (M=2.5 hours) and "Role Playing" (M=2.7 hours) we find most of the extreme values, both genres are offering the potential to be played extremely often.

Perceived transfers

However, only 151 players (13.2 percent) said that they never had such experiences or associations. 995 players (86.8 percent) perceived such effects. A striking accumulation of the transfers "Knowledge" and "Dreams" exists in simulation games. Sport games stick out with the transfers of "Knowledge", "Orientation" and "Patterns of Action".

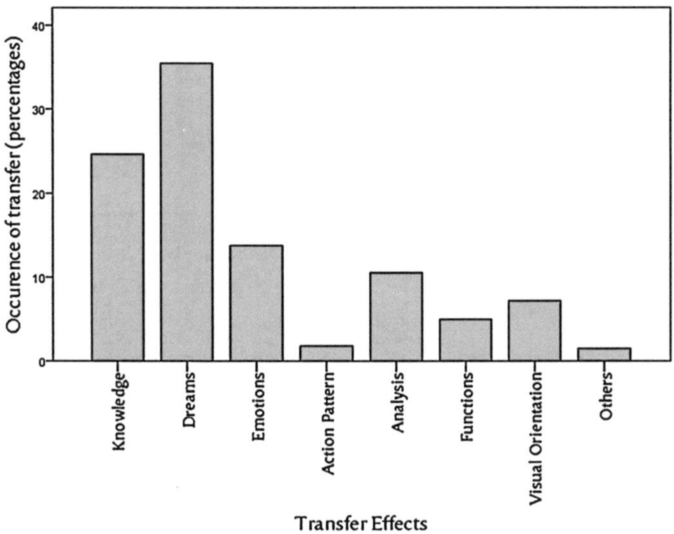

Occurrence in transfer effects (in percent)

Some examples from the open answer field underline the findings:

> *"I dreamed of game like I was there for real. And then later, after I woke up, I was thinking how it could go on." (Dreams)*

> *"In many situations I was able to react faster — realized that my reflexes got better. Furthermore, I stay more calm in hectic situations and have the ball at my feet quicker." (Analysis)*

Recoded transfers

In a deeper analysis, the transfers in the categories "Dreams" and "Emotions" are mainly reserved for "Adventure/Role-Playing" video games (41 % and 21 %). "Shooters" are predestined for the transfer in the category "Analysis" (25 %). The transfers of "Emotions" are far less perceived in this category than assumed. A factor analysis seemed to be an appropriate way to verify the categories and the model of Associative Transfer Effects because the sample was sufficiently large enough for this type of analysis. I have done two different analyses; the first one was oriented at a Screeplot which shows the first 3 factors with self-loads higher than 1. A second analysis includes five factors. The first one confirmed the model in the essential points. The three *Associative Transfers* explain about

51 % of the total variance, which in my opinion is quite good for an exploratory study. Almost 50 percent of the transfers seem to happen in the category "Affective-Cognitive", only 7 percent have a "Functional" characteristic. After some considerations a second factor analysis was done in order to separate the transfer of "Knowledge" and "Dreams" from each other.

	Factoranalysis 1			Factoranalysis 2				
Factors	1	2	3	1	2	3	4	5
Knowledge			,664			,951		
Dreams			,664				,991	
Emotions	-,525	-,539			-731			
Action Patterns		,524						997
Analysis	,754			,730				
Functions		,725			,736			
Orientation	,544			,731				

2-Factoranalyses; Main Components; Varimax-Rotation; Kaiser-Normalization

The second aim of this procedure was eliminate the multi-loading of the factor "Emotions". The calculated factors now explain approximately 78 % of the total variance of the sample, which is pretty good. Because of the exploratory character of the study, I will try to give an interpretation for the findings – even if further are possible. First, I want to argue, that the multiple loading of the factor "Emotions" is an indicator that the transfer of emotions is covibrating with the other transfers on a meta-level. Now, after the functional separation of the cognitive factor (No. 3 in the first analysis), active (cognition/dreaming) and passive (knowledge) elements are included in the model. The single transfers "Attention/Orientation" and "Analysis" were recoded in the new category called "Analytical". The most important change after the second factor analysis is that the factor "Emotions" is loading only simple now, but in a negative direction to "Functions".

Type of transfer	Variance (in %)	Variance (in %, cumulative)
1 Analytical (42.4 %)	19,314	19,314
2 Functional (6.8 %)	16,951	36,264
3 Affective-Cognitive (49.2%)	15,043	51,308
1 Analytical (Analysis/Orientation)	20,031	20,031
2 Functional (Functions -Emotions)	16,922	36,953
3 Information Mediated (Knowledge)	14,354	51,308
4 Information Processed (Dreams)	13,362	64,670
5 Action Pattern (Action Pattern)	12,910	77,579

2-Factoranalyses; Main Components; Varimax-Rotation; Kaiser-Normalization

This can clearly be interpreted that the transfer of functions does not walk along with the transfer of emotions at the same time. If certain functions of a game are being transferred or adapted for real life, then the associated emotions remained in the game, in the virtual world. The control of an abstract (technology based) object - like a game - is strongly linked with the absence of emotions. Otherwise, emotions would be rather obstructive for the control of these objects.

Occurrence of transfer

The question in which distance to the game and how often transfer effects are perceived is linked to the game experience itself. According to this argument, the question is an essential aspect for further studies. A moderately strong correlation, however, was identified for the relationship between the variables "Distance" and "Transfer". In order to achieve a temporal order, I asked the participants with a Likert-Scale (1 = "immediately after the match"; 5 = "half a year or later") when they did have perceived the transfers. Therefore, emotional transfers occur usually immediately after the game. In the second step, a cognitive involvement is taking place with the games and the experiences inside the virtual game world, especially in dreams, where these experiences are processed and interpreted.

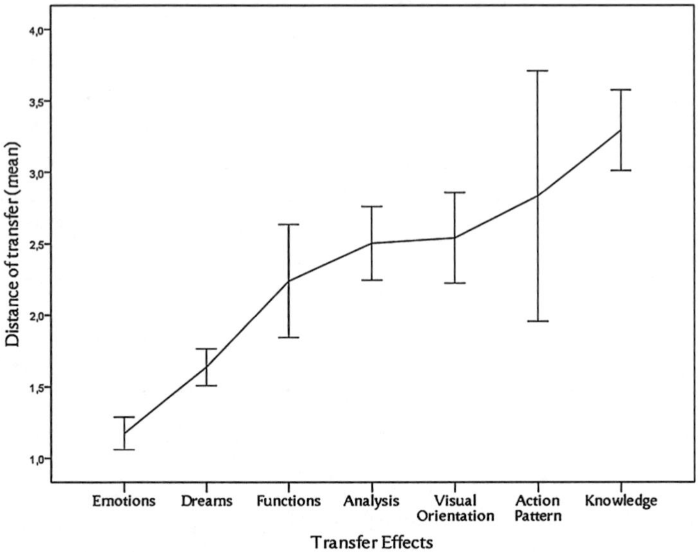

Distance of transfer (means; bars with confidence level 95%)

Analytical transfer effects, and even effects in the form of mediated information (Knowledge) seem to happen in greater distance to the game experience.

Summary and critical outlook

The vast majority of video game players who participated in the study, already had perceived transfer effects in real life. Only about 13 percent had never had such an experience. If transfer effects are perceived in real life, this was a very positive aha experience and they can reflect upon it (85 %). The categories of associative transfer effects are highly selective and openly designed for further research questions. Because of the exploratory character, some of the arguments are weak, indeed. However, i will point out the interesting questions about the distance and the quality of these effects for further research - especially with respect to playtime and possible negative effects. Last but not least, in connection with the results of this study, no negative descriptions or experiences after playing leads to the following conclusion: Virtual worlds are an offer to slip temporarily in a new, entertaining world — as a lonesome hero, as a member of a medieval guild or as a creator of whole civilizations.

References

Bartle, R. A. (2006). Designing virtual worlds. Berkeley, CA: New Riders

Bigl, B. (2009). Game over? - Was vom Spielen übrig bleibt: Empirische Studie zu assoziativen Transfereffekten zwischen Spiel- und Alltagswelt. München: Avm Akademische Verlagsgemeinschaft.

Bigl, B. & Schubert, M. (2011). (Re-) Konstruktion virtueller Welten. In J. Kretzschmar, M. Schubert & S. Stoppe (Eds.). Medienorte. Mise-en-scènes in alten und neuen Medien (pp. 233–235). München: Meidenbauer.

BIU (2011). Marktzahlen Computer- und Videospiel-Software: Gesamtjahr 2011. http://www.biu-online.de/de/fakten/marktzahlen.html (Retrieved October 1, 2012).

Bühl, A. (2000). Cyberkids: Empirische Untersuchungen zur Wirkung von Bildschirmspielen. Beiträge zur Computersoziologie: Bd. 1. Münster: LIT Verlag.

Burkart, R. (2002). Kommunikationswissenschaft: Grundlagen und Problemfelder. Umrisse einer interdisziplinären Sozialwissenschaft. (4. Aufl.). Wien: Böhlau.

Ellis, H.C. (1979). Psychology of Learning and Memory. Monterrey: Brooks & Cole.

Fritz, J. (2003). Wie virtuelle Welten wirken.: Über die Struktur von Transfers aus der medialen in die reale Welt. In J. Fritz (Ed.). Computerspiele. Virtuelle Spiel- und Lernwelten. Bonn: Bundeszentrale für politische Bildung. [On CD-ROM]

Fritz, J. (2004). Das Spiel verstehen: Eine Einführung in Theorie und Bedeutung. Grundlagentexte soziale Berufe. Weinheim: Juventa Verlag.

Gieselmann, H. (2002). Der virtuelle Krieg: Zwischen Schein und Wirklichkeit im Computerspiel (Erstausg.). Kultur und Gesellschaft: Vol. 5. Hannover: Offizin-Verlag.

Gortari, A.B.O. de & Griffiths, M.D. (2012). An introduction to game transfer phenomena in video game playing. In J. Gackenbach (Ed.). Video Game Play and Conciousness (pp. 1–38). New York: Nova Science.

Gortari, A.B.O. de, Aronsson, K. & Griffiths, M. (2011). Game Transfer Phenomena in Video Game Playing. International Journal of Cyber Behavior, Psychology and Learning, 1(3), 15–33.

Haskell, R.E. (2006). Transfer of learning: Cognition, instruction, and reasoning. Educational psychology series. San Diego, Calif: Academic Press.

Hasan, Y., Begue, L. & Bushman, B.J. (2012). Viewing the world through "blood-red tinted glasses": The hostile expectation bias mediates the link between violent video game exposure and aggression. Journal of experimental social psychology. 48(4), 953-956.

Interactive Software Federation of Europe (ISFE) (2011). ISFE Consumer Survey 2010: Video Gamers in Europe 2010. Brüssel. <http://www.isfe-eu.org/> (Retrieved October 1, 2010).

Jeong, E.J., Biocca, F.A. & Bohil, C.J. (2012). Sensory realism and mediated aggression in video games. Computers in human behavior. 28(5), 1840-1848.

Klimmt, C. (2001). Computerspiel: Interaktive Unterhaltungsangebote als Synthese aus Medium und Spielzeug. Zeitschrift für Medienpsychologie, 13(4), 22–32.

Klink, A., Marcolesco, M., Siemens, S. & Wolling, J. (2009). Sport in virtuellen und realen Welten. In T. Quandt, J. Wimmer, & J. Wolling (Eds.). Die Computerspieler (pp. 263–277). Wiesbaden: VS Verlag für Sozialwissenschaften.

Krahe, B. (2012). Report of the Media Violence Commission. Aggressive behavior. 35(5), 335-341.

Krotz, F. (2007). Mediatisierung: Fallstudien zum Wandel von Kommunikation (1st ed.). Wiesbaden: VS Verlag für Sozialwissenschaften.
Ladas, M. (2002). Brutale Spiele(r)?: Wirkung und Nutzung von Gewalt in Computerspielen. Frankfurt am Main & New York: Peter Lang.
Malaby, T. (2006). Parlaying Value: Capital in and Beyond Virtual Worlds. Games and Culture, 1(2), 141–162.
McQuail, D. (2010). McQuail's mass communication theory (6th ed.). London: Sage.
Medienpädagogischer Forschungsverbund Südwest (2011). JIM 2010: Jugend, Information, (Multi-)Media. Basisstudie zum Medienumgang 12- bis 19-Jähriger in Deutschland. Stuttgart. <http://www.mpfs.de/?id=181> (Retrieved October 1, 2010).
Merten, K. (1994). Evolution der Kommunikation. In K. Merten, S. J. Schmidt, & S. Weischenberg (Eds.). Die Wirklichkeit der Medien. Eine Einführung in die Kommunikationswissenschaft (pp. 141–162). Opladen: Westdeutscher Verlag.
Quandt, T., Festl, R. & Scharkow, M. (2011). Digitales Spielen – Medienunterhaltung im Mainstream. GameStat 2011: Repräsentativbefragung zum Computer- und Konsolenspielen in Deutschland. Media Perspektiven 9/2011, 414-422.
Robertson, K. (2008). An Analysis of the Video Game Regulation Harmonization Effort in the European Union and Its Trans-Atlantic Chilling Effect on Constitutionally Protected Expression. B.C. Intell. Prop. & Tech. F. 090802 [Available also at the Boston College Intellectual Property & Technology Forum, http://www.bciptf.org]
Wesener, S. (2004). Spielen in virtuellen Welten: Eine Untersuchung von Transferprozessen in Bildschirmspielen (1st ed.). Wiesbaden: VS Verlag für Sozialwissenschaften.
Willoughby, T., Adachi, P.J.C. & Good, M. (2012). A Longitudinal Study of the Association Between Violent Video Game Play and Aggression Among Adolescents. Developmental psychology. 48(4), 1044-1057.
Witting, T. (2007). Wie Computerspiele uns beeinflussen: Transferprozesse beim Bildschirmspiel im Erleben der User. München: kopaed.
Witting, T. & Esser, H. (2003). Nicht nur das Wirkende bestimmt die Wirkung. Über Vielfalt und Zustandekommen von Transferprozessen beim Bildschirmspiel. In J. Fritz & W. Fehr (Eds.). Computerspiele. Virtuelle Spiel- und Lernwelten. Bonn.
Zimmermann, O. (2008, August 19). Computerspiele sind ein Kulturgut. Sächsische Zeitung. <http://www.sz-online.de/nachrichten/multimedia/artikel.asp?id=1914392> (Retrieved October 1, 2010).

Literature for quick access

Bigl, B. & Schubert, M. (2011). (Re-) Konstruktion virtueller Welten. In J. Kretz-schmar, M. Schubert & S. Stoppe (Eds.). Medienorte. Mise-en-scènes in alten und neuen Medien (pp. 233–235). München: Meidenbauer.
Fritz, J. (2004). Das Spiel verstehen: Eine Einführung in Theorie und Bedeutung. Grundlagentexte soziale Berufe. Weinheim: Juventa Verlag.
Gortari, A.B.O. de & Griffiths, M.D. (2012). An introduction to game transfer phenomena in video game playing. In J. Gackenbach (Ed.). Video Game Play and Conciousness (pp. 1–38). New York: Nova Science.

SEBASTIAN KOCH

Is there a blind spot? An empirical study on the awareness for violence in videogames

Introduction

From the moment videogames conquered living rooms and arcade halls in the early 1980s possible negative effects of the usage of this new medium have been discussed. Especially, possible impacts of violence in videogames on the gamer have been on the research agenda since the early days of videogame studies (Chambers & Ascoine, 1987; Silvern & Williamson, 1987).

According to Lee and Peng (2006) research on videogames in general can be divided into effect studies and uses-and-gratification approaches towards video gaming. Both lines of research can be found relating to violence in videogames. Up to now effect studies have been focused on psychological effects, interpolating possible effects on a societal level using Bayensian logic (Bluemke, Friedrich & Zumbach, 2010: 2). The current discourse on effects of violence in videogames is dominated by the General Aggression Model (GAM) which tries to explain the link between violence in videogames and aggressive behavior (Anderson, Buckley & Gentile, 2007; Anderson & Carnagey, 2003; Anderson & Dill, 2000). This model uses basic assumptions from social cognitive theory (Bandura, 2001), excitation transfer theory (Zillmann, 1988) and the theory of cognitive priming (Berkowitz & Rogers, 1986). Following the argumentation of the GAM, the exposure to violence in videogames leads to short term effects like increased arousal and priming of aggressive cognitive structures leading to an increased state of aggressiveness. The repeated use of violent videogames will reinforce the primed aggressive cognitive structures, aggressive perceptual schemata and the corresponding behavioral scripts. Eventually this results in increased trait aggressiveness, which will lead to further usage of violent videogames (Slater, Henry, Swaim & Anderson, 2003). Assumptions of the GAM have been tested by several researchers over the last decade (e.g. Bushman & Anderson, 2002; Carnagy, Anderson & Bushman, 2007).

Other research is not so much concerned about the effects of violent games but considers this to be a question, which can only be answered when the function violence serves in this media context is properly understood. An argument that is often read in this context is that of challenge and competition as the most important drivers for videogame usage (Sherry, Greenberg, Lucas & Lachlan, 2006; Vorderer, Hartmann & Klimmt, 2003) and violence serving as the most obvious sign for competition (Stoll, 2009). The crucial point here is that gamers are able to understand violence merely as a mean to express competition (Ladas, 2003).

But the question "What exactly is seen as violence by the gamer?" remains unanswered by both research directions so far. In the following we will, based on the *Transfer Model* by Jürgen Fritz, argue that this is a very crucial question when we try to understand how violent acts in videogames might be transferred from games into the real world and how likely this is at all. Subsequently, first results from a small explorative study will be presented.

Violence in videogames

In general, the menace and application of violence can be regarded as a special form of human interaction. This form of interaction is understood by everybody without presuppositions. The social configuration of violence is usually three-cornered (Strathern & Stewart, 2004), consisting of an offender, who does harm to a person, animal, plant or object, or at least tries to do so (Früh, 2001: 39), a victim of these actions and a witness. In relation to violence in videogames we can define that any actor within the game, who tries to do some kind of harm is committing some form of violence. This actor might be the gamer's avatar or any other non-player-character. Consequently, the gamer's avatar can have any possible position within the triangle of violent interactions. Positions in this interaction triangle might also alter quickly.

Discussing violence in videogames, the character of videogame experience itself needs to be considered. The gamer does not simply witness the action on the screen — but is actively taking over the role of an avatar within the game environment. Following Klimmt, Hefner, and Vorderer (2009) the difference between watching a James Bond movie and playing a James Bond videogame is, that in the first case the audience witnesses the characters actions on a screen and in the second case the gamer partly takes over the role of James Bond *via* an avatar. This identification is not complete but rather partial and symbolically (Klimmt et al., 2009: 359–360). Violence in a videogame does not lead to any damage in the real world. 007's possible in-game death will always leave the gamer unhurt and ready to have another try. This is not a special feature of videogames but a core feature of games in general. In games, there are no other consequences than the negotiated ones subsequently to the game sessions (Huizinga, 2011 [1938]: 22). Additionally, the acts of gaming are accompanied by the specific awareness of taking part in a game (Caillois, 1982: 16).

The transfer model

In the light of these thoughts on gaming as a process of partial identification the question arises: How are cognitive and affective processes during phases of videogame reception and general perception connected? Jürgen Fritz' Transfer Model (Fritz, 2003b) tries to give an explanation. This model is not focused on negative effects, but open for all kind of effects videogames might cause. Furthermore it does not take the process of gaming for granted, but starts off by carefully explaining how a game links up with a gamer (Fritz, 2003a). The model ties in with the idea of gaming as an action. The gamer is acting in a constructed virtual reality produced by the interplay between software and hardware. The gamer reacts on an initial stimulus provided by the game. This stimulus might be a very simple line like "Press A to Start" (Tetris, 1989), but what is required to begin the game is a reaction, an input, by the gamer. This input is interpreted by the game software and leads to a new stimulus as output. The relation between inputs and outputs can be thought of as a stream of loops (Klimmt, 2006). Several loops can be grouped together to episodes, which are defined by a certain aim that the gamer tries to reach within the body of rules (Klimmt, 2006: 69). The course of an episode is not completely given but depends on the order of input/output-loops, which in turn are determined by the action of the gamer. In this way the gamer generates the stimulus which is supposed to act on the recipient in first place. Even in relatively simple games like *Pong* or *Tetris* there will be no game session that is exactly like the one before. The videogame and the gamer enter into a highly dynamic process of synchronization, where the videogame is demanding input from the gamer and the gamer is adopting and interacting with the game based upon personality traits and knowledge about videogames. This synchronization is the basic condition for a joyful gaming experience. Furthermore it is a requirement for, but simultaneously a result of a process of complex exchanges of knowledge, feelings or even behavior between the gamer and the videogame (Fritz, 1995).
The description and explanation of how exchanges from everyday life and videogames are taking place is the second important component of

the Transfer Model (Fritz, 2003b). To explain this Fritz goes back to Alfred Schütz's concept of different areas of perception (Schütz & Luckmann, 2003). Springing from a common sense world which is given without presuppositions and the normal state of perception for every healthy person, Schütz defines a couple of other modes of perception of reality. Most importantly for the Transfer Model is the relationship between the common sense world, the mental world and the virtual world (Fritz, 1997a; Wesener 2004). The different worlds of perception do not exist independently of each other, but they are interconnected. The allocation of a certain experience to a layer of perception is individually learned and regulated by social conventions. The game, not necessarily a videogame, is a very common form of virtual worlds. The process of exchange of thoughts, feelings or behavior schemes between different worlds of perception is called transfer (Fritz, 2003b). Before a transfer might take place the content that is to be transferred needs to be adapted to the new layer of perception. Prior to every transfer a transformation needs to be done. Fritz describes several kinds of possible transfers between layers of perception, ranging from the transfer of emotions to the adoption of behavior patterns (Fritz, 2003b). The majority of the transfer between the virtual world and the common sense world reported by gamers might be rather unproblematic since they merely appear in form of an extended cognitive involvement and associations with problems from the virtual world (Bigl, 2009). The transfers, that most of the media effect studies on violent videogames are concerned about, are the exchange of negative emotions, violent action scripts or the eroding of value patterns due to extensive videogame usage (Anderson & Bushman, 2009). The Transfer Model does not deny the possibility of such transfers but tries to point out the conditions under which they are likely to take place.
Jürgen Fritz claims that consciousness about transfer processes plays a major role. The conscious mind might, in his words, not be able to decide which affects or perceptual schemata are selected for a transfer but it might act as a *veto-power* that stops the impulse for a transfer (Fritz, 2003b). The cognitive process of these checks of adequacy is called framing. A frame in this context is the totality of all cognitive schemes and action scripts that are known to a person as suitable for a certain layer of perception. The ability to frame an experience correctly or to adjust it in a way that it is acceptable in a new layer of perception is named framing competency (Fritz, 2003b). Considering these thoughts in the context of violent videogames it is here argued that a gamer, who is highly aware of the violence in videogames, is less likely to make inappropriate transfers. Violent acts in videogames should always be noticed by a gamer, since

physical violence is, at least in our western society, nothing that is experienced in everyday life and it is only accepted when it is performed by politically legitimized authorities (Nagenborg, 2009: 267). Thus, consciousness can be understood as a firewall against non-reflective transfers of violent feelings, thoughts or behavior from the virtual world into the common sense world. However, awareness for violence might depend on the mode of violence and the way it is embedded in the gameplay. Furthermore, more drastic depictions and the use of physical violence will probably attract more attention than subtle forms of violent in-game content. As playing videogames is a process of synchronization between the gamer and the game, traits of the gamer should have some influence on what is recognized as violence within a game environment and what is overlooked.

It can be assumed that personality traits can tell us something about the way someone will behave not only in the common sense world (Ajzen, 2011) but also in the virtual world. Some personality traits seem to be especially relevant on the gamer's performance in the virtual worlds and his perception of these actions. The personality traits at question in this study are aggressiveness (Fahrenberg et al., 2001), Machiavellism (Six & Henning, 1977) and the attitude towards violence (Heitmeyer, 1995).

If personality traits determine how we behave in virtual worlds a more aggressive person should also be more aggressive in the game that is why this trait will be considered in this study as predictor for violent behavior in virtual worlds. The other traits are not aiming at explaining behavior but judgments about the way the virtual world is experienced. A macchiavellistic person accepts any instrument as long as it leads to a successful end, even if this would mean using violence to win. Consequently a macchiavellistic gamer should tend to underestimate the violence and the cruelty of a gaming session. Scoring high on the attitude towards violence-scale indicates that violence is accepted as a normal form of interaction. These assumptions have been tested in a small-scale explorative study.

Method

Design and procedure

The study was conducted using a quasi-experimental design. Participants were asked to play three different videogames under standardized conditions for twenty minutes each. Before every game session the participants were briefly introduced to the game they were asked to play next and a short written instruction sheet was given, explaining the basic

controls and the interface. All game sessions started from a predefined point and not from the very beginning of the game. By this measure lengthy introduction sequences and game episodes that are very hard to master or rather boring could be avoided. Each game was recorded with a screen capture tool.[1] Subsequent to each session the participants were asked to evaluate the game with respect to violence, cruelty, frustration, entertainment, excitement and thrill.[2] The order in which the three games were played was randomized among the participants to ensure that no systematic effects like tiredness or boredom distort the results. After the last gaming session a longer questionnaire was given which contained standardized scales for measuring aggressiveness (Fahrenberg et al., 2001), macchiavellism (Six & Henning, 1977) and the attitude towards violence (Heitmeyer, 1995).
Additionally, a content analysis of the recorded game sessions was carried out. Seventeen categories have been derived from the theoretic postulates about violence in videogames and the qualities of videogames in general. Using these categories every violent gaming episode was examined regarding the mode of violence at use, the intensity of violent acts and the position of the virtual representative in the violent act. Doing this a complex picture of the violent game interactions within each gaming session could be redrawn. But not only the interaction of virtual violence was analyzed, the way violence was shown was analyzed as well as the kind of legitimacy or sanctions the rules of the game were offering for the conducted violence. As unit of analysis the gaming episode was chosen. An episode was defined as a couple of input/output-loops that relate to the same object within the virtual world. This procedure made it possible to interrelate each participant's answers to the stimulus he or she did actually receive.

Stimuli

In this study it was decided not to use a self-programmed stimulus, although, that is a very effective way to isolate the independent variable in videogames as Bluemke et al. (2010) have demonstrated. But looking closely at the self programmed stimuli which have been used in comput-

[1] The tool used for screen capturing was Fraps v2.97. Fraps is a Windows application which allows the recording of games that use OpenGL or DirectX. The tool captures the screen at an adjustable frame rate alongside with the sound output, merges both sources together in real time and creates an avi.-file.
[2] The items were formulated "The game was (adjective)" the answer should be given by making a cross on a 10 cm line representing a 100-point-scale.

er game studies so far some general problems appear. On the one hand altering only one or a few characteristics, like the amount of blood shown of an otherwise unchanged game (Farrar, Krcmar & Nowak, 2006; Groppler, 2002; Hartig, Frey & Ketzel, 2003), does not meet up with the aim of this study to test the perception of different acts of violence *and* their depiction at the same time. On the other hand using an entirely self-programmed stimulus (Bluemke et al., 2010) enables the researchers to have complete control over the game experience. These approaches are resulting in stimuli that are usually not meeting the standards of an up-to-date videogame as far as complexity and graphic representation are concerned. Here high intern validity is clearly traded off against extern validity. Based on these thoughts, it was decided to use unaltered commercial videogames although the chosen games do actually vary in more characteristics than the acts of violence that are possible. The games used were *GTA San Andreas* (2004), *Medieval II: Total War* (2006) and *The Sims 2* (2004). Those games are offering the possibility for variance in the kind and the amount of violence that might be applied by the gamer and the depiction of that violence.

Participants

33 participants took part in the study. Twenty-seven of the 33 participants were students at a university or college. 20 of them were male, 13 female. The average participant was 23 years old (SD=3.25) and reached an A-Level as highest educational degree. Although it would have been desirable to draw a representative sample with regard to the population of gamers (Nielsen Games, 2008), this target could not be met in this survey due to practical considerations. The sample was nearly equally manned with gamers (n=18) and non-gamers (n=15). Regarding the personality traits of the participants, there were no significant differences in relation to the known representative samples (Heitmeyer, 1995; Fahrenberg et al., 2001). Only the means for macchiavellism and the attitude towards violence were slightly below the representative mean.

Results

The analyses of the 1875 minutes of videogames resulted in 1685 gaming episodes with an average length of 1:06 minute each. 664 of the gaming episodes comprised some form of violence. 493, and therefore most of these violent gaming episodes came from *GTA San Andreas*. *Medieval II:*

Total War accounted for 156 and only 15 episodes including violence were played in *The Sims 2*.[3]
As indicated by this data, *GTA San Andreas* was the game that was most strongly embossed by violence. Characteristic for the *GTA*-sessions in this study was the high number of violent acts that had no legitimacy from the rules and the high intensity of the violent acts. The acts of violence were mostly aimed at humans. The depiction of violence showed blood and death in most of the cases. *Medieval II: Total War* had far less gaming episodes with violent content, but the violence here was more often legitimated and seldom directly shown. All in all, the graphic representation of *Medieval II: Total War* must be described as more distant than the representation of *GTA San Andreas*. Due to the fact that there were only 15 episodes with violence in *The Sims 2* it can be concluded, that the participants did not use the possibilities of relational violence which are inherent in the game. In the few cases violence was part of gaming episode in *The Sims 2* the representation was relatively distant and the depiction was not drastic.
To test how the violence in the games was recognized and evaluated the proportion of violent episodes of a gaming session was related to the assessment of violence by the participants. By doing so it was possible to show which game sessions have been over- or underestimated in terms of violence. The comparison of these two variables showed, that the game sessions of *GTA San Andreas* have been the most overestimated ones in terms of violent content. The average difference between the proportion of violence episodes from all episodes and the assessment of the gamer was 50.4 points (SD=19.9). The violence in *Medieval II: Total War* was at the average overestimated by 6.8 points (SD=31.7) but as the high standard deviation indicates, there was also a group of participants that underestimated the violence in the game (n=14). The difference between the proportion of violent content and the assessment by the participants was at the lowest for *The Sims 2* with an average overestimation of 1.6 scale points (SD= 8.8).

[3] A test with chi-Square showed, that these differences are significant.

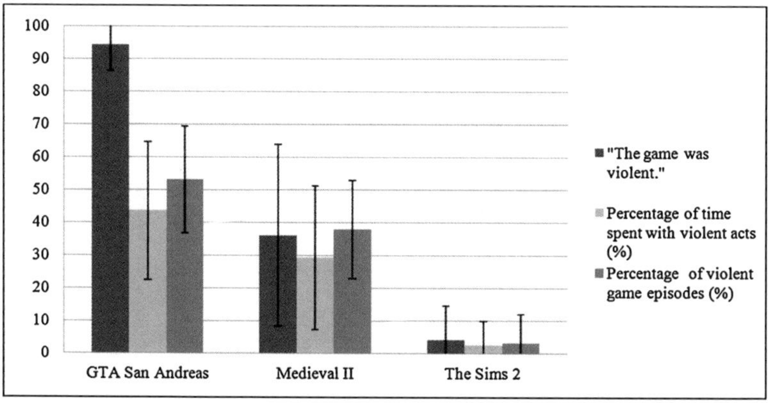

Average assessment of violence by the gamer compared to violence identified by content analysis, with bars including standard deviation.

To give a more precise idea of what might have caused this over- or underestimation of violence in the game session, the values of evaluation have been correlated with variables describing the drastic of the violence depicted, the drastic of the depiction itself and the position within the virtual world during the violent episodes. Correlations were calculated using Kendall's tau-b.[4]

[4] This measure was chosen as rank correlation coefficient, since it is recommended for nonparametric data and small sample sizes (Field, 2010:181).

	Overesti-mation of vio-lence	Average drastic of the violent interaction	Drastic	The gamer is victim of violence	Average perspective	Average position of the virtual figure	Violence is legitimated	Violence is rewarded
Under-estimation of violence	-.741**	-.405**	-.324**	-.170*	-.313**	-.412**	.237*	-.051
Over-estimation of violence		.385**	.453**	.268**	.381**	.544**	-.269**	.102
Average drastic of the violent interaction			.600**	.368**	.371**	.515**	-.422**	.305**
Drastic of the depiction				.352**	.457**	.526**	-.359**	.293**
The gamer is victim of vi-olence					.107	.396**	-.070	.188*
Average perspective						.511**	-.460**	.285**
Average position of the virtual figure							-.475**	.379**
Violence is legitimated								-.298**

Table showing correlations between over- and underestimation of violence and characteristics of the gaming experience using Kendall's tau-b. [**. Correlation is significant at the 0.01 level (2-tailed); *. Correlation is significant at the 0.05 level (2-tailed); N= 99 listwise]

Overestimation of violence in videogames is significantly correlated with the drastic of the violent interaction (τ=.385) and the drastic of the depiction (τ=.453). Additionally gamers seem to tend to overestimate violence when their avatars are victims of violence (τ=.268) and the avatar is closely set to the interaction (τ=.544). This might not be very surprising, since drastic depictions of violence should lead to a corresponding assessment. A bit more surprising is the fact that these correlations are almost mirror-inverted for the underestimation of violence. According to Fritz's concept of framing competency and consciousness of transfer processes gamers should be aware of violence in the virtual world no matter how drastic it might be, from what distance they receive it or the way it is shown. But the evaluation of violence in virtual worlds seems to be clearly related to the way the violence is depicted and the mode of representation that works within the game. Beyond that the figure above does illustrate some other interactions between rules of the game and modes of depiction. These interactions seem to point out to different strategies of presenting and embedding violence in videogames. These issues cannot be discussed within this study, but ask for further research. As argued before the gaming experience might be closely related to the traits of the person playing it. On the one hand this seems to be simple common sense. Our personality does determine how we see the world and assess the events in it. On the other hand personality trait scales are validated for and measured in the common sense world. Defining the world of games as a layer of perception different from the common sense world puts this simple connection at doubt. If there is a correlation between personality traits like the attitude towards violence or aggressiveness, one might fear that the clear line between virtual world and common sense world was broken. But between those personality traits used in this study and the assessment of violence in virtual worlds no significant correlation was found. Nor were personality traits correlated with the amount of violence applied by the gamer in the virtual world. These two assumptions were also tested using Kendall's tau-b.

Conclusion

Videogames are often blamed to have long term negative effects on gamers (e.g. Anderson, Buckley & Gentile, 2007). The reason for these allegations is the amount of violence that can be found in some form in nearly every game and the interactive character of games. The Transfer Model is able to describe the effects of playing games as results of exchange processes between the virtual world of videogames and the way gamers think and behave in the common sense world. Importance is attributed to the transfers and transformation of perceptual and behavioral schemes since the virtual world and the common sense world are not simply the same but divided areas of perception. Exchange processes are usually checked for their suitability as long as they are conscious to the recipient. Based on this thought it was argued that especially unconscious transfers must be assumed to be dangerous since the control for suitability might not be conducted. From this point of view a crucial question is: "Is the gamer equally aware of different kinds of violence in different games and independently from personality traits and experience with videogames?" Reviewing the results of this study it can be concluded, that violence in videogames is generally well recognized and assessed by the gamer. Participants in this study had a tendency to overrate violent acts in the videogames if they were of high intensity and presented drastically. Considering this, it must not be feared that very explicit acts of violence in games will be transferred to the common sense world without a proper check for suitability, provided the gamer has a pool of appropriate schemata for the common sense world (Fritz, 2003b). Furthermore this study also revealed that there is a tendency to underrate violence in videogames if it was not very explicitly shown and if the avatar is not placed too close to the violent acts. Generally this was true for a good proportion of the game sessions in *Medieval II: Total War.* Based on this observation, it might be concluded that gamers actually have a blind spot for violence in videogames which is not clearly shown. If these results could be replicated in other studies, it should be considered that the discussion about violence in video games should not only deal with those games which are obviously violent and unsuitable for children but that games in which violence is implicitly shown and systematically used by the gamer should be taken into account as well. The argumentation and the results presented in this chapter tried to point out that the depiction and the perception of violence in virtual worlds is more complex than a stimulus-response relation. It rather has to be understood as a process of transfers between the real world of the gamer and the world of videogames. This complexity should be considered, when discussing and researching possible negative effects.

References

Ajzen, I. (2011). Attitudes, personality and behaviour. Maidenhead: Open Univ. Press.

Anderson, C.A. & Bushman, B.J. (2009). Comfortably Numb: Desensitizing Effects of Violent Media on Helping Others. Psychological Science, 20(3), 273–278.

Anderson, C.A. & Carnagey, N.L. (2003). Theory in the Study of Media Violence: The General Aggression Model. In D.A. Gentile (Ed.). Media violence and children. A complete guide for parents and professionals (Vol. 22, pp. 87–106). Westport, Conn: Praeger.

Anderson, C.A. & Dill, K.E. (2000). Video Games and Aggressive Thougts, Feelings, and Behavior in the Labratory and in Life. Journal of Personality and Social Psychology, 78(4), 772–790.
Anderson, C.A., Buckley, K.E. & Gentile, D.A. (2007). Violent Video Game Effects on Children and Adolescent: Theory, research, and public policy. Oxford, New York: Oxford University Press.
Bandura, A. (2001). Social Cognitive Theory of Mass Communication. Media Psychology, 3(3), 265–299.
Berkowitz, L. & Rogers K.H. (1986). A priming effect analysis of media influences. In D. Zillmann & J. Bryant (Eds.). Perspectives on media effects (pp. 57–81). Hillsdale, NJ: Lawrence Erlbaum Associates.
Bigl, B. (2009). Game over? - Was vom Spielen übrig bleibt. Empirische Studie zu assoziativen Transfereffekten zwischen Spiel- und Alltagswelt. München: AVM.
Bluemke, M., Friedrich, M. & Zumbach, J. (2010). The influence of violent and nonviolent computer games on implicit measures of aggressiveness. Aggressive Behavior, 36(1), 1–13.
Bushman, B.J. & Anderson, C.A. (2002). Violent Video Games and Hostile Expectations: A Test of the General Aggression Model. Personality and Social Psychology Bulletin, 28(12), 1679–1686.
Caillois, R. (1982). Die Spiele und die Menschen. Maske u. Rausch. Frankfurt/M ; Berlin, Wien: Ullstein.
Carnagy, N., Anderson, C.A. & Bushman, B.J. (2007). The effect of video game violence on physiological desensitization to real-life violence. Journal of Experimental Social Psychology, 43(3), 489–496.
Chambers, J. & Ascoine, F. (1987). The effects of prosocial and aggressive video games on children's donating and helping. Journal of Genetic Psychology, 148, 499–505.
Fahrenberg, J., Hampel, R. & Selg, H. (2001). FPI-R : Das Freiburger Persönlichkeitsinventar. Manual. Verlag für Psychologie Hogrefe.
Farrar, K.M., Krcmar, M. & Nowak, K.L. (2006). Contextual Features of Violent Video Games, Mental Models, and Aggression. Journal of Communication, 56(2), 387–405.
Field, A. (2010). Discovering Statistics Using SPSS. Third Edition. London: Sage Publications.
Fritz, J. (1995). 'Modelle und Hypothesen zur Faszinationskraft von Bildschirmspielen'. In J. Fritz (Ed.). Warum Computerspiele faszinieren. Empirische Annäherungen an Nutzung und Wirkung von Bildschirmspielen. Weinheim: Juventa Verlag.
Fritz, J. (1997a). 'Lebenswelt und Wirklichkeit'. In J. Fritz, W. Fehr (Eds.) Handbuch Medien: Computerspiele (pp. 13-30). Bonn: Bundeszentrale für politische Bildung.
Fritz, J. (2003a). 'Warum eigentlich spielt jemand Computerspiele? Macht, Herrschaft und Kontrolle faszinieren und motivieren'. In J. Fritz, W. Fehr (Eds.) Computerspiele. Virtuelle Spiel- und Lernwelten (pp. 10–24). Bonn: Bundeszentrale für politische Bildung.
Fritz, J. (2003b). 'Wie virtuelle Welten wirken. Über die Struktur aus der medialen in die reale Welt' (attached CD-ROM). In J. Fritz, W. Fehr (Eds.) Computerspiele. Virtuelle Spiel- und Lernwelten. Bonn: Bundeszentrale für politische Bildung.

Früh, W. (2001). Gewaltpotentiale des Fernsehangebots. Programmangebot und zielgruppenspezifische Interpretation. Wiesbaden: Westdeutscher Verlag.

Groppler, A. (2002). Experimentelle Untersuchung zur Wahrnehmung von Gewalt in Computerspielen. Diplomarbeit am Institut für Psychologie, Ernst-Moritz-Arndt Universität Greifswald: GRIN Verlag.

Hartig, J., Frey, A. & Ketzel, A. (2003). Modifikation des Computerspiels Quake III Arena zur Durchführung psychologischer Experimente in einer virtuellen 3D-Umgebung. Zeitschrift für Medienpsychologie, 15(4), 149–154.

Heitmeyer, W. (1995). Gewalt: Schattenseiten der Individualisierung bei Jugendlichen aus unterschiedlichen Milieus. Weinheim: Juventa.

Huizinga, J. (2011). Homo ludens. Vom Ursprung der Kultur im Spiel. Reinbek bei Hamburg: Rowohl Taschenbuch-Verlag. First published 1939. Amsterdam. Pantheon.

Klimmt, C. (2006). Computerspielen als Handlung. Dimensionen und Determinanten des Erlebens interaktiver Unterhaltungsangebote. Köln: Halem.

Klimmt, C., Hefner, D. & Vorderer, P. (2009). The Video Game Experience as "True" Identification: A Theory of enjoyable Alterations of Players Self Perception. Communication Theory, 19(4), 351–373.

Ladas, M. (2003). Brutale Spiele(r)? In F. Rötzer (Ed.). Virtuelle Welten-reale Gewalt (1st ed., pp. 26–35). Hannover: Heinz Heise.

Lee, K. M. & Peng, W. (2006). What Do We Know About Social and Psychological Effects of Computer Games?: A Comprehensive Review of the Current Literature. In P. Vorderer & J. Bryant (Eds.). LEA's communication series. Playing video games. Motives, responses, and consequences (pp. 327–345). Mahwah, N.J: Lawrence Erlbaum Associates.

Nagenborg, M. (2009). 'Gewaltdarstellung als Phänomen der Computerspielkultur'. In Bevc, T.& Zapf, H. (Eds.) Wie wir spielen, was wir werden. Computerspiele in unserer Gesellschaft (pp. 265–80). Konstanz: UVK.

Nielsen Games (2008). Computer- und Videospieler in Europa - 2008. Im Auftrag der Interactive Software Federation of Europe (ISFE).

Schütz, A. & Luckmann, T. (2003). Strukturen der Lebenswelt. Stuttgart: UVK Verlags-Gesellscahft.

Sherry, J. L., Greenberg, B. S., Lucas, K. & Lachlan, K. (2006). Video Game Uses and Gratifications as Predictors of Uses and Game Preference. In P. Vorderer & J. Bryant (Eds.). LEA's communication series. Playing video games. Motives, responses, and consequences (pp. 213–224). Mahwah, N.J: Lawrence Erlbaum Associates.

Silvern, S. & Williamson, P. (1987). The effects of video game play on young children's aggression, fantasy, and prosocial behaviour. Journal of Applied Developmental Psychology, 8, 453–462.

Six, B. & Henning, H. (1977). Konstruktion einer Machiavellismus-Skala. Zeitschrift für Sozialpsychologie, 8, 185–198.

Slater, M. D., Henry, K. L., Swaim, R. C. & Anderson, L. L. (2003). Violent Media Content and Aggressiveness in Adolescents: A Downward Spiral Model. Communication Research, 30(6), 713–736.

Stoll, A. (2009). „Killerspiele" oder E-Sport: Funktionalität von Gewalt und die Rolle des Körpers in Multiplayer-Ego-Shootern. Boizenburg: Hülsbusch.

Strathern, A. & Stewart, P. (2004). 'Violence. Conceptual Themes and the Evaluation of Actions', Polylog. Forum for Intercultural Philosophy (5).

Wesener, S. (2004). Spielen in virtuellen Welten. Eine Untersuchung von Transferprozessen in Bildschirmspielen. Wiesbaden: VS Verlag für Sozialwissenschaften.
Witting, T. (2007). Wie Computerspiele uns beeinflussen. Transferprozesse beim Bildschirmspiel im Erleben der User. München: kopaed.
Vorderer, P., Hartmann, T. & Klimmt, C. (2003). Explaining the enjoyment of playing video games: The role of competition. In D. Marinelli (Ed.). Proceedings of the second international conference on Entertainment computing (pp. 1–8). Pittsburgh: Carnegie Mellon University Pittsburgh.
Zillmann, D. (1988). Cognition-excitation interdependences in aggressive behavior. Aggressive Behavior, 14(1), 51–64.

Games

Atari (1972). Pong. Arcade Machine. Atari.
Bullet-Proof Software, Inc. (1989). Tetris. Game Boy. Nintendo of America Inc.
Creative Assembly Ltd, The (2006). Medieval II: Total War. Windows PC. SEGA Europe Ltd.
Maxis Software Inc. (2004). The Sims 2. Windows PC. Electronic Arts, Inc..
Rockstar North Ltd. (2004). Grand Theft Auto: San Andreas. Windows PC. Rockstar Games Inc.

Literature for quick access

Fritz, J. (2003b). 'Wie virtuelle Welten wirken. Über die Struktur aus der medialen in die reale Welt' (attached CD-ROM) In F. Jürgen; W. Fehr (Eds.) Computerspiele. Virtuelle Spiel- und Lernwelten. Bonn: Bundeszentrale für politische Bildung.
Lee, K. M. & Peng, W. (2006). What Do We Know About Social and Psychological Effects of Computer Games?: A Comprehensive Review of the Current Literature. In P. Vorderer & J. Bryant (Eds.). LEA's communication series. Playing video games. Motives, responses, and consequences (pp. 327–345). Mahwah, N.J: Lawrence Erlbaum Associates.
Slater, M. D., Henry, K. L., Swaim, R. C. & Anderson, L. L. (2003). Violent Media Content and Aggressiveness in Adolescents: A Downward Spiral Model. Communication Research, 30(6), 713–736.

ANNE METTE THORHAUGE

Intended and negotiated gameplay: the interpretive power of the player

When the debate between ludologists and narratologists appeared in the beginning of the millennium the main point of contention was the basic properties video games: Were they, as some would argue, new forms of narratives (Murray, 1997), or were they, as other would argue, new forms of games (Eskelinen, 2001)? Proponents of the latter perspective often put forth the formal systems or rules of games as the proper object of study instead of their representational characteristics. This was often done in a rather formalist structuralist manner, stating that ludology should focus on "[games'] structure and elements — particularly their rules — as well as creating typologies and models for explaining the mechanics of games" (Frasca, 2003: 222). The object of analysis was clearly games as programmed systems whereas games as activities and processes of communication were somewhat left out of the picture. This tradition was later followed up by the proponents of procedural rhetoric (Bogost, 2007), focusing on game as tools for expression with a special focus on the designed characteristics of persuasive games. Again, the alleged "meaning" of the game was located somewhere in the programmed system rather than its use. Recently, Sicart has criticized this approach for its overly author- and designer-centered focus suggesting instead play theory as a relevant framework for analyzing games. However, the field of cultural studies does offer another useful set of concepts describing how meaning appears as product of the interaction between text and recipient in the context of reception. Concepts such as encoding and decoding (Hall, 1980/2006) and the integration of media use into everyday practices (Morley, 1986) emphasize the perspective of the audience and how they turn media use into lived experiences.

In a similar vein, I will argue that the game mainly represents a platform or a framework within which the players enact their own play cultures. That is, they do not define a specific set of rules as ludologists tend to argue, they are programmed systems with particular affordances (Gibson, 1979; Norman, 2002) that make them more or less useful in relation to those activities and interpretations the players bring to the game. Writing on the basis of a study of play patterns in *GoSupermodel,* an online game for young girls, I will show how the intended gameplay as put forth by the game designers represents only a minor aspect of the players' activities. Furthermore, I will exemplify how players invent alternative gameplay activities in the games' discussion forums. The analysis will be based on several types of data included a large scale server data analysis of play patterns, a quantitative analysis of communication patterns in the game's discussion forums and a qualitative analysis of specific forum threads chosen on the basis of the previous steps.

Intended and negotiated gameplay: an analytical framework

As mentioned in the introduction, rules are often put forth as that distinctive feature of videogames that set them apart from other popular media. That is, while games may share narrative features and audiovisual representations with other media, they integrate these forms of representation into programmed systems that react to player interaction in particular ways. Accordingly, an analysis of a game should include those rules or mechanics structuring interaction in the game (Bogost, 2007; Eskelinen, 2001; Frasca, 2003). This makes fairly good sense, as playing a game obviously differs fundamentally from reading a book or watching a film and may share important traits with the activity of playing a traditional game. However, in these arguments often lies an implicit equation between game rules as we know them from traditional games and the procedural characteristics of videogames and, consequently, a conviction that the game rules can be located in the programmed system. For instance, Juul in comparing physical soccer with video game versions write that "*the video game adaptation requires that the laws of physics and the human anatomy be explicitly implemented in the programming* on the same level as the explicit rules of the game" (Juul, 2005: 58 — emphasis in original). Similarly, Bogost defines the expressive characteristics of video games as procedural rhetoric: "*Its arguments are made not through the construction of words or images but through the authorship of rules or behaviour [...] In computation, those rules are authored in code through the practice of programming*" (Bogost, 2007: 29). However, within the field of cultural studies this rather formalistic approach to meaning in media texts has been challenged by an alternative perspective that emphasizes the context of reception and the active role of the audience. Cultural studies can be defined as a theoretical reorientation in critical and literary studies in the 1970s breaking with the overly pessimistic perspective on popular culture of previous traditions. This reorientation among other things involved a new set of analytical concepts for studying the meaning of popular culture in the contexts of its use. A key work in this regard is Halls distinction between encoding and decoding suggesting that the authors intention with the texts and the audience's reception are not necessarily aligned (Hall, 1980/2006). That is, the author(s) may encode a preferred meaning into the text, but there is no guarantee that the audience will decode the text in the intended manner. This depends very much on the degree of shared perspectives between author and audience and readings may thus range from dominant and negotiated to oppositional depending on position of the audience (Hall, 1980/2006: 211-212). Like many of his contemporaries Hall emphasizes the process of hegemony and the ideological aspects of this process but the difference between the encoded and decoded meanings may concern any aspect of the text. Furthermore, the concepts have been problematized from a variety of angles since they were coined in the beginning of the 1970s (Morley, 1993; Schrøder, 2000) and in more recent decades the focus has shifted from the construction of textual meaning to the practices of everyday life such as the "domestication" of technology (Haddon, 2006; Silverstone, 1994). However, given the relative dominance of structural formalism within game studies it might be the time to "reinvent" some of these old school concepts as a perspective on the role of the player in game studies.

That is, while it seems obvious to equate the rule governed activities of traditional games with the programmed behavior of video games it is important to be aware that these may not be rules in the same way. Video games involve a broad range of rule phenomena that are not necessarily mutually comparable. In another context (Thorhauge, forthcoming) I argue that we have to distinguish between rules as the behavior of programmed systems and rules as communicative conventions that are established and reproduced among players. For example, while online role-playing games may simulate parts of the traditional role-playing game such as the rulebooks they cannot simulate its most important feature; the distinction between the fictional context and the role-playing context. This is a communicative convention upheld by the players and it is not necessarily resumed in the online role-playing game (ibid.). In this ways, players can play a game in accordance with the game designer's intentions or they can invent negotiated or oppositional gameplay activities depending on their perspectives and needs (see also Consalvo, 2007). The fact that we still seem to be able to observe stable play patterns across contexts may rather be due to relatively well organized player cultures sharing the perspective of the designer and using the game in accordance with this. However, in *GoSupermodel*, the online game serving as the case for this article, there seems to be a considerable difference in the designers' and players' perspectives regarding the proper use of the game. For this reason certain areas in the game gives way to alternative gameplay strategies such as "teening" in the game's discussion forums. I will get back to this I more detail later on, but first I will describe the methodological approach.

Method

As mentioned previously, cultural studies involved an analytical reorientation that put greater focus on the context of reception. This also included a new set of methodological approaches such as reception analysis and media ethnography that turned the interpretations of the audience and the everyday practices of media use into their main object of study. In the context of digital games another set of methodological approaches has become available for studying patterns of use. That is, players' interaction can be traced in the form of log-data that indicate different patterns of play. Of course, these data say nothing about players' motives or experiences but they enable an identification of general play patterns that may inform qualitative analysis such as mapping play patterns for further analysis or defining relevant player groups. The analysis in the following section is based on several rounds of data collection involving quantitative as well as qualitative approaches. To begin with, a sample of 10.000 characters was selected randomly from the general player base and server data about login activity, game sessions communicative action and other traceable activities was collected. Relevant players were defined as those logging in at least three times between September 20 and November 10, 2011. One of our first observations when studying this material was the rather extreme distribution of data with a small group of players being highly active and a large majority being somewhat passive. For that reason the activity level in the diagrams in the following sections is based on median values as these are more descriptive of the typical player than the average value. Furthermore, as explicated in the following section, the activity in relation to what would ordinarily be defined as main game play functionalities was remarkably low. This marked a need for a further analysis of what is really the game according to the players. For this reason the paper also includes a follow up analysis of communication in the discussion forums — one of those places where it is possible to study player activities directly. This analysis was initiated with a webcrawl collecting the first pages of all threads appearing on the first pages of all discussion forums (4981 posts, collected September 18, 2012). The material was analyzed with regard to general communication patterns and pointed toward the storytelling and role-playing forum as a particularly interesting forum. For this reason all threads on the first page of the storytelling and role-playing forum where collected at full length (5219 posts, collected October 4, 2012) in order to compare and analyze threads in more detail. The results will be presented in the following sections.

Intended and negotiated gameplay in *GoSupermodel*

As the title indicates, *GoSupermodel* has fashion, shopping and dressing up as its general themes. It is a browser game based on the play for free business model with paid memberships, sponsorships and advertisements as what seems to be the main income. According to its developer and publisher, it is targeted at 10 to 14 year old girls who may spend their time shopping, playing minigames, designing clothes or hanging out. In the interface, this appears as five general categories or subdomains: shopping, gaming, creativity, community and superstars.

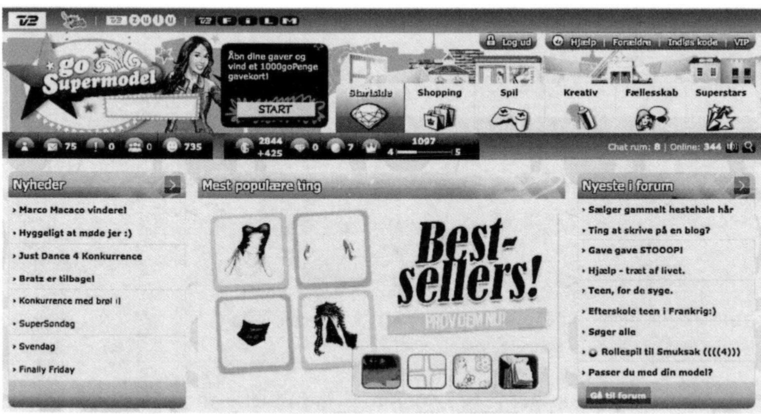

The frontpage of *GoSupermodel*

The latter is the game's player ranking or "leader board" based on various types of fame[1] that define the player's level[2]. Fame is gained by playing the minigames or by way of particular sorts of player interactions

---

[1] At the time of the first sample, the ranking involved fame as well as popularity as distinctive reward systems but the terms have been changed in the meantime and now the designers distinguish instead between different categories of fame such as player fame, celebrity fame, and reporter fame.

[2] Going from 1 to 10 at the time of sampling but this has also changed in the meantime and to a more fine-grained system of 25 levels.

such as receiving hugs or gifts or creating magazines or designs. The intended gameplay of *GoSupermodel* as it may be defined on the basis of this interface can either be located in the individual subdomains such as playing minigames or it can be defined at a general level as the reward system ranking players in different levels and high scores depending on their activities in the individual subdomains. In either case, the server data analysis shows a remarkable lack of activity implying that critical player mass seems disinterested in the minigames and in the reward system, and rather use the game for other purposes. The following diagram shows the relation between the number of logins, minigame sessions and communication acts during the first sampling week.

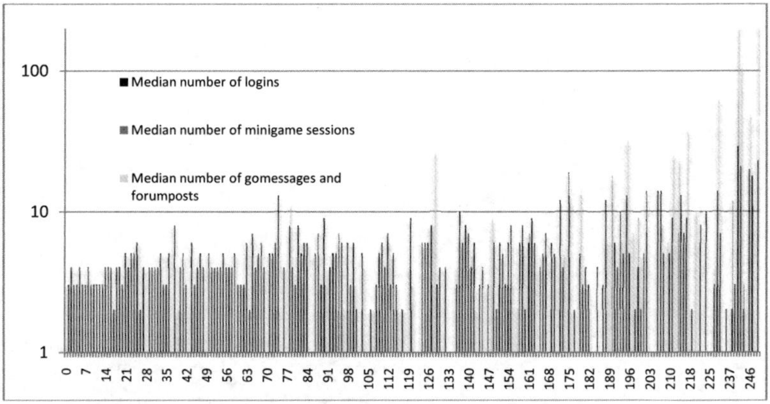

Logins, minigames and communication during first sampling week broken down on player age (weeks)

Even though logins, game sessions and communication acts cannot be directly compared as they may cover very different time spans it is obvious that the amount of logins by far exceeds the number of game sessions indicating that players log in for other reasons than playing the mini games. Furthermore, as the next diagram indicates, the reward system seems to receive relatively little attention. The data below has been taken from the first sampling weeks showing that of the 10.000 players only 65 were at the 8th, 27 were at the 9th and 6 were at the 10th level respectively. This indicates that earning fame points in order to rise in level is not necessarily the main motivation for logging into the game.

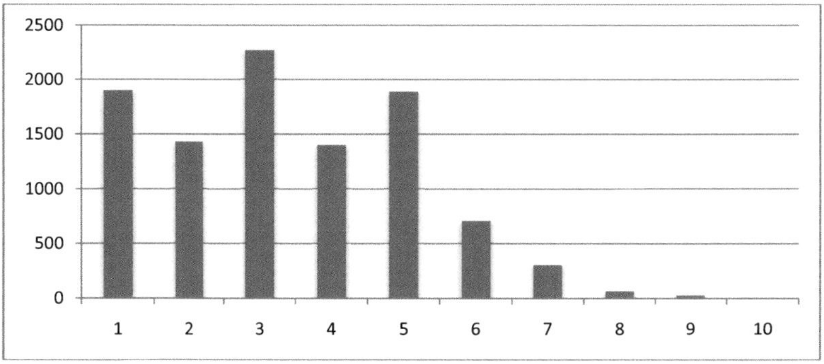

Number of players on different levels during the first sampling week

At a general level, the analysis of the server data shows a rather low activity level covering a considerable difference between a little group of very active players and a large group of somewhat passive players. In the chosen sampling week, for instance, less than 10 percent of the players make up more than 90 percent of messages sent. This resembles the communication patterns of social network media where a small, active minority similarly tends to produce most of the communication (Dijck, 2009). Accordingly, one possible explanation of the playing patterns would be that the players use the game as a sort of social network medium logging in to check out other players' activities without necessarily contributing or interacting in any traceable way. This interpretation challenges our notion of game play and requires us to reconsider what actually counts as playing. In the following section, I will analyze the activities in the game's discussion forums as a possible perspective on game play activities in *GoSupermodel.*

The discussion forum as alternative playground

GoSupermodel has 22 individual discussion forums with title and content ranging from relatively game specific issues such as *help, newbies* and *games,* themes from teen life and popular culture such as *music, celebrities* and *love* and forums involving different types of interaction among players such as *bulletin boards, competitions*, and *auctions.* Furthermore, these forums differ considerably with regard to size measured in posts (see diagram below). It is characteristic that the largest forum making up 29 percent of the total sum of posts according to the website is the one titled "not *GoSupermodel*" whereas the forums involving game specific issues range much lower. This supports the assumption that players may be using *GoSupermodel* for other purposes than what was originally intended by the designer.

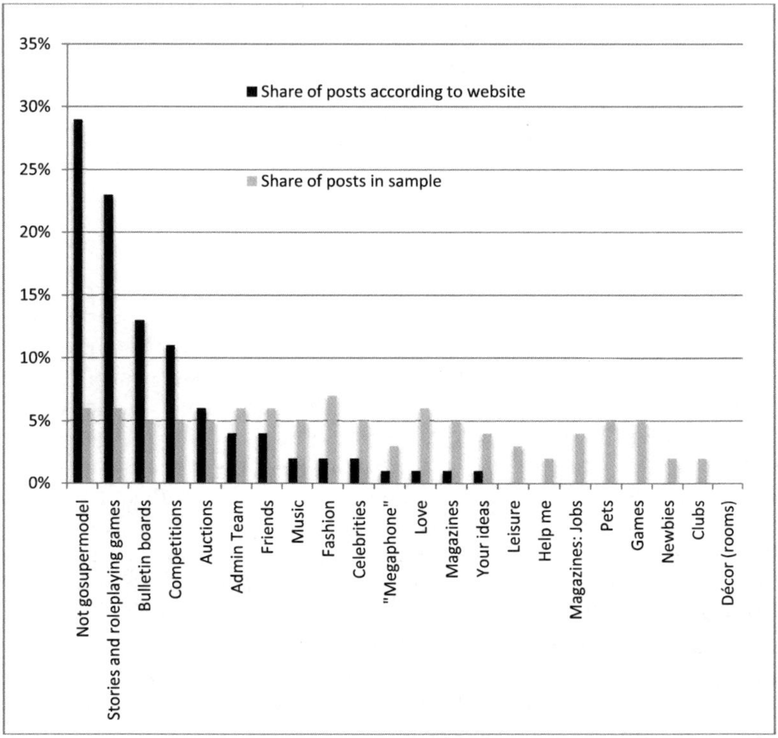

Individual discussion forums' share of posts

Furthermore, the second largest forum is *stories and role-playing games* and covers a set of communicative activities that differ considerably from those activities the original game design provides for; making up stories and playing role-playing games by way of the communication functionalities offered. At a closer look, this forum differs from the others in characteristic ways. As appears from the table below, the amount of unique users is considerably smaller whereas their activity level is considerably higher pointing toward a relatively sustained and continuous communication activity. To keep the record straight, the numbers are not empirically generalisable since they are not based on a random sample. However, they are based on an approximately similar number of posts, all taken from the first pages of threads and forums, and in this perspective they do indicate a particular communication pattern involving a small group of highly active users as opposed to, say, the bulletin boards involving a larger group of less active users.

Title	Unique users in sample	Posts per user in sample
Not *GoSupermodel*	166	2
Stories and role-playing games	57	5
Bulletin boards	184	1

Posts per user in the three largest discussion forums

If we compare the distribution of models according to age with that of the general sample of 10.000 players it shows that the role-playing forum has a relatively even distribution of users according to player age. While the bulletin boards forum reflects the general composition of player ages with a considerable overrepresentation of model aged from 0 to 10 weeks (scales may vary according to the definition of churn) distribution among player ages is much more even in the role-playing forum. This suggests that the role-playing forum represent a sort of interest group shared across model ages rather than a sort of endgame club for experienced players. This interpretation is also supported by the mix of players in the individual players groups as I will get back to in a moment.

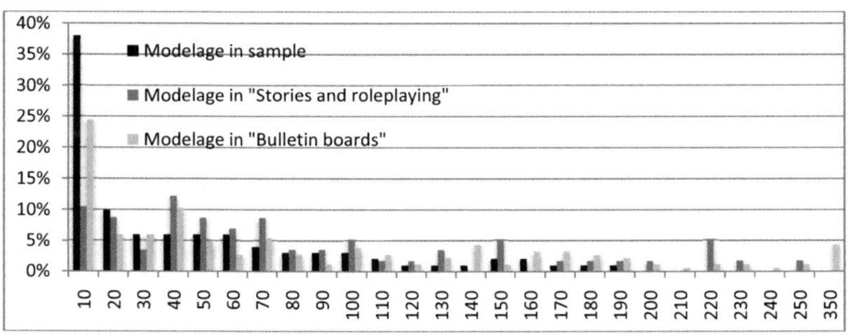

Distribution of player age (weeks) in original sample and in the bulletin board and role-playing discussion forums

The analysis of communication taking place in the role-playing forum is based on an additional sample including all threads at full length. This amounts to 5291 posts divided into 17 role-playing threads and one discussion thread dealing with the genre of role-playing as such. As regards the general communication patterns, this sample confirms and exaggerates some of those characteristics appearing form the former one. As regards its content, the sample outlines a particular variation of role-playing — teening — that seems to be a popular and well-defined activity in the forum.

To begin with the communication patterns, the most important characteristics are the predominance of the small group, play across model ages and the extreme productivity of particular players. That is, while the individual role-playing threads may count up to 22 models, the main contributors are most often 2–5 players contributing with the absolute majority of posts. Furthermore, the threads included in the sample display a substantial mix of model ages, with ages in two thirds of the role-playing threads spanning more than 100 weeks. Of course, the same player may have several models and the actual age span may thus be smaller, but it still suggests that the level- and reward systems in the game are rather irrelevant to the activities in this particular forum. Finally, the large amount of posts seems to be due to the extreme productivity of a few players. In one case, a role playing thread of 773 posts is largely made up by two models creating 302 and 369 posts each. Altogether, this indicates a continuous and relatively "private" type of communication within the public context of the discussion forum as I will get back to in my discussion.

As regards the game play activity this seems to be a particular variation of role-playing defined by the players themselves as "teening". Of the 17 role-playing threads included in the sample, 14 have the word "teen" in the title indicating that this is a rather widespread and popular game play practice. In the discussion thread teening is defined as somewhat more "mundane" (non-magic) than traditional role-playing and, of course, involving teenagers as its main characters. A closer look at the individual threads adds romancing as another recurrent feature. Most of the threads include long passages with romancing and romantic intricacies that are described in detail and with a sustained focus on body language and on characters' emotional responses to each other. The activity seems to be rather formalized with a "thread owner" opening the ball with a description of the setting including location, dramatic setup and, sometimes, a set of characters. In quite a few cases, however, other players are invited to suggest characters in accordance with a character scheme defined by the thread owner. After this follows a process where characters are defined or distributed among players and it is made clear who is participating and who is not. In a few cases, the activity stops here because players disagree on certain issues or it turns out that too few are able to participate. In more successful cases, the negotiations are followed with a role-playing session of varying length and time span. One thread will serve as an example of this activity.

The title of this thread specifies a theme: Justin Bieber, a genre: teen and as well as a particular player that this teen seems to be made for. It is relatively common in the forum to dedicate role-plays and teens to particular players and the introductory post further emphasizes this exclusivity... *everyone can join but don't expect much attention from us.* Accordingly, the absolute majority of posts are made by two players (485 out of 496) and contributions from other players are reduced to a few comments here and there. As regards the content of the thread, it is a continuation of a former teen represented with a link in the introductory post along with a specification of characters and players: A female character, 18, played by the thread owner and Justin Bieber, 18, played by the other main player. The setup is a romantic complication carried over from the former thread: The girl and Justin are soon to celebrate their three-year day but Justin seems to have forgotten the particular date and she is deeply hurt by his forgetfulness. Accordingly, the storyline that emerges from the role-play consists in long passages where the characters in dialogue and body language try to sort out the crisis. A further complication shortly arises when a fake girlfriend shows up. She seems to be the product of some marketing trick, an "official girlfriend" invented by a marketing department but Justin quickly renounces her and instead celebrates the three-year-day with his proper girlfriend by going to a TV show and declaring his true love. The scope of this event is emphasized with links to *YouTube* videos celebrating the love between Justin Bieber and Selena Gomez, with apparently Selena Gomez being a sort of "placeholder" for the female character in the teen. Similarly, the players continuously during the thread link to videos with Justin Bieber and points out when one of his videos is shown on MTV or other music channels.

Altogether, this thread displays and deepens some of those communication patterns that have been described in the previous sections. It is a continuous and sustained communicative activity involving two main players that establish a private play space within the public context of the discussion forum. Contentwise it involves imaginations about teenage life, dreams of love and appropriation of themes from popular culture, most importantly the shared admiration for the young pop star Justin Bieber. The latter involves a continuous inclusion of texts from external contexts such as *YouTube* videos or references to television content. In this way, it can be seen as a "remediation" of a classic play pattern now practiced with in the context of an online game originally designed for other purposes. This will be the focus of my discussion.

Discussion: negotiated game play and external play cultures

In my analytical framework, I suggest the concepts of dominant, negotiated and oppositional readings as a possible approach to the study of video gameplay as a process. That is, game play should not be seen as something embedded into the programmed system by way of the designer it is rather something that is produced by the player in the context of playing. Furthermore, the game play as it appears from the players' actions may be more or less aligned with the original intentions of the game designer(s). Some player cultures may share the perspective of the game designer and play the game in relative accordance with the original intentions, but others player cultures may have a considerably different perspective using the game for other purposes and types of play.

Teening is one such example, a negotiated game play practice unfolding within the context of an online game that was originally designed for other purposes. It represents a particular variation of role-play with a special focus on teenage life, romance and themes from popular culture. As a communication pattern it involves continuous exchanges between a few players that are often named in the title of the game. As such they seem to establish a private and somewhat exclusive play space within the public context of the discussion forum. Furthermore, this activity may have its roots in contexts beyond the game. Several characteristics point toward a feminine play culture as described by Sørensen (1992). Sørensen distinguishes between girls' and boys' play cultures with regard to organization patterns and relations between players. As regards organization patterns, girls' play, according to Sørensen, is often organized in couples or groups of three whereas boy's play is often organized in groups (Sørensen, 1992: 33). Similarly, girls' play is characterized by exclusive relations with intimacy qualities whereas boys' cultures are characterized by changing relations with achievement qualities (ibid.). These generalizations should be taken with certain caution, not least because they rest on limited empirical evidence. Furthermore, as the current study does not include other play cultures for comparison, it cannot be precluded that this may be a recurrent characteristic of many other play cultures including some of those that are considered more "masculine".

With these cautionary statements in mind, however, Sørensens description of the feminine play culture has a relatively strong explanatory power in the current study. The predominance of the small group and the tendency to dedicate games threads to particular players in the role-play can be interpreted as indications of a feminine play pattern existing beyond the context of this particular game: An interpretation that should be explored in further research.
The concept of "teening" can be seen as an external play culture "moving into" an online game that was originally designed for other purposes As such teening represents an example of player-defined play cultures in *GoSupermodel*. To deem from the initial server data study, only a minor part of the players participate in the game's discussion forums and for this reason teening should in no way be seen as a explanation of general player activities in *GoSupermodel*. However, it can serve as an example of the way players may ignore intended gameplay and invent their own game play practices and as such it may inform further studies dealing with the way players actually play games rather than what the designers expect them to do.

Part of the data collection and data analysis presented in this chapter has been accomplished in collaboration with Jakob Grue Simonsen and Casper Petersen, Department of Computer Science, University of Copenhagen and Rasmus Helles, Department of Media, Cognition and Communication, University of Copenhagen.

References

Bogost, I. (2007). Persuasive games : the expressive power of videogames. Cambridge, MA: MIT Press.
Consalvo, M. (2007). Cheating : gaining advantage in videogames. Cambridge, Mass.: MIT Press.
Dijck, J.v. (2009). User like you? Media, culture and society, 31(41).
Eskelinen, M. (2001). The gaming situation. Game Studies, 1(1).
Frasca, G. (2003). Simulation versus Narrative: Introduction to Ludology. In M.J.P. Wolf (Ed.). The Video Game Theory Reader. New York and London: Routledge.
Gibson, J.J. (1979). The ecological approach to visual perception. Boston: Houghton Mifflin.
Haddon, L. (2006). Empirical studies using the domestication framework. In T. Berker, M. Hartmann, Y. Punie & K.J. Ward (Eds.). Domestication of media and technology. Glasgow: Open University Press.
Hall, S. (1980/2006). Encoding/decoding. In M.G.K. Durham & D.M. Kellner (Eds.). Media and cultural studies: Keyworks (2nd ed.). Hoboken: Blackwell.
Juul, J. (2005). Half-real : video games between real rules and fictional worlds. Cambridge, Mass.: MIT Press.

Morley, D. (1986). Family television : cultural power and domestic leisure. London: Comedia Pub. Group.
Morley, D. (1993). Active audience theory: Pendulums and pitfalls. Journal Of Communication, 43(4).
Murray, J.H. (1997). Hamlet on the holodeck: the future of narrative in cyberspace. New York: Free Press.
Norman, D.A. (2002). The design of everyday things (1st Basic paperback. ed.). New York: Basic Books.
Schrøder, K. (2000). Making sense of audience discourses. European Journal of Cultural Studies, 3(2).
Silverstone, R. (1994). Television and everyday life. London & New York: Routledge.
Thorhauge, A.M. (Forthcoming). The rules of the game - the rules of the player. Games and culture. Sage journals.

Literature for quick access

Consalvo, M. (2007). Cheating: gaining advantage in videogames. Cambridge, Mass.: MIT Press.
Hall, S. (1980/2006). Encoding/decoding. In M.G.K. Durham & D.M. Kellner (Eds.). Media and Cultural Studies: Keyworks (second edition). Hoboken: Blackwell.
Thorhauge, A.M. (Forthcoming). The rules of the game - the rules of the player. Games and culture. Sage Journals.

DANNY PANNICKE, RÜDIGER ZARNEKOW

Post-Adoption virtueller Welten

Abstract

Online role playing games are used by an increasing number of people and have achieved a considerable market volume. Nevertheless, the understanding of consumer behavior in the context of these systems is still very limited. There is a need for models being able to explain the complex interdependencies within the usage phase of these interactive entertainment services. This chapter contributes to closing this research gap by proposing a model of post-adoption phenomena within virtual worlds. The model assumes two important mechanisms: a loyalty-centered dedication-based mechanism, and a constraint-based mechanism, which refers to the switching costs involved. Based on the proposed model, 10 interviews with experienced users of World of Warcraft were conducted and analyzed using qualitative content analysis. The results are congruent with the effects of the theorized mechanisms and deepen the understanding of post-adoption behavior within virtual worlds by further differentiations.

Einleitung

Virtuelle Welten sind computergenerierte Umgebungen, in denen Menschen, vermittelt durch ihre künstlichen Repräsentanten (Avatare), miteinander und mit den Objekten der Welt interagieren (Castronova, 2005). Die Ursprünge virtueller Welten sind in den ersten Implementierungen text-basierter Rollenspiele (sogenannter MUDs=Multi-User Dungeons) um das Jahr 1979 zu sehen (Bartle, 2003). Mit der zunehmenden Ausbreitung des Internets wurden virtuelle Welten über die Grenzen der Universitätsnetze hinaus einem größeren Publikum zugänglich und konnten erste kommerzielle Erfolge verbuchen (Castronova, 2005). Mit sinkenden Verbindungskosten, der immer breiteren Verfügbarkeit von Internetanschlüssen, den wachsenden grafischen Fähigkeiten der Hardware und der Entwicklung und Durchsetzung von Geschäftsmodellen, die zu regelmäßigen Zahlungsströmen für die Benutzung führten, war der Weg geebnet für weitere Investitionen in eine Vielzahl neuartiger und reichhaltiger virtueller Welten (Pannicke & Zarnekow, 2009). Erste Maßstäbe für die Entwicklung und den kommerziellen Betrieb virtueller Welten für ein Massenpublikum setzten dabei die Welten *„Ultima Online“* (Origin System Inc., 1997) und *„EverQuest“* (Verant Interactive/Sony Online Entertainment, 1999) mit mehreren 100.000 Benutzern (Castronova, 2005).

Die in der Folge entwickelten Welten unterschiedlicher Genres (z. B. Science Fiction, Medieval Fantasy etc.) hatten insofern einen eindeutigen Spielcharakter, als dass es darum ging, sich in die Welt einzudenken, eine Spielfigur zu übernehmen und vorgesehene Spielziele zu erreichen. Diese Grundstruktur virtueller Spielwelten hat sich bis zu ihren heutigen Vertretern, sogenannten MMORPGs (Massively Multiplayer Online Role-Playing Games) wie *„World of Warcraft"* (WoW) der Firma Blizzard Entertainment mit über 10 Millionen angemeldeten Spielern, erhalten.

Um das Jahr 1989 lässt sich an der Entwicklung von *„TinyMUD"* und *„Void"* ein wichtiger Abzweig der Entwicklung in Form der ersten primär sozialen virtuellen Welten festmachen (Bartle, 2003). Beispiele für diesen Typ virtueller Welten sind *„Habbo Hotel"*, *„There"*, *„Smeet"* und *„Second Life"*. Im Unterschied zu Spielwelten stellen diese die Interaktions- und Kommunikationsaspekte in den Vordergrund und haben keine vorgegebenen Spielziele.

Aus Sicht der Akzeptanzforschung sind virtuelle Welten als hedonistische Informationssysteme zu klassifizieren (Van der Heijden, 2004). Hedonistische Informationssysteme sind computergestützte, interaktive Systeme, deren Nutzung zu einem wesentlichen Anteil intrinsisch motiviert ist. Die Nutzungshandlung wird aus sich selbst heraus zum Ziel der Systeminteraktion, indem diese auf die Erfahrungsqualität und Lebensfreude der Nutzer ausgerichtet ist. Zur Post-Adoption hedonistischer Informationssysteme liegen bislang – im Vergleich zu utilitaristischen Informationssystemen – wenige Forschungsergebnisse vor (Van der Heijden, 2004; Jasperson, Carter & Zmud, 2005; Chesney, 2006). Das vorliegende Kapitel dient der Erläuterung der Wirkmechanismen und Muster des Post-Adoptionsverhaltens im Kontext virtueller Spielwelten. In einer früheren Studie haben die Autoren ein Post-Adoptionsmodell für virtuelle Welten entwickelt und empirisch überprüft (Pannicke, Zarnekow & Müller, 2010). An diese frühere Studie wird hier angeknüpft, indem die theoretisch fundierten und quantitativ gemessenen Zusammenhänge qualitativ validiert und weiter differenziert werden. Zu diesem Zweck wurden Interviews mit 10 Spielern von *„World of Warcraft"* durchgeführt und nach der Methode der qualitativen Inhaltsanalyse (Mayring, 2008) ausgewertet.

Im zweiten Abschnitt erfolgt zunächst eine theoretische Einordnung. Der dritte Abschnitt dient der Erläuterung des methodischen Vorgehens. Die Auswertung der empirischen Daten wird im vierten Abschnitt präsentiert. Eine Diskussion der Ergebnisse beschließt das Kapitel.

Theoretische Einordnung

In der Adoptions- und Akzeptanzforschung werden typischerweise drei Phasen (zum Teil mit weiteren Differenzierungen) unterschieden: eine Pre-Adoptionsphase, eine Kauf- bzw. Entscheidungsphase und eine Post-Adoptionsphase (Rogers, 2003; Jasperson et al., 2005). Eine Vielzahl von Studien bezieht sich auf die Pre-Adoptionsphase bzw. Entscheidungsphase. Als theoretische Fundierung der Modelle dienen meist sozialpsychologische Theorien kognitiver Verarbeitungsprozesse, insbesondere die Theory of Planned Behaviour (Ajzen, 1991) und die Theory of Reasoned Action (Fishbein & Ajzen, 1975). Das am meisten bestätigte Modell ist dabei das Technology Acceptance Model (Davis, 1989), in dessen Mittelpunkt Kognitionen zur Nützlichkeit und Einfachheit eines Informationssystems stehen. In Bezug auf die Post-Adoptionsphase wurden Modelle entwickelt, die die Erfahrungen mit dem System und die Nutzungsgewohnheiten des Benutzers integrieren (zu einem Überblick vgl. Jasperson et al., 2005). Die Integration der Nutzungserfahrungen bleibt in diesen Post-Adoptionsmodellen jedoch vergleichsweise oberflächlich und wird den spezifischen Investitionen des Nutzers in der Interaktionsgeschichte kaum gerecht.

Einen Ansatz zur Überwindung dieser Schwäche der entwickelten Post-Adoptionsmodelle bietet die Literatur zum Kundenbeziehungsmanagement, die zwei zentrale Aspekte für die Steuerung der Kundenbeziehung herausstellt: Loyalität und Wechselkosten (Oliver, 1999; Yang & Peterson, 2004; Gefen, 2002). Die theoretische Fundierung dieser Aspekte erfolgt über die Social Exchange Theory, nach der Menschen sich im Wesentlichen aus zwei Gründen in einer Beziehung engagieren: “either because they genuinely want to or because they believe that they have no option” (Wulf & Odekerken-Schröder, 2001: 86). Der Mechanismus der Loyalitätsformung wird nach Bendapudi und Berry (1997) als Dedication-Mechanismus bezeichnet. Der Einfluss der wahrgenommenen Zufriedenheit auf die Formung von Loyalität kann gerade in der Anfangsphase der Kundenbeziehung als besonders stark angenommen werden (Oliver, 1999). Im Verlauf der Beziehung erfolgen in der Regel spezifische, komplementäre Beiträge und Investitionen des Kunden bzw. Nutzers, die bei einer Beendigung der Beziehung verloren sind. Diese Beiträge des Kunden beinhalten ökonomische (Investitionen in Zeit und Geld), soziale (entstandene Beziehungen) und psychische Aspekte (wie Gefühle der Verbundenheit und Sicherheit) und werden als wahrgenommene Wechselkosten konzeptualisiert (Burnham, Frels & Mahajan, 2003). Das

Bewusstsein um derartige Wechselkosten kann seinerseits Einfluss auf die Verhaltensweisen des Kunden nehmen. Dieser Mechanismus wird als Constraint-Mechanismus bezeichnet (Bendapudi & Berry, 1997).
Eine Übertragung dieser Überlegungen zum Kundenbeziehungsmanagement auf den Kontext elektronischer Dienstleistungen wurde von Kim und Son (2009) erarbeitet. Im Zentrum des Dedication-Mechanismus steht dabei die Loyalität mit ihren Determinanten wahrgenommene Nützlichkeit und Zufriedenheit mit der elektronischen Dienstleistung. Im Hinblick auf den Constraint-Mechanismus ergeben sich spezifische Determinanten für die Wechselkosten, da Kim und Son ihr Modell vor dem Hintergrund von Online-Portalen entwickelt haben. Dies sind einerseits der zeitliche Aufwand für die Personalisierung des Portals und andererseits der Lernaufwand, der mit der Aneignung der spezifischen Struktur und Funktionsweise des jeweiligen Portals verbunden ist.
Da Informationssysteme ursprünglich vor allem in staatlichen Einrichtungen und Unternehmen eingesetzt wurden, lag der Fokus vieler Pre- und Post-Adoptionsmodelle auf professionellen Kontexten und den dort wirksamen, typischerweise utilitaristisch geprägten Determinanten. Mit zunehmender Bedeutung hedonistischer Informationssysteme, bei denen der Unterhaltungswert des Gebrauchs eine wichtige Rolle spielt, wurden auch Modelle für diesen Kontext entwickelt. Zur theoretischen Fundierung dieser Arbeiten werden meist Modelle zum hedonistischen Aspekt des Konsumentenverhaltens (Babin, Darden & Griffin, 1994; Childers et al., 2001) herangezogen. Ein wichtiges Ergebnis dieser Übertragung ist die Einführung des Konstrukts des wahrgenommenen Vergnügens (Perceived Enjoyment) in entsprechende Post-Adoptionsmodelle (Chesney, 2006; Van der Heijden, 2004; Lin & Bhattacherjee, 2010). Die diesbezüglich entwickelten Modelle beschränken sich darauf, die grundsätzliche Bedeutung des wahrgenommenen Vergnügens auf die Nutzungsintention nachzuweisen, leisten jedoch keine angemessene Differenzierung der Mechanismen, die das Post-Adoptionsverhalten im Kontext hedonistischer Informationssysteme steuern. Insbesondere wird der aus den Wechselkosten resultierende Lock-in Effekt unseres Wissens in keiner Studie zu hedonistischen Informationssystemen thematisiert.
In einer früheren Studie haben die Autoren (Pannicke et al., 2010) aufbauend auf dem Modell von Kim und Son (2009) ein Post-Adoptionsmodell für virtuelle Welten entwickelt. Zur theoretischen Fundierung dienen dabei neben den früheren Post-Adoptionsmodellen die Social Exchange Theory (Emerson, 1976) und die Self-Determination Theory (Ryan & Deci, 2000). Die folgende Abbildung zeigt das entwickelte Post-Adoptionsmodell im Überblick.

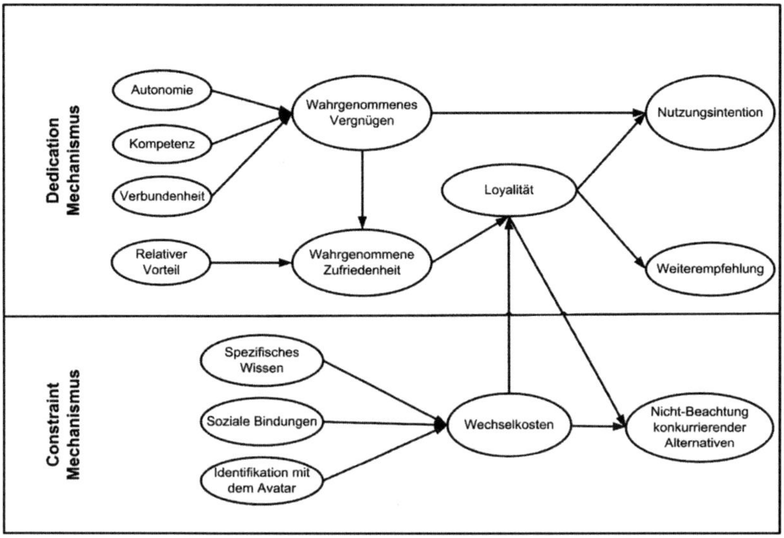

Post-Adoptionsmodell für virtuelle Welten

Im Gegensatz zu utilitaristischen Informationssystemen lässt sich für interaktive Unterhaltungsdienste nur schwer eine Nützlichkeit konstruieren, die auch als solche vom Benutzer intendiert ist. Die Nutzung ist primär intrinsisch motiviert und rechtfertigt sich aus dem Unterhaltungswert und der Freude am Spiel (Van der Heijden, 2004). Nach der Self-Determination Theory (Ryan & Deci, 2000; Ryan, Rigby & Przybylski, 2006; Przybylski, Rigby & Ryan, 2010) kann angenommen werden, dass virtuelle Spielwelten vor allem dann als motivierend und unterhaltsam wahrgenommen werden, wenn der Spieler sich angemessen kompetent und herausgefordert fühlt, wenn er weitgehende Autonomie und Kontrolle über seine Handlungen empfindet und wenn er sich im Vollzug der Handlungen mit anderen Menschen verbunden fühlt. Die Loyalität wird als zentrale Variable des Dedication-Mechanismus angenommen. Im Hinblick auf die Wechselkosten sind für den betrachteten Kontext virtueller Welten vor allem drei Aspekte von Bedeutung. Zum Ersten erwirbt der Benutzer im Rahmen des Spiels ein spezifisches Wissen um die Bedienelemente, die prinzipielle Struktur der Welt und ihre Regeln. Zum Zweiten entstehen im Rahmen der Spielinteraktionen soziale Beziehungen. Die stärkste Manifestation solcher Beziehungen sind soge-

nannte Gilden als vergleichsweise feste, hierarchische Gruppenstruktur von Spielern (Williams et al., 2006). Zum Dritten können das Engagement und die mit der Entwicklung der Spielfigur verbrachte Zeit als Investitionen betrachtet werden. In den Spielfiguren sind der Erfahrungswert und die soziale Reputation gebunden, welche bei einem Wechsel in eine andere Welt nicht transferiert werden können. Aufgrund der Identifikation mit der Figur können insbesondere hohe emotionale Kosten angenommen werden, die in die individuelle Kalkulation der Wechselkosten eingehen.
Hier setzt das vorliegende Kapitel an und beabsichtigt ein tieferes Verständnis der theoretisch abgeleiteten Zusammenhänge auf der Basis eines interpretativen Ansatzes.

Methodisches Vorgehen

Zur Beantwortung der Forschungsfrage wurden 10 etwa 1-stündige, Leitfaden-gestützte Interviews mit Spielern von *„World of Warcraft“* durchgeführt. Die Interview-Partner wurden durch einen Aufruf im Rahmen der Lehrveranstaltungen des Lehrstuhls für Informations- und Kommunikationsmanagement der Technischen Universität Berlin angesprochen. Voraussetzung für die Teilnahme an der Studie war eine intensive Nutzungsphase der virtuellen Welt innerhalb des letzten Jahres.
Der Interview-Leitfaden bestand aus drei Teilen. In einem ersten Teil wurde nach dem Impuls zur Spielnutzung, ersten Erfahrungen in der Welt und dem weiteren Verlauf der Nutzungsgeschichte gefragt. Der zweite Teil bezog sich auf das Unterhaltungserleben und die verschiedenen Aspekte des Dedication-Mechanismus. Dabei wurde insbesondere nach der Zufriedenheit und der empfundenen Loyalität gegenüber *„World of Warcraft“* gefragt. Der dritte Teil des Interviews thematisierte den Constraint-Mechanismus. Hierbei wurde nach den verschiedenen Aspekten der Wechselkosten und alternativen virtuellen Welten gefragt.
Vor dem Interview wurden die Teilnehmer gebeten, einen Kurzfragebogen zu sozio-demographischen Daten und weiteren Aspekten der Spielnutzung auszufüllen. Alle Interview-Teilnehmer waren männlich, im Alter zwischen 22 und 32 Jahren und spielten mehrmals in der Woche *„World of Warcraft“*. Die Dauer einer Spiel-Session wird von der Mehrheit der Spieler mit 2-3 Stunden angegeben, wobei einige Spieler durchaus mehrere Sessions an einem Tag spielen. Bis auf einen Teilnehmer berichten alle Befragten, mehrere andere WoW-Spieler im persönlichen Umfeld zu haben. Eine Mehrheit der Spieler gibt an, auch bei moderaten Preiserhöhungen weiter *„World of Warcraft“* spielen zu wollen.

Wissenschaftstheoretisch ist die Studie dem interpretativen Paradigma zuzuordnen. Sie beabsichtigt einen Erkenntnisgewinn durch ein interpretierendes Verstehen der Perspektive der Spieler von *„World of Warcraft"*. Die Auswertung des empirischen Materials erfolgte nach der Methode der Qualitativen Inhaltsanalyse nach Mayring (2008).

Ergebnisse

Nutzungsgeschichte

Die Mehrzahl der befragten Spieler spielten vor *„World of Warcraft"* bereits andere Spiele der Firma Blizzard Entertainment, insbesondere das Strategiespiel *„Warcraft III"*, dessen Rahmenhandlung in *WoW* aufgenommen wird. Die Spieler wurden in der Regel durch Werbung und persönliche Empfehlungen anderer Spieler auf *„WoW"* aufmerksam. Als weitere wichtige Quelle für erste Informationen geben die Befragten Spiele-Zeitschriften an. Darüber hinaus berichten mehrere Befragte, an dem kostenlosen Beta-Test der virtuellen Welt teilgenommen zu haben und auf diese Weise „infiziert" worden zu sein.
Im geschilderten Nutzungsverlauf der Befragten zeigen sich zahlreiche Ähnlichkeiten. Viele Befragte lernen sehr schnell andere Spieler im Spiel kennen oder beginnen das Spiel zeitgleich mit Freunden oder Verwandten. In kleinen Gruppen besteht man die ersten Abenteuer und beginnt seinen Charakter „hochzuleveln", d. h. durch das Lösen der Spielaufgaben an Spielstärke und Erfahrung zu gewinnen. Nach dem Erreichen des höchsten Spielniveaus gewinnt das Gemeinschaftsspiel stark an Bedeutung. Nahezu alle Befragten schließen sich spätestens jetzt Gilden an, um an organisierten Raubzügen (Raids) teilzunehmen, die einzelnen Spielern nicht offen stehen. Parallel dazu entdecken besonders wettbewerbsorientierte Spieler den Player-versus-Player-Modus für sich, in dem man in Kleingruppen gegen Spieler der gegnerischen Fraktion antritt. Typischerweise wird die Spielnutzung als regelmäßiger Termin (durch die Gilde organisiert vergleichbar einem Sportverein) in die Freizeitgestaltung integriert.
Mehrere der Befragten berichten von abnehmendem Unterhaltungserleben, nachdem die Spielaktivitäten ein gewisses Maß an Routine erreicht haben. In der Regel wird eine solche Krise durch neuen Content (Add-on) des Betreibers überwunden, da neue Herausforderungen erkannt werden. Alternativ übernehmen die Spieler einen neuen Charakter und lernen die virtuelle Welt aus einer anderen Perspektive kennen. Bei einem Teil der Spieler stellt sich auf diese Weise ein über Jahre kontinuierlicher Konsum des Unterhaltungsangebots ein.

Die Beendigung der Spielnutzung wird häufig durch den Zerfall der Spielgemeinschaften (z. B. Austritt wichtiger Bezugspersonen) oder Veränderungen der Lebensumstände der Spieler (z. B. Eintritt in das Berufsleben und damit verbundene Zeitlimitationen) eingeleitet. Mit der Beendigung der Spielnutzung wird der Charakter entweder eingefroren, um sich die Möglichkeit der Rückkehr offen zu halten, oder verkauft.

Dedication-Mechanismus

Aus den Schilderungen der Spieler geht hervor, dass der Aspekt der ständigen Herausforderung eine erste wichtige Säule des Unterhaltungserlebens darstellt. Die Spieler berichten von einem Entwicklungsprozess, der durch Kompetenzaufbau, korrespondierende Herausforderungen und verstärkende Belohnungen gekennzeichnet ist. Innerhalb dieses Prozesses gibt es erhebliche Freiheitsgrade, die dem Spieler eine Anpassung des Prozesses an seine individuellen Bedürfnisse und Motive erlauben. Wesentliche Parameter betreffen dabei die Wahl eines oder mehrerer Charaktere mit spezifischen Kompetenzprofilen (Krieger, Heiler etc.), der Grad an Immersion bzgl. der Rahmenhandlung, die Art der Herausforderungen (Aufgaben, Player versus Player, Schlachtzüge), den Schwierigkeitsgrad und damit den gewünschten Grad an Frustration. „*WoW*" ist aus der Sicht der befragten Spieler nie oder sehr selten zu leicht oder zu schwer. Viele Befragte heben explizit den besonderen Freiheitsgrad (sich frei in der Welt bewegen, Art und Reihenfolge der Aufgaben selbst bestimmen) der virtuellen Welt im Gegensatz zu anderen Computerspielen hervor. Gleichzeitig berichten die Befragten von effektiven Orientierungshilfen, wie etwa den Hinweisen der Quest-Geber, so dass faktisch nie ein Zustand entsteht, in dem der Spieler nicht weiter weiß.
Die zweite Säule des Unterhaltungserlebens stellt die Verbundenheit mit anderen Spielern dar. Das alleinige Abarbeiten von Spiel-Aufgaben ist eher die Ausnahme. Typisch sind das gemeinsame Durchstreifen der Welt und die gemeinsame Bewältigung der Herausforderungen. Die Befragten berichten von dem guten Gefühl, einen wichtigen Beitrag in der Gruppe geleistet zu haben, gebraucht zu werden für die Lösung der Aufgaben, anerkannt und gewürdigt zu werden. Der Gruppenaspekt schließt dabei durchaus auch negatives Feedback ein, etwa wenn die Gruppe aufgrund eines individuellen Fehlers an einer Aufgabe gescheitert ist. Die Themen der Kommunikation können über das Spiel hinausgehen. Viele Befragte besprechen neben der Spielhandlung auch private Themen und haben Freundschaften geschlossen. Dabei kommt es auch zu realen Treffen. Im Gegensatz dazu gibt es aber auch Spieler, die andere Spieler pri-

mär funktional sehen und engeren Kontakt bzw. private Themen eher vermeiden.

Als relativer Vorteil von *„World of Warcraft“*, insbesondere gegenüber anderen MMORPGs, werden die Qualität des Balancing (Ausgewogenheit der Spielkräfte), die Qualität der Rahmenhandlung sowie die graphisch-ästhetische Qualität der Spielwelt genannt. Die Rahmenhandlung wird nicht von allen Spielern in gleicher Weise geschätzt. Manche der Befragten zeigen wenig Interesse am Rollenspiel-Aspekt, was dem Unterhaltungswert jedoch keinen Abbruch tut. So beschreiben einige Spieler die Aufgaben in der Welt eher als Projekt, bei dem der Gegner relativ mechanisch und effizient zu Fall gebracht wird. Die Gruppe der eigentlichen Rollenspieler fühlt sich zum Teil gestört durch dieses Desinteresse an der Rahmenhandlung und das als unangemessen empfundene Verhalten anderer Spieler. Gefragt nach der Zufriedenheit zeigen sich die Befragten in der großen Mehrheit sehr zufrieden mit der elektronischen Dienstleistung. Aspekte der Zufriedenheit betreffen neben dem oben geschilderten hohen Unterhaltungswert die hohe technische Verfügbarkeit und Stabilität der virtuellen Welt sowie die guten Erfahrungen mit dem Support bei verschiedenen Problemen. So berichtet ein Spieler davon, dass sein Charakter von Hackern übernommen worden ist und alle seine Gegenstände verkauft worden seien. Der Support war in der Lage, den Charakter des Spielers innerhalb kürzester Zeit vollständig zu rekonstruieren.

Die befragten Spieler haben in unterschiedlichem Ausmaß Loyalitäten ausgebildet. Eine erste Gruppe bezeichnet sich als loyal gegenüber der Welt bzw. als loyal gegenüber dem Betreiber („Blizzard-Fan“). Diese Spieler bleiben Blizzard auch dann verbunden, wenn der Unterhaltungswert der Welt sich erschöpft hat. So wechselte etwa ein Spieler zu *„Starcraft II“*, einem anderen Produkt der Firma. Eine zweite Gruppe von Spielern bezieht den Loyalitätsbegriff eher auf die Spielgemeinschaften, denen sie angehören. Solange die entsprechende Gruppe in der Welt verbleibt, tun diese Spieler das auch. Eine Loyalität gegenüber der Spielwelt oder dem Betreiber wird eher verneint.

Im Hinblick auf die persönliche Empfehlung von *„World of Warcraft“* sind die Spieler vorsichtig. Die Befragten halten überwiegend die Akzeptanz von Computerspielen in der Gesellschaft für eher niedrig und befürchten Nachteile, wenn sie sich offen zu ihrem Spielkonsum bekennen. Die Mehrzahl der Befragten hat dennoch im engeren sozialen Umfeld Einfluss darauf genommen, dass auch andere mit dem Spiel beginnen.

Constraint-Mechanismus

Die befragten Spieler zeigen in der Mehrzahl kein oder wenig Interesse an alternativen virtuellen Welten. Diejenigen, die andere virtuelle Welten, wie etwa *„Herr der Ringe Online"*, ausprobiert haben, kamen zu dem Ergebnis, dass *„WoW"* in verschiedener Hinsicht anderen Angeboten überlegen ist. Die Begründungen für diese relative Nicht-Beachtung alternativer Angebote sind unterschiedlich.
Zum Ersten geben einige Spieler an, sich sehr an die Oberfläche und die Bedienelemente von *„WoW"* gewöhnt zu haben, die sie für effektiv und gelungen halten. Sie sind wenig motiviert, eine neue Avatar-Steuerung zu erlernen. Einige Spieler geben jedoch auch an, dass die verschiedenen Welten sich in ihren Bedienelementen durchaus ähnlich sind. Zum Zweiten fehlt den Spielern in der Regel die Zeit, alternative Welten zu erproben. Sie stehen auf dem Standpunkt, dass ihre knappe Freizeit in *„WoW"* eingesetzt werden sollte, wenn die Spielzeit in *„WoW"* bereits bezahlt ist. Ein drittes Argument, das mehrere Befragte äußern, bezieht sich auf die Gildenstrukturen und Mitspieler, oft auch Freunde, in *„WoW"*. Die Spieler sind einerseits wenig motiviert, diese sozialen Strukturen aufzugeben, um sie in einer anderen Welt mühsam neu aufzubauen. Andererseits helfen die Mitspieler auch bei der Überwindung von Phasen geringeren Unterhaltungserlebens bzw. halten explizit zum Dabeibleiben an. Viertens geben mehrere Spieler die Verbundenheit mit ihrem Charakter als Grund zum Bleiben an. Die Äußerungen beziehen sich dabei einerseits auf die eingesetzte Zeit, um den Charakter entsprechend zu entwickeln und auszurüsten. Andererseits wird bei einigen Spielern auch eine emotionale Bindung an den Charakter („was man alles mit dem Charakter erlebt hat") deutlich. Darüber hinaus geben mehrere Spieler an, schlicht keinen Grund zur Beschäftigung mit einer anderen virtuellen Welt zu haben, da sie mit *„WoW"* voll und ganz zufrieden sind. Einige Spieler berichten in diesem Zusammenhang auch, dass sie oft erlebt haben, dass andere Spieler *„WoW"* zugunsten einer anderen Welt verlassen haben, und nach kurzer Zeit wieder zurückkehrten. Diese Beobachtungen reumütiger Rückkehr bestärkten diese Spieler in der Annahme, dass *„WoW"* anderen Angeboten überlegen sei.
Im Hinblick auf das Erlösmodell sind die meisten der befragten Spieler mit dem Abonnement-Modell sehr zufrieden. Sie schätzen es, dass die Kosten damit vorab fixiert sind und alle Spieler denselben Betrag bezahlen. Die Kosten für das WoW-Abonnement werden relativ zu der in der Welt verbrachten Zeit und den Kosten anderer Freizeitbeschäftigungen überwiegend als angemessen eingeschätzt. Eine Mehrheit der Spieler gibt an, auch bei moderaten Preiserhöhungen weiter *„WoW"* spielen zu wollen. Alternative Erlösmodelle, die auf dem Verkauf virtueller Items

basieren, werden eher abgelehnt. Einige Spieler befürchten, dass es bei einem solchen Modell zu einer Spirale kommt, in der sich die Spieler mit ihren Items gegenseitig überbieten und die Kosten außer Kontrolle geraten. Darüber hinaus finden mehrere Spieler, dass Spielgerechtigkeit nur gegeben ist, wenn der finanzielle Einsatz keinerlei Einfluss auf den Spielerfolg hat.

Diskussion

In Bezug auf das Unterhaltungserleben und die Spielmotivation weisen die Ergebnisse klar auf die Bedeutung der drei wesentlichen Aspekte intrinsischer Motivation nach der Self-Determination Theory hin (Ryan & Deci, 2000). Der Kompetenzaspekt zeigt sich vor allem darin, dass sich die Spieler jederzeit angemessen herausgefordert fühlen und mit hohem Antrieb die Entwicklung ihres Charakters betreiben. Die Spielwelt eröffnet dabei ein breites Spektrum an Entwicklungsmöglichkeiten zwischen denen die Spieler autonom wählen können. Trotz der hohen Freiheitsgrade gelingt es weitgehend, Überforderung und Orientierungslosigkeit zu vermeiden. Im Rahmen des Gruppenspiels entfaltet sich die motivierende Kraft der Verbundenheit im gemeinsamen Tun. Die Ergebnisse bestätigen damit weitgehend die Befunde früherer Studien zu Motivation und Benutzerverhalten in Online-Rollenspielen (Yee, 2006; Cole & Griffiths, 2007; Przybylski et al., 2010).

Die Äußerungen der Befragten können an vielen Stellen als Beleg der Wirksamkeit des angenommenen Dedication-Mechanismus angesehen werden (Bendapudi & Berry, 1997; Kim & Son, 2009; Pannicke et al., 2010). Die Spieler sind über längere Zeiträume zufrieden mit dem Unterhaltungsangebot im engeren Sinne, aber auch mit dem Support und dem Geschäftsmodell. Aus dieser Zufriedenheit erwächst in unterschiedlich ausgeprägtem Ausmaß Loyalität. Einige Spieler bezeichnen sich explizit als loyal gegenüber dem Produkt bzw. der Betreiberfirma, viele haben vorher bereits Spiele des Betreibers konsumiert und bleiben der Marke treu. Andere Spieler bezeichnen sich eher als loyal gegenüber den Gilden und Mitspielern. Diese Ausprägung kann als indirekte Loyalität gegenüber dem Produkt verstanden werden, die über die wahrgenommenen, vor allem sozialen Wechselkosten vermittelt wird. In der Konsequenz der empfundenen Loyalität bleiben die Spieler der Spielwelt über Jahre verbunden und überstehen auch Phasen von vermindertem Unterhaltungserleben. Einige Spieler entwickeln eine kontinuierliche Konsum- und Spielpraktik, die in Zusammenhang mit periodischen Content-Lieferungen auch langfristig stabil erscheint. Die Zufriedenheit und

Loyalität wirkt sich auch auf die Wahrnehmung von Alternativen aus. Andere virtuelle Welten werden tendenziell wenig beachtet und kritisch an dem von *„World of Warcraft“* geschaffenen Quasi-Standard gemessen. Viele der Befragten haben die Spielwelt aktiv weiter empfohlen, insbesondere an solche Menschen, die sie als aufgeschlossen gegenüber Computerspielen einschätzen. Dies kann als Beleg für den Zusammenhang von Loyalität und Empfehlungsverhalten verstanden werden. Auf Grund der empfundenen Verbundenheit mit der virtuellen Welt nehmen die Spieler das Risiko eines Reputationsverlustes bei einer Empfehlung in Kauf. Das Empfehlungsverhalten wird allerdings gehemmt durch vorherrschende soziale Normen, die Computerspieler als sozial defizitär erscheinen lassen.

Die empirischen Befunde legen neben dem Dedication-Mechanismus auch einen eigenständig wirksamen Constraint-Mechanismus nahe (Bendapudi & Berry, 1997; Kim & Son, 2009; Pannicke et al., 2010). Die Äußerungen der befragten Spieler belegen vielfach die drei angenommenen Aspekte der Wechselkosten im Kontext von Online-Rollenspielen (Pannicke et al., 2010). Die Spieler haben sich an die Bedienung von *„WoW“* gewöhnt und empfinden diese als effektiv. Dies kann als spezifisches Wissen interpretiert werden, das bei einem Wechsel neu aufgebaut werden muss. Auf Grund der Ähnlichkeiten zwischen den Welten, die einige Spieler auch benennen, kann die Wirkung dieses Aspekts aber als eher schwach angenommen werden. Die sozialen Bindungen kommen in den Äußerungen der Spieler sehr deutlich zum Ausdruck. Auf Grund der hohen Bedeutung des Verbundenheitsaspekts für das Unterhaltungserleben und den relativ hohen Organisationsgrad in den Gilden kann der Einfluss sozialer Bindungen auf den Verbleib in der Welt als hoch angesehen werden. Die Bindung an den Charakter kann auf Basis der Ergebnisse ebenfalls als wichtiger Treiber der Wechselkosten angenommen werden. Dabei spielen sowohl emotionale Kosten im Sinne einer Identifikation als auch Mühe und Zeit, die in den Charakter investiert wurden, eine Rolle. Bezüglich der Konsequenzen der Wechselkosten zeigen die Ergebnisse zum einen eine Bedeutung für die Nicht-Beachtung konkurrierender Produkte. Andere virtuelle Welten werden mit Bezug auf die Wechselkosten wenig beachtet und erprobt. Zum anderen zeigt eine Mehrheit der befragten Spieler eine bereitwillige Zahlungsbereitschaft auch unter der Annahme moderater Preiserhöhungen. Das Abonnement-Modell wird dabei als tendenziell gerechter und transparenter gegenüber item-basierten Erlösmodellen empfunden. Die genauere Analyse der Verbindung zwischen Spielgerechtigkeit und Zufriedenheit auf der einen Seite und verschiedenen Erlösmodellen auf der anderen Seite stellt eine weiterführende Forschungsfrage dar.

Dieser Artikel ist ein Nachdruck eines Beitrags (Pannicke & Zarnekow, 2012) auf der Multikonferenz Wirtschaftsinformatik 2012 mit freundlicher Genehmigung des GITO Verlags.

References

Ajzen, I. (1991). The theory of planned behavior. Organizational Behavior and Human Decision Processes, 50(2), 179-211.
Babin, B. J., Darden, W. R. & Griffin, M. (1994). Work and/or fun: Measuring hedonic and utilitarian shopping value. Journal of Consumer Research, 20(4), 644-656.
Bartle, R. A. (2003). Designing virtual worlds. Berkeley: New Riders Publishing.
Bendapudi, N., & Berry, L. L. (1997). Customers' motivations for maintaining relationships with service providers. Journal of Retailing, 73(1), 15-37.
Burnham, T. A., Frels, J. K. & Mahajan, V. (2003). Consumer switching costs: A typology, antecedentes, and consequences. Journal of the Academy of Marketing Science, 31(2), 109-126.
Castronova, E. (2005). Synthetic worlds – The business and culture of online games. Chicago: Chicago Press.
Chesney, T. (2006). An acceptance model for useful and fun information systems. Human Technology, 2(2), 225–235.
Childers, T.L., Carr, C.L., Peck, J. & Carson, S. (2001). Hedonic and utilitarian motivations for online-retail shopping behavior. Journal of Retailing, 77(4), 511-535.
Cole, H., & Griffiths, M.D. (2007). Social interactions in massively multiplayer online role-playing gamers. Cyberpschology & Behavior, 10(4), 575-583.
Davis, F.D. (1989). Perceived usefulness, perceived ease of use, and user acceptance of information technology. MIS Quarterly, 13(3), 319-340.
Emerson, R.M. (1976). Social exchange theory. Annual Review of Sociology, 2, 335-362.
Fishbein, M. & Ajzen, I. (1975). Belief, attitude, intention and behavior: An introduction to theory and research. Reading: Addison-Wesley.
Gefen, D. (2002). Customer loyalty in e-commerce. Journal of the Association for Information Systems, 3, 27-51.
Jasperson, J. S., Carter, P. E. & Zmud, R. W. (2005). A comprehensive conceptualization of post-adoptive behavior. MIS Quarterly, 29(3), 525-557.
Kim, S. S. & Son, J.-Y.(2009). Out of dedication or constraint? A dual model of post-adoption phenomena and its empirical test in the context of online services. MIS Quarterly, 33(1), 49-70.
Lin, C. P. & Bhattacherjee, A. (2010). Extending technology usage models to interactive hedonic technologies: A theoretical model and empirical test. Information Systems Journal, 20(2), 163-181.
Mayring, P. (2008). Qualitative Inhaltsanalyse: Grundlagen und Techniken. 10. Auflage. Weinheim: Beltz.
Oliver, R. L. (1999). Whence consumer loyality? Journal of Marketing, 63, 33-44.
Pannicke, D. & Zarnekow, R. (2009). Schlagwort virtuelle Welten. Wirtschaftsinformatik, 51(2), 215-219.

Pannicke, D. & Zarnekow, R. (2012). Postadoption virtueller Welten am Beispiel „World of Warcraft". In D. Mattfeld, S. Robra-Bissantz (Eds.). Multikonferenz Wirtschaftsinformatik 2012. Tagungsband der MKWI 2012. Berlin: GITO-Verlag.
Pannicke, D., Zarnekow, R. & Müller, S. (2010). Post-Adoptionsverhalten im Kontext virtueller Welten. In K. P. Fähnrich & B. Franczyk (Eds.). Tagungsband Informatik 2010: Service Science - Neue Perspektiven für die Informatik, 619-624.
Przybylski, A. K., Rigby, C. S. & Ryan, R. M. (2010). A motivational model of video game engagement. Review of General Psychology, 14(2), 154-166.
Rogers, E. M. (2003). Diffusion of innovation. 5th Edition. New York: Free Press.
Ryan, R. M. & Deci, E. L. (2000). Self-determination theory and the facilitation of intrinsic motivation, social development, and well-being. American Psychologist, 55, 68-78.
Ryan, R. M., Rigby, C. S. & Przybylski, A. (2006). The motivational pull of video games: A self-determination theory approach. Motivation and Emotion, 30(4), 344-360.
Van der Heijden, H. (2004). User acceptance of hedonic information systems. MIS Quarterly, 28(4), 695-704.
Williams, D., Ducheneaut, N., Xiong, L., Zhang, Y., Yee, N. & Nickell, E. (2006). From Tree House to Barracks: The Social Life of Guilds in World of Warcraft. Games and Culture 1(4), 338-361.
Wulf, K. D. & Odekerken-Schröder, G. (2001). A critical review of theories underlying relationship marketing in the context of explaining consumer relationships. Journal for the Theory of Social Behaviour, 31(1), 73–101.
Yang, Z. & Peterson, R. T. (2004). Customer perceived value, satisfaction, and loyalty: The role of switching costs. Psychology & Marketing, 21(10), 799-822.
Yee, N. (2006). Motivations for play in online games. Cyberpsychology & Behavior, 9(6), 772-775.

Literature for quick access

Castronova, E. (2005). Synthetic worlds – The business and culture of online games. Chicago: Chicago Press.
Pannicke, D. & Zarnekow, R. (2009). Schlagwort virtuelle Welten. Wirtschaftsinformatik, 51(2), 215-219.
Yee, N. (2006). Motivations for play in online games. Cyberpsychology & Behavior, 9(6), 772-775.

CLAUS WOHLGEMUTH

A qualitative study on immersion in videogames: avatar-identification as a factor influencing immersion

Introduction

Video games constitute a highly immersive virtual environment to construct and try out new identities, offering us stimulating situations we would secretly like to experience. How do players construct identity and autonomy in an illusionary virtual space? How can video games trigger strong emotions such as empathy, immersion and flow? Immersion in digital games is a complex cultural phenomenon and remains understudied to-date, even by the games industry itself.

It is known among game designers that fundamental immersive factors such as art, audio, gameplay mechanics, story, quests as well as balance and rhythm should work as a heterogeneous unit to produce a coherent feel for the game experience. Deconstructing this unit for separate evaluations would make little sense. So why to focus on just one element, the avatar? However, the player character stands out because here is the direct gateway to the game, the point of identification and control for the player; the point where the player enters the magic circle and interacts with the gameworld.

Avatarial embodiment presence as a prosthetic bridge to the fictional world has become a dominant form of mainstream entertainment as well as human-computer interaction. Its specific purpose is to engage us in imaginative practice- to construct fiction, not different from children's toys and other tokens of imaginative play (Klevjer, 2007). Symbolic construction within the game by playing out their avatar-selves allows players to reconstruct their individual self-conception by each interaction. Avatar-identification as a specific kind of self-transformation during imaginative play is largely based upon perceived similarity, wishful identification, embodied presence as well as group- and game-identification. A recent study by Courtois, de Marez, de Vocht and van Loy (2012) suggested that thus identification positively predicts role-play, customization, escapism, empathy towards the avatar and "Proteus Effect" (Yee & Bailenson, 2007) whereas group-identification positively predicts relationship and socializing. All of these points together with game-identification (advancement, escapism and mechanics) are singular immersive factors combined by the avatar.

Designers also understand that the abilities and functions of a character are of the same importance as his particular appearance. This means we might identify with an avatar not just because he/she is an elf, a detective, a car or just a human arm with a gun but because his/her abilities to climb, fight, fly, perform sorcery etc. Additionally, the avatar constitutes the game story and is often an emblematic icon of the game. Playing through one and the same gameworld with a different character (even with the same abilities) produces a different experience. The level of immersion could be significantly higher or lower, also depending on factors such as situation, mood, physical well-being and motivation.

There is still a discrepancy among researchers in terms of what immersion actually is (Cairns, Cox & Jennet, 2008). For practical reasons we worked with the model introduced by Brown and Cairns (2004) that became enhanced by Cairns, Cox, and Jennet in 2008. Brown and Cairns suggested three different levels of immersion: engagement, engrossment and total immersion. The sensations of mental absorption are ranging from losing track of time, lack of awareness of surroundings to mental transportation and real world dissociation during play (Cairns, Cox & Jennet, 2008). In short, the researchers describe total immersion as a "Zen-like state where your hands just seem to know what to do..." (Brown & Cairns, 2004).

This pilot study will describe our work in progress investigating the immersion factor "player-avatar-relation" and the significance of this relationship for the players. Our target was not a psychodynamic interpretation of the phenomenon but an approach in understanding immersion during play as a result of technology, game design and metagame. A better understanding could provide insights how to positively enhance engagement in educational processes and activities to create new fields of application also beyond entertainment.

Procedure and participants

The study was based on qualitative methods and surveyed 10 participants, 5 male and 5 female. All participants were emerging adults between 20–26 years with experience in playing a wide range of PC-, console- and handheld titles. Participants A, B and C had been clan players over several years (mean age=22, average playing time=1,4 hours daily, longest consecutive play session ever=36 hours). A could be considered one of the best *World of Warcraft* players worldwide during 2008. Every participant was interviewed for 60-80 minutes. The design of the questionnaire was based upon various immersive aspects with introducing

questions about player-behavior, genre preferences and a player type classification (Bartle, 2003) leading to a battery of target questions concerning experience of immersion, player-avatar relationship and metagame.
The aim of this study was to obtain information about levels of immersion, physical reactions, player engagement flow, distraction and post-play affects as a guide to explanatory frameworks. After two test interviews the guideline for the questionnaire was finally adjusted with the help of a psychologist. During the interviews, responds often were followed by spontaneous new questions. The real target of the study was not revealed to the participants until the end of the interviews. All interviews were recorded and partially transcripted.

Results

The data analysis suggested one main finding for a resulting grounded theory. The finding was that avatar-identification reached highest degrees after players superated hardest challenges that were at the same time experienced as highest levels of immersion. Engagement for challenges depended largely on specific player type preferences as well as game-identification and social aspects. Group-identification of MMOG players during a raid could significantly intensify the congruence of immersion and avatar-identification. Another finding was that avatar-identification could last over the playtime and influence real-life perception. Appearance of "Game Transfer Phenomenea" in short GTP (Griffiths & Ortiz de Gortari, 2011) and "Proteus Effect" (Yee & Bailenson, 2007) can be largely confirmed.
We found that the average play time is declining significantly while gamers are entering adulthood. All participants stated they had played much more daily hours during adolescence. Immersive experiences during play seem to be more relevant for children and adolescents: *"I knew I was exaggerating but I couldn't stop..."* (B, 25). A multiple choice question should give a rough classification of four Bartle (2003) player types: "socialize", "achiever", "explorer" and "killer" to compare the specific type influences on player engagement.

I prefer to play online in a guild with friends (socialize)	60,00 %
I prefer to search the gameworld and collect every item (explorer)	20,00 %
I prefer to have always the perfect status (achiever)	20,00 %
I prefer to win every possible fight (killer)	0,00 %

Bartle player type classification

As shown in the table above the majority (60 %) of the participants prefers to play online with friends. Some of them stated that if no one of their friends is online to log off and prefer not to play at all. This finding showed that social aspects like sharing the game experience with a group of friends could be considered a strong immersive factor. Subjective self-reported experiences of immersion revealed *"great feelings of joy"*, *"Adrenaline"* or *"highest concentration"* that became intensified while shared with others. It seems obvious that immersion capacity is not just a single talent of introspective daydreamers. Most "socialize" named achieving perfect status as second most important category. For a "socialize", the metagame and communication during play is an important aspect of immersion and engagement as well. 20 % of the participants prefer to explore their game environments alone in singleplayer games. Nevertheless all participants found important to play strategically effective as well as having always the right achievements and items, in order to enjoy the game. Participants were asked to mention what is most significant for them to be drawn into a game over a long period of time, as shown below.

Interview, gender, age, type	**Immersive factors**
A - male, 23 (Socialize)	• game must be well balanced
B – male, 25 (Socialize)	• game mechanics more important than setting
C – female, 20 (Socialize)	• needs to feel challenged like in a sport event
D – female, 21 (Achiever)	• strategic gameplay more important than visuals
E – female, 21 (Achiever)	• strong avatar • interesting quests • believable gameworld
F – male, 21 (Socialize)	• to play with friends • strategic gameplay
G – male, 21 (Socialize)	• game must have realistic setting like WWII
H - male, 26 (Explorer)	• deep story and atmosphere • surprising discoveries • needs to master the game system
I – female, 21 (Socialize)	• healing friends in PvP arena challenges • communication with friends
J – female, 21 (Explorer)	• setting, story and graphics

Individual immersive factors

In general, the answers revealed that single- and multiplayer games were most immersive for both genders when players intuitively mastered the system, felt themselves constantly challenged and progressing, enjoyed powerful abilities of their avatars, felt identification with their avatars and at the same time experienced the game environment to be believable. Most participants counted balanced game mechanics and strategic challenges among the most immersive factors. To be drawn into the gameworld, the influence of visuals, audio and avatars appeared to be of less significance or perhaps more unconsciously working. When asked about their avatar-relation, our respondents revealed that identification with their characters can intensify the gaming experience.

> *E: I feel happy when I'm drawn into the game, when I'm feeling that I am the character... sometimes I could go on playing forever.*

> *J: I play as a person I'd like to be in real-life...*

> *F: I try to portrait myself in every character I play...*

> *I: I was not anymore the person at home, I was a blood elf.*

> *A: I construct a character that resembles me, then I am happy. I am standing on top of a mountain and I am cool. I have an axe.*

Interview, gender, age, type	**Avatar-relation**
A - male, 23 (Socialize)	• feels most connected to his avatar after a successful boss fight (raid) • during combat the avatar is felt as an interface
B – male, 25 (Socialize)	• likes avatar to be effective • enjoys big variety of animations
C – female, 20 (Socialize)	• adapts avatar to her given role in her guild • enjoys adrenaline in a tournament
D – female, 22 (Achiever)	• strong ambition to beat the game • avatar is less important (“*might be even ugly*”)
E – female, 21 (Achiever)	• prefers dark and tough characters (“*no softies*”) both genders • avatar and gameworld must be believable
F – male, 21 (Socialize)	• prefers heroic high elf (male) with beautiful armor • avatar must be believable and effective
G – male, 21 (Socialize)	• prefers to play heroic WWII pilots • wants to be his avatar in real-life
H - male, 26 (Explorer)	• prefers to play agile female characters and wants to play them • authentic
I – female, 21 (Socialize)	• plays only female blood elf healer • would never play a male character (“*because they are ugly*”)
J – female, 21 (Explorer)	• plays avatars she’d like to be in real-life • dresses herself like her avatar in real-life • dreams of game situations at night • feels like being in a game in real-life after intensive play

Avatar-relation summary

70 % of the participants of both genders prefer to play avatars of the same sex while the rest did not bother (20 %) or preferred to play the opposite sex (10 %). Most of the respondents did welcome the opportunity of character customization in games and preferred to create characters looking like themselves. Almost all participants found special abilities of their character more important than appearance or gender. Only one woman stated she had only chosen her blood elf avatar because of her aesthetical appeal. The samples suggested that every respondent had

individual preferences concerning their avatar-relations as there are natural differences in personal background, experience, cognition, empathy and self-development. We already mentioned that experience of immersion during play is fundamental for any kind of avatar-identification. Players reported that they lost identification when suddenly something in the game turned them down.

> *E: I prefer the character is myself and not "Ezio" or someone else. If something about the game makes me sick then it's again "Ezio" and no longer myself.*

> *C: Maybe one doesn't always know himself very well...*

On the other hand it is not fundamental for immersion to have a close avatar-relation. There are popular genres like RTS and other games where no player character is featured (e.g. *Tetris, The Sims, and Civilization*). We found that avatar-identification seem to be experienced most intense after superating moments of hardest challenges that at the same time were the moments of deepest immersion. Anybody who had never been on a raid against a gigantic boss enemy in a MMOG would have difficulties to understand how overpowering these euphoric moments can be.

> *A: During a bossfight I have to move the character tactically. These are moments when the character is like an interface to me. After the bossfight it changes. Exactly in the moment the boss dies I feel most deep inside my character... when we make a "killshot" in "WoW". Many people are framing these moments.*

Group-identification of MMOG players could intensify experience of immersion and avatar-identification to highest degrees. In most MMOGs like *World of Warcraft* ("WoW") guilds are composed of different characters supporting each other by offering their unique abilities while following a group strategy during combat. A raid against powerful boss enemies in WoW can last 4-6 hours and is extremely demanding for all guild members. Achieving a victory together in a long raid, intensifies euphoric emotions (trembling, sweating, goose skin, uncontrolled screaming), similar as seen in sport teams. Participant A played WoW *"power-leveling"* in a clan directly after the release of the add-on "Wrath of the Lich King" in 2008. All clan members achieved to be the first on the server in leveling up after the release of the add-on, except Participant A, who suffered a phasing bug at level 84.

> *A: This was a good moment to stop... it was not a game anymore.*

A well designed and appealing character can support to the process of immersion, but in the end it largely depends upon how the player is willing to invest of his own persona and imagination to fill the gap between self-perception and game-reality. Sometimes the avatar even doesn't need to be visible in the game for the feeling of being him. Engagement and empathy towards characters is not depending on realistic graphics. Participants remembered old *"low-tech"* (F, 21) titles, featuring characters made of a few pixel.

> *F: I really want to experience the story and the characters. That's a main reason for playing singleplayer games and really touches me at times... even stronger in the past while playing RPGs on Supernintendo for example. Characters there were just a small block of pixel but very cool... I became drawn in and felt for them completely and I was nearly crying at the end.*

In some cases we found that players applied actual-life patterns of behavior also inside the game. One female participant can be classified as very social driven. She voluntarily worked in orphanages in Africa in real-life and engaged herself in various social activities. The only character she played was a healer, *"to help my guild"* (I, 21), never trying out any other character. A convergence of actual-self and ideal-self as a driving force for motivation during play, as suggested by the recent study by Lynch, Murayama, Przybylski, Ryan and Weinstein (2011), can be confirmed.
Some statements revealed that post-play affects and perception of GTP could be a significant indicator for levels of total immersion. About the half of our participants reported that game references often appeared in night time dreams after play. Night time dreams about games have been described by psychologist Jayne Gackenbach (2008) suggesting that semantic networks of "high-end gamers" are more diverse compared to casual- and non-gamers. According to Gackenbach this could be a reason for solving binding problems more creative during sleep mentation with a higher count of lucid- and "bizarre" dreams. Participants J and G stated to fall into states of total immersion easily. While perceiving lasting GTP after excessive play, the borders between gameworld and actual-life became penetrable. In this case, a wishful avatar-identification was strongly felt. Participant J enjoyed exploring large post-apocalyptic areals or cities of the 30's in first person perspective.

> *J: I try to place my own personality into the character. It's an alternating process. I think I am him and do things I wouldn't do in real-life. Sometimes I*

> *forget that I am sitting in front of a PC... while playing "Mafia". I listened to 30's swing music all the time in actual-life. Games and real-life became interwoven. I started to dress myself like my character... I often dream of gameworlds when I sleep... sometimes when I see a building down the street I feel the wish to explore it like in a game... I think fighting zombies in actual-life would be really cool.*

The game experience works on in the unconscious mind of the players long after the PC had been shut down. Night time dreams with game references and lucid dreams were also mentioned by other participants.

> *B: For a time my dreams at night all had a "WoW" interface...*

> *E: After playing all day long I go on playing in dreams at night. Sometimes I co-develop the game while dreaming and create new missions...*

Participant G had strong affinity for World War II (WWII) fighting planes and enjoyed playing WWII aerial combat simulations more than anything else. He mentioned that already as a child he had been fascinated with books about WWII without knowing why. Participant G stated he would like to make a pilot license and even to be a WWII pilot in actual-life.

> *Question: Suppose you could go back in time to WWII to fly an authentic spitfire in a combat mission, would you do it?*

> *G: On the spot.*

Discussion

The samples obtained in our survey suggested that experience of immersion played an important role in the lives of all participants, though subjectively experienced in different ways. During childhood's and adolescence's process of self-discovery, avatar-identification and immersion in game environments during play appeared to be most appealing and influenced later gaming culture. As this study has shown, states of total immersion were in congruence with states of deepest avatar-identification when experienced after moments of highest difficulties. Identification with a player character was never experienced without immersion but as we have seen, immersion during play is neither depending on avatar-identification nor on avatarial embodied presence at all.

There is still one way how avatars are constantly contributing to player engagement and immersion. A subtle, indirect backdoor way perhaps, that functions via suggestion on the unconscious mind of the player. By controlling the character, players also control the camera movements at the same time. It seems that players are auto-hypnotizing themselves during play in two different ways: Perceptually by gentle camera/avatar movements and a constant rhythm of repeated actions; and psychologically by mental absorption in the gameworld, over a long period of time. Some players stated they needed only a short time until *"being inside the game"* (E, 21). Self-reports ranged from a few minutes to half an hour. In general, hypnotically induction works with primal sensations like color, movement and sound. Falling in a Zen-like state of trance, players act intuitively without thinking. Some games demand high concentration, complex sensory processing, fast reactions, fast decision-making and complex strategies. After a long raid in WoW, players needed hours to calm down from highest excitement to a normal state of mind. It is more than doubtful, that in a non-immersive state players could master such challenges. However, gamers needed to invest plenty of time and dedication to arrive to this point of mastery over the system, either compensatory, constructive or as natural human self-expression. It became obvious that immersive game experiences are not just about adolescents trying to compensate low self-esteem by developing competence. We found, that for many players the main target is not mastery and challenge but the joyful sensation of immersion itself, alone or with friends.

How do players create identity and autonomy inside an illusionary virtual space? Let us remember that WoW players enjoyed taking "killshot" screenshots of themselves together with their comrades in arms, posing in front of dead boss enemies to frame these memorable moments. A detail that is part of the metagame but deserves our attention. Players stated that exactly during these moments identification with their characters was experienced most deeply. In moments of stress and attentional absorption during combat, avatar-identification was hardly noticed. After the successful fight, players felt euphoria, relief of stress and deep avatar-identification at the same time. We found that positive group-identification contributes to avatar-identification at moments of total immersion and feelings of success. Socializing by hunting together in groups seems to be still relevant for both genders, long after the ice age, at least during play enabled by latest cutting-edge technologies. While separating the own collective from the collective other by the symbolic act of taking and sharing the "killshot" picture, the full self-, group- and game-identity is constructed.

The current study suggested that avatar-perception in single- as well as multiplayer games appear diverse and complex in nature. Immersive states can intensify avatar-identification and even alter our perception of reality, similar like states of ecstasies, trance and flow-experiences. We would need long-term studies concerning consequences of consecutive experience of real world dissociation and total immersion during play. Future research might also help to create models to optimize the creative- and social benefits of game immersion in a period of adaptation to increasingly faster development of interactive virtual technologies.

The research is supported by Kommission für Forschung und wissenschaftlichen Nachwuchs (FNK) of HTW Berlin.

References

Baggini, J. (2011). The Ego Trick. London: Granta Books.
Bartle, R. (2003). Designing virtual worlds. Essex: New Riders Pub.
Bayliss, P. (2007). Being in the Game-world: Characters, Avatars and Players. In Proceedings of the 4th Australasian conference on Interactive entertainment, Melbourne, Australia, article No. 4, RMIT University, Melbourne, Australia. <http://www.ieconference.org/ie2007/IE2007proceedings/papers/Bayliss-IE2007.pdf> (Retrieved August 2nd, 2012).
Blinka, L. (2008). The Relationship of Players to Their Avatars in MMORPGs: Differences between Adolescents, Emerging Adults and Adults. Cyberpsychology: Journal of Psychosocial Research on Cyberspace, 2(1), article 5.
Blizzard Entertainment (2004). World of Warcraft. Blizzard Entertainment (PC-DvD).
Brown, E. & Cairns, P. (2004). A grounded investigation of game immersion. CHI 2004, ACM Press, 1279-1300 (p. 3).
Cairns, P., Charlene, J. & Cox, A.L. (2009). Investigating Computer Game Immersion and the Component Real World Dissociation. University of York, DC: Author. <http://www-users.cs.york.ac.uk/~pcairns/papers/Jennett_CHI09.pdf> (Retrieved August 14, 2012).
Charlene, J., Cox, A.L., Dhoparee, S., Epps, T., Tijs, T. & Walton, A. (2008). Measuring and Defining the Experience of Immersion in Games. University of York, DC: Author.<http://www-users.cs.york.ac.uk/~pcairns/papers/JennettIJHCS08.pdf> (Retrieved May 5th, 2012).
Courtois, C., de Marez, L., de Vocht, M. & van Looy, J. (2012). Player identification in online games: Validation of a Scale for Measuring Identification in MMOGs. In Media Psychology, Volume 15, Issue 2, pages 197-221. <http://www.bobdeschutter.be/digra/files/Papers/Jan_Van_Looy-040610-Presentatie.pdf> (Retrieved September 2nd, 2012).
Czikszentmihaly, M. (2008). Das Flow-Erlebnis. Stuttgart: Klett-Cotta.
Ebbrecht, T. & Schick, T., (2008). Emotion-Empathie-Figur: Spielformen der Filmwarnehmung. Berlin: Vistas.

Gackenbach, J.I. (2008). Video game play and consciousness development: A transpersonal perspective. Journal of Transpersonal Psychology, 40(1), 60-87.
Griffiths, M. D. & Ortiz de Gortari, A.B. (2011). An Introduction to Game Transfer Phenomena in Video game playing. In J. Gackenbach (Ed.) Video Game Play and Consciousness. New York: Nova Science.
Huizinga, J. (1938). Homo Ludens: Vom Ursprung der Kultur im Spiel. Hamburg: Rowohlt (21st edition).
Jørgensen, K. (2009). „I'm overburdened!" An Empirical Study of the Player, the Avatar, and the Gameworld. In Proceedings from DiGRA 2009: Breaking New Ground: Innovation in Games, Play, Practice and Theory. Brunel University, London, UK.
< http://www.digra.org/dl/db/09287.20429.pdf> (Retrieved March 1st, 2012).
Klevjer, R. (2007). What is the Avatar? Fiction and Embodiment in Avatar-Based Singleplayer Computer Games. Ph.D. Dissertation. Department of Information Science and Media Studies, University of Bergen.
<http://folk.uib.no/smkrk/docs/RuneKlevjer_What%20is%20the%20Avatar_finalprint.pdf> (Retrieved March 6th, 2012).
Linderoth, J. (2005). Animated game pieces, Avatars as roles, tools and props. Paper presented at the Aesthetics of Play Conference, University of Bergen, Norway.
<http://www.aestheticsofplay.org/linderoth.php> (Retrieved March 9th , 2012).
Lynch, M.F., Murayama, K., Przybylski, A.K., Ryan, R.M. & Weinstein, N. (2011). The Ideal Self at Play: The Appeal of Video Games That Let You Be All You Can Be. Psychological Science 23 (69), 1-8.
Yee, N. & Bailenson, J. (2007). The Proteus Effect: The effect of transformed self-representation on behavior. Human Communication Research, 33(3), 271-290.

Literature for quick access

Courtois, C., de Marez, L., de Vocht, M. & van Looy, J. (2012). Player identification in online games: Validation of a Scale for Measuring Identification in MMOGs. Media Psychology, 15(2), 197-221.
<http://www.bobdeschutter.be/digra/files/Papers/Jan_Van_Looy-040610-Presentatie.pdf> (Retrieved September 2nd, 2012).
Klevjer, R. (2007). What is the Avatar? Fiction and Embodiment in Avatar-Based Singleplayer Computer Games. Ph.D. Dissertation. Department of Information Science and Media Studies, University of Bergen.
<http://folk.uib.no/smkrk/docs/RuneKlevjer_What%20is%20the%20Avatar_finalprint.pdf> (Retrieved March 6th, 2012).
Lynch, M.F., Murayama, K., Przybylski, A.K., Ryan, R.M. & Weinstein, N. (2011). The Ideal Self at Play: The Appeal of Video Games That Let You Be All You Can Be. Psychological Science 23(69), 1-8.

CHAPTER 3:

GAME SPACES

JANINA MARIC

Gaming at the e-sport event: Mediatized confrontations (re)negotiating sport, body and media

Introduction

E-sport (electronic sport) refers to organized and competitive video gaming. The relatively young phenomenon can be dated back to the end of the 1990s when the first online gaming leagues[1] emerged. This paper focuses on a specific set of gaming practices, namely gaming at the *e-sport event*. The *e-sport event* arose from and is related to less formal but already pre-organized public gaming spaces such as the LAN (local area network) party or the LAN event. These spaces preceded the e-sport event and are also changing as a result of e-sport.[2] Whereas visitors of LANs pay to play with others, visitors of e-sport events pay to watch other gamers, namely pro-gamers[3] who compete on stage for prize money.

Using findings from an empirical study based on the principles of Grounded Theory, the paper discusses the e-sport event, its gaming spaces and practices. The aim of the study is to explain how gaming relates to changing social relations and identities.

Gaming is approached here as a set of communicative actions which are meaningful to a group of people. The communicative actions form together a social practice which usually organizes different forms of mediated communication. Mediated communication is also used to reconstruct, to make sense of and to legitimate gaming as practice.

E-sport is approached from a social-cultural perspective. It is understood as *a* social field, but also as part of *the* social field[4]. So, on the one hand,

[1] For example the Deutsche Clanliga (DeCL) founded in 1997 and the ClanBase founded in 1998 and still active in 2012.

[2] It becomes more common for commercial LANs to offer, additionally to public networked gaming, a stage for e-sport athletes.

[3] Pro(fessional) gamers are contracted by a team and are usually paid a monthly salary. They are, at least in Germany, not full-time professionals.

[4] *Social field* refers to the concept of Bourdieu (1998), but also to similar concepts like *social world* (Strauss, 1978; Shibutani, 1968) and *scene* (Hitzler et al.; 2005). These conceptualizations stress that in the course of individualization society and culture can only be understood through distinct socio-cultural areas which produce rela-

e-sport is part of our culture, specifically of the social field of gaming. It offers important references for gamers who understand e-sport as a horizon to strive for or to distinct themselves from. On the other hand, e-sport builds on other social fields like the field of sport.
Findings indicate that spaces and practices within e-sport challenge, but also reproduce existing notions concerning sport, body and media. It will be shown that the space of the event organizes media practices of re-territorialization, gendering and civilizing. These findings are discussed and theoretically framed by the process-oriented perspective of mediatization (Krotz, 2009). It is argued that e-sport does not point to one-directional or linear processes of technological determinism such as virtualization, but to the social-cultural process of mediatization where media communicative differentiation changes social relations and identities leading to new struggles and asymmetries.

Theoretical perspective: gaming as media practice

In order to understand the role of media, the analysis draws on the concept of *media practices* (Couldry, 2004). To concentrate on practices allows moving beyond video game reception and uncovering gaming culture. But not the *games* are analyzed as culture, but the particular way games are *practiced, understood* and *contextualized* within e-sport. Thus, culture is not found in mental constructions, but in the sociality of practices (Reckwitz, 2003: 287-289) which are "publicly observable processes" (Couldry, 2004: 121).
Such an approach avoids media-centrism because research does not start by looking at one specific medium or one specific video game, but at a specific set of media practices.
Media practices are understood as producing social relations and identities. Social identities such as being a woman, a German or a gamer are not conceptualized as impositions, but as negotiated perspectives unfolding in social practices (Shibutani, 1968). Hence, social identity is not something fixed, but an on-going social process where identity becomes constantly contested and validated through social practice. Such a theoretical standpoint emphasizes that social identity only exists as*social process* (Mead, 1988).
In order to understand what people *do* with media, the various forms of *mediated communication* are explored. Mediated communication can be

---

tively autonomous systems of meanings and practices as well as struggles and conflicts.

theorized as a human action which is charged with social meaning. As a result of mediatization mediated communication becomes more varied. Already we can distinguish between three different forms of mediated communication (Krotz, 2007: 58): mediated interpersonal communication (between persons), communication of a person with media (production and reception) and interactive communication (between person and computer system). Within e-sport all three types of mediated communication are relevant and *practiced* in a specific way.

By comparing e-sport practices to sports practices, it is possible to uncover how social practices are changing and what role mediated communication plays in the change.

To concentrate on forms of mediated communication also avoids technological determinism because the analysis concentrates on the communicative actions of people.

However, not until actions re-occur across space and time and are linked through a shared understanding, they can be understood as *social practice* (Reckwitz, 2003: 289). Couldry stresses (2004: 122) that in order to identify a practice "[w]e must closely look at the categorisations of practices that people make themselves". Thus, it is not the researcher, who decides what a practice is and what not.

In addition to that, media practices are not restricted to what people *do* in relation to media, but it is also examined what people *think* and *say* in relation to media (Couldry, 2004). Hence, the research is also concerned with identifying discursive practices (Reckwitz, 2003: 298).

The term *space* refers to the social and spatial *organization* of media practices which make it possible for people to distinguish between different spatial and social arrangements of gaming. Space is understood as a *social construction* which is also (re-)constructed through mediated communication. To understand the e-sport event as a central space of e-sport is, hence, also based on its media-communicative (re-)constructions.

Bourdieu (1989) uses social space as a metaphor to emphasize that social relations manifest themselves in different positions which produce together a social map of proximities and distances. The analysis of gaming practices and their organization within different spaces draws on this conceptualization by examining questions of social power. The question of social power promises new insights into how gaming produces new asymmetries of social relations and identities and how they form together a specific social order.

Methods and methodology

The aim of the research is to develop a theory about competitive and organized gaming by relying on *data* and not on closed theoretical systems or meta-theories from which explanations for empirical contexts are deduced. Grounded theory is an adequate methodology because this methodological approach promises to arrive at a theory *grounded* in data (Krotz, 2005: 169; Strauss & Corbin, 1998: 12). In addition to that, the approach is concerned with analyzing *process* (Strauss & Corbin, 1998: 163). A process-oriented methodology is necessary in order to grasp e-sport as an emerging phenomenon in flux.

From 2008 to 2010 data was collected from three websites and through qualitative interviews, participant and non-participant observation.

Observations took place at two world cups (the E-Sport World Cup ESWC, the *World Cyber Games WCG*). Additionally, the finals of the E-Sport Professional Series (EPS) were visited in order to compare the two international events (WCG, ESWC) to a national one. Further observations took place at the club houses of two professional teams.

Fourteen experts were chosen for face-to-face semi-structured interviews which lasted from one to three hours. The interviews were embedded in additional communication before and after. The ethnographic approach also required that the interview took place in the specific social context of the expert. The interviews led to additional observations and involved spending time together in order to get to know the experts and their practices. Experts vary concerning their age (from 19 to 38), their gender (male, female), their current involvement (pro-gamer, fan, team manager, journalist) and their career (e.g. from gamer to manager, from fan to journalist). They were chosen more and more selectively to represent the existing perspectives within e-sport.

In addition to that, the communicative and discursive practices of three websites were analyzed. For the analysis sixty online articles and discussions from the websites readmore.de, fragster.de and zockerweibchen.de were chosen. The chosen sample aims to reflect the variety of topics, but also the typical communicative practices.

The chosen methodology demands that data collection and analysis continually inform each other (Strauss & Corbin, 1998: 201). Thus, with the help of "theoretical sampling" (Strauss & Corbin, 1998: 203) experts, articles and observations were chosen more and more selectively in order to contrast previous data, but also in order to test early theory fragments which were documented in memos. "Open coding" (Strauss & Corbin, 1998: 101) allowed labeling, breaking down and comparing the data.

Through this process concepts were uncovered and organized into first categories. As a result early categories such as gendering and commercialization emerged.

In a next step, "axial coding" (Strauss & Corbin, 1998: 123) was used to find out how categories relate to each other. For example it was tested if and how gendering relates commercialization. This coding technique allows defining the properties and dimensions of categories (Strauss & Corbin, 1998: 126). It also helps in finding the core categories.

By organizing the connections between categories in a process-oriented way, axial coding brings *process* into the analysis (Strauss & Corbin, 1998: 128). Practicing gaming as sports represents the *condition* of the phenomenon. The core categories mediatization, commercialization and sportization organize the practices which are *responding to the conditions.* The paper discusses the *consequences* of these practices namely reterritorialization, gendering and civilizing, by concentrating on the empirical example of the e-sport event.

Emerging spaces: gaming at the e-sport event

Contrary to sport athletes, e-sport athletes can compete with distant opponents while sitting alone at home in front of their computer. However, mediated communication does not abolish the separate physical spaces and their different social contexts. The communicative potential of mediated communication, namely to bring together different physical spaces can be conceptualized as *communicative deterritorialization* (Hepp, 2002: 867-874). This concept emphasizes that through mediated communication the social and the cultural can be accessed and experienced independently from territory. Participation in e-sport is made possible with the help of *deterritorialized* networks of online communication which produce their own discursive practices as well as gaming spaces. As a result, e-sport is not confined by territory but by communication.

Additionally, e-sport becomes embedded within concrete *local arrangements* such as the *club house,* the *boot camp* or the *event.* The event allows a small group of professional gamers to compete for prize money, to represent nations and to showcase commodities. Within the physical space, gaming practices stop relying solely on mediated communication and *additionally* involve face-to-face communication and sharing the same physical public spaces.

Furthermore, the specific local arrangement organizes and frames gaming in a specific way. As a result, gaming practices emerge as distinct

spaces such as the *show match* or the *promotion tour* which are both specific to the e-sport event.
In addition to that, the event is communicatively reconstructed within articles and online discussions of e-sport websites. The websites produce discursive practices which legitimate the event as a central space of e-sport.
The following analysis concentrates on how gaming practices change within the physical space of the e-sport event and how those changes affect social relations and identities.

Gaming at the e-sport event: practices of re-territorialization

The process of *communicative reterritorialization* emphasizes that mediated communication becomes framed by territorial belongings. Practices of reterritorialization include the formation of national teams and the use of territorial belonging for framing the event.
But even though, participants are encouraged to imagine territorial belonging as relevant, this does not mean that the offered gaming space becomes disconnected from its deterritorialized communication networks. Communication on e-sport websites reconstructs the event simultaneously as a deterritorialized space uniting various gaming communities and as a *territorialized* space staging the battle of nations.
Furthermore, the use of mediated communication constructs the public gaming space as a specific place. Media practices, like showing video films of the hosting city and its attractions, do not only construct the hosting city, but also embed the event within a specific locality. At the same time the presented games and technologies as well as the presence of deterritorialized brands and gaming groups form together a deterritorialized representation of e-sport. Thus, even though the event is framed by territoriality, territorial belonging is not necessary for being able to participate in the event. Hence, visitors are less interested in countries and more in games and teams,

> "I am not so much interested in countries, but more in teams. [...] I concentrate on international teams." *Lisa*[5]

Apart from teams, the games itself offer belonging and motivate social relations,

---

[5] The collected data has been anonymized. All interviews were held in German. The only exception is the interview with Sarah which took place in English. For this paper extracts were translated into English.

> "It is not my aim to get to know persons from other games, but from my game I want to make contacts." *Christian*

Flag ceremonies are an important discursive practice because they are able to tap into the media-sport's system of meanings. They frame the gaming space but they do not necessarily lead to the exclusion of gamers based on territorial belonging. Even national teams can unite gamers with different nationalities.
But, territorial belonging can become a relevant social identity as soon as other forms of identification are missing,

> "Actually my main focus is Counter-strike Source which is not represented here [at the WCG] [...] so, it does not matter what game, I play for Germany, I keep my fingers crossed for Germany." *Tim*

The statement shows how participants of the event can negotiate the opposing forces of communicative de- and reterritorialization. They can adopt territorial belonging as an *additional* identification, but it is not the force which brought them here in the first place.
Furthermore, sharing a physical space can be experienced as a new form of being together which by itself motivates gamers to watch competitions even though the video game played is not the one, they are interested in,

> FIFA [football simulation game], I told my mum yesterday that the atmosphere here [WCG] was better than at the EM [European football tournament] because everybody was caught up in the excitement over the performance, just like in real football, so watching was OK for being there, together, but not really being interested in the video game played." *Lisa*

The statement shows that because of sharing physical space with others during a competition the audience can experience forms of sociality which are not based on a specific video game played, but on sharing excitement for the competition. These forms of fragile sociality bound to space and time are also found in public screenings of sport competitions (Junge, 2008).
The expansion of gaming practices into physical space is part of the mediatization process. Mediatization does not simply state that a phenomenon becomes mediated, but that mediated communication becomes relevant for the social and cultural construction of the phenomenon. From

a mediatization perspective, communication represents a core activity for constructing society and culture (Krotz, 2009: 29) and a change in communication also leads to social and cultural change (Krotz, 2009: 31). Hence, not the content of games becomes relevant for social change, but the *actions* and *practices* which are realized with the help of mediated communication. The process of reterritorialization is part of a broader process where media practices expand across spaces and differentiate themselves into de- and reterritorialized practices. Re-territorialized practices are organized by the physical and public space of the event and are reconstructed through mediated communication within deterritorialized networks. Hence, the space of the e-sport event does not threaten the relevance of deterritorialized communication, but introduces new forms of fragile sociality and identity which have to be negotiated.

Gaming at the e-sport event: practices of gendering

The question arises if as a result of new relations and identities produced by the e-sport event, central cultural constructions and social asymmetries such as for example traditional gender roles become challenged.

Following Butler (1988: 525) gender can be conceptualized as a *performance* constituted through acts and "within the entire performance, 'acts' are a shared experience and a 'collective' action". Such a conceptualization of gender points out that gender constitutes not merely an individual act, but can also be understood as a shared *practice*. Gender theorized as practice implies that the social order of gender does not automatically structure all forms of mediated communication, but can be adopted across social fields differently and even within one field contradictorily. Such a perspective does not conceptualize gender as a structuring force per se, but as having the potential to become a *structuring practice,* namely a practice which organizes and controls other practices and thereby is able to structure a social field like e-sport.

Unlike sports, gendering practices within e-sport refer to and rely on *mediated communication.* So, within e-sport gendering practices are also media practices. Similar to sports, games within e-sport are differentiated into men's and women's sports. But within e-sports those are experienced through mediated communication, namely through video gaming. Hence, at an e-sport event gamers can participate in *Counter-strike* or in *Counter-strike Female.* To use the neutral term Counter-Strike when referring to men's sports and the gendered term when referring to women's sports points to a social asymmetry and to *symbolic power.* A similar asymmetry is found in sports (e.g. football and *women's* football). As a re-

sult of symbolic power, gendering practices are perceived as natural and are not questioned (Bourdieu, 1989: 20).
Like in sports, women's e-sports are socially less valued than men's e-sports. But unlike sports, *women's e-sports* are not necessarily represented at the event,

> "the WCG [*World Cyber Games*] are more professionally orientated, they present these games which have really stood the test of time, thus, there is only Counter-strike 1.6; at the ESWC [E-Sport World Cup] there is also *Counter-strike Zero* and *Counter-strike Female* which the *World Cyber Games* exclude." *Tina*

This statement shows that as a result of symbolic power, even groups who are marginalized by the social order of gender do not question the practice of gendering. Instead, Tina tries to make sense of it by understanding the event which excludes *Counter-strike Female* as being "more professionally orientated".
Contrary to sports, it is deemed unnecessary to differentiate between women and men in the context of competitive video gaming,

> "the community criticizes it [female gaming] because everyone is saying that different bodies do not make a difference during gaming, so if they [female gamers] want to game, then they should compete against men." *Rolf*

The term „community" refers to the discussions on central e-sport websites which play a vital role in reconstructing the e-sport event. Hence, "community" also stands for accepted discursive practices. These practices involve relatively unregulated online discussions. The communicative constructions of gender offered by the "community" also have consequences for the organization of gaming leagues. E-sport offers next to women-only leagues also men dominated leagues which are at least theoretically open to man *and* women. As online discussions deem gendered divisions unnecessary, women-only spaces are constructed as an uncalled-for superfluous space.
But to play in women-only squads and in women-only leagues can be experienced as the only option to take part in competitive e-sports,

> "if you go outside and you wanna play with the boys in anything it is so hard [...] they won't let you play and it is the same way here [e-sport event] [...] in the beginning females get together because they have nowhere else to go but at the end they stay together because now they have a reason to fight for female gamers" *Sarah*

Furthermore, commercialization plays a vital part in the gendering of gaming practices and in producing spaces like the *show match.* The show match is described by a female gamer as following,

> "they [sponsors] have their own female squad here [at the event] and then they invite another female squad for playing show matches, where, put simply, women play against each other in order to attract visitors and that is usually easier done using women than using men." *Tina*

Furthermore the statements of team managers make clear that sharing physical gaming spaces also relates to mediated visibility which helps the marketing of gendered bodies,

> „that [forming female squads]is the responsibility of sponsors [...] it is always a good promotion, for example they [female gamers] were, fourteen days ago, at the Summit of Osnabrück and there are two thousand people and of the two thousand people eighty percent are boys between eighteen and twenty five, I believe, so if you send five good looking girls with notebooks and MSI tricots and so on, with your sponsors on it, then you have every picture on your side, and that is to ninety nine percent the reason behind it [forming female squads]." *Horst*

The bodies of female gamers are not only marketed in order to attract attention of male gamers, but also in order to juxtapose the stereotype of the (male) gamer,

> "it [female gaming] is a big issue for our partners and sponsors, Intel [producer of computer chips] sponsored our female squad last year and sent them to Egypt; gaming events were held there and five blond girls came from Germany and kicked ass in a computer game, so we actually used this for publicity, because the stereotype of a gamer is being in the basement, with pimples, fat, without social contacts so when you say, hey, women play video games, and on top of that they play professionally, when they hear that, a lot of people so to say their jaws are dropping." *Kai*

Both statements make clear that sponsors are understood as having a bias towards female gamers because they encourage teams to form women-only squads in order to generate attention and to showcase gaming gear. This bias is accepted even by female gamers because sponsors are understood as the only ones, who support e-sport,

> "even though some girls are here just for marketing purposes only and they may not have that much skill [...] even though some guys can see it and be jealous and say why did they get to go if they are not that good, it

> is still a win-win because sponsors are still putting money out into the gaming world." *Sarah*

Hence, unlike sports, gendering within e-sport is not understood as the result of competing bodies, but as the result of an economic logic which relies on gendered bodies for marketing.

The specific construction of gaming space emphasizes that women's participation in competitive gaming is socially less valued than men's. To divide competitive gaming into male and female also reduces and masks the possible variety of gendered experiences. Gender identities are, however, like territorial identities not clear cut, but charged with new meanings as well as new conflicts and become mediatized on two counts. On the one hand, identities are communicatively performed through specific gaming practices and gendered spaces. On the other hand, identities are communicatively (re)constructed through the mediated communication of central websites.

Gaming at the e-sport event: practices of civilizing

Similar to sports, surveillance at the e-sport event is represented by the referee, the audience, the team manager, but also by the media which are not only broadcasting the competition but also constructing and legitimatizing the event and its practices. Contrary to sport, surveillance within e-sport is particularly concerned with monitoring *mediated communication.*

Surveillance also means that from a gamer's perspective, the controlled and regulated physical space of the event can be experienced as safer from gender discriminations than the less regulated space of online leagues,

> "when you go online as a female gamer it is just very uncomfortable, you are surrounded by trolls, males that are out to get you, it is not very comfortable, but tournaments like this ESWC [E-sport World Cup] allows female gamers to come out and to be comfortable." *Sarah*

So even though, female gamers are confronted with an emphasized visibility within the physical space of the event, they can prefer this new visibility to the unregulated communication of deterritorialized online space.

To play out finals at an event is also motivated by the fact that gaming within shared physical space is easier to control than online gaming,

> "important tournaments used to be held online, now always the finals, at least the finals of an important tournament are held offline in order to assure no cheating, before that everything was online." *Jörg*

Furthermore, not only practices of control but also of *self*-control become relevant. Foucault (1979) points out, that modern forms of control manifest themselves in more diffuse forms of *disciplinary power*. Disciplinary power refers to practices of self-control which make direct interventions less necessary. Self-discipline of the pro-gamer is required beyond gaming. For example pro-gamers are expected to not defend or to insult when under communicative attack from journalists or gamers,

> "we don't like to see our gamers flaming [insulting] back, using comments." *Horst*

As a result of disciplinary power, gamers already feel they do not want to take part in the unregulated online communication,

> "I do most of the interviews so my face is always out there and people always bash me, but you know, you'll never see me ever online because I don't think it is important to defend myself [...] especially as it is online they can type whatever they want with no consequences so there is no reason for me to take part in that and respond." *Sarah*

The statement makes clear that the visibility as a result of sharing physical space and of being communicatively (re)constructed through pictures and interviews results in an increased communicative attention. But because of disciplinary power female and male professional gamers try to refrain from the aggressive online discussions.
The analysis of the websites also shows that it is not only the articles of e-sport journalists which communicatively monitor the behavior of pro-gamers, but also the relatively unregulated and aggressive user discussions which themselves comment on articles and interviews. But pro-gamers do not only say they have no interest in these discussions, they are also becoming less visible within these communicative practices. The increasing absence of professional gamers is also noted by the e-sport journalist:

> "We had at the beginning a lot of professional gamers on our website, they still read it, but because the activity has generally so much increased that you are not able any more to voice your opinion without getting challenged, so the number of comments made by professional gamers has decreased." *Rolf*

Commercialization also plays a vital part in the increased regulation of the pro-gamer. Sponsors expect the gamer to represent the brand in a specific way which already goes beyond simply wearing a tricot with logos printed on,

> "there are surely teams where specific things are required; I had it also once, that it wasn't allowed to get photographed with alcohol and the sponsor." *Tobias*

Surveillance and (self-)discipline can be seen as a result of *sportization*. According to Elias (1982), the term *sport* can be used in two ways. In a general sense it can be used for referring to competition and to physical activity. In a more concrete sense it can be used for referring to a *specific form of competition* which came into existence in England simultaneously with the term *sport* and from England the phenomenon spread to other societies. Sportization refers to the spread of this specific form of competition across territories (Elias, 1982: 13). Sportization is also part of the civilizing process because it entails an increasing regulation and rationalization of physical confrontation (Elias, 1982: 40-41; Dunning, 2004: 220). Rationalization refers to the standardization of rules, to the creation of institutions and to the specialization of roles. From this perspective, e-sport points to a rationalization of media practices where additional rules, but also additional organizations and social identities are produced. Whereas in sports, mediated communication is used to *reconstruct* and *civilize* physical confrontation, in e-sport, mediated communication is also used to *experience* confrontation. Gamers share the communicative space of the game and the physical space of the event. They shake hands physically, but also communicatively by writing to each other "gg" (good game) at the end of a match. Even though, gamers are increasingly sharing physical space, confrontation within e-sport is still based on the use of mediated communication.

Contrary to sport, confrontation within e-sport is mediatized on two counts. Firstly, it is experienced and performed through mediated communication. Secondly, it is communicatively (re)constructed and civilized through mediated communication. Sportization within e-sport refers then to an increased regulation of *mediatized confrontations*.

Discussion: mediatized confrontations (re)negotiating sport, body and media

What does it mean when media is not only used as broadcaster like in traditional sport but also as infrastructure and as *sport*?

Traditional sport is unthinkable without media. As a consequence, research concerned with sport, uses the term *media-sport* in order to emphasize the close relationship between media and sport. On the one hand, the fusion of media and sport is strongly related to the observation of economic developments (Maguire, 2001; Wenner, 2000). From this perspective, media and sport is conceptualized as a "media-sport production complex" (Wenner, 2000: 6). Such a perspective is able to emphasize the importance of commercialization in shaping gaming practices and in structuring the emerging gaming spaces.

On the other hand, the relationship between media and sport can be analyzed as a relationship which (re)produces culture. As a result, media-sport is understood as the "media sports cultural complex" (Rowe, 2004: 4). Such an approach is helpful for understanding that gaming practices and spaces are communicatively (re)constructed through online discussions which make sense of gaming practices and provide central discourses. Like the mediatization perspective such a theoretical standpoint stresses that culture and its practices are communicatively constructed through mediated communication.

According to Hutchins (2008: 865), e-sport presents us additionally with a "material integration" of media and sport. More precisely, it could be argued that e-sport presents us with the material integration of civilized confrontation and mediated communication. In other words, e-sport offers a specific form of *mediatized confrontation*. Mediated communication has a threefold role within e-sport: as *sports* (to perform and to compete), as *infrastructure* (to meet and to compete across territories) and as *institution* (to makes sense and to legitimatize). Hence, sport practices become within e-sport media practices. This changing relationship between mediated communication and sport can be conceptualized as mediatization. According to Hjarvard (2008) one effect of mediatization is virtualization. Even though, he does not understand mediated communication as less real than face-to-face communication, he uses the term virtualization to point out that social institutions lose their physical-geographical spaces (Hjarvard, 2008: 129). As a consequence of virtualization, culture and society are accessed through mediated communication at *home*. Hjarvard (2008: 129) understands this process as a *domestication* of social institutions. Both Morley (2007) and Höflich (2005) note, however, that after entering the home, media leaves the home again.

So, does e-sport point to a de-domestication and as opposed to virtualization to some kind of *re-materialization* concerning gaming? Practice theory already emphasizes the materiality of practices (Reckwitz, 2003: 290). In other words, gaming as practice cannot be understood as less material than sport as practice. Concerning its de-domestication it can be noted that from early arcade gaming to LANs up to the recent spread of e-sport events, the social institution of gaming has always been bound to physical public spaces outside the home.

The analysis of the e-sport event shows, that even though contestants are required to leave the home, (re-)constructions of the event are still accessible from home. Hence, the difference between gaming in public physical space or in private physical space cannot be captured by understanding one practice as more material or more virtual than the other. Instead, the event space can be understood through the changing practices of reterritorialization, gendering and civilizing.

For Hutchins (2008: 858) the difference between sport and e-sport manifests itself in the dichotomy of physical/corporeal versus digital/coded. Hutchins (2008: 858) identifies sport as "steadfastly corporeal in character" and juxtaposes e-sport by understanding it as "structured by computer code and a digital interface". Such a perspective implies that the change from sport to e-sport can be grasped through the process of virtualization.

But the body does not disappear within e-sport. Quite the contrary: women's bodies gain a new emphasized visibility within the emerging space of the e-sport event. The commercialized hyper-visibility of female gamers as the result of these new gaming spaces and their specific gaming practices, such as the show match, point to a variation of Connell's (2003) concept of *emphasized femininity.* Within these new spaces women's looks and corporeality are emphasized over gaming skills. Practices such as the show-match are complicit in constructing a gendered asymmetry. They also provide new forms of mediatized gender *performances.* Connell (2003: 188) stresses that emphasized femininity is a *performance* because "[t]his kind of femininity is performed, and performed especially to men". The gender performance produces a new *gendered* stereotype: the female pro-gamer who has less skill and more looks. Still, female gamers are negotiated through the physical/corporeal (e.g. their looks) *and* the digital/coded (e.g. their competitiveness concerning gaming):

> "You have your group of pretty girls with nice earrings, their hair is perfect and make up and they are here to look pretty and play and you have the girls that are here, they are screaming and they don't care what they look like and they are just like, yeah let's win." *Sarah*

In addition to that, the corporeality of the male gamer does not stop to matter within e-sport, but unfolds in the discursive practice of the gamer stereotype. This stereotype is understood as being a discursive media practice of society which relates gaming to obesity and corporeal negligence,

> "there [on TV] you see the cliché of a fat boy with pimples and greasy hair, who only eats pizza and stuffs himself with crisps. It is not like that in professional gaming, the medium TV shines on our world negatively, they ridicule the whole e-sport." *Tina*

Within e-sport, television is understood as a medium which does not do justice to gaming, but produces clichés. The analysis of e-sport websites, however, showed that the discursive media practice of the gamer stereotype is reproduced for attacking each other. In the case of the female gamer, hetero-normative constructions of the body are produced by monitoring physical and (hetero-)sexual attractiveness. The analysis also showed that within online discussions these constructions are used as discursive practice. Discursive practices do not only (re)construct the body of the gamer as a gendered body; they also help to marginalize female gaming. Thus, within e-sport the body/corporeal is not replaced by the digital/coded. Instead, e-sport negotiates the body/corporeal *with* the digital/coded.

So, whereas the sport event regulates physical confrontations, the e-sport event regulates mediatized confrontations. Hence, the body does not disappear, but e-sport negotiates the body in the context of civilized, gendered and commercialized gaming practices. Within e-sport gender is not only constructed through different bodies, but additionally through different media practices. Hence, the change from physical confrontation to *mediatized* confrontation can be grasped with the socio-cultural process of mediatization which emphasizes that mediated communication becomes more and more important for the way social identities are constructed and experienced.

Conclusion

The results emphasize that we cannot conceptualize e-sport with the help of one-directional processes of technological determinism. Competitive gaming emerging in physical spaces does not mean that gaming practices materialize and become more *real* than online practices. It also does not mean that sport becomes virtual or simply mediated. Instead, sport becomes a mediatized confrontation and gaming expands from online leagues to shared physical spaces. Within these new spaces new media practices and new social identities based on mediated communication emerge and point to the broader process of mediatization.

Through processes of mediatization, commercialization and sportization gaming practices are further differentiated and social identities are changed. As a consequence of reterritorialization more options for identification become available. Gendering practices result in women-only spaces being understood as marginal and socially less valued spaces. Civilizing practices construct the pro-gamer and change communication practices. Civilizing the event space also means that the event is experienced as being safer from gendered discriminations than the relatively unregulated space of online gaming.

But the differentiation and multiplication of media practices does not mean that there are automatically more options, more relations and more identities available. The analysis underlines that gaming practices form together a specific social order of asymmetries which also reflects underlying dynamics of symbolic power. Central e-sport websites construct and legitimatize this social order. Sponsors shape the social order by introducing gender divisions and the logic of marketing into gaming practices. So, even though gaming practices and spaces multiply through the process of mediatization, not all are equally accessible and some are understood as more central than others.

Still, e-sport does not only reproduce existing asymmetries, but also challenges established notions about sport, body and media. Within e-sport the corporeal and the digital are brought together through mediatized confrontations and as a result become re-negotiated. So, to research these emerging gaming cultures, their practices and spaces promises to further our understanding about the role of media in social and cultural change without falling into the pitfalls of technological determinism.

References

Bourdieu, P. (1998). Practical reason: On the theory of action. Stanford University Press.

Bourdieu, P. (1989). Social space and symbolic power. Sociological Theory, 7 (1), 14-25.

Butler, J. (1988). Performative acts and gender Constitution: An essay in phenomenology andfeminist theory. Theatre Journal, 40 (4), 519-531.

Connell, R.W. (2003). Gender and power: Society, the person and sexual politics. Cambrigde, UK: Polity Press.

Couldry, N. (2004). Theorising media as practice. SocialSemiotics. 14 (2), 115-132.

Dunning, E. (2004). Figurational contributions to the sociological study of sport. In J. Maguire & K. Young (Eds.). Theory, Sport and Society (pp. 211-238). Oxford: Elsevier.

Elias, N. (1982). Die Genese des Sports alssoziologisches Problem [The genesis of sport as a sociological problem], In N. Elias & E. Dunning (Eds.). Sport im Zivilisationsprozeß [Sport in the civilizing process] (pp. 9-46). Münster: Lit-Verlag.

Foucault, M. (1979). Discipline and punish: The birth of the prison. Harmondstworth: Peregrine Books.

Hajarvard, S. (2008). The mediatization of society: A theory of the media as agents of social and cultural change. Nordicom Review 29 (2), 105-134.

Hepp, A. 2002. TranslokaleMedienkulturen [translocal media culture]. In A. Hepp & M. Löffelholz (Eds.). Grundlagentexte zur transkulturellen Kommunikation [Basic texts about trans-cultural communication] (pp. 861-885). Konstanz: UVK.

Hitzler, R., Bucher, T. & Niederbacher, A. (2005). Leben in Szenen. Formen jugendlicher Vergemeinschaftung heute [Living in Scenes. Forms of Today's Youth Communities]. Wiesbaden: VS Verlag für Sozialwissenschaften.

Höflich, J. (2005). A certain sense of place: mobile communication and local orientation. In K. Nyíri (Ed.). A Sense of Place: The Global and the Local in Mobile Communication (pp. 159-168). Vienna: PassagenVerlag.

Hutchins, B. (2008). Signs of meta-change in second modernity: the growth of e-sport and the World Cyber Games. New Media and Society, 10, 851-869.

Junge, M. (2008). Die kollektive Erregung des public viewing. – Oder: die Tragödie der Identifikation und der Sozialität [The collective excitement of public screening – Or: the tragedy of identification and sociality]. In R. Hitzler, A. Honer & M. Pfadenhauer (Eds.). Posttraditionale Gemeinschaften: Theoretische und ethnografische Erkundungen [Post-traditional communities: Theoretical and ethnographical explorations] (pp.189-201). Wiesbaden: VS Verlag.

Krotz, F. (2009). Mediatization: A concept with which to grasp media and social change. In K. Lundby (Ed.). Mediatization: Concept, changes, consequences (pp. 21-40). New York: Peter Lang.

Krotz, F. (2007). The meta-process of mediatisation as a conceptual frame. Global Media and Communication, 256 (3), 56-60.

Krotz, F. (2005). Neue Theorien entwickeln: Eine Einführung in die Grounded Theory, die Heuristische Sozialforschung und die Ethnographie anhand von Beispielen aus der Kommunikationsforschung [Developing new theories: An introduction to Grounded Theory, the heuristic social research and ethnography with the help of examples from communication research]. Köln: Halem.

Maguire, J. (2001). Global Sport: Identities, Societies, Civilizations. Cambridge: Polity Press.

Mead, G.H. (1988). Mind, Self and Society. From the Standpoint of a Social Behaviorist. Chicago: University of Chicago Press.

Morley, D. (2007). Media modernity and technology: The geography of the new. New York: Routledge.

Moi, T. (2001). What is a woman? And other essays. Oxford: Oxford University Press.

Reckwitz, A. (2003). Basic elements of a theory of social practices: A perspective in social theory. Zeitschrift für Soziologie [Journal of Sociology] 32 (4) 282-301.

Rowe, D. (2004). Sport, culture and the media: The unruly trinity. Berkshire: Open University Press. 2. Edition.

Shibutani, T. (1968). Reference groups as perspectives. The American Journal of Sociology, 60 (6), 562-569.

Strauss, A.L. (1978). A social world perspective. Studies in symbolic interaction: An annual compilation of research (pp. 119-128). Connecticut: JAI Press.

Strauss, A.L. & Corbin, J.M. (1998). Basics of qualitative research: Techniques and procedures fordeveloping grounded theory. Thousand Oaks: Sage Publications.

Wenner, L.A. (2000). Playing the MediaSport game. In L.A. Wenner (Ed.). Mediasport (pp. 3-13). London: Routledge.

Literature for quick access

Elias, N. (1982). Die Genese des Sports alssoziologisches Problem [The genesis of sport as a sociological problem], In N. Elias & E. Dunning (Eds.). Sport im Zivilisationsprozeß [Sport in the civilizing process] (pp. 9-46). Münster: Lit-Verlag.

Hutchins, B. (2008). Signs of meta-change in second modernity: the growth of e-sport and the World Cyber Games. New Media and Society, 10, 851-869.

Krotz, F. (2009). Mediatization: A concept with which to grasp media and social change. In K. Lundby (Ed.). Mediatization: Concept, changes, consequences (pp. 21-40). New York: Peter Lang.

ARNE SCHRÖDER

Playing with the avatar: *World of Warcraft* avatars as play things

To play a computer game means to play *with* something: with a set of rules, with the challenge, with game elements. The player's actions take place in a given virtual space, namely the playing field that is used to visualize various game states and game events. In many game genres these actions are mediated by a player controlled token, the avatar. The avatar is the main instance of player agency within the game world; it enables interaction with other players and game elements. Role-playing games develop a specific variant of the avatar. It is a character that is created and configured by the player in a deliberate process, which may unfold additional layers of meaning in the course of playing the game.
The predecessors of digital role-playing games were traditional pen and paper role-playing games. In these the characters' abilities, skills and additional properties were recorded through the use of so called character sheets. The sheet's composition was determined mainly by the rule set of the given role-playing game. It represented the character by a set of numbers, descriptive terms and a list of items rather than by actually displaying its appearance or by being a token on the playing field.[1] Therefore the character sheet is not so much an embodiment of the character or even the player within the game world, but a mere tool to quantify and record character traits and attributes. Nevertheless it signifies an ideally consistent concept of an actual character, which is part of a narrative that evolves from the process of playing. Compared to the character sheet, the avatar in a Massively Multiplayer Online Role-Playing Game (MMORPG) is quite a different concept. It is much less a constructed character that is embedded in and confined by the game's narrative. While the avatar is presented in the context of cut scenes, quests and fictional texts, players rarely describe their avatar as a mere diegetic character. Instead they develop a wide range of perspectives towards their avatar. These perspectives are not only shaped by the play-

[1] However, in several games there are forms of embodiment of the player's agency through tokens. E.g. *Chainmail*, the precursor of *Dungeons & Dragons*, was meant to be played with medieval miniatures, as a war game where each miniature represented a group of combatants (Mona 2007).

ers' engagement towards the game, their media competence or usage habits, but also alternate in different game situations and phases of play.
In *Game Studies* there is already a range of different approaches to theorize the relation of player and avatar. In what follows I will give a brief glimpse of these concepts as a basis for the subsequent considerations of the avatar in MMORPGs. To the existing body of work, I want to add a perspective that presents the avatar itself as a mixture of play thing and playing field, where the avatar's body surface not only allows an experience of the game world, but also an interaction with the games rule set and with other players in ways that transform the avatar's body.
A research project on identity constructions in MMORPGs serves as empirical basis for this article. The research focuses on the MMORPG *World of Warcraft* (Blizzard Entertainment, 2004) and utilizes concepts from *Game Studies* and the methods of participant observation and problem-centered interview, in order to analyze modes of identity construction and how players' bodies enter the virtual world. The players' relations to their avatars were examined as well as the relations to their co-players. Player quotes used in this article are translated excerpts from fourteen problem-centered interviews. Participants were selected through theoretical sampling and the analysis was conducted according to the principals of Grounded Theory (Glaser & Strauss, 1967).

Concepts of the avatar in *Game Studies*

The term *avatar* has a variety of meanings for different forms of media. Etymologically, the term is a loanword and refers to *Avatara* (Sanskrit: entrance, descent). In Hinduism *Avatara* signifies the descent of a deity to earth and its manifestation in a physical body (Tümmler, 2007: 7; Waggoner, 2009: 8). The term avatar in computer games combines and integrates both of these aspects, the transfer of one world to another and the adoption of a body in the other world. The avatar then is the visualized representative of the player in a virtual world, regardless of whether it is portrayed via a fixed bitmap graphic or via a dynamically rendered 3D model. The fundamental property is that the player is in control of the avatar's actions. Non-player characters, whose paths and actions are controlled exclusively by the software's artificial intelligence, are to be referred to as "agents" (Goldberg, 1998: 161) or "actors"[2] (Tümmler, 2007: 7). So the avatar serves a simple purpose for the player

[2] While Tümmler uses the term "actor" to signify non-player characters, Goldberg proposed to use actor as an umbrella term for both agents and avatars (1998: 161).

to begin with: it works as a cursor, a position indicator on the playing field. The displayed image defines the player's *Point of Action* (Neitzel, 2007), which is the starting point for any action in the virtual world. This *Point of Action* is clearly distinguishable from the *Point of View*.
In his definition of the avatar, Castronova considers even the human body itself as an avatar:

> "The avatar is the representation of the self in a given physical environment. The Earth has a physical environment, with certain laws of motion, gravity, force, and so on. Things that happen on Earth are seen, heard, and felt by us, through the medium of our physical senses. Thus, when our minds experience the Earth, they do so through our bodies. [...] Our real bodies are, in some sense, our Earth avatars: when we are in Earth, our selves are present in and represented by a body that exists in Earth, and only there." (Castronova, 2003: 4–5)

This quite technically oriented perspective, by which the avatar is comprehended as "like a vehicle of the self, a car that your mind is driving" (Castronova, 2003: 5), does not take into account, that the consciousness does not leave the original physical body behind when it enters a virtual world, but still perceives its environment, as well as the virtual environment, though its bodily senses and not through those of the avatar's body.[3] In this respect, the physical body is distinct from the game avatar. Therefore the avatar cannot be understood as an alternative incarnation, which entirely replaces the physical body as the frame of reference. Exactly because of this simultaneity of physical body and avatar the link between both of these entities deserves more detailed consideration.
On the interface level, playing a computer game means that the player has to adjust to the game's requirements. Fritz (1997: 194) called this process of adjustment and habituation to the game's hard- and software *sensomotoric synchronization* ("Sensomotorische Synchronisierung"). In this context several theories of the avatar or game elements (Fritz, 2011: 46; Klevjer, 2006: 89–95; Walton, 1990: 67; Wiemer, 2006: 258–260) relate to Merleau-Ponty's reflections about the body schema. Merleau-Ponty describes the body schema as a dynamic system, which has the ability to organize its boundaries dependent on its tasks and conditions.

[3] Castronova simplifies this issue when he posits that the avatar would be in center of the perception: "And when signals are being received from cyberspace, they come to the mind through the eyes and ears (and, in the future, nose, skin, and tongue) of the avatar" (Castronova, 2003: 6).

Even props and tools can be integrated into the body schema and thereby extend it:

> "The blind man's stick has ceased to be an object for him, and is no longer perceived for itself; its point has become an area of sensitivity, extending the scope and active radius of touch, and providing a parallel to sight." (Merleau-Ponty, 1962/2002: 165)

> "The stick is no longer an object perceived by the blind man, but an instrument with which he perceives. It is a body auxiliary, an extension of the bodily synthesis." (Merleau-Ponty, 1962/2002: 176)

By getting used to the game's handling, the link between the player and the game world is intensified up to a point where the distinction between his/her own *Gestalt* and the Point of Action in the virtual world begins to dissolve.

Apparently game elements can be seen as an extension of the player's body, in a similar way to McLuhan's theses on media (1964/2001). This also suggests an analogy to the concept of the cyborg (Haraway, 2000) as a blurring of boundaries between humans and machines. Several works in *Game Studies* followed this thought and produced valuable insights on the player-avatar-relation (see, for instance, Lahti, 2003).

Then again, a comprehension of the avatar as an extension of the player's body quickly reaches its limits. Klevjer highlights a substantial difference between the tool in Merleau-Ponty's work and the computer game avatar. For while the stick from the quote directly extends the *Gestalt* of the body, the avatar is located in a space of its own, that is clearly separated from the physical body's frame of reference.

> "Unlike an instrumental extension (a tool), the avatar does not expose our actual bodies to the environment; it only exposes itself, as a *vicarious* body. In contrast, a walking stick, a tennis racket or a car extends the functioning of the body directly and sets up a new bodily space which could potentially hurt it." (Klevjer, 2006: 96)

The idea of the supposed merger and the notion of identity with the avatar are thus troubled, as the avatar from this perspective is as a vicarious body closer to a representation of the player. This aspect is underlined by the gaze at the avatar. Westecott (2009) proposes a perspective on the avatar that conceives the player character as part of a player-directed performance. The avatar serves as a puppet that is simultaneously controlled and observed by the player: she describes playing as "a live and improvised dramatic performance", where the player is "both puppet-master through her input control as well as audience through her screen gaze" (5). A similar approach is pursued by Fernandez-Vara (2009). She explores the possibilities of utilizing frameworks from performance studies for a better understanding of playing games.

These approaches illustrate a complexity of meanings that the avatar can unfold for players in given game situations. And, as I will argue, they can be supplemented by another layer. For what is missing in many of the existing avatar concepts is the idea that the avatar itself can prove to be a carrier of meanings, which are open to be discovered and pleasurably explored by the player. The MMORPG avatar allows the players to take part in a narrative, to be visually represented in the game world and to engage in rule based activities. But it is also a tool for players to get in touch with and reach out for each other. The avatar's body is charged with meaning and allows the use of *emotes* for the expression of bodily feelings and comments, that need a body as a reference point. Furthermore, the use of emotes is not limited to their communicative function but can become a source of pleasure even beyond any intention of communication with other players.

Listening to body language

The notion of the emote as a form of bodily communication can be traced back to the early MUDs[4], where users communicated and acted solely by text chat. Through the use of emotes, emoticons, and similar means users were able to obtain a bodily dimension in text communication.

In *World of Warcraft* there are different modes of communication with other players, each with its own principles and conditions. Some elements, like the emote, were indeed taken from MUDs, but in an MMORPG they operate in a different way. In a MUD the emote works as a classical performative utterance, insofar as the written words in chat inscribe into, and thereby restructure, the game world's materiality. The bodily description of the emote in the MUD is as material to the game world as is any other of its elements.

The form of the emote, where the writer remains in full control over the emote's content, does still exist in *World of Warcraft*, namely in form of

[4] These *Multi-User-Dungeons* were the precursors to MMORPGs. Most of them are textual environments, which require the user to insert a description for her/his persona. Using text commands s/he move his persona through different rooms and interacts with other personae.

the "/me"-command. If I type the words "/me raises an eyebrow" into the text box, the text becomes visible to other players in the vicinity, with the word "/me" being replaced by my character's name. But the three-dimensional model of my avatar refuses to raise an eyebrow. The text-based emote is thus limited to the chat window and can easily be overlooked due to the simultaneity of chatting and playing and the demanding gaming situation. Moreover, the limitation to the text form differs from most of the other game actions and bodily movements in MMORPGs that utilize the avatar body. Apart from this universal emote there are prefabricated emotes (e.g. "/wave") that actually trigger body movements of the avatar. These emotes are induced either via chat command or by selecting an item from a list on the game interface. They allow one to direct the avatar body, but compared to the freedom of choice when using the universal emote they at the same time mean a loss of control, as the prefabricated motion sequence may be triggered but not controlled or influenced in a specific way. These motions and gestures of the avatar, that are connected to a given emote like "/kiss" or "/cry", function as if encoded into its body and cannot be changed by the player. Thereby the emote becomes something inherent to the avatar body, something the avatar brings into the game and that can be explored by the player.

An impressive example of these motion sequences are the "/dance" emotes, which are quite popular among players. There is an individual dance implemented for each combination of in-game-race and -gender, most of which are re-enactments of choreographies from pop music.[5] The opportunity to make one's avatar dance gained such popularity that the dance emotes also became subjects of fan activities outside the game. They are being discussed on community forums and processed into mashups on *YouTube,* where the supposed or actual models for the in-game dances and the avatars' dance motions are juxtaposed. At *BlizzCon,*[6] there is a dance contest where gamers impersonate an avatar's dance on stage and compete for the best performance. The in-game dance emote becomes a spectacle in these performances. The avatar's motions are the starting point for an actual physical enactment, thereby merging game

[5] The male orc's dance for instance is based on the choreography from MC Hammer's music video "Can't touch this".

[6] The *BlizzCon* adresses players of successful game series like Diablo, Starcraft, and Warcraft that were published by Blizzard. This convention takes place every one or two years and with a ticket price of about 175 US-$ and an attendance of several tens of thousand people (cf. Schiesel 2011) a huge event that resembles a festival.

world, fan activity, and pop culture. In this framing of game references gendered and cultural attributions are being transformed; for instance, when the male gamer performs the female night elf dance.
While the pleasures of the dance emotes originate in the physicality of the avatar, apart from these mere body motions there are also voice emotes, that when activated play one of several pre-made voice samples.

> Or/ or I used it once to see how/ when there were new races/ (-) like the blood elf or now the Worgen and all, then I used it/ *joke* and *flirt*/ to listen to the phrases. *Sandra*

Like dance emotes voice emotes are bound to the combination of race and gender, so a female orc flirts with other phrasings as a male orc. The voice emotes "/joke" and "/flirt" are a special attraction for many players. When a new race is introduced to the game, the associated emote texts are distributed and discussed on fan websites and forums immediately.
When it comes to the expression of feelings however, the voice emotes are of less significance, and body motions are the emotes of choice.

> So mostly actually only uh uh smileys or just chat (-) um, unless I had someone there to whom I, er / (-) yes, I'd say, have a different relationship, so (-) er where it exceeds the game a bit maybe, uh (-) then uh I sometimes think to use the one or other emote, something like/ nudge or hug. *Felix*

Here the emote is a marker for intimacy. Felix uses emotes primarily to communicate with people with whom he already has a closer relationship, to express a kind of closeness by letting their avatars tenderly approach each other. Robert, however, uses emotes with intimate connotations for entirely different purposes:

> because, we have some people, they (-) come as tryouts / that is, as new members to the raid team[7], and (-), which then get smothered with kisses in the first raid, er on occasion, so/ that of course doesn't convey a great deal/ so to speak. Yeah. *Robert*

[7] The *raid team* is a group of a specific number of players who collectively enter an instance (i.e. a dungeon) in *World of Warcraft*. In the late game, when game characters have reached the maximum level, for many players *raiding* is the chief incentive to keep on playing.

By this Robert describes a use of the "/kiss" emote. The gesture's intimacy marks an acceptance in the community of the raid team as some kind of welcoming. Thus it is not intended to symbolize a preexisting closeness, but to produce closeness in the first place through proximity of the avatars' bodies.
Proximity of the avatars can establish contact or an impression of connectedness towards other players regardless of whether they had encountered each other before. That also includes the connecting element of dancing together.

> Yeah, and, dunno, in major cities you participate sometimes, when all of a sudden like twenty (-) people stand there and dance, you join the bunch and participate. *Nina*

In other cases emotes are being used as a mere occupation or for mutual entertainment. This often is the case during breaks and idle times.

> Just where it is used much/ a whole lot of times as I notice on every occasion/ is in raid breaks. Say, you're there with a group of ten and someone is missing. (-) And nine people hang around waiting. And then/ now you start to wave at each other and stuff/ then emotes are being used and/ yeah, I think the greatest emote is this train thing, where he says <<elevated voice> choo choo> and that is very popular, yeah. *Robert*

Again, the avatar's body is staged and the emote becomes a spectacle. One might compare it to a reenactment of animated waiting gestures from adventures and action games (Richard & Zaremba, 2005: 296–297). At the same time the emote retains a functional component by signaling presence and readiness.

Body Transformations

Apart from body language and motions, the construction and materiality of the avatar's body itself becomes an element of play and is subject to modes of transformation. In some respects, the avatar's body is strikingly resistant to effects of gaming activities. There are no scars left by battles, body shapes remain largely steady throughout the game, and age doesn't have any impact on them either.

> then you eat / um you eat buff food, so you chow in order to strengthen yourself uh, so to speak, before battles, and then we somehow noted that on one evening we munched like sixty pies/ each, you know? *Robert*

The buff food[8] mentioned here is an example of a game principle that refers to the avatar body. By symbolically feeding the body, game parameters get manipulated, like temporarily increasing an attribute value. These manipulations don't affect the body shape.

The death of the player character is an example of an actual transformation of the avatar body. The player character's body remains on the spot where it died, while a spirit (a semi transparent version of the player character) becomes the avatar for the time being. Only after moving this spirit from its resurrection point to the lifeless body, can the transformation be reversed. Death is thus represented by a split into the character body and a temporary avatar, which needs to be overcome for the purpose of continuing regular game activities.

Another example would be so-called world events. These events cause specific seasonal changes in the game world, which come with additional quests, achievements and game objects. With several world events, players are asked to manipulate other players' avatars, by applying a specific object to them. At the event "Hallow's End" for instance, which takes place every year in the latter half of October, there is the achievement "Check Your Head", for which players are required to apply the item "Weighted Jack-o'-Lanterns" on other players in order to replace their avatars' regular head by a pumpkin. Thereby the avatar body is transformed as a result of playful interaction between fellow players.

The world event "Noblegarden", which is the seasonal Easter event, comes with the achievement "Shake Your Bunny-Maker". The precondition to earn the achievement is to apply a quest item to female player characters from each race. As a result of this action, bunny ears are imposed on the female characters for a period of five minutes. A couple of players discussed this achievement for its potential impact on gendered attributions.

> In this sense er are/ are these role models relevant, too. Um (-) there it there it also matters to me that you/ (-) uh (-) well (-)/ or it would be nice to see if you were to put the Bunny ears not uh (-)/ at Easter (-)/ not only onto women, but um but to other (-)/ but onto male characters as well.
> *Britta*

Due to different quantities and distribution of game characters of a given race and gender in the game world, this can turn into a real pursuit of the less common characters. In various *World of Warcraft* forums you can

[8] *Buffs* are regional or temporary effects, which are employed on a game character.

find hints on where to have the highest chance of success of ambushing or locating female dwarves for instance. Some players who had experienced such situations reported that they didn't like the idea of being chased by other players.
The avatar bodies' sex assignment cannot be changed within the game itself. However, Blizzard offers various options to change the player character as a paid service. The character appearance change, which allows readjustment of sex, appearance and the character's name, costs 15 US-$ (15 Euros in EU). In order to change the character's race you have to pay up to 30 US-$ (either 20 or 25 Euros, depending on whether this includes a faction change). Despite the expense the service is used by many players.

> Maybe I should add Nintualim used to be called Nintu and was a night elf druid. *Britta*

> It began with a dwarf priest, then I changed him into a gnome priest, (-) then into a human priest and now it is a worgen priest. *Hannes*

While in many MUDs it was much easier to conduct a gender change for one's persona (Sundén, 2003: 158–160), in *World of Warcraft* there are bigger obstacles to a permanent change in the character models. In official *World of Warcraft* forums some players justify these obstacles, saying this would reduce the frequency of such changes, thereby contributing to realism.

Scope of the Avatar

In light of the use of the avatar body as a carrier of meaning and as signal for game states, it becomes clear that the avatar in MMORPGs like *World of Warcraft* unfolds additional layers of meaning, that go beyond their capacity as an extension of the player's body or as a mere representative of the player as acting person. Instead the avatar is perceived as a game element, as a plaything that is not completely subject to the player's control, but brings its own rules and mechanisms into the game. Emotes, body motions and samples are tested playfully and used for purposes of entertainment beyond the game's rule set. Emotions and statements are emphasized by efforts of the avatar body. Emotes open up a form of paidic play with the avatar body that, at least partially, defies the game's ludic determination.[9]

In sum the avatar body in *World of Warcraft* is not as fixed as it may first appear. Through game mechanics, world events and out of game services the body surface can be manipulated. Most of these manipulations are emotionally charged, such as in the case of the death of the player character, or of the irritating experience of altering the body in the context of world events, or when players decide to perform a sex change for their player character. This latter change is seen an interference to realism by some players and as a welcome opportunity for transition by others. The model of the avatar is therefore subject to occasional events of transformation that due to the break with the convention of an immutable player character are all the more memorable.

References

Caillois, R. (1964). Die Spiele und die Menschen: Maske und Rausch. München: Langen/Müller.

Castronova, E. (2003). Theory of the Avatar. <http://www.cesifo-group.de/portal/pls/portal/docs/1/1189884.pdf> (Retrieved August 29, 2012).

Fernández-Vara, C. (2009). Play's the Thing: A Framework to Study Videogames as Performance. <http://www.digra.org/dl/db/09287.52457.pdf> (Retrieved October 8, 2012).

Frasca, G. (1999). Ludology meets narratology: Similitude and differences between (video) games and narrative. <http://www.ludology.org/articles/ludology.htm> (Retrieved October 8, 2012).

Fritz, J. (1997). Macht, Herrschaft und Kontrolle im Computerspiel. In J. Fritz & W. Fehr (Eds.). Handbuch Medien, Computerspiele (pp. 183–196). Bonn: Bundeszentrale für politische Bildung.

Fritz, J. (2011). Wie Computerspieler ins Spiel kommen: Theorien und Modelle zur Nutzung und Wirkung virtueller Spielwelten. Berlin: Vistas.

Glaser, B. G., & Strauss, A. L. (1967). The discovery of grounded theory: Strategies for qualitative research. Observations. Chicago: Aldine.

Goldberg, A. (1998). Avatars and Agents, or Live Among the Indigenous Peoples of Cyberspace. In C. Dodsworth (Ed.). Digital illusion. Entertaining the future with high technology (pp. 161–180). New York; Reading, Mass.: ACM Press; Addison-Wesley.

Haraway, D. J. (2000). A Manifesto for Cyborgs: Science, Technology, and Socialist Feminism in the 1980s. In G. Kirkup (Ed.). The gendered cyborg. A reader (pp. 50–57). London: Routledge.

---

[9] While the ludic elements (*ludus*) of a game refer to its rule set, by which game related activities are structured, *paidia* denotes a kind of free play, that is not so much targeted at winning the game than at having fun in the act of playing (Frasca, 1999; see also Caillois, 1964: 36-37).

Klevjer, R. (2006). What is the Avatar?: Fiction and Embodiment in Avatar-Based Singleplayer Computer Games. <http://folk.uib.no/smkrk/docs/RuneKlevjer_What%20is%20the%20Avatar_finalprint.pdf> (Retrieved August 29, 2012).
Lahti, M. (2003). As We Become Machines: Corporealized Pleasures in Video Games. In M. J. P. Wolf & B. Perron (Eds.). The video game theory reader (pp. 157–170). New York, London: Routledge.
McLuhan, M. (2001). Understanding media: The extensions of man. Routledge Classics. London: Routledge (Original work published 1964).
Merleau-Ponty, M. (2002). Phenomenology of perception. London: Routledge (Original work published 1962).
Mona, E. (2007). From the Basement to the Basic Set: The Early Years of Dungeons & Dragons. In P. Harrigan & N. Wardrip-Fruin (Eds.). Second person. Role-playing and story in games and playable media (pp. 25–30). Cambridge, Mass.: MIT Press.
Neitzel, B. (2007). Point of View und Point of Action: Eine Perspektive auf die Perspektive in Computerspielen. Hamburger Hefte zur Medienkultur, (5), 8–28.
Richard, B., & Zaremba, J. (2005). Gaming with Grrls: Looking for Sheroes in Computer Games. In J. Raessens & J. H. Goldstein (Eds.). Handbook of computer game studies (pp. 283–300). Cambridge (Mass): MIT Press.
Schiesel, S. (2011, October 25). Best Friends, in Fantasy and Reality. The New York Times, p. C1. <http://www.nytimes.com/2011/10/25/arts/video-games/blizzcon-blizzard-entertainments-fan-convention.html> (Retrieved August 30, 2012).
Sundén, J. (2003). Material virtualities: Approaching online textual embodiment. Digital Formations: Vol. 13. New York: Lang.
Tümmler, J. (2007). Avatare in Echtzeitsimulationen. Kassel: Kassel Univ. Press. <http://www.uni-kassel.de/upress/online/frei/978-3-89958-291-8.volltext.frei.pdf> (Retrieved August 25, 2012).
Waggoner, Z. (2009). My avatar, my self: Identity in video role-playing games. Jefferson, NC: McFarland.
Walton, K. L. (1990). Mimesis as make-believe: On the foundations of the representational arts. Cambridge, Mass.: Harvard Univ. Press.
Westecott, E. (2009). The Player Character as Performing Object. <http://www.digra.org/dl/db/09287.43252.pdf> (Retrieved November 15, 2011).
Wiemer, S. (2006). Körpergrenzen: Zum Verhältnis von Spieler und Bild in Videospielen. In B. Neitzel & R. F. Nohr (Eds.). Das Spiel mit dem Medium. Partizipation, Immersion, Interaktion (pp. 244–260). Marburg: Schüren.

Games

Blizzard Entertainment (2004). *World of Warcraft.* Blizzard Entertainment (PC).

Literature for quick access

Klevjer, R. (2006). What is the Avatar?: Fiction and Embodiment in Avatar-Based Singleplayer Computer Games. <http://folk.uib.no/smkrk/docs/RuneKlevjer_What%20is%20the%20Avatar_finalprint.pdf> (Retrieved August 29, 2012).

Wiemer, S. (2006). Körpergrenzen: Zum Verhältnis von Spieler und Bild in Videospielen. In B. Neitzel & R. F. Nohr (Eds.). Das Spiel mit dem Medium. Partizipation, Immersion, Interaktion (pp. 244–260). Marburg: Schüren.

DAVID GAUSE, VOLKER GEHRAU

The effect of real world-cues on the use of online football manager games

Introduction

Football is not only the favorite sport of many Germans, but also enjoys great popularity all over Europe. However, in times in which the revenues from merchandising and the sale of broadcast rights are steadily increasing and in which the transfer fees and salaries for players reach record heights, news about the debt of clubs and investments of billionaire investors are a constant item of interest in the public. Thus, not only players and trainers receive public attention but also the managers, who are responsible for financial success, increasingly get into the focus of public interest, which may explain the growing popularity of browser-based football manager games.
The user of football manager games is responsible for the success of a football club and manages the club with his decisions. Manager games are generally based on texts and spreadsheets in order to offer users relevant information and dispense with action-packed graphics. Kevin Tom, a British software developer, had already published the first computer game in which the user takes over the role of a football manager in 1982. However, the number of users did not significantly increase until the turn of the century, when the diffusion of browser games began.
At present, a multitude of different football manager games are available for German players with a variety of different architectures. Although the basic idea is always the same — managing a football club by forming a successful team in an optimal surrounding — the games differ in their setting. In consequence, the games are more or less successful in attracting players and gratifying their needs. One crucial difference between the games concerns the relation between the German football league and the game. We call these relations "real world-cues". There might be no such cues, some cues, like the names of team and player or the symbols and shirts of the teams, or strong cues. In this case, the performance of the football professionals and the results of the teams in the football league have an impact on the performance and the results in the manager game. The aim of this paper is to analyze which characteristics of the game and related gratifications motivate people to play football manager games online and which difference the presence of real world-cues in the

game makes by comparing survey data from two groups of players. One group plays *Online Fussball Manager (OFM)*, a game with weak real world-cues, the other plays *Comunio* with strong real world-cues.

Characteristics of Comunio and OFM

Prior to examining the specific types of gratifications offered by online football manager games, it is important to discuss to which type of games the two games in focus of this paper should be attributed to. Both games are played on a screen using a computer unit and therefore belong to the group of digital games, which are often congruently referred to as screen games or computer games. Depending on the number of players, these games can be characterized as single-player versus multi-player games (Schultheiss, 2010). Regarding the game architecture they can be differentiated into client games, which need to be downloaded and installed in order to play them, and browser games, which are played in the web browser and therefore can be played online on every computer (Schultheiss, 2010). Furthermore, the duration of the game allows a distinction between casual games, which are created for short and terminated periods of playing, and persistent games, which are created for a long term of use of a long and continues game (Schultheiss, 2010). Both *Comunio* and *OFM* can be classified as long-term, multi-player browser games.

Browser games differ in their context stories, their presentation of the game world, and in the amount of possibilities they offer users. A classification into genres is difficult, due to the diversity and complexity of the games and the dynamics in the development of new browser games. Bowman et al. (2008) propose action, fun, manager, role-play, simulation, and strategy as genres of browser-based long term games. In parts, their classification is consistent with those of Vanhatupa (2010), who suggests using strategy, role-play, manager, shooter, and social networking as genre subtypes. Despite the slightly different classification systems, the researchers agree on manager games as a separate browser game genre. Both *Comunio* and *OFM* belong to this category.

When logging in to *Comunio* for the first time, players need to decide whether they would like to play against a group of known or unknown people. The group of players is called community. Before the beginning of a new Bundesliga (first German football league) season and within a new game a team of football players as well as a certain amount of money are assigned to each manager (player). The manager than can build his team by selling or buying football players on the transfer market. All football players in the game are real players of one of the 18 teams of the Bundesliga and can only play for one team in every community. However, a manager may select several players, who play in different teams in the real world for his virtual team. The match schedule of the Bundesliga determines the rounds of the browser game. On a match day, the managers need to nominate a line-up of eleven players from their football squad. Based on the player's performances in the real world, which are rated by the German Internet sports website sportal.de, the managers receive points for each player of their team. Points are deducted for bad real world performances. The managers receive a monetary reward for each point, which they may invest to buy new players for their team. The winner of the game is the community member with the most points at the end of the season.

Unlike *Comunio* the browser game *OFM* is detached from real world football events. The names of all football players in the game are fictional and the schedule of the game is not related to the schedule of the Bundesliga. When registering for *OFM* the player starts up his own football club, which he will lead through the system of football leagues of one country he chooses at the beginning. The new team starts in the lowest football league of the chosen country with the aim to become a promotion contender and eventually promote to the next higher league. A manager competes against 17 other, usually personally unknown managers in one league and tries to accomplish promotion by buying new players and efficiently coaching his team. Furthermore, *OFM* offers several opportunities to influence the success of a team, e.g. youth development, sponsor negotiations, stadium development, entrance fees. In this way, a weak form of realism is implied. The game schedules in *OFM* follow the chronological order of match days with first and second league games. However, match days are simulated in accelerated time by the computer.

Based on several game characteristics, Babayigit et al. (2008) generally distinguish between:

- *Weak realism*: No use of names of real players or clubs. No orientation on the real football season play scheme.
- *Middle realism*: Use of fictive player and/or club names. Orientation on the real football season schedule and accelerated simulation by the computer.

- *Strong realism*: Use of real player and/or club names. Orientation on the real football season schedule with accelerated simulation by the computer.
- *Especially strong realism*: Use of real player and/or club names. Gameplay is entirely based on a real football league.

Considering the design and the rules, *OFM* belongs to the type of weak realism and *Comunio* to especially strong realism (Babayigit et al., 2008: 278).

Usage of online football manager

The browser game *Comunio* is online since the football season 2000/01. Presumably due to increasing competition in the market, the number of users is not published anymore. However, according to the website operators, in the season of 2004/05 the total number of players was higher than 100.000. In April 2006 the number of accounts has been estimated at 350,000. *OFM* is online since March 2003. Six years after the launch the number of players exceeded 100.000 registered users for the first time. In 2011 more than 200.000 players were registered for the game.
Schultheiss (2009: 85) identified a research gap concerning the usage of browsergames and proposes the uses and gratification approach to classify motivational types. In this tradition, gratifications as information, entertainment, escapism, passing time, and habit are taken into account. But since digital games require a higher level of activity from the user compared to traditional media, and since the usage possibilities of these games develop rapidly, it is hardly possible for researches to keep pace with these developments (McQuail, 2005: 426). Therefore, numerous studies have led to disappointing results when trying to explain Internet use, as LaRose, Mastro, and Eastin (2001) conclude in a review of several Internet studies. Instead of measuring the results of past media usage, without knowing whether the medium will be used again in the future, it is proposed to explore gratifications, which are expected from future media use. "Studies that have employed prospective measures [...] have consistently doubled, tripled or quadrupled the amount of variance explained in internet attendance behavior compared to conventional approaches" (LaRose & Eastin, 2004: 359-360).
The model by LaRose and Eastin (2004) is based on the social cognitive theory by Bandura (2002), which tries to provide a comprehensive explanation for human behavior. According to LaRose and Eastin (2004: 360), when adapted to media use, Bandura's theory offers a theoretical

explanation for the correlation of gratifications of media use and actual media use, which is often found in empirical studies. Human behavior, such as media use, is motivated by the expected outcomes of the behavior. Media use outcome expectations are formed by personal, direct experience with the media or by indirect experience via observations of media use. Following Bandura, LaRose and Eastin (2004) differentiate six expected incentives of media use: novel incentives, status incentives, social incentives, monetary incentives, enjoyable incentives and self-reactive incentives. Some of these incentives correspond with the motives used in uses and gratification research, however, others broaden the approach (monetary and status incentives).

Furthermore, LaRosa and Eastin (2004: 362-263) expand the model by integrating concepts based on the social cognitive theory: self-efficacy, deficient self-regulation and habit. Self-efficacy is the measure of one's own belief in one's ability to succeed in specific situations. Higher self-efficacy results in increased outcome expectations. If self-regulation fails, increased media use can be expected. This leads to a behavioral pattern called habit, which indicates that a previously conscious behavioural decision is now performed automatically. The empirical testing of the model proposed by LaRose and Eastin (2004) demonstrates an increased explanatory power of the model, which supports the notion that the categories and concepts adapted from social cognitive theory provide a valuable addition to the model.

As the expected outcomes or incentives from the LaRose and Eastin model are affected by the interplay between characteristics of the player and the game, the real world-cues will have an impact on some of the dimensions but not on all. A number of aspects related to entertainment, social interaction, and monetary aspects should not be affected by the real world-cues to a great extent. The fans of the games will play them because playing entertains them, gives them an opportunity to interact with other users and does not need much individual input or money. On the other side, the real world-cues — especially the input of the performance of the real football player in the German Bundesliga — may have an impact on other outcome expectations. This seems reasonable particularly for aspects concerning the freedom of choice and the ability of controlling the process and the results of the game. Limitations in the freedom of choice might e.g. be a result of the schedule of the Bundesliga. And the ability to control is affected by the course and by the results of the Bundesliga games, e.g. by injuries and bans of professional football players. This might reduce the feeling of self-efficacy and competence as real world events may interfere with the abilities of the players.

The objective of the following study is to explore the unique characteristics and gratifications of online football manager games and to identify the particular characteristics and gratifications which are caused by real world-cues from the perspective of the players.

Study

To assess the uses perspective, two research questions analyze the characteristics of the manager games:

- RQ1: Which characteristics and gratifications determine the use of online football manager games?
- RQ2: How do real world-cues in the game affect the corresponding characteristics and gratifications?

The underlying empirical study consists of a comparative design examining the effects varying degrees of realism in two online football manager games on player's gratifications. Users of both games have been recruited from online-newsgroups. Links to the online survey were posted in online newsgroups in which users are discussing questions and exchanging experiences about both games. 74 users of *Comunio* followed the link and 47 persons (64 %) filled out the complete survey. 81 *OFM* users entered the survey website and 44 persons (54 %) answered all questions. Only the data of the 91 persons, who answered all relevant questions, was taken into account for the statistical analysis. The average age of the sample is 27 (SD=7.1). The *Comunio* players are a little younger (M=25; SD=4.9) than the *OFM* players (M=29; SD=8.5). 98 percent of the respondents are male without considerable differences between the games (*Comunio* 98 %; *OFM* 96 %). Finally, both groups are dominated by persons who graduated from high school (*Comunio* 47 %; *OFM* 25 %) or university (*Comunio* 21 %; *OFM* 27 %).
Both groups are non-representative convenient samples. However, they have been sampled with the same procedure and are similar in their demographic characteristics. In consequence, we will compare both groups like experimental and control group. The *OFM* group serves as control group as the members play a typical online football manager game without important links between the game and the football league in Germany. In the *Comunio* group the conditions are similar with at least one exception: The development and the results of the game are affected by the Bundesliga. Based on this difference, items with high agreement in both groups can be identified as characteristics of online football manager

games in general, whereas items with high acceptance in only one group can be interpreted as a result of the real world-cues in the *Comunio* condition. As the data was not obtained under real experimental conditions, this interpretation might be misleading, as the differences might be caused by other distinctive features of the games that have not been taken into account. Therefore, the differences have to be supported by plausible arguments based on the real world-cues.

The survey was conducted online. The link which was posted in the newsgroups let to different surveys for *Comunio* and *OFM*, starting with a short introduction followed by questions about the usage of the game, characteristics of using the game, typical gratifications obtained when using the game, and several demographics. The survey was online from September 8thto October 8th, 2011. On average, it took about seven minutes to fill out the whole survey (M=401 sec.; SD=229 sec.). The introduction, explanations, questions, and items were distributed on fifteen pages. It took about half a minute to read and fill out the page. No page was visited more than one minute on average and the visiting times of the pages had similar standard deviations. Thus, the respondents did not seem to have problems with single questions or items.

The questions and items were taken from the LaRose and Eastin (2004) model and have been adapted to the two online games. Originally, LaRose and Eastin (2004) argued with outcome expectations towards media use in the dimensions of: novel, social, activity, monetary, self-reactive, status plus self-efficacy and habit. The approach has been adapted to the use of mobile communication technology (Peters et al., 2006). The items in the present study have been similar to both studies but the wording was altered and focused on online games when it was necessary for the comprehension of the items.

In order to avoid analyzing tautological facts, the items have not been designed with a strong focus on the online games but were rather closely related to the input from the literature. Only the dimension social which is focused on integration and self-efficacy has been divided into the two sub-dimensions competence and deficient self-regulation in order to gain more nuanced insights in the characteristics and in the differences of the two online games. For each dimension three items were presented and the respondents had to specify agreement or frequency on a seven point scale. Some items have been reversely coded to prevent response bias. Negative items have been recoded before the analysis, so that the score seven represents full agreement or highest frequency for all items. The dimensions were measured with the following items:

- *Novel:* (a) there is no alternative to the game, (b) feeling up-to-date with the game, and (c) getting unique experiences from the game.
- *Integration:* (a) communication during the game, (b) communication after the game, and (c) the feeling of being together with similar persons while playing.
- *Activity:* (a) enjoyment, (b) entertainment, and (c) amusement.
- *Monetary:* (a) money, (b) input, and (c) time.
- *Reactive:* (a) avoid boredom, (b) relax, and (c) procrastination.
- *Status:* (a) helping others, (b) reputation, and (c) getting advices from others.
- *Habit:* (a) daily routines of use, (b) similar times of login, and (c) missing being logged in when not online.
- *Competence:* (a) knowing the terms used in the game, (b) knowing the rules of the game, and (c) being able to solve problems occurring during the game.
- *Deficient (self-regulation):* (a) playing longer than previewed, (b) playing more often than previewed, and (c) feeling sad, when the login is impossible.

Results

Items with high agreement or frequency — without significant differences between the games — are used to assess the general characteristics of online football managers. According to that, five items seem to be particularly characteristic for online football manager games. On average they reach agreement or frequency scores higher as six on the seven point scale without any significant difference between the two games. Three of these items concern the competence dimension. Knowledge of terms and knowledge of rules are the items with the highest ratings. Both are preconditions for playing the game and being successful. The ability of solving problems occurring during the game is important as well. This is no precondition for playing the game but it is a supporting ability for playing the game successfully. In fact, this seems to be the basic idea of games: Games have special elements and rules differentiating the game from daily requirements. The aim of games is to win by solving occurring problems in a better way than the other players do. Therefore, these characteristics are probably important for all kind of games and no special characteristics of online games in the field of football management. The same might be the case for the two other items with high ratings in both groups. Both games have been integrated into the daily routine and are

an integral part of everyday life. Further, playing both game leads to high enjoyment.
The next group of characteristics has an average score of five points or more. They scored clearly above the middle of the scale but were not rated at the end of the scale. These items are dominated by the dimension of deficient self-regulation. The respondents reported to be sad frequently, when the login is impossible. Further, they login too often, even knowing that nothing important could have happened since their last login, and they often play longer as they intended to. On the one hand, these items could be assigned to the excellent performance of the game which in consequence leads to the motivation of playing often and long. On the other hand, these items indicate issues with users' self-control. Both games seem to have the potential for addiction and the respondents see themselves as affected or at least endangered by the game.
The item with the lowest ratings scores close to the middle of the scale is the input one has to invest in the game. Input might be important to get involved with the game, however, the scores on input might be unobtrusive in relation to other games as playing is probably not as exhausting as work.

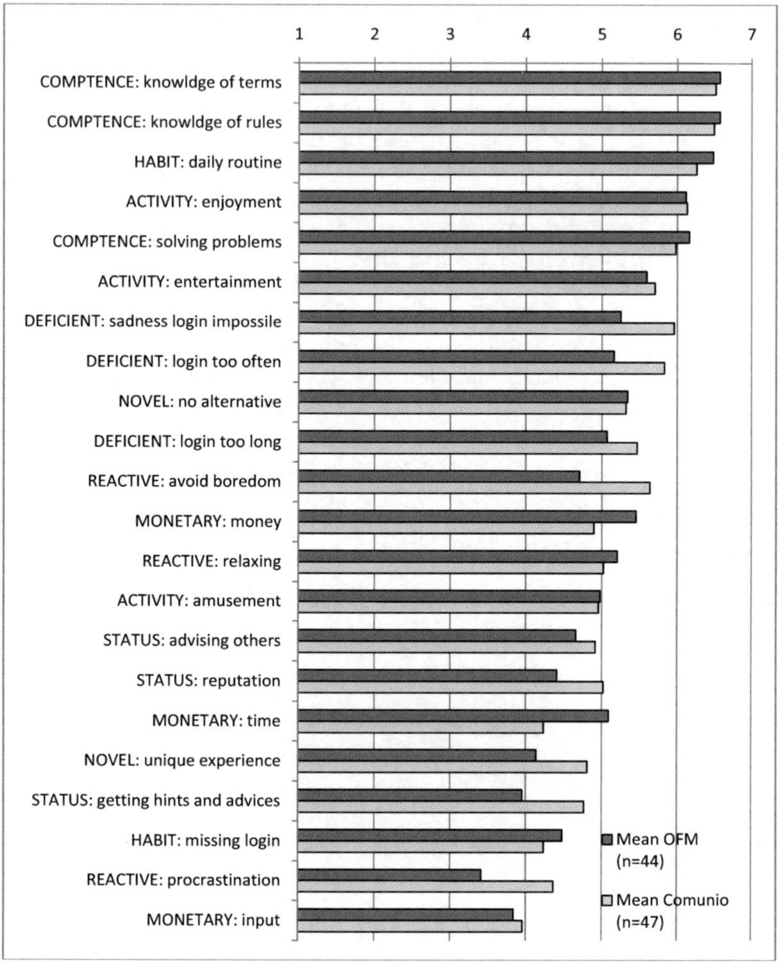

Characteristics of online football manager games

Differences between the two games in agreement to or frequency of the items are interpreted as result of the real world-cues which are part of the game *Comunio*. Differences have been accepted if the t-values for means of independent samples were significant. Such differences occurred only for items which scored in middle or lower parts of the scale.

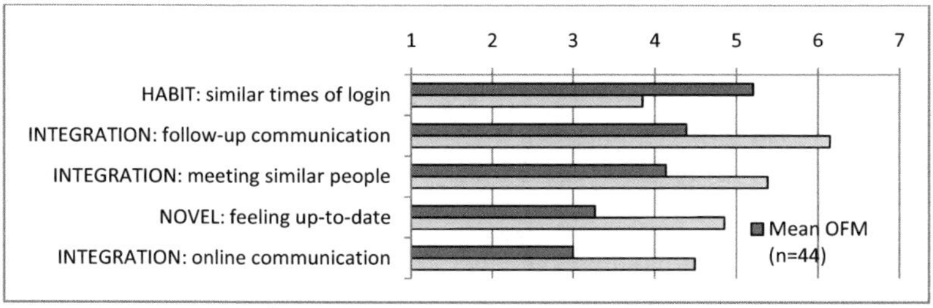

Differences between OFM and Comunio

The *OFM* group scored higher than the *Comunio* group on only one item of the scale: The group tried to login the website at nearly the same time every day. The members of the *OFM* group can decide when they want to login almost without external limitations. The situation and the relevance of the gameplay are almost equal at each hour of the day. This is different for the *Comunio* group. After matches in the German football league, the individual results in the *Comunio* game are calculated based on the match results and the accomplishments of every single football player in the real world. Therefore, the players might feel the need to login soon after the update, even if this does not fit well into their normal habit of playing the game. In this case, the real world-cue in Comunio sets limitations and requirements for the time of playing: The players seem to feel forced to go online and play the game, when the real-world situation has changed and in consequence the conditions of the game are altered.

The characteristics of *Comunio* are dominated by items from the integration dimension, respectively the social dimension in the LaRose and Eastin (2004) model. For the *OFM* group these items are not important. The values are in the middle of the scale or even below. For the *OFM* group they are part of the items with the lowest rating, while in the *Comunio* group the ratings are at least one and a half scale-points higher. The integration item of follow up communication after the game above six on the seven points scale and belongs to the items with the strongest agreement/frequency in the *Comunio* group. Furthermore, playing *Comunio* leads to the feeling of community with similar persons and stimulates interpersonal online communication during the game. In consequence, these integrative aspects of the game in combination with the real world-cues in the game lead to the impression of being up-to-date. The means of these items are above the middle of the scale and compared to the control group relatively high and important for the game. The real world-cues in the *Comunio* game seem to motivate interpersonal communication online while playing as well as conversations on- and offline after playing the game. Such conversations seem to support the idea of being together with similar people who share the same interest and knowledge in the game. In addition, the real world-cues enhance the feeling of being up-to-date either directly because of the constant input of current match results into the game, or indirectly via conversations with other players during the game.

Discussion

Due to the recruiting procedure of the sample, the evaluations of both games are positive. Those who are active in newsgroups dedicated to the games seem to be interested and involved users. Corresponding to the idea of the games we find a much stronger agreement to the active indicators enjoyment, entertainment, and amusement than to the reactive indicators avoid boredom, relaxing, and procrastination. However, both games have the potential to cause problems with self-regulation. Furthermore advantages concerning the experience of status and low investment are not pronounced for both games.

In contrast to our expectations, the competence items reach the highest ratings. The participants of the survey have been active in newsgroups. Having problems with the game or questions concerning the game might be a motivational factor for the usage of newsgroups. If this was the case, the appraisal of the own competence should be modest. In our sample the contrary was found. Being active in newsgroups is associated with high competence in the game. Even more astonishing is the lack of any difference between the two groups. In general, it was expected that the real world-cues reduce the self-appraisal for competence, as the real world events might interfere with intended plans and thereby inhibit success. Whereas this should not affect the competence items for terms and rules, an impact on the ability of solving problems occurring during the game was expected. However, the input and obstacles induced by the real world-cues, do obviously not affect the positive evaluation of one's own competence in solving problems.

Most remarkable are the results concerning the social interaction items. The main effect of the real world-cues in online football manager games seems to be an enhanced motivation for and increased likelihood of social interaction, especially interpersonal communication during and after playing. This might be due to the expectation that others are aware of the events and the news on which real world-cues in the game are based. A player can be sure that other players know about these events, e.g. that an important professional player was injured, and that they had to make up their mind about the consequences. He may easily ask players in other *Comunio* communities how they will adjust their plans to the situation and discuss his own plans with them. Such conversations are more complicated for *OFM* players because players in other *OFM* leagues will hardly understand the specific problems in another league. The *Comunio* player can even talk to non-players if the conversation partner is interested in the German football league. For example, they may talk about the duration of an injury and discuss when the injured player may be fully recovered. By this means the real world-cues in *Comunio* seem to offer occasions and issues for conversation.

Such conversations might have positive consequences for the player. He or she feels integrated in the sense of meeting likeminded people while playing and being up-to-date, at least in the field of the Bundesliga. In sum, the real world-cues in manager games anchor the game in a social context even though the game itself is well separated from the social life.

References

Babayigit, G., Hage, S., Rotter, T., Schroeter, S. & Wolling, J. (2008). Being Hoeneß, Calmund, Assauer... Die Nutzung des Online-Fussballmanagers Comunio aus dynamisch-transaktionaler Perspektive. In T. Quandt, J. Wimmer, & J. Wolling (Eds.). Die Computerspieler. Studien zur Nutzung von Computer- und Videogames (pp. 279-296). Wiesbaden: VS.

Bandura, A. (2002). Social cognitive theory of mass communication. In J. Bryant & D. Zillmann (Eds.). Media Effects: Advances in Theory and Research (pp. 121-155). Mahwah: Erlbaum.

Bowman, N.D.,Schultheiss, D. & Schumann, C. (2008). Community vs. Soloplaying in Multiplayer Internetgames. In S. Mosberg Iverson (Eds.). Proceedings: the [player] conference (pp. 452-468). IT University of Copenhagen: <http://danielschultheiss.de/pdf/ Schultheiss_Bowman_Schumann_Community_vs_Solo_Playing.pdf> (Retrieved on September 3, 2012)

LaRose, R. & Eastin, M.S. (2004). A social cognitive theory of Internet usage: Towards a new model of media attendance. Journal of Broadcasting and Electronic Media, 48(3), 358-377.

LaRose, R., Mastro, D. & Eastin, M.S. (2001). Understanding Internet Usage. A Social-Cognitive Approach to Uses and Gratifications. Social Science Computer Review, 19(4), 395-414.

Peters, O., Rickes, M., Jöckel, S., von Criegern, C. & van Duersen, A. (2006). Explaining and analyzing audiences: A social cognitive approach to selectivity and media use. Communications: The European Journal of Communication Research, 31(3), 279-308.

Schultheiss, D. (2009). Im Reich der interstellaren Händler: Internetgames als innovative Spielform. Ilmenau.

Schultheiss, D. (2010). Spielen im Internet. Eine Längsschnittstudie zu personellen Variablen, Motivation, Nutzung, Erleben, und deren Interpendenzen in verschiedenen Typen internetbasierter digitaler Spiele (mit Hinweisen für Praxis und Game-Design). Ilmenau: Universitätsverlag.

Literature for quick access

Babayigit, G., Hage, S., Rotter, T., Schroeter, S. & Wolling, J. (2008). Being Hoeneß, Calmund, Assauer... Die Nutzung des Online-Fussballmanagers Comunio aus dynamisch-transaktionaler Perspektive. In T. Quandt, J. Wimmer, & J. Wolling (Eds.). Die Computerspieler. Studien zur Nutzung von Computer- und Videogames (pp. 279-296). Wiesbaden: VS.

LaRose, R. & Eastin, M.S. (2004). A social cognitive theory of Internet usage: Towards a new model of media attendance. Journal of Broadcasting and Electronic Media, 48(3), 358-377.

CHAPTER 4:

GAMES AND IDENTITY

PASCALINE LORENTZ

Video-ludological socialization

Introduction

Video gamers are now hugely represented amongst individuals (ISFE, 2010; ESA, 2011; Brand, 2012) and their number is still growing (Juul, 2010) depending on the generational effect (Crawford, 2011; Brand, 2012). According to social concerns, research on video gaming has to face with the questioning of the utility of this activity. In many books, articles, conferences, we can read, hear, notice that gaming is helping the socialization process, that games are socializing tools and that this is the very reason why video games could be "good" for individuals (Greenfield, 1994; Taylor, 2002). But what is that socialization? What does this specific socialization contribute to the overall understanding of the evolution of individuals in our societies? In one word: What is video-ludological socialization?

The concept of socialization is widely used by many disciplines such as Sociology, Social Psychology, Communication Science, Media Studies, Game Studies and Educational Studies, etc. Socialization, which is the social process that makes a subject become a social being (Süss, 2006), is a key concept for understanding society and its functioning. That is why we scrutinize video-ludological socialization in this chapter. In order to cast light on benefits of this specific socialization, no game is better than one simulating life which is also very popular: *The Sims*.

For our doctoral research we overlooked the practices of teenagers gaming and how they utilize the gameplay to experiment social behaviors. In this chapter, we propose to explain what video gaming is contributing more than usual play by presenting results of this research carried out with 180 teenagers from 12 to 16 years old living in France, in Russia and in United Arab Emirates. We aim to describe the socialization process in its micro level and macro level. We start by focusing on what the gamer does in the game in order to explain how these actions take part of gamers' socialization. In a previous article (Lorentz, 2012) we presented our demonstration underlying the fact that gamers playing at *The Sims* will travel through many identities and by doing so incarnate different Self. We will describe all the stopovers of this journey that the gamer does.

Then we move to another viewpoint to question video gaming activity. We hope to analyze the gamer in his society and how his activity chan-

nels the video-ludological socialization. To deepen the understanding of this specific concept, we present three different steps that we were able to identify. The gamer gives sometimes the impression that he looks for withdraw from his Self by escaping from the flesh world to the synthetic world. By doing so, the gamer could be envisioned as an individual whom rejects his Self. In the opposite, we will explain that he empowers his Self by modding his game and even by cheating during the play.
Across these two steps of explanation we aim to figure out processes describing how the gamer learn how to become a human being taking part of a society. By gaming the individual-gamer is looking for the right place for his Self in the society. This video-ludological socialization, befalling through interacting, is part of the main socialization process which lasts during all the lifespan of individuals (Berger & Luckmann, 2005).
Video-ludological socialization could not be ignored or assimilated any longer to any kind of socialization depending on the growing place of gaming in our societies nowadays (Juul, 2010; Bogost, 2011; McGonigal, 2011). That is the reason why we will pay attention to its understanding.

The gamer in the game

Simulating my Selves

When teenagers start gaming *The Sims*, they immediately create themselves in the game. As the gameplay proffers everything to make an avatar up exactly shaped as gamers are, teenagers make the best of these possibilities by designing a personage which is their virtual copy, that we called "classical avatar". Aiming to understand motives of gamers during the creative process we asked teenagers if they would prefer designing a classical avatar or an original one, which means an avatar very different from themselves. Having analyzed the results, we found out that gamers do both! Interestingly enough they claim playing with either a *classical personage* or an original. Why? Because they start playing with a very similar avatar for making him living their desired life. After a while they move to play with what we call an *original avatar*. Indeed, add-ons of the game provide the possibility of incarnating unusual individuals such as deformed people, aliens, and vampires and so on. Aware of this range of choices we enquired about the objective of the game for the two groups of gamers. As expected, some of the questioned teenagers answered that they chose a Sim alike, because they wanted to imitate real life in the game. Another group of gamers explained that they created unusual avatars because they wished to have fun and enjoy the play. Having clarified this behavior, we denominated these two acts of creativity. Firstly the *classical creation* occurs when a gamer creates an avatar alike. Gamer part of this group created due to a *realistic objective*. Secondly the *unusual creation* happens when a gamer designs an unusual avatar. Teenagers of this group invented avatars with a *humoristic objective*. Surprisingly one group of teenagers replied that they had created an original Sim, because they aim to produce a realistic world. They actually see themselves as unusual (Cooley, 1992), and that is the reason why they behave by compelling a supposedly unmatching creation and goal. We call that behavior a *classical creation with humoristic objective*.

On the whole, we identify two kinds of imitation in the creative process of the play situation: a try-imitation and an innovation-imitation.

The *try-imitation* has been noticed when teenager-gamers compose a personage they embody very much for making him living their life, this is the *decal effect*. Distinctly *the innovation-imitation* is related to the gaming situation in which the gamer aims to play a new situation. They utilize the gameplay as a social and life laboratory. By doing so gamers dream their life by simulating every wish they have, this is the *projective effect*. According to our results we can even say that teenagers fantasize adult life by gaming because they underscore unreasonably the importance of living on their own.

In fact, these gaming situations have been analyzed as relevant from two effects: the *decal effect* and the *projective effect*. One effect can follow the other as gamers may oscillate between the two ways of gaming.

Adjusting the avatar's behavior teenager-gamers wish to provoke social situations they aim for. By doing so, they reproduce a sociological phenomenon which has been already analyzed by Robert King Merton (1968). He explained precisely that individuals from a social class would envy behaviors and leisure of individuals of the upper social class. They will try to act and behave as these upper class individuals to get socially closer to their group. Merton named this strategic behavior the *anticipative socialization*. This social strategy has also been analyzed by French sociologist Pierre Bourdieu (1979) who raised the concept of *distinction* to explain social attitudes of individuals who wish to rise up the social scale. In the doctoral study we apply Merton's concept with teenagers although he used it only with grown-ups. We shed light on the anticipative socialization of teenager-gamers when they play *The Sims*. The stage of life does not change the way individuals project their daily life and the relevancy of such a behavior. Wishing to level his life is not related to people's age. Having claimed this point, we underline the fact that teenager-gamers fantasize their life and their future life by gaming with *The Sims*. With the results we found out that teenagers give a priority to create socially idealistic Sims. Indeed they prefer to create avatars which are slim, tanned and, as they say, beautiful.

We support the idea that socialization process has been channeled by gaming at *The Sims* because of the relationship the gamer maintains with his personages. In the research we underscored that the gamer learns social behaviors appropriated depending on the society through the consequences of their avatars' acts. By quoting Charles Horton Cooley (1992), we cast light on the fact that the dialogue established between the gamer and his avatars accompanies a *sympathetic introspection.* As a matter of fact, the gamer converses with him when playing because it is an offline game. We reuse Cooley's concept due to the fact that the gamer acts out of kindness with their personages. Thus, this introspection channeled by gaming is sympathetic. The gamer can always stop the game when the situation becomes too hard to handle.

This game offers a field for life experimentations: teenagers test their wished identity.

Testing my identities

Gamers may comprehend the game as an *experimental field* for testing social behaviors before adopting them in the flesh world. The lead of such an action is closer to distinction than imitation. In fact we talked about the *decal effect* earlier and this is possible because the gamer feels connected to his personage (Taylor, 2002; Klevjer, 2006; Rigby & Ryan, 2011). When he gets tired of his avatar, he aims at doing virtual actions which are more original by being distinct from the daily life of the gamer. The discovery motivates the teenager-gamer to test actions and behaviors. As he is afraid of the consequences of these actions, the gamer would have to stand back. A process of *subjectification* is thus required by the situation. Teenager-gamers truly need to detach themselves from their avatar otherwise they would not be able to test risky behavior. Let us imagine the situation in which the avatar tries to cook for the first time and ends up dead! This consequence is tough enough to provoke intense emotions such as sadness and deep disappointment. If the gamer considers his avatar as an extension of himself, this act of try-imitation is like a suicide! Indeed the gamer thus envisions his personage more as a friend than as an extension of himself (Griffiths, 2002). That is the reason why a *subjectification movement* is required and needed at this stage of gaming. This retrospection brings more possibilities in the game as an array of actions have been tried and tested in the game. We dichotomized two types of experimentations: the *laboratory effect* and the *con-*

quest effect. When teenager-gamers experiment, they said they want to try in the game in order to check out what happens to their personage. According to their observations they are more willing to reproduce this behavior in the flesh world or not. These playing acts are leaded by the *laboratory effect* as they are supported by a wish of experimentation.

The game is ruled by a set of rules and digressing one of them results in being sanctioned (Caillois, 1967; Consalvo, 2009). We identified two sorts of sanctions in the game. As we already discussed, the gamer could be sanctioned through his avatar when the personage behaves in a non-appropriate way. For instance, if a personage meets a neighbor and jumps into his arms for greeting, the reaction of the avatar-neighbor would be far from rewarding! This is the *interactional sanction* (Blumer, 1969; Turner, 1972). By testing out this virtual interaction the gamer understands which behaviors are expected in which social situations.

Plus, the game simulates life so the manifestation of failure would be the death of the personage. In reality, we named that event a *systemic sanction* (Foucault, 1975). For instance, the gamer wants his avatar to cook but he did not ask him to learn cooking first. So the avatar could easily die when cooking with no skills. If he does, this is a sanction produced by the system of the game. But if the gamer decides to kill his avatar to get rid of him, this is an *interactional sanction*.

Facing with the ruling system of the game, teenager-gamers have demands and they want their personages to live situations not allowed by the gameplay. Sometimes they will divert the ruling system in order to make their desire actually happen. Surprisingly enough a vast majority of gamers confessed that they largely exploit cheating codes. They would also utilize codes and modifications both available on the Internet. We enquired to understand their motivation because cheating is *per se* not fair when playing (Caillois, 1967; Consalvo, 2009). Teenagers justified their misuse of the game by underlying the little money available at the beginning of the play. During interviews carried out they recalled that 20.000 Simflouzes is far too small amount of money for settling their personage in a decent house. They expect creating a big house with fancy items, trendy furniture and agreeable outdoor facilities. As they claim "cheating is bad, that is not fair", they confess being very tempted by the cheating code generating 50.000 Simflouzes for purchasing items. When we asked about cheating as an end of the game, they replied that they only use code for money and only at the beginning and only for purchasing stuffs. Thus they reinterpret rules of the game by focusing their attention to social relationships more than money. They become more aware of the role of their Self in a global society.

Being conscious of the role of my Self

During the gaming activity, teenagers *play with their Self* by trying and testing situation simulated in the game. Cooley (1992) explained in his work that intelligence is the capacity of resolving problems. The more clever the individual is, the more developed his adaptability will be. This *social flexibility* is the kernel of Cooley's definition of intelligence and he called that *plasticity*. Playing *The Sims* requires expanded capacities of adaptation for the gamer. We do claim that teenager-gamers would develop their *social flexibility* when playing because of the inferential learning they acquire through the relationship they maintain with their avatar (Frete, 2002). The plus of *The Sims* is the obligation of incarnating other personages in the game to make his leveling up. By playing with other avatars related to a various array of social status, the teenager-gamer realizes and understands the means and ways of being an individual with whom relationships are interwoven in a specific society (Cooley, 1992; Süss, 2006).

Moreover, the game proffers a situation at the shift between different times of the socialization span (Berger & Luckmann, 1967). In fact, teenager-gamers would simulate family life including childhood and adulthood and professional life starting from scratch to success. By living these distinct steps of life, teenager-gamers would do a voyage during which they would self-socialize (Lorentz, 2012). Teenagers actually shift from one stage of life to another, from one time of socialization to another. We named that sociological movement: the *socializing voyage*. By taking roles (Turner, 1972; Mead, 2001) individuals socialize and learn how to behave in society. With *The Sims*, teenagers interpret different roles at distinct times of life that is why we claim that a socializing process is happening during gaming. Therefore we aimed to identify if teenagers are conscious of this process or not.

For deepening the understanding of these results we tried to make teenager talking about comparing the life in *The Sims* and what their avatars do, and life in the flesh world and what do they do. We wanted to cast light on potential skills acquired by transfer and re-applied. We asked questions about two different interacting processes: the friendship process and the flirting process. They had to produce discourses about these two processes in the game and its reuse in the real life. What is similar and what is different. They explain that life in the game is far easier than in the flesh world because they feel free to talk to anyone without being afraid of being rejected.

They also said that adult life would be difficult, especially without cheating codes. They brought the fact that they do like relationships in the game because of their apparent *easiness* in comparison with their daily life as a teenager. They pointed out that teenagers in the game never encounter conflicting relationships with their parents. They wish it would be the same in real life.

These comments demonstrated the *self-reflection* of teenager-gamers and they shed light on gamers' capacity to overtake the ideology of the game by producing their own meaning of the gameplay (Consalvo, 2009). Lucidity of gamers has been demonstrated by their hindsight analyze of their practices. Having underscored that point, we would stand back to study the gamer and its activity from a macro social angle.

The gamer in the society

Withdrawal of the Self

By taking gamers away from others in real life, video games are depicted as a hotbed. In fact non-gamers think that gamers are anti-social and they lament about this bemoaning behavior. Foremost, being anti-social could be defined as adopting a behavior which would take the individual away from social contact and even worse, a behavior which has the potentiality of damaging life in society. So, gamers are accused of flying away from society and by doing so, harming social lives of everyone (Millie, 2008).

Although gamers seem to live in another world, virtual, how could they maintain their social lives in real and virtual lives at the same time? This is the point we will interrogate in this section.

Calleja (2011) had studied the escapist movement of gamers in order to understand to which extent gamers are really escaping from real life or not. Based on previous research demonstrating that escapism is the fact that people prefer to live a virtual life than a real one, he wishes to explain if there is an escapist attitude amongst gamers. He designs his definition of escapism relevant for video gamers in two different points, named the *"binary illusion"*. First, this is the opposition between two worlds in which one is real and the other one is virtual. Second, he explains that the artificiality of games is reinforcing their superficiality. Escaping from the real world to the virtual world of games would convey a negative view of this behavior.

Calleja deconstructs this escapist attitude by explaining that the virtual is part of the real world. By bringing arguments from many scholars about defining real and virtual, Calleja breaks the frontier between these two worlds. Further, he contests the artificiality of video gaming by emphasizing the engagement of the gamer in the game. He underscores that video games are not escapist themselves because the gamer is not crossing a border between two worlds and because he is rewarded for his engagement in the game that transforms the so-called artificiality into a real positive feed-back. So if the point of video gaming is not escaping in a dreamt world, what is it?

As a result we found that gaming could be a substitute for social relationships, as a *social refuge*, when there is any need. In fact, video games enable gamers to interact with avatars and with more agreeable environments. At teen time, individuals cope with some difficulties to interact with others because of their lack of confidence and/or their misperception of themselves (Heaven, 2001: 32). Young gamers are seeking for encouragement from others and most of times find nastiness and mockery instead. That is one of the reason why teenagers enjoy spending time in an environment they have chosen and in which they feel comfortable, secure and skillful.

By interacting with an environment they like and they feel secure in, adolescents experience themselves in a relation, even artificial. Feeling more confident, gamers can comprehend other aspects of life instead of rejecting everything in bulk. Indeed, learning acquired by video gaming can help the gamer in his real life such as for interacting with others.

Acquiring communication skills and better understanding of the rules of the world they are living in, gamers try manifold actions in the game. As we underscored earlier, video games proffer an environment suitable for social experimentations and gamers are not afraid of failing because they know that if failure occurs they reload the game.

Besides their problems with themselves, young gamers would have to cope with their social environment and the family circle could also be a center of tension. With games they find a shelter, an imaginary refuge in order to protect themselves from others' problems. Video games world can even be envisioned as an affective nest (Shorter, 1979) for gamers. That is why they wish to escape from family problems such as parents fighting and/or parents psychological problems[1].

To some extent, video games provide reassuring environment for gamers in which they are allowed to express themselves when they cannot do it in their family.

Having cast light on the fact that gamers are more about interacting with individuals they chose than escaping social life and relationships when

[1] See testimonies presented on the blog "How video games saved my life"

they play, we wonder why gamers would be addicted to gaming to the point of being rejected by inhabitants of their society and why they do not leave social life for good.

Reject of the Self

In some situations gamers spend far much more time gaming than maintaining relationships in the flesh world. By doing so, gamers could be envisioned as anti-social individuals and even addicted to their practice. During our research about teenager-gamers at *The Sims*, we tried to answer to this question by supplementing our study with another research[2] on intensive gamers[3]. In order to understand and explain the time during which heavy gamers give up playing out of the sudden, we carried out 20 narrative interviews with intense gamers and ex-intense gamers. We found out that time dedicated to gaming is the gate opening the doors to the possibility of labeling gamers as deviants.

According to Rigby and Ryan (2011) gamers look for video games for what they do not find in the real life. Researchers having worked on individual engagement in public life had noticed that people are engaging less and taking part in community life less systematically. This trend generates a reclusive attitude with individuals focusing on their private life. As Williams (2006) reminds us the work done by Robert Putnam (2000) about bowling and the decline of social capital when he observed younger gamers with their own consoles. Having underlined that trend, Williams called for research on the effects of video game playing on individuals. He advanced the notion that gamers escape real life by investing in virtual life. However, the literature is equivocal about the complexity of coexistence between real and virtual social relationships across degrees of engagement through to addiction (Griffiths, 2002) common among gamers (Calleja, 2011).

In our research about social life of intensive gamers, we found out that they maintain their social lives both in the game world and out of the game according to the free time available. We designed two patterns which are both showing that gaming activity is social and participates significantly to enrich bound between individuals.

Indeed, video games allow gathering and sparing time with others, in the family (IPSOS, 2009; Brand, 2012) and/or in online communities. In France, they are 64 % of young gamers playing with their parents whe-

[2] We would like to thank Professor Jeffrey Brand for his consistent support and precious help for this project.

[3] See <http://itunes.apple.com/itunes-u/games-and-books/id444070337>.

reas in Australia they are 83 %. A significant increase has been noticed for the last few years (Brand et al., 2009; Brand, 2012).

More precisely, we propose the idea that gamers have to design their Self due to the fact that they are part of a society. By being rejected by some individuals, most of the time non-gamers, even sometimes labeled as deviants, gamers must justify their choice for gaming. Intense gamers explained that gaming could be a leisure activity as anything else or a virtual third place. In both patterns, gaming is a social activity.

Thus the question would be more about the reuse of benefits from this time invested in gaming in gamers' social life as a whole. In fact, gaming could provide an occasion of socializing that would supplement the global social life of the gamer.

Empowerment of the Self

As we underlined earlier, video gamers learn how to behave in society while gaming at *The Sims* for instance. But they also acquire social skills by gaming at other games because they interact with other individuals, gaming.

According to testimonies analyzed, gamers also use the game to escape from reality in order to find a fantasy world that proffers more fun than the real one. After having spent quite much time playing, they feel more prepared to face with their problems in the real life and they notice that they can achieve more than they thought they would. Hence appears the emerging of questions about the function of video gaming in gamers' social life. Video gaming seems to embody different functions and incarnated different roles in gamers' life.

So, in this chapter, we establish that there is a link between the two levels of interpretation by a conversation. Following the idea of George Herbert Mead (1962) as communication is related to an exchange of gestures, we can apply that metaphor to the video gaming activity. Indeed by interacting with his avatar, the gamer nourish a conversation with this entity because he receives feed-back through the way the system, here a gameplay, reacts to his personages' actions. Moreover gamers converse with individuals out of gamer community when they have to justify the priority they give to their practice. For being able to overtake the social control gamers have been kept under, gamers must seize power over their own Self. We have noticed earlier that there is a stage when the gamer makes the choice to misappropriate the game or not (Lorentz, 2012). In order to explore possibilities proffered by the game, teenager-gamers have to divert rules of the game by modding and/or cheating

(Consalvo, 2009). The frame of the game acts as a system as Foucault (1975) would have called it in which the gamer disposes of a minimum of leeway and his power is concentrated on the way he uses this leeway to make choices. It is by using this leeway that the teenager-gamer would achieve his video-ludological socialization process because he *empowers his Self*. And adding Cooley's concept of looking-glass self (1992) to this interpretation, we claim that *gamers design, define and express their Self in their society.*

Video gaming is an activity which makes the link between the two times of the looking-glass Self concept. In the game while gaming, the gamer interacts with his Self in the game through the relationship he maintains with his avatar(s). Out of the game, the gamer interacts with his social environment and negotiates with the image others put on him while gaming.

As we have said about gamers at *The Sims*, they frequently use cheating codes for generating money. By doing so, gamers nip the ideology of the gameplay in the bud. Michel de Certeau (1980) would have said that gamers of *The Sims* divert the concept of the game; they embezzle the principle of the gameplay. Here teenager-gamers incarnate the role of a poacher by canceling out the gameplay of this supposedly capitalistic game. From a very materialistic centered game we switch to a caring centered game!

In fact, by converting the gameplay gamers demonstrated that they still have the power to create meaning in gaming by reinventing rules and play. This manifestation of the empowerment of the Self of the gamer presents the achievement of the ludological socialization at a certain point because the gamer is so able to locate his Self amongst others individuals. The gamer finds this place thanks to the *back-and-forth movement* he does during gaming activity. After all, the travel matters more than the destination the gamer targets to reach.

Conclusion

Video-ludological socialization is a complex and elaborated process that we have started to scrutinize. The journey described briefly in this chapter constitutes the cornerstone of this specific socialization. This concept is part of our global thinking about gaming nowadays in our societies and helped us to figure out what role gaming can play. In our research, we demonstrated that gaming with *The Sims* channels the video-ludological socialization process and that gaming plays an active role in gamers' social lives.

Gaming is more and more a leisure activity due to recent studies demonstrating that parents play with their children and heightened by the fact that kids encounter less and less often discords with their parents about gaming. McGonigal (2011) has observed that mainstreaming of game and virtual worlds has led a large proportion of the population to play games. Plus, owing to the "generational effect" saying that as current parents were the first gamers, they are keen on encouraging video gaming of their children and their future grand-children, this trend will soon become a majority amongst gamers if it is not already the case.

These researches belied the common idea that video gaming is a waste of time by demonstrating that this activity enriches significantly the socialization of the gamer.

Video gaming proffers a huge amount of possibilities in role-taking socialization and endows the dialogue with various interlocutors of a number of possibilities.

Indeed, we underlined the fact that video gaming requires gamers to extend their plasticity and by doing so, to become more socially intelligent, to increase their social flexibility. Moreover, we demonstrated elsewhere that video gaming could be envisioned either as a leisure activity or a virtual third place but always as a communicative activity.

Although complex societies are characterized by existence of many subcultures, video gaming participates in the increase of our society's complexity by providing a place for enhancing subcultures.

References

Berger, P., & Luckmann, T. (2005). La construction sociale de la réalité. Paris, Armand Colin, 2ème édition, [1966].

Blumer, H. (1969). Symbolic Interactionism. Englewood Cliffs, NJ: Prentice-Hall.

Bogost, I. (2011). How to do things with video games. University of Minnesota Press.

Bourdieu, P. (1979). La distinction. Paris, Editions de Minuit.

Brand, J. (2012). Digital Australia. Interactive Games & Entertainment Association 2012. <http://www.igea.net/wp-content/uploads/2011/10/DA12FinalLinkVideo.pdf>. (Last accessed on Januar 10th, 2013)

Brand, J., Borchard, J. & Holmes, K. (2009). Australia's Computer Games Audience and Restrictive Ratings System. Communications & Strategies, 73(1), pp. 67-79.

Caillois, R. (1967). Les Jeux et les hommes : le masque et le vertige. Paris, Gallimard, Folio, [1958].

Calleja, G. (2011). In-Game. From Immersion to Incorporation. The MIT Press.

Consalvo, M. (2009). Cheating: Gaining Advantage in Video Games. MIT Press.

Cooley, C. H. (1992). Human nature and the Social Order. Transaction Publishers, [1902].
Crawford, G. (2011). Video Gamers. Routledge.
De Certeau, M. (1980). L'invention du quotidien. Paris, Union générale d'édition, 2 tomes, Tome 1 : Les arts de faire, 347 pages et tome 2 : Habiter, cuisiner.
ESA (Entertainment Software Association) (2011). Essential Facts about the computer and video game industry 2010, Sales, Demographic and Usage Datas.
Foucault, M. (1975). Surveiller et punir. Paris, Gallimard.
Greenfield, P. (1994). Les jeux vidéo comme instrument de socialisation cognitive. Réseaux, n° 67.
Griffiths, M. (2002). Gambling and Gaming. Addictions in Adolescence. Oxford, Blackwell.
Heaven, P. (2001). The social psychology of adolescence. Palgrave, China, [1994].
IPSOS/DIF (2009). Enquête sur les jeunes et les jeux vidéo. Ministère du Travail, de la solidarité et de la fonction publique, délégation interministérielle à la famille, Paris.
ISFE (2010). Video Gamers in Europe 2010. Brussels: Interactive Software Federation of Europe.
Juul, J. (2010). A Casual Revolution: Reinventing Video Games and Their Players. Cambridge, MIT Press.
Klevjer, R. (2006). What is the Avatar? Fiction and Embodiment in Avatar-Based Single player Computer Games. Doctoral dissertation, University of Bergen in Norway.
Lorentz, P. (2011). La construction des représentations sexuées à travers la pratique ludique : l'exemple des Sims. Revue des Sciences sociales, n°45, pp. 138-145.
Lorentz, P. (2012). "Is there a virtual socialization by acting virtual identities? Case study: The Sims®", In Virtual Worlds, Second Life and Metaverse Platforms: New Communication and Identity Paradigms, Zagalo, N., Morgado, L. & Boa-Ventura, A., IGI Globals, pp. 206-218.
Lorentz, P. (2012). La socialisation vidéo-ludique du joueur-adolescent. Son voyage identitaire avec Les Sims®. Thèse de doctorat en Sociologie à l'Université de Strasbourg.
McGonigal, J. (2011). Reality is broken. Why games make us better and how they can change the world. London, Jonathan Cape.
Mead, G-H. (1934). Mind, Self and Society. University of Chicago Press, Chicago, 1962, pp. 155-165.
Mead, G-H. (2001). Essays in Social Psychology. ed. And intro. By Mary Jo Deegan, Transaction Publisher, New Brunswick, New Jersey.
Merton, R. K. (1968). Social Theory and Social Structure. Mac Millan.
Millie, A. (2008). Anti-Social Behaviour, Berkshire: Open University Press.
Padilla-Walker, L. (2006). Adolescents, Developmental Needs of, and Media. Encyclopedia of Children, Adolescents, and The Media. SAGE Publications, <http://www.sage-ereference.com/childmedia/Article_n419.html>. (Last accessed on Januar 10th, 2013)
Putnam, R. (2000). Bowling Alone. The Collapse and Revival of American Society. Simon & Chuster.
Rigby, S. & Ryan, R. M. (2011). Glued to Games. How video games draw us in and hold us spellbound. Praeger.

Shorter, E. (1979). The Making of the Modern Family. Basic Books.
Süss, D. (2006). "Socialization and Media". Encyclopedia of Children, Adolescents, and the Media. SAGE Publications, <http://www.sageereference.com/childmedia/Article_n419.html>. (Last accessed on Januar 10th, 2013)
Taylor, T. L. (2002). "Living Digitally: Embodiment in Virtual Worlds", in Schroeder, R. The Social Life of Avatars: presence and interaction in shared virtual environments, London Springer-Verlag.
Turner, R. H. (1972). Collective Behavior. Prentice Hall, 2nd Revised edition, [1957].
Williams, D. (2006). "Why Game Studies Now? Gamers don't bowl alone", Games and Culture, Volume 1, Number 1, January 2006, pp. 13-16.

GABRIELA T. RICHARD

Gender and gameplay: research and future directions

Introduction

Research on gender and games, whether they be computer games, video games, or digital games,[1] played in arcades or homes, dates back as far as the early 1980s, when digitized games made their popular mark in Western culture. Interestingly enough, much of this work also mirrors the changing stance in understanding gender in research: many of the early approaches to understanding gender in Western culture focused on difference, both in terms of sex and gendered experience, with newer approaches focusing more on experience in context and rethinking how we define gender (Cosgrove, 2003; McHugh & Cosgrove, 2004). Research on gender and video game participation and experience has evolved from trying to understand why *girls* don't play games, to the difference in experience between males and females, to understanding contextual issues around gender and play, to very recent work on understanding masculinity, as well as gender and its intersections, like ethnicity and sexuality, in context. This chapter will review the literature on gender and video game play over the past thirty years, and discuss the future directions of work in this area.

Early research on gender, computer culture and digital games

The early work, or what I will define as the "first wave," tended to focus on "how most games featured narrow gender stereotypes, how few games on the commercial market were of interest to girls and women, how female players wanted different gaming experiences, and how women were not a visible part of game production" (Kafai et al., 2008b: xi), as epitomized through Kafai and colleagues' summary of the first major volume dedicated to understanding gender and digital games, *From Barbie to Mortal Kombat,* published in the late 1990s. In particular, games were seen as trajectories to the pursuit of math, science, computer science, engineering and technology careers, which was of particular interest to researchers because it could help level the playing field in heavily male-dominated areas (Cassell & Jenkins, 1998b; Hayes, 2008). Fur-

[1] For the purpose of this chapter, I will use "video games" as an all-encompassing term.

thermore, there was a genuine interest to understand why gaming had become gendered, particularly why girls weren't participating as much or in the same way as boys.[2]

Early work attempted to uncover sex and gender *differences* in computer and video game playing, participation and experience[3]. Some researchers were concerned with understanding differential motivation, while others were more contextually attuned and wanted to understand how environmental experience affected differential play styles, motivation and participation. An early study of college undergraduates found that women preferred more "whimsical," less aggressive and less difficult games than men (Morlock, Yando & Nigolean, 1985; Provenzo, 1991). Developmental studies around this time on gender and sex differences cited divergence in cognitive and spatial skills as being a possible contributing factor to differences in gender and video game skill that favored males (Greenfield, 1994; Okagaki & Frensch, 1994; Subrahmanyam & Greenfield, 1994), however caveats were made to explain that these differences could be due to males having greater exposure to video games (Greenfield, 1994). Much of the early research showed links between video games and computer literacy (Cassell & Jenkins, 1998a; Cassell & Jenkins, 1998b; Greenfield, 1984; Greenfield & Cocking, 1996; Loftus & Loftus, 1983; Kiesler, Sproull & Eccles, 1985), which caused concern for researchers when they saw gender gaps that favored boys over girls (Cassell & Jenkins, 1998b). Early research also demonstrated levels of correlation between assumed "male-oriented" themes in software and games (like war-oriented play, shooting, and violence) and stress or alienation of females (Cooper, Hall & Huff, 1990; Malone, 1981; Greenfield, 1994). Furthermore, research found that children "sex-typed" video games as being more appropriate for boys than girls, as early as kindergarten (Wilder, Mackie & Cooper, 1985). While the same study showed that computers were less sex-typed as male-oriented in the early years of school, they noted a sharp divergence in middle school in computer attitudes that heavily favored males (Wilder, Mackie & Cooper, 1985). As a result, "by third grade differential access to computers has resulted in differential attitudes toward the technology" (Cassell & Jenkins, 1998b:

---

[2] I say girls and boys as opposed to "males" and "females" because much of the early work looked primarily at school-aged males and females, as opposed to men and women, though not all.

[3] Note that, epistemologically, the study of sex difference tends to be concerned with what is seen as biological difference between males and females, whereas gender difference is concerned with socio-cultural factors that may also play a role.

13), with boys more likely to see the computer as playful recreation (AAUW, 2000), and possibly correlate more positive emotions with computers and games, whereas girls were more likely to view them as tools to accomplish a task (AAUW, 2000; Ogletree & Williams, 1990).

Some of the earliest conclusions to narrow the gender divide with video games postulated that an effort needed to be made to design games for girls that appealed to things females liked, like "nonviolent games" "thematic emphasis on drama and relationships," music, and active female characters, specifically encouraging designers to take cues from television in order to see what males and females like in common (Greenfield, 1994: 7-8). Others took the approach that understanding how children would design their own games might help to uncover gender preferences beyond stereotypes (Kafai, 1995). In particular, Kafai's research (1995) found that females preferred realistic settings, gender-neutral characters, less violence and less negative feedback than males.

Another vein of this early work attempted to contextualize why there might be gender differences when it came to computers and video games. Citing links between females often being cast as "individuals who are acted upon rather than initiators of action" and "victims" (116) in video games with research that shows video games can be an "entryway into the world of computing" (117), Provenzo (1991) states concern that "women are suffering a double injustice: they are being sex-typed, and they are also being discouraged from participating in the use of computers, a fact that may put them at a significant disadvantage in terms of their future educational and job potential"(117). A study of 100 video arcade games in 1985 found that 92 % did not include any female roles, while 6 % contained "damsel in distress" female roles and 2 % had females in action roles (Provenzo, 1991; Toles, 1985). Kiesler, Sproull, and Eccles (1985), proclaiming that computing is a culture, "embedded in a social system consisting of shared values and norms, a special vocabulary and humor, status and prestige ordering, and differentiation of members from nonmembers" (453), found that males dominate, in schools, in the arcades and at home, who has access to the computer and gaming culture, which is primarily designed by, sold by and taught by males. Kiesler et al. (1985) encourage research that explores context more explicitly then sex differences and encourages education to instill computer efficacy in all children.

While the pioneering edited volume dedicated to gender and game culture, *From Barbie to Mortal Kombat* (Cassell & Jenkins, 1998a), dealt with an array of issues around gender and digital games, the core theme, again, was understanding *difference*. Aware that the discussion of "girl games" and expanding the market and research to include feminine interests were loaded and could lead to essentialist traps, Cassell and Jenkins (1998b) nonetheless conceded that the dialogue had to begin in order to help combat the pervasiveness of digital games being synonymous with maleness and male interests. Moreover, they cautioned that we had to be careful not to dismiss what has come to be seen as "traditional girls' interests" as trivial or stupid as "these criticisms are grounded in a distaste for women's aesthetic preferences toward character relations and emotional issues, and therefore are rooted in the assumption that nonprofessional women are mindless and uncritical consumers of patriarchal culture" (Cassell & Jenkins, 1998b: 21). Furthermore, Cassell and Jenkins (1998b) were concerned that, while there were female gamers (at the time seen as a considerable minority), their presence didn't lessen the association of games with boys, primarily because, in a paternalistic culture, appropriation of male values has become normative, hence why it is easier for girls to take on the mantle of tomboy than it is for boys to take on female values (which are seen as inferior).

Second-wave research: understanding experience in context

In many ways, the years between *From Barbie to Mortal Combat* (Cassell & Jenkins, 1998a) and *Beyond Barbie and Mortal Combat* (Kafai et al., 2008a), the two major edited volumes dedicated to understanding gender and video game culture, can be thought of as the second wave of research on gender and games. For quite some time, especially in the late-1990s and early 2000s, females' preferences and motivations to play games were "unproblematically reported" as being linked to their collaborative, exploratory, non-violent or non-combative nature (Jensen & de Castell, 2010: 51), often falling into binary stereotypes and essentialist traps that conflated sex and gender. Some literature continued to try to understand differences between males and females in their predilections, experimenting with assumed gender-based preferences (one example being an innovative study of variables in fictional video games by Hartmann & Klimmt, 2006) or attempting to understand, from previous research and experiences in game play and game development contexts, how to expand the market to be more gender-inclusive (Ray, 2004).

During this time, emphasis started to shift more toward understanding broader socio-cultural contexts (Kafai et al., 2008b), a vein of which started to take particular interest in the experience of females that play and participate in game culture (Jensen & de Castell, 2010; Taylor, 2006; Taylor, 2008). Furthermore, games oriented toward females changed from "pink" games, which typically relied on the most glaring of sex stereotypes, to "purple" games, which focused more on "real life" issues and social realities that would interest females (Kafai et al., 2008a; Laurel, 2008). Also during this time, reports from the Electronic Software Assocation (ESA), which measured demographic statistics of game players, dating from 2004 onward, showed that the gender gap wasn't significant, with female gamers making up 40 % of the market (Dickey, 2006). However, which games were being accounted for when calculating these statistics often became an area of debate, since details of how they collected their data was not included, and researchers cautioned that certain kinds of games, like simple card and puzzle games, are not given equal weight in the gaming industry (Fron et al., 2007). Today's statistics show that the proportion of female gamers has increased steadily to 47 % of the market (ESA, 2012).

Citing work over the past three decades, Searle and Kafai (2009) point out that "research on gender and games has almost exclusively focused on explaining why girls and women are not present or interested in games and developed designs to draw girls into games while developing technical skills" (2). However, in many ways, the early research was concerned with resolving issues of gendered imbalance: female participation wasn't visible and areas where sex and gender were observed in relation to software and video games showed marked gender differences that favored males; moreover, there was strong concern that their lack of participation could lead inequality when it came to science and technology career awareness and participation. In addition, a strong notion presented for pushing the games for girls movement and research forward, understanding that there could be an impasse presented by "ghettoizing" girls' games or essentializing gender, was the idea that the development around games for girls and research on females' desires could create a gender neutral space in the middle that "allows multiple definitions of both girlhood and boyhood, and multiple types of interaction with computer games of all sorts" (Cassell & Jenkins, 1998b: 36).

However, designing games for "girls," or female audiences in general, can be problematic for many reasons, including whose idea of femininity is being designed for and a reliance on the notion of gender as fixed or static. While early research and development in the area of games for girls often came from admirable attempts to increase access to games and technology by females, they tended to "invoke those more 'traditionally feminine' activities and pleasures" (Dovey & Kennedy, 2006: 37). In her critique of research on gender and game preferences, Dickey points out that "existing research into gender and what females want in gameplay is too often predicated on the notion that gender is a static construct and can be easily quantified by observation and survey" (2006: 789). Furthermore, appealing to stereotypical female preferences in order to increase female participation with computers and technology may not necessarily lead to increased interest in technology careers, particularly if the focus of the game or technology is on stereotypical gender roles (Dickey, 2006).

Expanding upon earlier studies, like Kiesler et al. (1985), researchers have pointed out that context in which games are played can be just as important as the content itself when it comes to gendered participation (Bryce & Rutter, 2003; Schott & Horrell, 2000). Taylor (2003) found that, in *EverQuest,* while fantasy landscapes could be threatening with creatures and situations, the threat was not gender-specific, as it can be in the "real world," and afforded women an escape of sorts from gender-based threat. Ray (2004) points out that boys are more often encouraged to play with games and computers, whereas girls are often given production-oriented software. Several researchers from the Ludica research group disentangled the gendered power structure of digital game production, which they coined the "hegemony of play" (Fron et al., 2007). They argue that it is this power structure of game production, run by mostly White and Asian heterosexual men, which perpetuates designing digital games for heterosexual males by heterosexual males, and continues to exclude minorities and women, citing them as less of the market, when they in fact made up the majority of the potential market.

Researchers began to call for nuance in studying gender and game culture, stressing the importance of context and the failure of assuming that females want different things *because* they are female (Carr, 2005). Studies started to demonstrate that gender differences weren't as pronounced as previously thought, with players often enjoying the same things across gender (Lazzaro, 2008; Yee, 2008); in fact, Yee's study (2008) showed that contextual factors and age were more important variables in access and experience with MMOs[4] than gender. Researchers started to dissect the complexity of studying gender, including the understanding that most of the early research focused on young girls' experiences, which were being extrapolated across the lifespan to include women (Taylor, 2006). Scholars began to call for research that considered the experiences of female gamers (Taylor, 2008), and studies that explored their experiences found more variability than had been previously accounted for (Jensen & de Castell, 2011). Finding that gender

[4] MMO refers to Massively Multiplayer Online Game.

differences didn't exist once females had been given the change to train, Jensen and de Castell (2011) questioned methodologies used in early gender and video game research.

Juxtaposing research on gender and sport with gender and digital games, Bertozzi points out that cultural notions around play have created an uneven playing field in both sport and gaming where traditional male play behaviors are often rewarded, though tensions arise around cross-gendered play (2008). While male play styles of aggression and power seeking are rewarded and encouraged in both sport and game culture, tensions often arise when that play is co-ed, since males are discouraged from aggressive confrontation with females, though the nature of these contexts involve aggressive play. Conversely, masculinity is called into question when females beat males in sport and competitive games, as females are often seen as weaker and unable to hold their own against a male competitor on what has come to be characterized as male turf; however, if a female is able to successfully win against a male competitors, similarly, her femininity is called into question as she is seen as having emasculated him. Bertozzi (2008) asserts that little has changed when it comes to social perceptions of masculine and feminine traits, and on the playing field, these tensions make it incredibly difficult to have fair play; in fact, many female players have been subjected to harassment and worse because their presence on the playing field becomes a revolutionary act. Being a female who is successful on male turf can have a range of effects, including a strong need to overemphasize "feminine" sexuality, or are often invested in their exclusivity, and attempt to maintain that status Some women who have succeeded in masculine-dominated domains, like gaming, claim to be hostile to other women, not because they want to remain exclusive, but because some females entering the domain exploit their sexuality as a means to circumvent the necessary "hard work" it takes to achieve rank legitimately, which can undercut the hard work other females have invested into their status.

Research is also beginning to tie together greater socio-cultural issues, which are, in turn, starting to disentangle greater gender and contextual relationships. A recent report by the *American Association of University Women* found that negative stereotypes can undermine female performance and aspiration in science, technology, engineering and math (STEM) fields, areas where women are often underrepresented (AAUW, 2010), but also areas where video and computer game playing has been hypothesized to increase participants' interest (Cassell & Jenkins, 1998b; Hayes, 2008). Citing decades of research on stereotype threat, first published by Claude Steele and Joshua Aronson (1995), the report found that the environments played a big role in undermining female performance and interest, despite their skills and expertise (AAUW, 2010). In particular, research has found that gender bias in math and science environments threatened and undermined female performance, particularly before a test, but removal of the gender bias resulted in almost similar performance by males and females. One area where females tended to underperform relative to males was spatial ability, which was easily fixed with a spatial visualization course (AAUW, 2010; Sorby, 2009). This research dispelled the oft-cited myth that spatial skills were somehow innate and gendered, and instead promoted the belief that females could equally succeed in engineering fields, provided they are given training in areas where they may have experiential imbalances, and environmental gender bias is removed. Interestingly enough, spatial skill development has been long linked to digital game play (Subrahmanyam & Greenfield, 1994). Additionally, research further shows that implicit gender-bias can have wide-sweeping effects on whether females are equally encouraged toward or evaluated in math and science fields (AAUW, 2010). "Implicit biases against women in science may prevent girls and women from pursuing science from the beginning, play a role in evaluations of girls' and women's course work in STEM subjects, influence parents' decisions to encourage or discourage their daughters from pursuing science and engineering careers, and influence employers' hiring decisions and evaluations of female employees" (AAUW, 2010: 78).

Research on stereotype threat and athletic performance demonstrates that threatening experiences aren't just limited to academic and professional domains, and can extend to gaming and sport environments (Stoneet al., 1999). Researchers are hypothesizing similar links to digital games (Bertozzi, 2008). "Elite female gamers playing a complex digital shooting game such as Counter-Strike against almost exclusively male opponents are clearly operating in a situation of stereotype threat [because] they are not just playing the game (as all the other participants are), they are concurrently disproving a number of stereotypes about females and aggressivity, technology and willingness to challenge males" (Bertozzi, 2008: 483). A recent study showed support for a decline in female self-efficacy (or confidence), a variable often measured to demonstrate stereotype threat, in relation to video games after playing with hypersexualized female video game characters, as well as support for "less favorable attitudes toward women's cognitive capabilities" (or, in other words, support for implicit bias) by both males and females that played with hypersexualized female characters, regardless of their in-game abilities (Behm-Morawitz & Mastro, 2009). However, much more needs to be explored regarding designed representations in games, and play experiences on and offline, within the game culture and the greater socio-cultural context in which play is negotiated

History of gender research in the social sciences

The focus on binary constructions of maleness and femaleness in gender research has often ignored the diversity of expression and experience on the continuum of the gender scale. Furthermore, the focus on the dichotomy helps to perpetuate the idea that gender is an essential notion, and loses the richness of context. In other words, "the failure to address how gender is symbolized and produced, have contributed to the belief that differences between men and women are essential, universal, and ahistorical" (Cosgrove 2003: 91). As Butler (1990) points out, we often mistake the culturally-constructed and contextualized expressions of gender as evidence of an essential or ontological state defined by one's gender. In other words, these acts of gender, which are embedded in cultural context, are often mistaken as examples of the "innate" nature of maleness or femaleness. However, she argues that "there is no gender identity behind the expressions of gender; that identity is performatively constituted by the very 'expressions' that are said to be its results" (Butler, 1990: 25). In other words, we are constantly taking gendered expression and experience out of context and mistaking it as inherently part of a binary gendered norm when, in fact, it becomes a complex experience of context (Cosgrove, 2003). Thus, while experience and expression can be gendered, the nature of that experience isn't itself part of an inherent state, but one reflexively influenced by and influencing social context. Furthermore, focusing on the binary view privileges one term in relationship to the opposite (Dickey, 2006), and as long as masculine experiences and expressions are considered the norm and everything else as alternative, therein will lie the privilege (Cassel & Jenkins, 1998b; Dickey, 2006). In other words, there will be games, as the norm, and alternative games, like "girl games" or female-focused games, as the "other" or alternative.

Furthermore, by focusing on the binary view of gender, we have often left out exploring the intersections, such as culture, ethnicity, class, sexuality, and their relation to power (Crenshaw, 1989; Crenshaw, 1991; Collins, 1998), transgendered experience being one area consistently underexplored or discounted as being deviant because it explicitly doesn't fit the binary (Lewis & Johnson, 2011). First coined by Crenshaw (1989), intersectionality in gender research is grounded in the early work of

Black American feminists, many of whom were also lesbian and interested in exploring issues of sexuality along with race (Collins, 1998). "Intersectionality may be defined as a theory to analyse how social and cultural categories intertwine [and the] relationships between gender, race, ethnicity, disability, sexuality, class and nationality are examined" (Knudsen, 2006: 61). In other words, intersectionality extends gender studies beyond the binary by exploring the intersection of gender with cultural constructs and contextual experience.

Third wave: understanding gender at the intersections

The current research on gender and game culture is heading toward understanding nuance of expression and experience, particularly by looking at how gender relates to intersectional concepts, like sexuality, ethnicity and class. Research in this area is also revisiting how we define and study masculinity.

Though intersectionality in gender studies gained greater prominence in the 1990s, it didn't seem to gain ground in research on gender and video games until very recently. While feminists studying technology have often discussed the ubiquity and embodiment of technology, there has been little to no research that has explored gender in intersectional ways when studying technology (Sunden & Sveningsson, 2012), though intersectional work in the area of gender and digital games is beginning to emerge (Sunden & Sveningsson, 2012). Part of this may be due to the complexity involved in studying intersectionality, which brings up intricacies in methodology, epistemological stances, and disciplinary approaches (McCall, 2005). Burrill (2008) similarly questions the way that men have studied masculinity, typically from "biological, anthropological and sociological" perspectives (17), and instead posits that feminist methodologies that critique previously held notions of gender difference offer a better glimpse into understanding masculinity, particularly in relation to technology and digital game culture.

While video games had been thought of as boy's toys, the gendered experience of males was not explicitly explored, since most of the early gender research was focused on understanding why computer and gaming cultures were perceived of as masculine, as well as why females were not part of the computer and gaming cultures. Jenkin's study, often cited as one of the first studies explicitly exploring boy's experiences with games, found that video games provided a "much-needed alternative to the adult-supervised, structured spaces of home, schools and playgrounds that could provide room for independence, peer recognition, competition, role play, humor, and violence in boys' play" (Searle & Kafai, 2009: 1). Digital games of the 80s and early 90s were often adventure-themed and influenced by boy's cultural artifacts, like comic books and cartoons, which transported them to imaginary spaces where they could act out these adventures (Salen & Zimmerman, 2003). Their settings outside of "domestic spaces" and their adventure themes helped to perpetuate the boy's clubhouse of old through themes and experiences typically thought of as appealing to males (Salen & Zimmerman, 2003).

Drawing from seminal work by Messner and Sabo (1990) on masculinity and sport, Michael Kimmel's complex analysis of young white male culture ("guyland") contends that, in our increasingly multicultural and politically correct social landscape, guys' entertainment spaces that include video games offer places of dominance bonding and an escape to "the 'reality' that many of these guys secretly would like to inhabit" (Kimmel, 2008: 150). The "guy code" they are asked to live by is one in which they have to always be in control and never show weakness or vulnerability, so in fantasy worlds and digital games, they can create ideal versions of themselves and play them out, sometimes violently, and mostly without consequences. Within these spaces, they don't only get to live out their fantasies of hypermasculinity, but they can also "dominance bond" (a term derived from Messner & Sabo, 1990) in what they have come to know of as "guy" spaces. "It's the threat to dominance bonding that elicits the defensiveness when women invade formerly all-male spaces... [and] men feel threatened by women's equality because equality includes access to those private spaces" (Kimmel, 2008: 134). This may account for the continued trend to design games with the desires of males by males (Fron et al., 2007), as well as the documented cases of harassment of women and others (O'Leary, 2012), which is only recently starting to be discussed and acknowledged on a larger socio-cultural scale instead of just in certain gaming circles.

Burrill (2008) extends upon work that posits that video games and spaces help to perpetuate norms around masculinity, but also more distinctly addresses the idea of technology and video games as offering spaces where masculinity, as a tenuous concept, must be performed through violence and competition, specifically, in the absence of physical performance offered through sports. Searle and Kafai (2009) found that they were able to understand more about the experiences of their male players when they weren't comparing their experiences to female players. Furthermore, by employing qualitative methods, they came to understand more nuance in boy's play, including ways that they role-played with different types of masculinity, though they also did find that the open-endedness of virtual worlds "recreate much of the gendered play found on the playground" (Searle & Kafai, 2009: 8).

Sunden and Sveningsson (2012) explored gender and sexuality through a "twin ethnography," of a *World of Warcraft* online gaming community, from the perspective of a heterosexual woman and a homosexual woman, utilizing feminist and queer theory. They explicitly explore the intersection between gender and sexuality, specifically articulating the complexity of relationships between males in hierarchies; in particular, they explore how female gamers are often used in the hegemonic masculine spaces in different ways, either by reinforcing the hegemony or serving as an escape from it. They also explore how, even in homosexual and sexually-diverse spaces, masculine homosexuality, being more prevalent (at least in the space explored) often sets its own rules for players of divergent sexualities.

Gray (2012) explored the experiences of African American, and, to a lesser extent, Latina female game players on Xbox live, finding that they often experience both racism and sexism, typically through linguistic profiling (or the act of knowing one's race or ethnicity through the way they talk). Greater sociocultural issues around racism, sexism, homophobia and intersecting forms of oppression as they operate in the United States affected their online experiences, and they created clans around their ethnic and gender (and, for one group, homosexual) identity as a means to create a safe space of resistance. Drawing on Patricia Hill Collin's work on intersectionality and African American female experience, Gray (2012) found that "Black women have refused to become victims... [and] this resiliency continues to the online gaming space" (426).

Future directions

Over the past three decades, scholars have attempted to understand the nuance of gendered play in video games, online communities and the greater game culture. Resarch spanning from sex and gender differences to current work that redefines gender by looking at inter-sectionality and context help us to understand the complexity of play alongside the complexity of defining gender in an ever-changing landscape. Future research areas will, most likely, continue to explore intersectional experience, particularly experiences of under-researched groups. I propose that an area especially ripe for exploration will be along intersecting lines of ethnicity, culture and sexuality. Future research will also explore whether greater socio-cultural issues, like sexism, ethnocentrism, and homophobia affect play experiences, and how those experiences not only differentially affect players, but also speak to broader issues around culture, context and equity in play, learning, contribution and development.

References

American Association of University Women (AAUW) Educational Foundation Commission on Technology, Gender, and Teacher Education (2000). Tech-savvy: educating girls in the new computer age. <http://www.aauw.org/learn/research/upload/TechSavvy.pdf> (Retrieved August 8, 2012).

American Association of University Women (AAUW) (2010). Why So Few? Women in Science, Technology, Engineering, and Mathematics. <http://www.aauw.org/learn/research/upload/whysofew.pdf> (Retrieved July 29, 2012).

Behm-Morawitz, E.& Mastro, D. (2009). The Effects of the Sexualization of Female Video Game Characters on Gender Stereotyping and Female Self-Concept. Sex Roles, 61, 808–823.

Bertozzi, E. (2008). "You Play Like a Girl!": Cross-Gender Competition and the Uneven Playing Field. Convergence: The International Journal of Research into New Media Technologies, 14(4), 473–487.

Bryce, J. & Rutter, J. (2002). Killing Like a Girl: Gendered Gaming and Girl Gamers' Visibility. CGDC Conference, Tampere, Finland: University of Tampere Press.

Bryce, J. & Rutter, J. (2003). Gender dynamics and the social and spatial organization of computer gaming. Leisure Studies, 22, 1-15.

Burrill, D.A. (2008). Die Tryin': Videogames, masculinity, culture. New York, NY: Peter Lang.

Butler, J. (1990). Gender Trouble: Feminism and the Subversion of Identity. New York, NY: Routledge.

Carr, D. (2005). Contexts, gaming pleasures, and gendered preferences. Simulation & Gaming, 36(4), 464-482.

Cassell, J. & Jenkins, H. (Eds.). (1998a). From Barbie to Mortal Kombat: Gender and Computer Games. London: MIT Press.

Cassell, J. & Jenkins, H. (1998b). Chess for girls? Feminism and computer games. In J. Cassell & H. Jenkins (Eds.). From Barbie to Mortal Kombat: Gender and Computer Games. London: MIT Press.

Collins, P. H. (1998). It's all in the family: Intersections of gender, race and nation. Hypatia, 13(3), 62-82.

Cooper, J., Hall, J. & Huff, C. (1990). Situational stress as a consequence of sex-stereotyped software. Personality and Social Psychology Bulletin, 16, 419-429.

Cosgrove, L. (2003). Feminism, Postmodernism, and Psychological Research. Hypatia, 18(3), 85–104.

Crenshaw, K. (1989). Demarginalizing the Intersection of Race and Sex: A Black Feminist Critique of Antidiscrimination Doctrine, Feminist Theory, and Antiracist Politics. University of Chicago Legal Forum, 139–67.

Crenshaw, K. (1991). Mapping the margins: Intersectionality, identity politics, and violence against women of color. Stanford Law Review, 43(6), 1241–99.

Dickey, M. D. (2006). Girl gamers: the controversy of girl games and the relevance of female-oriented game design for instructional design. British Journal of Educational Technology, 37(5), 785–793.
Dovey. J. & Kennedy, H. W. (2006). Game cultures: Computer games as new media. New York, NY: McGraw Hill.
Entertainment Software Association (ESA) (2012). Essential facts about the computer and video game industry.
<http://www.theesa.com/facts/pdfs/ESA_EF_2012.pdf> (Retrieved September 1, 2012).
Fron, J., Fullerton, T., Morie, J., & Pearce, C. (2007). The hegemony of play. Proceedings from Digital Games Research Association (DiGRA).
Gray, K.L. (2012). Intersecting oppressions and online communities: Examining the experiences of women of color in Xbox Live. Information, Communication & Society, 15(3), 411-428.
Greenfield, P. M. (1984). Mind and Media: The effects of television, video games and computers. Cambridge, MA: Harvard University Press.
Greenfield, P. M. (1994). Video games as cultural artifacts. Journal of Applied Developmental Psychology, 15(1), 3-12.
Greenfield, P.M. & Cocking, R.R. (1996). Interacting with video. Norwood, New Jersey: Ablex Publishing.
Hartmann, T. & Klimmt, C. (2006). Gender and computer games: Exploring females' dislikes. Journal of Computer-Mediated Communication, 11(4).
Hayes, E. (2008). Girls, gaming and trajectories of IT use. In Y. B. Kafai, C. Heeter, J. Denner & J.Y. Sun (Eds.). Beyond Barbie and Mortal Kombat: Perspectives on Gender and Gaming (pp. 217-229). Cambridge, MA: MIT Press.
Jensen, J. & de Castell, S. (2010). Gender, simulation and gaming: Research review and redirections. Simulation & Gaming, 41(1), 51-71.
Jensen, J. & de Castell, S. (2011). Girls@Play: An ethnographic study of gender and digital gameplay. Feminist Media Studies, 11(2), 167-179.
Kafai, Y. B. (1995). Minds in play: Computer game design as a context for children's learning. Hillside, NJ: Earlbaum.
Kafai, Y. B., Heeter, C., Denner, J. & Sun, J. Y. (Eds.). (2008a). Beyond Barbie and Mortal Kombat: Perspectives on Gender and Gaming. Cambridge, MA: MIT Press.
Kafai, Y. B., Heeter, C., Denner, J. & Sun, J. Y. (2008b). Pink, Purple, Casual, or Mainstream Games: Moving Beyond the Gender Divide. In Y. B. Kafai, C. Heeter, J. Denner & J.Y. Sun (Eds.). Beyond Barbie and Mortal Kombat: Perspectives on Gender and Gaming. Cambridge, MA: MIT Press.
Kiesler, S., Sproull, L. & Eccles, J.S. (1985). Pool halls, chips, and war games: Women in the culture of computing. Psychology of Women Quarterly, 9 (4), 451-462.
Kimmel, M. (2008). Guyland: The Perilous World Where Boys Become Men. New York, NY: Harper Collins.
Knudsen, S. V. (2006). Intersectionality – A Theoretical Inspiration in the Analysis of Minority Cultures and Identities in Textbooks. In Proc.The Eighth International Conference on Learning and Educational Media, Caught in the Web or Lost in the Textbook?, <http://www.iartem.no/documents/caught_in_the_web.pdf> (Retrieved August 20, 2012).

Laurel, B. (2008). Notes from the utopian pioneer. In Y. B. Kafai, C. Heeter, J. Denner & J.Y. Sun (Eds.). Beyond Barbie and Mortal Kombat: Perspectives on Gender and Gaming (pp. 21-31). Cambridge, MA: MIT Press.
Lazzaro, N. (2008). Are boy games even necessary? In Y. B. Kafai, C. Heeter, J. Denner & J.Y. Sun (Eds.). Beyond Barbie and Mortal Kombat: Perspectives on Gender and Gaming (pp. 198-215). Cambridge, MA: MIT Press.
Lewis, S.T. & Johnson, C.W. (2011). "But it's not that easy": negotiating (trans)gender expressions in leisure spaces. Leisure/Loisir, 35(2), 115–132.
Loftus, G.R. & Loftus, E.F. (1983). Mind at play. New York, NY: Basic Books.
Malone, T. W. (1981). Toward a theory of intrinsically motivating instruction. Cognitive Science, 5(4), 333-370.
Messner, M.A. & Sabo, D. F. (Eds.). (1990). Sport, men, and the gender order: critical feminist perspectives.Champaign, IL: Human Kinetics Books.
McCall, L. (2005). The Complexity of Intersectionality, Signs, 30(3), 1771-1800.
McHugh, M. C. & Cosgrove, L. (2004). Feminist research methods: Studying women and gender. In M. A. Paludi (Ed.). Praeger guide to the psychology of gender (pp. 155-182). Westport: Praeger.
Morlock, H., Yando, T., & Nigolean, K. (1985). Motivation of video game players. Psychological Reports, 57, 247-250.
Ogletree, S.M. & Williams, S.W. (1990). Sex and sex-typing effects on computer attitudes and aptitude. Sex Roles, 23, 703-712.
Okagaki, L., & Frensch, P.A. (1994). Effects of video game playing on measures of spatial performance: Gender effects in late adolescence. Journal of Applied Developmental Psychology, 15, 33-58.
O'Leary, A. (2012, August 1). In Virtual Play, Sex Harassment Is All Too Real. The New York Times, pp. A1. <http://www.nytimes.com/2012/08/02/us/sexual-harassment-in-online-gaming-stirs-anger.html> (Retrieved August 20, 2012).
Provenzo, E. F. (1991). Video kids: Making sense of Nintendo. Cambridge, MA: Harvard University Press.
Ray, S. G. (2004). Gender inclusive game design: Expanding the market. Hingham, MA: Charles River Media.
Salen, K. & Zimmerman, Z. (2003). Rules of Play: Game Design Fundamentals. Cambridge, MA: MIT Press.
Schott, G. & Horrell, K. (2000). Girl gamers and their relationship with gaming culture. Convergence, 6(4), 36-53.
Searle, K. A., & Kafai, Y. B. (2009). Boys' play in the fourth space: Freedom of movements in a tween virtual world. In Breaking new ground: Innovation in games, play, practice and theory. Paper presented at the DIGRA 2009 Conference.
Sorby, S.A. (2009). Educational research in developing 3-D spatial skills for engineering students. International Journal of Science Education, 31(3), 459–80.
Steele, C. M., & Aronson, J. (1995). Stereotype threat and the intellectual test performance of African Americans. Journal of Personality and Social Psychology, 69(5), 797–811.
Stone, J., Lynch, C. I., Sjomeling, M., & Darley, J. M. (1999). Stereotype threat effects on Black and White athletic performance. Journal of Personality and Social Psychology, 77, 1213-1227.

Subrahmanyam, K., & Greenfield, P.M. (1994). Effect of video game practice on spatial skills in girls and boys. Journal of Applied Developmental Psychology, 15: 13-32.

Sunden, J. & Sveningsson, M. (2012). Gender and sexuality in online game cultures. New York, NY: Routledge.

Taylor, T. L. (2003). Multiple pleasures: women and online gaming. Convergence, 9 (1), 21–46.

Taylor, T. L. (2006). Play between worlds: exploring online game culture. Cambridge, MA: MIT Press.

Taylor, T. L. (2008). Becoming a Player: Networks, Structure and Imagined Futures. In Y. B. Kafai, C. Heeter, J. Denner & J.Y. Sun (Eds.). Beyond Barbie and Mortal Kombat: Perspectives on Gender and Gaming (pp. 51-66). Cambridge, MA: MIT Press.

Toles, T. (1985). Video games and American military ideology. In V. Mosco & J. Wasko (Eds.). The Critical Communications Review, Vol. III: Popular Culture and Media Events, Norwood, NJ: Ablex.

Wilder, G., Mackie, D. & Cooper, J. (1985). Gender and computers: Two surveys of computer-related attitudes. Sex Roles, 13 (3/4), 215-228.

Yee, N. (2008). Maps of digital desires: Exploring the topography of gender and play in online games. In Y. B. Kafai, C. Heeter, J. Denner & J.Y. Sun (Eds.). Beyond Barbie and Mortal Kombat: Perspectives on Gender and Gaming (pp. 83-96). Cambridge, MA: MIT Press.

Literature for quick access

Cassell, J. & Jenkins, H. (Eds.). (1998a). From Barbie to Mortal Kombat: Gender and Computer Games. London: MIT Press.

Kafai, Y. B., Heeter, C., Denner, J. & Sun, J. Y. (Eds.). (2008a). Beyond Barbie and Mortal Kombat: Perspectives on Gender and Gaming. Cambridge, MA: MIT Press.

Sunden, J. & Sveningsson, M. (2012). Gender and sexuality in online game cultures. New York, NY: Routledge.

JUAN F. BELMONTE

Identity through free choice? The frontiers of sexuality and gender in computer games

Assassinating introduction

While I was playing *Dragon Age: Origins* (Bioware, 2009) some of the ideas presented by Manovich in *The Language of New Media* (Manovich, 2001) came to my mind. For this author, one of the main characteristics of new media is the "automation of many operations involved in new media creation, manipulation, and access" (2001: 31). In the specific case of computer games, Manovich claims that automation works especially well as the characters presented in these games tend to respond effectively to the player's demands within the affordances and limitations of the computer game itself. For Manovich, computer games make the players believe they are responsive and intelligent by "tricking us into using a very small part of who we are when we communicate with them" (2001: 33). When Zevran, a companion for the player's character and the only option for male homosexual sex in *Dragon Age: Origins*, asked me if there was something in my tent that needed assassinating after I flirted with him, I felt as if the game was not using a very small part of who I was to address me but rather, I felt as if the game was trying to mold what I was. Why couldn't I tell Zevran that I like it soft? Or, why couldn't I tell him that the ones I really wanted to receive assassination from were the heterosexual Alistair or the depraved and drunk dwarf Ohgren? Access to homosexual sex, once a rarity that often ignored in most computer games, is by itself something to be celebrated; an advancement for the recognition of a social minority and an opportunity for a larger number of players to identify with their characters. However, what are the implications of having a not-so-masculine elven rogue perform as the only option for gay sex available in a game such as *Dragon Age: Origins*? This paper seeks to explore the nature of choice in computer games as both an enabling and a molding/limiting tool for the production and reproduction of identities in this type of new media.

Molding choices

Dyer-Witheford and de Peuter (2009) claim that computer games are machines of subjectivation. Computer games remove us from our own subject positions in order to invite us into pre-produced digital identities. These identities derive from the actual social formations that flow around the creation of a game. For this reason, most computer games present their users with forms of identity that are in fact "normalized subjectivities of a global capital order" (Dyer-Witheford & de Peuter, 2009: 192). The sense of freedom created by the ability of players to interact with a game intensifies "the sense of free will necessary for the ideology to work really well" (192). That is, perceptions of freedom impact the willingness to accept certain embedded messages about subjectivity in some computer games. The larger the number of apparent choices players perceive, they easier they will readily accept the social discourses embedded within these choices. This idea works in conjunction with how video game scholars Douglas and Hargadon (2004) perceive the evolution of video games. These two authors perceive a constant growth in the complexity and number of choices video games offer. Not only video games become richer in the kinds of gameplay interactions and the complexity of the rules they implement, but they also seem to incrementally include more complex storylines and narrative tools in which players have more agency. The expansion of choice and agency seems to lead towards freedom — at least theoretically. Schechner (2004) responds to Yellowless and Hargadon's article by claiming that choice in video games is similar to the act of choosing from a menu; regardless how many elements to choose from are on any given menu, freedom is always restricted to the items listed on it. A long and varied menu may make costumers-users feel like their personal needs and tastes are being addressed with greater care and, yet, the end result is the same: Increased number of choices lead to a more readily consumption of the goods for which the menu mediates. I see choice as a powerful ideological tool that limits and molds the ideology players are exposed to while playing.

Dragon Age: Origins and the options players have in terms of romanceable characters is a good example of this menu-based choice. On the one hand, the presence of Zevran as a potential gay love interest amplifies the number of players that can feel addressed or identified with the choices they are being offered. Yet, Zevran is also marked with many traits that make him a stereotype of non-normative sexuality: feminine manners, a slender build, and a profession (he is an assassin) that places him outside of the norm both because of his sexual preferences and his way of life. Zevran's non-normative sexual orientation goes hand in hand with a whole set of non-normative social traits; something absent in other characters such as the straight Alistair as his normative orientation is coupled with a normative social disposition. *Dragon Age: Origins* gives players the opportunity to have virtual gay sex with a male companion. But, to what end? Zevran, a stereotype of male homosexuality may become accepted as *the* model for gayness due to the fascination of some gamers with the option of having male-male virtual sex.

Other games, such as the titles belonging to the *Grand Theft Auto* (GTA) series have always offered players a wide range of options to spend their time when playing: Driving around, bowling, buying clothes and food, flirting and having sex with women, etc. Several prominent authors have spoken about the virtual urban space and its impact on the choices available to players in the GTA series (Bogost, 2007; Dyer-Witheford & de Peuter, 2009; Frasca, 2003; Tavinor, 2009). Some of them have also highlighted that the extensive maps available to players in the *Grand Theft Auto* series[1] offer players interesting choices that are, however, associated and limited to predefined stereotypes about class and race. An example of this can be found in Bogost's analysis of *Grand Theft Auto: San Andreas* in *Persuasive Games.* Bogost (2007: 116) explains that CJ's, the player character in *GTA: San Andreas,* limited access to only a few types of food (food sold in fast food chains) frames the character, a black low class young man, into a specific stereotype. Following Dyer-Witheford and de Peuter's logic regarding the impact of apparent freedom in the consumption of ready-made subjectivities, we can argue that all the options available to players in the virtual urban space of San Andreas diminish the impact of assumptions about class and race by cloaking certain limitations as freedom.

Something similar happens with sexuality in these games: Both CJ and Niko Bellic (the protagonist of *Grand Theft Auto IV*) are individuals marked by their ethnicity (Niko has a distinct East European accent) with access to sexual intercourse with some citizens of San Andreas and Vice City. The fact that their heterosexuality is a given, since the player cannot have sex with men even if he/she wants to, contrasts with the freedom GTA offers its players. The game mechanics allow CJ and Niko to perform as selective hit men, as mass murderers, as taxi drivers or as compulsive consumerists (listing all the options would take quite a while). In contrast to this, players can only act as heterosexual males. Sex is present in the game, but players are given limited freedom when it comes to performing their characters' sexuality and gender. Butler (1990) claims that gender and sexuality should not be understood as a rigid tag

---

[1] Miami-Vice City in *Grand Theft Auto: Vice City* (Rockstar Games, 2002), San Francisco-San Andreas *in Grand Theft Auto: San Andreas* (2004), and New York-Vice City in *Grand Theft Auto III* (2001) and *IV* (2008) have received the most attention.

people use to understand themselves. Instead, gender and sexuality traits are defined by the ways people perform them. By presenting oneself as a man one can be a man. Gender and sexuality are therefore fluid concepts that vary in specific instances of each person's performances. Similarly, being forced to perform as a heterosexual character in a game where choice is abundant not only solidifies the sexual orientation players are allowed to act out, but also to participate in normative discourses about race, gender, and sexuality. The extensive map of *Grand Theft Auto IV*, with its ample options for leisure and fun, conceals a commodified and hetero-normal vision of desire; a normative vision that may not be regarded as problematic for the *implied player*[2] of this game (i.e. players who identify with or desire the heterosexual options *GTA IV* offers) but may turn choice into a freedom-depriving tool once players step outside the intended identities this game is designed for.

This becomes particularly evident if we look at specific instances of these games. During a mission in *GTA IV* called *Out of the Closet* Niko is requested to contact and kill French Tom, a man who owes money to Brucie, one of the supporting characters in the game. In order to meet him, the players must use a fictive gay portal. After a few messages, the pair meets at a café and after talking for a bit, the player is given the option to interrupt the conversation and draw Niko's weapon to attempt to kill French Tom. Alternatively, the player can also wait for a bit. If the player chooses the latter option, Niko grows tired of the conversation and tells French Tom his true intentions (killing him). This results in French Tom attempting to flee from Niko. Regardless of what the player decides to do, he/she is given two options: Niko either kills French Tom or he lets the gay man escape and consequently fails the mission. Liberty City's apparent freedom is suddenly reduced to an instance of an either/or dichotomy as it is not possible to keep on flirting with French Tom, kiss him or convince him to pay his debts.

Other sandboxes outside of the GTA series do something similar. In *inFAMOUS* players are presented again with the ample virtual space of Empire City; a city resembling New York City. Empire City is divided in three main areas that become available as players complete certain story missions. Similar to, but a bit more limited than, the GTA series, the virtual urban space of this game gives rise to an ample number of actions available to the player. However, *inFAMOUS* frequently forces players to

[2] See Ewan V. Lauteria's Ga(y)mer Theory: Queer Modding as Resistance for an extensive analysis on the relationship between implied players and gender/sexual relationships in videogames (Atlus' *Persona 4* primarily).

choose between two distinct ways of solving missions that are labeled as either morally good or evil. Again, the charm of the illusion of freedom caused by ample virtual game spaces contrasts with the limitations of the morality imposed on players. Being good or evil is defined by clear-cut lines and the player is made aware, most of the time, of where his/her actions stand in the hierarchy of predefined morals. True, games need to give players affordances and limitations for the game to be a game. This includes the ways games give players feedback about their actions. However, computer games tend to present a limited vision of subjectivity, and more specifically desire, masked under a promise of free exploration and fun. That is something we should be wary of.

Unlocking desire

For French philosophers Deleuze and Guattari (2009), the flow of human desire resembles a rhizome. Desire is composed by an infinite number of lines of flight that depart and converge. Capitalist societies, in an attempt to form specific subjectivities, mold human desire by presenting certain wants and needs as the only acceptable and desirable ones. Capitalism in this sense needs for its own subsistence to promote certain forms of desire (e.g. the drives that compel people to consumerism) while repressing others. Certain forms of desire (e.g. non-normative sexualities) that escape the normalizing wave of Capitalism are either discarded as socially undesirable options or are transformed (*re-territorialized*) and brought back to Capitalism's own flow.

CJ's and Niko's compulsory heterosexuality in their respective games is buried in an urban sea of flashy choices (such as dressing Niko in a specific fashionable way and getting a nice car), while certain non-normative forms of understanding desire are simply non-options. *Dragon Age: Origins*, on the other hand, uses a theoretical non-normative symbol, a feminine bisexual elf in order to lure some players into a sense of freedom and choice. However, the limitation of allowing players to flirt and have sex with Zevran and only Zevran invites gay players (or players interested in pursuing virtual gay relationships) to experience homosexuality in a rather regulated way. Homosexuality is then re-territorialized, marketed and reproduced under the terms imposed by the game. Desire is therefore restricted to a set of well-defined labels embodied by a set of easily identifiable characters. The final product is ultimately marketed as choice.

However, games are not closed texts. Specific choices in videogames charged with very specific ideological implications create communities around them devoted to comment, criticize, and expand the discourses found within games as well as around them. Because of this, even limited forms of choice do allow for some of the identities that have been traditionally ignored by videogames to feel compelled to participate, sometimes peripherally, in the choices a game offers. Characters such as Zevran serve as the spearhead of many non-normative users to expect and demand more from the kind and number of choices they are offered. In their quest for integration, communities seeking changes in the video game industry are formed that either (and sometimes both) directly transform the choices given to them by the games (e.g. communities of modders) or contact the creators of the game with their demands through more official means (e.g. Bioware Social forums).

Huizinga described play as a free activity separated from ordinary life (2008: 13). The rules that govern play do not affect the real world and, in a similar way, play seems to be separated from the seriousness of everyday life. When playing, a magic circle or a sacred spot is created that separates the playful from the serious sphere. However, the distinction between real/serious and playful (or virtual, if referring to computer games) is challenged by Castronova (2006) who claims that the distinction between real and virtual is becoming more difficult to establish. In fact, the rules in a computer game are always written by a human hand determining what can and cannot be done. This means that the sacred spot created by a computer game, far from being set apart from real life, is influenced, right from the start, by a number of subjectivities: Those of the people occupying the context of the creation of the game that inhabit the real world. Shooting a virtual character in the head while playing a computer game does not have the same consequences as shooting someone in the head in real life, however, ideas about ethnicity, gender and sexuality may influence the way certain affordances and limitations are set in a game as well as the players' responses to them. In the specific case of gender and sexual choice in computer games, circulating normative ideas about gender or sexuality enter the game and produce works that, despite of its reliance on giving interesting choices to players, limit these choices to a bunch of socially controlled options. Does this mean that normative texts always produce normative responses in players? Not necessarily.

After looking at Radway's (1991) and Jenkins' (1992) ideas on the ways receptors of romance novels and television form their own identities by consuming media in specific ways, Turkle (1997: 241) discusses the modes in which users of Multi-User Dungeons (MUDs) adopt positions of resistance against certain normative ideology. Turkle's ideas can also be applied to my analysis of normative sexual and gender-related choices in computer games. First, just as Radway claims that readers of romance novels do not necessarily read in order to escape their daily lives but rather to construct realities less limited than their own (Turkle, 1997: 241), some players may use the examples of sexuality and gender found in videogames to explore areas of human life that are most of the time restricted to them. A woman playing as CJ may learn about certain aspects of performed masculinity just as a normatively married white man may found in Zevran a way to externalize certain aspects of his non-expressed or realized identity. In both instances the experience could be empowering even if rooted in normative discourses about being in the world and may even generate non-normative responses to these social norms. On the other hand, similar to the agency given by Jenkins (1992; 2008) to fan-based communities, computer games are also subject to the interpretation, scrutiny and modification of their users. Two examples of the concern of these communities with topics related to gender and sexuality are the online magazine focused on gay issues *GayGamer.net* or some sections of the BioWare Social Network where players discuss their ideas about the inclusion, exclusion, and nature of choices about gender and sexuality in the games developed by the Canadian company. In some cases, fans' demands in official forums do play an important part shaping the future of a franchise in regards to sexual and gender choice. A clear example of this are the changes introduced by Bioware with *Dragon Age 2* (Bioware, 2010). In this game, the divide between companions who were available as heterosexual partners and those were also available as same-sex options was broken by making every single romance-able character bisexual. From one perspective it could be said that with this change the Dragon Age series distanced itself from stereotypical representations of gay identities by effectively expanding choice beyond the stereotype embodied by Zevran. However, a closer look at the actual new choices offered by *Dragon Age 2* reveals that more than an overcoming of sexual and gender stereotypes, there is an expansion of their area of influence. In addition to Zevran (who makes a cameo appearance during which players are given the option of having a one-timer with him), there are four members of the player's party that are available as partners. Unlike Alistair in *Dragon Age: Origins*, this time none of the romance-able options can be considered as being fully integrated in the societies they live in; they are all potentially queer because of both their sexual and social practices.[3] In this respect, the amplification of sexual

[3] Among the four party members, two are mages (something feared and punished in

availability in *Dragon Age 2* seems to be justified by the fact that most of the protagonists were cast-outs to begin with. Sexual choice is then directly tied with specific social contexts as well as with notions of class and race. Several fan-based voices were raised in Bioware's forums in regards to this pan-bisexual approach taken by the company in *Dragon Age 2*, as many gay and lesbian players felt that the title fell too short in their attempt to write a character who was primarily gay or lesbian.[4] Having the four romance-able characters to choose from was still perceived as an empty choice; an enticing option that was not necessarily backed up by the gameplay and/or the narrative of the game.

Fan-made mods (modifications and patches that change, and oftentimes improve, one or several aspects of a game) can be seen as independent attempts of fans to rewrite the original choices inserted by the original game designers without their intervention. *Equal Love*[5] is particularly relevant for the purposes of this article. By altering the code that labels the player's character as either male or female, this mod erases any restrictions the limitations that made some characters in *Dragon Age: Origins* impossible to romance when approached by the "wrong" gendered character to be removed. That is, once *Equal Love* has been applied, the player's character is coded as being both male and female and, thus, romance-able characters respond to their actions as if approached by the specific gender they were written to respond positively to. *Baldur's Gate* (Bioware, 1998) and *Baldur's Gate II: Shadows of Amn* (2000), as well as their expansion packs, *Tales of the Sword Coast* and *Throne of Bhaal* (2001), reflect particularly well the contesting power of fan-based actions against the regulatory power of computer games. These games, considered by most critics and users as one of the best examples of great Western RPGs, have been for years also supported by a dense community of modders and mod-users. The mods created for this saga vary from patches unifying the four titles into a single game (with better transitions

---

the universe of Dragon Age) with dangerous interactions with the spirit world (one is possessed by a vengeful spirit while the other merrily chats with an evil demon trapped in the mirror she has in her bedroom), one is a pirate/thief who already appeared in *Dragon Age: Origins* inviting players into a threesome (or a foursome, if some cards were played *right*), while the last one is a former elven (the most discriminated against race in Dragon Age) slave with a deep hatred towards mages.

[4] This notion of a clear separation between heterosexual and homosexual identities can be, however, interpreted in the light of queer theory as an essentialist attempt to understand sexual and gender identity.

[5] <http://www.dragonagenexus.com/downloads/file.php?id=429> (Retrieved July 26, 2012).

between the ending of one title and the beginning of the next, a better, unified engine, etc.), new encounters and items, as well as completely new side missions that included new characters players could recruit and sometimes romance. Several of these added characters expanded the somewhat limited choices players had in regards to sex and romance in the original titles[6] by adding gay and lesbian love interests. The co-habitation of mods that focus primarily on gameplay changes (e.g. the engine of the *Shadows of Am* being applied to the first *Baldur's Gate*) and those that circle around identity affordances and limitations suggests that choice is important at both the ludological and identitarian levels. At the time of writing this article (August 2012), an official remasterization of *Baldur's Gate* and *Tales of the Sword Coast* is planned for an imminent release. Among the changes introduced to the official 1998 and 1999 original titles, most of them can be found in different mods[7] released for free during the last decade. The remasterization is, however, currently priced at $19.99. This proves that even fan based practices that amplify the social, technological and identitarian impact of any given text and/or technology are not safe from the re-territorializing power of capitalism.
I began this article using automation, the third characteristic of new media discussed by Manovich to talk about the modes in which computer games try to address portions of who we are. I will use variability (Manovich, 2001: 36), the fourth characteristic, to finish this paper. The fact that new media can be altered and be presented in different forms guarantees that users can potentially adapt some of the content handed to them in computer games to suit their desires and needs. However, this will never be completely accessible. First, while mods such as *Equal Love* are not difficult to apply to PC versions of game, console games are way less susceptible to modding, acting more as closed texts than their computer counterparts. Thus, unless game developing companies start to favor technologies that allow for the opening of the interaction between users, texts, and technologies, a significant number of players (those who play on consoles) will be always partially subordinated to the choice made for them beforehand. Secondly, no matter whether Deleuze and Guattari are right and desire is indeed and ever-expanding rhizome unportrayable by branching choices, representations of desire in video

[6] There were four potential love interests in Baldur's Gate: Shadows of Amn: Three heterosexual females and one heterosexual male.
[7] None of the mods introducing new characters will be included. Instead, the company responsible for the remasterization has mimicked this fan practice by adding their own new side stories and new playable characters.

games will always be incomplete due to the very nature of the technologies involved with them. The very act of writing code is an act of choosing beforehand; of deciding what is included in a game and how. Choice, in this respect, will never be the channel through which freedom is exerted by players, but the path players follow in order to willingly submit themselves to the rules of any game. For this reason, choice will always be a crucial field of research not for what it promises players to do, but for the social discourses and practices (both at the designer's and the user's end) it incorporates and generates.

This research has been supported by MINECO Project FFI-2011-24211 "Periferias de lo Queer II." and a pre-doctoral scholarship from "Fundación Séneca - Agencia de Ciencia y Tecnología de la Región de Murcia".

References

Aarseth, E. (2004). Genre Trouble: Narrativism and the Art of Simulation. In N. Wardrip-Fruin & P. Harrigan (Eds.). First Person. New Media as Story, Performance, and Game (pp. 45-55). Cambridge, Massachusetts: The MIT Press.
Bogost, I. (2007). Persuasive Games. Cambridge, Massachusetts: The MIT Press.
Butler, J. (1990). Gender Trouble. New York: Routledge.
Castronova, E. (2006). Synthetic Worlds: The Business and Culture of Online Games. Chicago, Illinois: University of Chicago University Press.
Deleuze, G., & Guattari, F. (2009 [1980]). A Thousand Plateaus. Capitalism and Schizophrenia. Minneapolis: University of Minnesota Press.
Deleuze, G., &Guattari, F. (2009 [1972]). Anti-Oedipus.New York: Penguin Books.
Dyer-Witheford, N. & de Peuter, G. (2009). Games of Empire: Global Capitalism and Video Games. Minneapolis: University of Minnesota Press.
Frasca, G. (2003). Sim Sin City: some thoughts about Grand Theft Auto 3. Game Studies, 3 (2). <http://www.gamestudies.org/0302/frasca/> (Retrieved July 29, 2012)
Huizinga, J. (1950). Homo Ludens: A Study of the Play Element in Culture. Boston: Beacon Press.
Jenkins, H. (1992). Textual Poachers: Television Fans and Participatory Culture. New York: Routledge.
Jenkins, H. (2008). Convergence Culture: Where Old and New Media Collide. New York: New York University Press.
Juul, J. (2005). Half-Real: Videogames between Real Rules and Fictional Worlds. Cambridge, Massachusetts: The MIT Press.
Kittler, F. (1999). Gramophone, Film, Typewriter. Stanford: Stanford University Press.
Lauteria, E. W. (2012). Ga(y)mer Theory: Queer Modding as Resistance. Reconstruction: Studies in Contemporary Culture, 12 (2). <http://www.reconstruction.eserver.org/122/Lauteria_Evan.shtml> (Retrieved August 3, 2012)
Manovich, L. (2001). The Language of New Media. Cambridge, Massachusetts: The MIT Press.

Radway, J. (1984). Reading the Romance: Women, Patriarchy, and Popular Literature.Chapel Hill: University of North Carolina Press.
Schechner, R (2004). Response to Yellowness and Hargadon's The Pleasures of Immersion and Interaction: Schemas, Scripts, and the Fifth Business. In N. Wardrip-Fruin & P. Harrigan (Eds.). First Person. New Media as Story, Performance, and Game (pp. 192-206). Cambridge, Massachusetts: The MIT Press.
Salen, K. and Zimmerman, E. (2004). Rules of Play: Game Design Fundamentals. Cambridge, Massachusetts: The MIT Press.
Tavinor, G. (2009). The Art of Videogames. Chichester: Wiley-Blackwell.
Turkle, S. (1997). Life on the Screen: Identity in the Age of the Internet. New York: Simon & Schuster.
Yellowless, D.J., & Hargadon, A. (2004). The Pleasures of Immersion and Interaction: Schemas, Scripts, and the Fifth Business. In N. Wardrip-Fruin & P. Harrigan (Eds.). First Person. New Media as Story, Performance, and Game (pp. 192-206). Cambridge, Massachusetts: The MIT Press.

Literature for quick access

Bogost, I. (2007). Persuasive Games. Cambridge, Massachusetts: The MIT Press.
Deleuze, G., & Guattari, F. (2009 [1980]). A Thousand Plateaus. Capitalism and Schizophrenia. Minneapolis: University of Minnesota Press.
Dyer-Witheford, N. & de Peuter, G. (2009). Games of Empire: Global Capitalism and Video Games. Minneapolis: University of Minnesota Press.

CHAPTER 5:

LEARNING WITH GAMES

MATTHEW BARR

Computer games and learning: the current state of play

Introduction

The learning potential of computer and video games has already received some considerable academic attention, as has the design and development of bespoke educational titles, which usually fall within the purview of "serious games". Researchers including Prensky (2001), Gee (2003) and Jenkins (2008) have been particularly influential in establishing the pedagogical value of computer games. However, with some notable exceptions, such as the work of Kurt Squire with the *Civilization* games (2004) and Simon Egenfeldt-Nielsen (2005), the potential to learn from commercially-released games — those designed to entertain, rather than educate — has not been explored to its full potential. In addition, much of the existing research has pertained to school-age children using computer games in, or alongside, their regular classes. Perhaps this is to be expected: it is widely accepted that humans and other animals learn through play, and structured play forms an important part of primary-level education (Bruce, 1987; Moyles, 1989). If video games, which many incorrectly assume are played for the most part by children, are simply toys with educational potential then it follows that much of the initial work in this area has concerned minors.
In *Video Games and Learning*, Squire (2011: 5) suggests that we can learn "academic" content through games, including the in-game terminology, a range of strategies, and "the emergent properties of the game as a system". That computer games can help develop systemic understanding - analysing the game world, as opposed to simply learning facts - is an idea echoed by James Paul Gee (2005: 82), who states that what gamers learn is "empathy for a complex system". Both Squire and Gee note that the best-designed games typically comprise a series of coinciding or intersecting goals, with short-, medium- and long-term conclusions. They suggest that this arrangement of goals, which permits the student to progress on a number of fronts simultaneously — even when one goal is seemingly out of reach — has significant advantages for student engagement because those struggling with one task can choose to make headway on another, rather than disengaging altogether. Such overlapping goals are familiar to anyone who has played Bioware's *Star Wars: Knights of the Old Republic*, Blizzard's *World of Warcraft*, or the later *Grand Theft*

Auto games from Rockstar. However, they are more difficult to implement in a structured, often didactic, educational environment such as a school or university, where curricula may not offer the flexibility to allow students to be working on many different problems at the same time.

It should be noted that some of the research reveals problems associated with learning from computer games. As researchers including Kirriemuir and McFarlane (2004) and Egenfeldt-Nielsen (2005) have found when games are used in a formal classroom, these problems can range from simple hardware or software faults to teachers' unfamiliarity with the games being used, and even to a lack of interest from potential learners: computer games are immensely popular, yes, but not everyone enjoys playing them.

This chapter aims to provide an overview of current research in the field of computer games and learning, whilst drawing on established key texts and presenting some thoughts on future developments. It will begin with a look at games developed specifically for educational purposes, then go on to examine some of the characteristics of games that make them suitable for education, before discussing the learning potential in commercial video games.

Serious games and "edutainment"

For as long as there have been computers in classrooms, computer games have been developed with education in mind; frequently branded as "edutainment", the term neatly summarises the conflicting interests inherent in developing games solely for education. Too often edutainment titles have focussed on the game at the expense of the educational content, or vice versa, resulting in games that are educationally worthy but cannot hope to engage the player, or somewhat enjoyable titles that sacrifice pedagogic value in the name of fun. As the MIT-based scholar Seymour Papert suggests in an article entitled "Does Easy Do It? Children, Games & Learning" (1998: 88), this "mating of education and entertainment" has produced „offspring that keep the bad features of each parent and lose the good ones".

There are, however, examples of educational games that are cited as successful implementations within the genre. In the US, *Oregon Trail*[1] by Don Rawitsch, Bill Heinemann and Paul Dillenberger is familiar to several generations of American students. Aimed at elementary school children, the game simulates the struggle faced by pioneers as they made the

[1] <http://www.oregontrail.com/> (accessed August 2012).

trek west to Oregon in the mid-19th century. Featuring brushes with dysentery and some of the harsher realities of pioneer life, *The Oregon Trail* paints a vivid picture of an historical setting and succeeds as an educational game, first because children enjoy playing it (the on-screen message "You have died of dysentery" remains a popular meme and cultural reference point amongst former players); and second, because learners are immersed in a well-researched and engaging simulation that presents an opportunity to empathise with the historical characters, and think from their point of view, while exploring the geography of the infamous migration route. Originally developed in 1971 and published for the Apple II computer in 1978, versions of the game are currently available for Apple iOS (iPhone, iPad), Nintendo DS and Wii.
Other notable examples of educational games that have garnered praise or enjoyed continued success include:

- *Math Blaster.*[2] An intergalactic adventure that aims to teach mathematics to school-age children, first launched in the US in 1987. Now available in various forms across a range of modern platforms, including PC, iOS and Nintendo DS.
- *The Typing of the Dead.*[3] Sega's unholy melding of the on-rails (i.e. you don't control your character's movement) first-person perspective zombie shooter genre with a typing tutorial is, at the very least, a cultural curio. It appeared in game arcades in 1999 and was later ported to Sega's own Dreamcast console, PC and Sony PlayStation 2. Most recently, a spin-off of the game entitled *Flick of the Dead*[4] was released for Japanese iOS devices.
- *Where in the World Is Carmen Sandiego?.*[5] Originally released by Brøderbund Software in 1985, this was a humorous geography-based adventure that led to series of sequels, a TV show and frequent rumours of a movie adaptation. Learning geographical facts is the key to solving the mysteries presented to the titular heroine.

Relatively small-scale, often web browser-based educational games continue to be developed today. In the United Kingdom, for example, public-funded broadcasters such as the BBC[6] and Channel 4[7] actively com-

[2] <http://www.mathblaster.com/> (accessed August 2012).
[3] <http://uk.gamespot.com/the-typing-of-the-dead/> (accessed August 2012).
[4] <http://andriasang.com/con0xz/flick_or_die/> (accessed August 2012).
[5] <http://www.carmensandiego.com/> (accessed August 2012).
[6] <http://www.bbc.co.uk/schools/gcsebitesize/games/> (accessed July 2012).

mission games for learning, aimed principally at primary and secondary school students.

Other game titles fall into something of a grey area in terms of classifying them as educational. Will Wright's *SimCity*[8] was first released in 1989 by Maxis and is the perfect illustration of a game that, on paper, could be the exemplar of educational game design. It simulates, and asks players to understand, the complex interactions that drive a modern city: everything from energy and pollution, to taxes and civil disobedience (and giant monster attacks) is modelled in the *SimCity* games and, importantly, it is *fun*. Having installed *SimCity 2000* on a departmental Macintosh computer and demonstrated its educational potential to the head of my school's geography department in the early 1990s, *SimCity* is probably the game that has most influenced my own thinking on learning from video games. Given that the game, in its various iterations, has sold millions of copies and spawned the even more successful *The Sims* franchise[9], it seems inevitable that many others have learned from, or been inspired to learn by, Will Wright's city simulator.

Educational games are generally considered to fall under the umbrella of "serious games", because they are developed for some purpose other than entertainment. Closely related to educational games are those titles developed to provide more vocational training and those that are intended to raise awareness of some specific issue, or improve aspects of the players' lives in other ways. Games for health, in particular, have received increased attention in recent years, with key examples including *Re-Mission*: a game designed to help young people with cancer cope with their illness and, it is claimed, improve remedial outcomes. Other serious games with humanitarian intentions include *Darfur Is Dying*[10], directed by Susana Ruiz and produced as part of the Games For Change initiative[11] to raise awareness of the issues in the Darfur region of Sudan.

More controversial, perhaps, are games developed as propaganda or recruitment tools for the military, such as *America's Army*[12] —a free-to-download video game designed to recruit (and eventually train) young people for the US Armed Forces. *America's Army* stands out among serious games as a result of its high production values: it was built using the

---

7 <http://www.channel4learning.com/> (accessed July 2012).

8 <http://www.simcity.com/> (accessed August 2012).

9 <http://thesims.com/> (accessed August 2012).

10 <http://www.darfurisdying.com/> (accessed January 2012).

11 <http://www.gamesforchange.org/> (accessed January 2012).

12 <http://www.americasarmy.com/> (accessed January 2012).

commercial Unreal Engine[13] that also powers many of the last decade's top-performing and most critically-acclaimed blockbuster games, including Bioware's *Mass Effect* series, Rocksteady's *Batman: Arkham Asylum* and *Arkham City*, and Epic Games' *Gears of War* titles. Featuring rather less accomplished visuals and gameplay mechanics, *Quest For Bush* (Vargas, 2006) was released by the Global Islamic Media Front in 2006, and sees the player tasked with hunting down and killing US president, George W. Bush, and British Prime Minister of the time, Tony Blair. While this title is obviously considered controversial, particularly in America, it's worth noting that it is, in fact a "mod" (modification) of a legitimately-released US title, *Quest for Saddam*[14].

Video games and the motivation to learn

It is often implied that video games' ability to support learning lies in their power to motivate individuals (and groups thereof) to play them. As Gee (2008) notes, "lots of young people pay lots of money to engage in an activity that is hard, long, and complex", and the appeal of video games does not seem to lessen with age. The generations who have grown up with games — and continue to play them well into their adult years — will attest to games' ability to motivate where their day job or other adult responsibilities do not. In fact, the average age of a gamer is estimated to be somewhere in the mid-thirties, with the US-based Entertainment Software Association (ESA) placing the current figure as high as 37 (ESA, 2011).

However, in the context of learning, there is currently some debate about the nature of games' motivational properties. Broadly speaking, the psychology and education literature refer to two forms of motivation: intrinsic motivation, where the task at hand provides its own reward, and extrinsic, where the motivation is driven by the desire for external rewards such as money or prizes, or recognition from one's peers. On the one hand, computer games appear to offer the ultimate intrinsic motivation, as players pick up and play games simply because they are fun. Enjoyment, and thus motivation, can be derived from tackling the challenge inherent in a game or, at least, from the game's ability to provide diversion or distraction from other concerns. On the other hand, there are a number of aspects to gaming which complicate the issue by introducing motivation that is clearly extrinsic; chief among these aspects in the ele-

[13] <http://www.unrealengine.com/> (accessed August 2012).

[14] <http://www.imdb.com/title/tt0400759/> (accessed August 2012).

ment of competition. Many of the most popular games of the last decade, from Nintendo's living room-bound *Wii Sports* to the online multiplayer of Activision's *Call of Duty* series, have thrived on players' thirst for competition and the wholly extrinsic motivation that beating a fellow player provides (Vorderer et al, 2003). Competition is all the more compelling a motivator in an era when gaming "achievements" (to use the Xbox or Steam nomenclature; on PlayStation the equivalent rewards are named "trophies") are published online for friends to see.

Co-operation, collaboration and competition

Another key aspect of gaming that warrants closer inspection in the context of learning is the collaborative nature of the experience. Building on the process of "collaborative problem solving" described by Nelson (1999), Wiley & Edwards (2002) identified the innovative use of existing technologies (HTTP, the World Wide Web) by decentralised groups to collaborate and share knowledge and resources. The examples cited include the file-sharing application Napster and the still-popular, user-moderated technology news website, Slashdot. Applying these ideas to learning, Gee (2005) describes a phenomenon he calls "affinity spaces", or online groups that voluntarily gather to learn. The literature suggests that such groups exist in both the online and real, physical world. One interesting, if somewhat anecdotal, example of where a real world "affinity space" grew up around learning from video games comes from Squire's (2004) efforts to teach social history to a group of underperforming teenagers using the historical strategy game *Civilization III* (often known simply as *Civ*). Squire provides a fascinating account of how a number of unengaged and disinterested high school students became involved in playing *Civ* as part of their social studies class (which many had already failed, repeatedly). A large proportion of these students ended up being able to discuss their strategies, the strengths and weakness of ancient civilisations and the limitations of *Civ* as a system, including the possibility of bias. At the culmination of Squire's efforts with a particular group of students, he ran a summer programme ("Civ Camp") where students volunteered to compete against their tutors, and each other, in a series of *Civilization* games. Squire and the other tutors later discovered that one of the students — who had initially dismissed the idea of learning from *Civ* — had organised a sleep over at his home the night before the tournament began. The purpose of this clandestine meeting was to plan, with the help of a world map and other "academic" materials, how the students might defeat their tutors over the thousands of years of human history. They applied lessons learned from historical accounts, a new-found appreciation of geography and an understanding of the game as a system to devise a strategy for winning. This ostensibly academic work was undertaken by the students of their own volition and in their own time, in stark contrast to the approach typically taken to homework assignments. Many of these students have gone on to embark on interesting, often academic careers. That playing *Civilization* might have steered them on this course is a small but exciting example of how computer games can inspire learning.

Learning from commercial video games

In the excellent *A Theory of Fun for Game Design*, Koster states that "learning can be problematic" (2005: 110). He highlights the human predilection for cheating or, at the very least, finding the easiest means of solving a problem; this he likens to solving an algebraic problem without writing out the proof, or "showing your working". Acknowledging that complex computer games must teach the player how to play them – without losing sight of the need to provide a fun experience, or permitting the player to cheat – Koster identifies three game design features that are essential if the player is to experience learning. First, games must feature a "variable feedback system", providing responses appropriate to the players' achievements. Second, the "Mastery Problem" must be addressed, by which Koster means that better or more experienced players should not be permitted to gain excessive advantage at the expense of inexpert players. Finally, "failure must have a cost" (122): if a player is unable to complete a level or advance beyond a particular point in the game, their next attempt must be treated no differently from the last, failed attempt. To reward failure in a game by making the most challenging portions increasingly easy to master cheapens the experience and does little to prepare the player for the next challenge. By observing these rules, games are perhaps uniquely placed to induce the "flow" state identified by Csikszentmihalyi (1991): an optimal state of mind that seems likely to produce conditions ideal for learning to take place.

The last of Koster's rules, that failure within a game should not be compensated for, is not always applied; or the rule is bent so subtly the player is unaware that the difficulty of the game is being adjusted to match their abilities. While it is generally accepted that games should increase in difficulty and complexity as the player progresses, many games offer players the opportunity to choose the level of difficulty they will face for the duration of the game at its outset (easy, normal, or hard; casual or expert). Some titles — Bethesda's *The Elder Scrolls V: Skyrim* being a recent example — actually allow the player to adjust the game's difficulty at almost any point in the proceedings, while competitive games such as Nintendo's *Super Mario Kart* have long made use of techniques commonly referred to as "rubber banding". These techniques are designed to ensure that more experienced players, who naturally pull ahead of less capable participants in a race, are provided with fewer opportune in-game items (such as mushroom-based speed boosts or weaponised turtle shells). In this way, the elastic, notional "rubber band" that represents the race order, with the front-runners pulling away from the stragglers at the back, snaps back into place and brings everyone back into contention by favouring struggling players. Going further still, dynamic difficulty adjustment algorithms (see Hunicke & Chapman, 2004) are used in games such a Valve's *Left4Dead* and Capcom's *Resident Evil 5* to seamlessly adjust game content in response to the player's calculated capability.

These approaches to deal with different levels of aptitude offer an insight into the ways in which computer games are designed to ensure that players remain engaged with the task at hand. Of course, most games should also offer a challenge — as should learning, in most cases — to be truly rewarding. And, as with approaches used in formal education, such as segregating classes based on student ability, finding an appropriate balance that meets all needs or expectations is a challenge: the Internet is rife with gamers bemoaning *Mario Kart's* rubber banding solution.

Steven Johnson's book *Everything Bad is Good for You: How Popular Culture is Making Us Smarter* (2006) features a typical example of learning from *SimCity*, wherein his seven year-old nephew quickly identifies the benefits of lowering industrial taxes when trying to encourage growth. But Johnson also identifies more subtle learning in video games that goes beyond the impressive but relatively straightforward understanding his nephew displayed after a few minutes of *SimCity*. He believes that the probing of a game as a system — discerning the rules of the game — is an intellectual endeavour, akin to the scientific method. Elsewhere, Johnson (2005) refers to the link between video games and a psychological principle known as the "regime of competence" — identified by Gee (2004) — that describes how games are, as Gee suggests, "pleasantly frustrating" (2008: 8). This relates directly to Koster's reflections on game difficulty, or balance: players should feel they are being challenged but should not be taxed significantly beyond their means.

The parallels between game design principles and those adopted informal education are apparent. Learners' desire for feedback on their progress, and the benefits of providing feedback that is both realistic and useful, is another area in which the best games already excel. In classrooms or other formal learning scenarios where there is a range of student ability, the learning needs of students at all points on the scale should be addressed. The idea that failure should have a cost, however, is perhaps more controversial when transposed to a classroom — no reasonable educator would seek to punish less able students — but when considered in terms of assessment, this idea gets to the very heart of why we examine or otherwise assess students. Perhaps more important in terms of learning outcomes, failure to learn *should* carry some cost in an educational context. If a university student has failed to pass the first year of a three or four year degree programme, it is perfectly acceptable to expect them to re-sit (and pass) their exams, in order to demonstrate that they are capable of understanding the more challenging material that will inevitably follow.

As noted in the introduction, the potential for learning from commercial video games has not gone unnoticed, as exemplified by Squire's work with *Civ*. At the forefront of the scholarly exploration of computer games as learning tools is James Paul Gee, Professor of Literary Studies at Arizona State University, who makes connections between good game design and good educational design in his book, *Why video games are good for your soul: pleasure and learning* (2005). Gee (2004: 15) examines how "good" video games encourage players to learn the in-game mechanics and asks "why is a long, complex, and difficult video game motivating?". The answer, Gee believes, lies in the very fact that games are designed to teach us something and that this instructional experience taps into what he claims is a universal human desire to learn; certainly, we humans share a natural curiosity about the world with much of the animal kingdom. By studying the techniques developed by game designers to simultaneously engage and educate players on how to play the game or to discover more about the game world, some of the same approaches might be transposed to more conventional education. It's no coincidence that games are precision-tooled to promote player engagement: video game development is an often very costly commercial undertaking, and games must succeed at retail. This financial imperative leaves developers with two options: to continually simplify their games and make them so easy that no instruction is required to play, or to provide an effective but fun in-game learning experience that ensures the player is challenged but shrewdly so as to perpetuate their engagement.

Recent examples of commercial games being used to teach include Valve's Teach with Portals initiative[15], and the teacher-created *Minecraft* mod, MinecraftEdu[16]. Valve's initiative is based on their critically acclaimed *Portal 2*: a physics-based brain teaser, which sees the player solve a series of spatial puzzles using the innovative Handheld Portal Device, or "portal gun", to navigate through increasingly complex rooms by creating holes in space, or portals. It must really be played, or at least observed in action, to be understood. The Teach with Portals website features lesson plans (again, aimed largely at school-age students, although the lessons are likely to appeal to older players) that guide the player through principles such as simple harmonic motion and Hooke's law, parabolas and terminal velocity. There are also opportunities to use the game to explore the concepts of character and setting, in terms of narrative and story-telling.
The literature does, however, reveal some conflicting evidence about the potential for video games to engage students. Egenfeldt-Nielsen (2007) conducted research in a similar vein to Squire's *Civ* work using another, even more history-focussed commercial strategy game, *Europa Universalis II*[17]. While acknowledging Squire's results, Egenfeldt-Nielsen documents a high degree of student resistance to the very idea of learning from a game. He goes on to detail some of the problems he, and others, have observed with using video games to teach. As Kirriemuir and McFarlane (2004) noted in their review of the literature of the time, one of the major issues associated with teaching with games is that both the teacher and the student must learn how to play the game, which can create a difficult-to-overcome initial barrier to further learning. Egenfeldt-Nielsen (2005) goes on to describe a "Bermuda Triangle of incompetence, conservatism and limited resources" (149) that effectively stymied his efforts to teach with *Europa Universalis II.* In contrast, Squire – while acknowledging many challenges and offering solutions where possible –seems to have had a more positive experience, particularly in terms of student engagement.

The future of learning with computer games

Video games already provide many opportunities for players to produce content, not just consume it. Level editing tools, such as those found in Media Molecule's *LitteBigPlanet* allow anyone to build and share their

---

15 <http://www.teachwithportals.com/> (accessed August 2012).
16 <http://minecraftedu.com/> (accessed August 2012).
17 <http://www.europauniversalis3.com/> (accessed January 2012).

own game scenarios, for example. A plethora of mods exist for everything from Valve's *Half-Life* to *Civ*, with game developers releasing software that facilitates the adaptation of their work by the player. On a basic level, any game or gaming platform that permits the creation of a character or avatar is providing players with the means to create, and to express themselves. Taking this notion further, there exists great potential for learning by creating or designing games (Vos et al., 2011; Robertson & Howells, 2008).

Using games for assessment purposes is another possible area for additional work. The idea is not new: assessment has been described as "the future of serious games" (Michael & Chen, 2005: 230), and games' almost unique suitability for testing our grasp of complex systems and ideas might yet represent their greatest educational potential.

Lastly, the "accidental" learning that might occur from a lifetime of playing computer games is not yet fully understood: the idea that playing games could plant the seed for further learning — perhaps years in the future — is a nebulous one, and difficult to measure without carefully designed, long-term study.

References

Bruce, T. (1987). Early Childhood Education. Hodder Education.

Csikszentmihalyi, M. (1991). Flow: The Psychology of Optimal Experience (Reprint.). Harper Perennial.

Egenfeldt-Nielsen, S. (2005). Beyond Edutainment: Exploring the Educational Potential of Computer Games (Doctoral Thesis.). Copenhagen: IT-University of Copenhagen.

Entertainment Software Association (ESA).(2011). Industry Facts. <http://www.theesa.com/facts/index.asp> (Retrieved January 2012).

Gee, J. P. (2003). What Video Games Have to Teach Us About Learning and Literacy. Palgrave Macmillan.

Gee, J. (2004). Learning by design: Games as learning machines. Interactive Educational Multimedia, 8, 15–23.

Gee, J. P. (2005). Why video games are good for your soul: pleasure and learning. Common Ground.

Gee, J. P. (2008, August 19). Good Video Games and Good Learning. Phi Kappa Phi Forum. <http://www.academiccolab.org/resources/documents/Good_Learning.pdf> (Retrieved July 2012).

Hunicke, R. & Chapman, V. (2004). AI for dynamic difficulty adjustment in games (pp. 91–96). Presented at the Challenges in Game Artificial Intelligence AAAI Workshop, San Jose.

Jenkins, H. (2008). Convergence Culture: Where Old and New Media Collide (Revised ed.). New York University Press.

Johnson, S. (2005). Your Brain on Video Games. Discover Magazine, (July 2005). <http://discovermagazine.com/2005/jul/brain-on-video-games> (Retrieved August 2012).
Johnson, S. (2006). Everything Bad is Good for You: How Popular Culture is Making Us Smarter. Penguin.
Jones, M. G. (1998). Creating Electronic Learning Environments: Games, Flow, and the User Interface. <http://www.eric.ed.gov/ERICWebPortal/contentdelivery/servlet/ERICServlet?accno=ED423842> (Retrieved August 2012).
Kirriemuir, J. & McFarlane, A. (2004). Literature Review in Games and Learning. Becta. <http://archive.futurelab.org.uk/resources/documents/lit_reviews/Games_Review.pdf> (Retrieved January 2012).
Koster, R. (2005). Theory of Fun for Game Design (1st ed.). Paraglyph Press.
Michael, D. & Chen, S. (2005). Proof of Learning: Assessment in Serious Games. Gamasutra. <http://www.gamasutra.com/view/feature/2433/proof_of_learning_assessment_in_.php> (Retrieved August 2012).
Moyles, J. (1989). Just Playing?: Role and Status of Play in Early Childhood Education. Open University Press.
Nelson, L. (1999). Collaborative problem solving. Instructional design theories and models: A new paradigm of instructional theory (pp. 241–267).
Papert, S. (1998). Does Easy Do It? Children, Games, and Learning. Game Developer, June 1998, 88.
Prensky, M. (2001). Digital Game-based Learning. McGraw-Hill Inc., US.
Robertson, J. & Howells, C. (2008). Computer game design: Opportunities for successful learning. Comput. Educ., 50(2), 559–578.
Squire, K. (2004). Replaying History: Learning World History through playing Civilization III. Indiana University. <http://website.education.wisc.edu/kdsquire/dissertation.html> (Retrieved January 2012).
Squire, K. (2011). Video Games and Learning: Teaching Participatory Culture in the Digital Age (Technology, Education - Connections. Teachers' College Press.
Vargas, J. (2006). Way Radical, Dude. The Washington Post. <http://www.washingtonpost.com/wp-dyn/content/article/2006/10/08/AR2006100800931.html> (Retrieved August 2012).
Vorderer, P., Hartmann, T. & Klimmt, C. (2003). Explaining the enjoyment of playing video games: the role of competition. Proceedings of the second international conference on Entertainment computing, ICEC '03 (pp. 1–9). Pittsburgh, PA, USA: Carnegie Mellon University. <http://dl.acm.org/citation.cfm?id=958720.958735> (Retrieved October 2012).
Vos, N., van der Meijden, H. & Denessen, E. (2011). Effects of constructing versus playing an educational game on student motivation and deep learning strategy use.Computers & Education, 56(1), 127–137.
Wiley, D. & Edwards, E. (2002). Online Self-Organizing Social Systems: The decentralized future of online learning. Quarterly review of distance education, Vol. 3, IAP, 33-46.

Literature for quick access

Gee, J. P. (2003). What Video Games Have to Teach Us About Learning and Literacy. Palgrave Macmillan.
Prensky, M. (2001). Digital Game-based Learning. McGraw-Hill Inc., US.
Squire, K. (2011). Video Games and Learning: Teaching Participatory Culture in the Digital Age (Technology, Education - Connections. Teachers' College Press.

FELIX KRONENBERG

Computer games as agentive and immersive spaces for language learners

Computer games offer a variety of advantages that can be leveraged for language learning and teaching purposes, such as motivational benefits, multimodal input and output, or adaptive and immediate feedback. This chapter, however, focuses on computer games as spaces that provide language learners with the opportunity to become immersed in another reality and grant them agency within a predefined set of rules. These spaces differ from the students' physical language learning environments in a profound way: they offer fictional parallel worlds with their own sets of rules and parameters. It will be argued that these games offer a safe environment for exploration, testing and probing, and that they provide opportunities to actively engage with relevant and authentic content in the target language. Computer games (by which I refer to all games played on electronic devices, whether they are consoles, computers, or mobile devices) are viewed not as disconnected but as integrated parts of a language curriculum.

A growing body of research examines the use of games, simulations, game-based learning principles and environments for language learning (e.g. deHaan, Reed & Kuwada, 2010; Meyer & Sørensen, 2009; Rankin & Shute, 2010; Peterson, 2010; Neville, Shelton & McInnis, 2009; Howel & Veale, 2011). Computer games for language learning have been available for many years, but according to Howel and Veale (2011), these have "focused on spelling and normally copied the traditional classroom learning techniques" (729). This is a stark difference to modern top-selling computer games, which "are thought of as open-ended playgrounds where players pick and choose which activities they want to play" (Purushotma, Thorne & Wheatley, 2009). Indeed, when we speak about computer games for language learning, we must differentiate between those programmed specifically for language learning and teaching purposes, and those that are appropriated. Educational games can provide tighter curricular integration, a more focused approach, and better feedback options. Often though, these games do not offer a compelling narrative or environment and merely mimic traditional language exercises, such as behaviorist vocabulary or grammar drills. But they often lack important aspects, such as engagement, agency and the motivation to play, which set games apart from other exercises. Educational games often try to provide order and categorization, but, as Paiva (2001) points out, the "seemingly orderly world of acquisition is, in fact, chaotic and chaos seems to be fundamental in such a process" (64). At the other end of the spectrum we have commercial, off-the-shelf (COTS) games, which provide engaging, participatory and immersive experiences, but they do not teach on their own. In order to teach with these games, they need to be appropriated through curricular integration and pedagogical practices such as scaffolding and debriefing.

Spaces in computer games

Learning always happens in spaces — in classrooms, in homes, in libraries, in museums, in cafes and streets. Spaces shape and influence how we think, what connections we make, how we feel and how we relate to others. Increasingly there is a second, virtual layer to the notion of space. Blogs, discussion boards, course management systems, chat rooms, online worlds, and games, are some of the many places that learners visit virtually. Virtual environments differ from their physical counterparts, but are no less real. Friedlander (2008) likens them to a hall of mirrors:

> "Designing a digital narrative means establishing a set of possible dynamic interactions that will be set in motion by different users. It is creating a scenario of options rather than a plot and characters. Experiencing this dynamic and unstable world is like entering a hall of mirrors. Players confront a dauntingly complex environment that, at the same time, they can alter with ease. Everything is doubled and yet blurred. The world is both real and virtual, the story is a [sic!] both a human and a technological production, and the user both makes and consumes the product." (186)

The variety of virtual worlds that are possible today is staggering, but computer game spaces started as fairly limited representations and have evolved into ever more complex worlds. Wolf (2002) discusses ten different manifestations of space, or spatial structures, in computer games, from the early, all text-based games without any visual space to interactive three-dimensional spaces and represented (or mapped) spaces. Earlier game worlds existed largely within the imagination. Turkle (1995) argues that the "objects on the screen have no simple physical referent. In this sense, life on the screen is without origins and foundation. It is a place where signs taken for reality may substitute for the real. Its aesthetic has to do with manipulation and recombination" (47). Newer 3-dimensional game worlds simulate a virtual reality that becomes more and more real in appearance and feel. No matter how realistic or complex they may be, two attributes of these virtual spaces stand out: the ability of the user to manipulate and create actions within the world, and the illusion of reality and blurring of the physical and virtual that lead to immersion.

Agentive game spaces

Video games allow users to influence and change the medium itself. Wolf (2002) argues that video games' use of space is unique and shares only some properties with those of other media, such as film: "the video game's added elements of navigation and interaction lend an importance to diegetic space which is unlike that of other media" (51). This ability to exercise choice and effect change is referred to as agency: "the satisfying power to take meaningful action and see the results of our decisions and choices" (Murray, 1997: 126). Those results are usually contained within the game world. Still, "in games, just as in real life" (Aarseth, 2004) argues, "the outcomes (winning, losing) are real and personal to the experiencer, unlike in stories" (366). True agency then is the ability to make choices and see and experience the results. In this view, games then are "models of experiences," as Bogost (2011) asserts, "rather than textual descriptions or visual depictions of them. When we play games, we operate those models, our actions constrained by their rules" (4). The set rules within the game space differ from those in the physical world. For example, characters may be able to fly or cast magic spells, but the actions are based on the agreed-upon notion that they are real within the space, and the player can share the experience as if it were real.

Providing learners with opportunities for agency is a crucial component of participatory learning. This type of learner is one who takes charge, who, quite literally, is "an actor who directly shapes and reshapes his or her universe" (Blake, 2008: 93). Agency "goes beyond both participation and activity," as Murray (1997) asserts. It is rather "an aesthetic pleasure" and "an experience to be savored for its own sake" (128). It is also more than merely performing basic actions on the screen, like so many simple educational games restrict their users to. Engaging the student through agentive choices allows for more meaningful learning opportunities:

> "The benefit of engaged learning is that this design promotes student collaboration and fosters students taking an active role in their learning. It is the interactions with other learners and the materials that allow students to analyze, synthesize, evaluate, and employ critical thinking skills as they make decisions and determine the course of their actions. The characte-

> ristics of engaged learning are not only desirable, but a necessary component for education in today's world. It is important to continually seek methods, strategies and exemplars for designing these environments." (Dickey, 2005: 70)

This view of education in general and language education in particular is the opposite to what Wolff (2011) describes as common practice in the modern language classroom, which is "teacher-controlled interaction, a form of discourse which is planned and directed by the teacher and gives the students only the opportunity to react" (4). Giving students performance spaces in which they can act rather than merely react is not only a powerful motivator for students but any learner beyond the curricular context: "By designing language learning games that adapt to students' agentive choices and actions, we have the potential continue their interest in learning the language far beyond the length of the game we develop" (Purushotma, Thorne & Wheatley, 2009). Thus, games can offer the possibility for getting closer to the educational ideal of enabling students to become lifelong learners.

User experiences in game spaces are uniquely personal and likely differ from those experiences intended by the game designers (McDaniel et al., 2010). DeMarle (2007) calls this narrative experienced by the player the "immediate-level story," which can be deeply personal, and which differs from the intended "high-level story" (77-78). The personalized narrative space allows for experimentation with different identities.

Identity is an important aspect for language learning in that the learner takes on a new persona when using the target language. For example, an otherwise eloquent speaker sees his or her ability to effectively communicate constricted. The way others see one's target language (L2) self differs from one's native tongue (L1) self. Agentive choices are limited in the target language, thus creating such possibilities can lead to more self-confidence, lowered anxiety, and creative language production. Wilson (2003) argues that agency "is realised and strengthened by one becoming the author of one's signifiers." Computer games excel in the ability to offer a virtual sandbox in which identities can be created, tested, and altered. Dörnyei (2005) believes that "*possible selves* offer the most powerful, and at the same time the most versatile, motivational self-mechanism, representing the individuals' ideas of what they *might* become, what they *would like* to become, and what they are *afraid of* becoming" (98). Virtual spaces offer certain affordances that allow players to explore these possible selves. For example, they can act and experience the consequences of their actions without real world ramifications. They can be someone they are not in the physical world or do things that are otherwise not possible. Playing a character who is of a different age, gender, ethnicity, or nationality may not only be an interesting experience but also different linguistically and culturally.

Decoupling the real world self from the virtual self/selves may reduce anxiety, which is, according to Arnold and Brown (1999), "quite possibly the affective factor that most pervasively obstructs the learning process" (8). Foreign language anxiety (Horwitz, 2001; MacIntyre, 1999) occurs when learners worry or have a negative emotional reaction when using or learning a foreign language. This state can lead to poor performance (MacIntyre & Gardner, 1994), for example when learners feel they are under observation while communicating in the L2. According to Horwitz (2010), foreign language anxiety (FLA) is categorized as a situation-specific anxiety, similar in type to other familiar manifestations of anxiety such as stage fright or test anxiety" (154).

Identity work and agentive choice within an alternative, virtual universe are not the only mechanisms through which games may help prevent FLA from occurring. Humor, for example, may diminish pressure and provide a more satisfying learning experience (Dormann & Biddle, 2009). Games can also lead to intrinsic motivation, in contrast to external expectations, in the learning process, up to the state of intense engagement often referred to as flow: "the flow experience is typically described as involving a sense of control — or, more precisely, as lacking the sense of worry about losing control that is typical in many situations of normal life" (Csikszentmihalyi, 1990: 59). By providing learners with more of such agentive choices, they feel they are shaping their own experience, they feel less observed, and the state of limitation that they experience when using the L2 is not extended to their virtual performance space.

Computer games provide a sense of power often not possible in the physical world: players may fly, rule countries and kingdoms, defeat powerful enemies, go on epic quests or cast magic spells. Dibbell (1994) asserts that "the commands you type into a computer are a kind of speech that doesn't so much communicate as *make things happen*, directly and ineluctably, the same way pulling a trigger does" (256). For Aarseth (2004), "everything revolves around the player's ability to make choices" in games (366). Ryan (2004) argues that it is the "secret to the narrative success of games" in the player's possibility to solve problems (349).

As language learners generally feel less in control when using an L2 compared to their native language, the agentive possibilities afforded by video games may compensate for some of the feelings of loss of control. In order to effective, however, the player's possible actions must be meaningful and relevant. A successful example is the three dimensional military training game *Tactical Iraqi* (Chatham, 2011), in which players need to accomplish concrete goals that they might also encounter in real world scenarios for which they train. The simulated game space and its perceived authenticity support the meaningful characteristics of the possible actions, and vice versa. Neville (2010) argues that three dimensional digital game-based learning (3D-DGBL) environments can in fact offer certain advantages compared to a traditional, physical learning space:

> "Carefully designed 3D-DGBL environments have a place in the foreign language classroom because they are able to simulate real-world sociocultural spaces, allow playful and non-threatening interaction with these spaces, and permit player/learners to experiment with questions of personal identity within a framework of shifting subjectivities. Because of these affordances, 3D-DGBL seems to be a promising learning platform that allows students to develop sophisticated mental schemata for handling context-specific challenges requiring them to apply knowledge of a second language and culture toward the solution of specific real-world problems. In designing these environments and applying them in a curriculum, however, it is important to bear in mind that player/learner agency may occasionally work at cross-purposes to the intentions of the game designer." (466-467)

The possibility of agentive choice not foreseen by the game designer, or for that matter the instructor, makes the learning process less predictable and appears more individualized for the learner. This provides possibilities for incidental learning and helps with learner identification with the material. Bogost (2011) argues games force "us to become practitioners of their problems rather than casual observers" (141) because they are, in contrast to other forms of media, so immersive.

Immersive game spaces

The term "immersion" has a unique meaning in the field of language education. Immersion education for languages, an option within bilingual education, generally refers to the use of another language (L2) to teach other subjects, for example science or history (Johnson & Swain, 1997). The first modern language immersion programs were implemented in Canada in the 1960s to enable learners to be fluent in English and French. Immersive language learning experiences are also related to study abroad and international exchange programs, in which the learner immerses himself or herself in the target language and culture and thus

develops a deep connection. Virtual spaces, too, can provide immersive experiences that provide certain similar advantages to language learners as these physically immersive experiences. Young et al. (2012) suggest that "video games bring learners into an immersive exolingual environment that has historically been the most efficient way to learn a language. Similar to moving to Italy to learn Italian participating in a video game (e.g., playing or viewing as in deHaan's 2008 and 2010 studies) places a learner into a social environment where learning the language is necessary for survival and success within the game" (75).
Common to the concept of immersion is being completely surrounded, engulfed in a certain context, as Murray (1997) describes:

> "The experience of being transported to an elaborately simulated place is pleasurable in itself, regardless of the fantasy content. We refer to this experience as immersion. *Immersion* is a metaphorical term derived from the physical experience of being submerged in water. We seek the same feeling from a psychologically immersive experience that we do from a plunge in the ocean or swimming pool: the sensation of being surrounded by a completely other reality." (98)

Continuing the analogy, she argues that while immersion "can entail a mere flooding of the mind with sensation," it goes beyond that: "in a participatory medium, immersion implies learning to swim, to do the things that the new medium makes possible" (Murray, 1997: 99). Witmer and Singer (1998) define immersion as "a psychological state characterized by perceiving oneself to be enveloped by, included in, and interacting with an environment that provides a continuous stream of stimuli and experiences" (227). New technologies such as virtual reality (VR) can help achieve immersion. Ryan (1999) describes how VR goes beyond mere simulation of depth, which is how a painting, for example, would achieve such an effect: "But because the medium of painting simulates depth on a flat surface the spectator cannot break through the canvas and walk into the pictorial space. In the visual displays of VR the barrier disappears — there is no plane of projection — and the user feels surrounded by a virtual world that can be freely explored and 'navigated', as a standard metaphor describes movement in cyberspace" (112). Immersion can also be achieved through the mind; it does not necessarily require sophisticated technology such as VR. Early MUDs (Multi-User Dimensions/Dungeons/Domains) and MOOs (MUD, Object-Oriented), for example, could help achieve the effect with crude interfaces and monochrome displays of text.

A necessary criterion for these spaces to become immersive is relevance. In this section I will look at some aspects that make game spaces relevant and thus immersive: avatars, transmedia and social spaces, relevant game worlds, as well as motivation and engagement.

More often than not, the player explores computer game worlds through an avatar (Ryan, 2001; Waggoner, 2009). This exploration is spatio-temporal rather than strictly chronological. Taylor (2002) argues that one way of achieving immersion is through the embodiment of an avatar:

> "Users do not simply roam through the space as 'mind', but find themselves grounded in the practice of body, and thus in the world. Much like offline life, our sense of self, other, and space is constantly reinscribing itself as structures and relationships change. In virtual worlds, this same dynamic process occurs - but with a twist. The body through which presence is being constructed is not simply the corporeal one, but the digital as well. In multi-user worlds it is not just through the inclusion of a representation of self that presence is built. It is instead through the *use* of a body as *material* in the dynamic performance of identity and social life that users come to be 'real' — that they come to experience immersion." (42)

There are varying degrees of avatar complexity. On the most basic level, players merely name their game character. More complex use of avatars allows players to choose from a variety of manifestations, up to the minute calibration of ear shape or hair color. But the relationships that players have with their avatars go beyond mere labeling and individualization of external traits. Users take ownership of their game character and identify with it. We see the emotional connection with avatars and deep immersion in a game world in Dibbell's (1994) essay *A Rape in Cyberspace*, in which he describes how profoundly players identify with their digital alter egos, even in a strictly textual MUD world.

Avatars are not static or stagnant but evolve. "Immersion must also persist over time, iteratively" Alexander (2011) writes. "A mastered and unchanging game becomes a mere exercise, and an unexplored space bears little further exploration. Characters that do not change are often derided as flat and undeveloped; the desire for character development assumes an iterative arc" (94). Wilson (2003) goes so far as to talk of our ability to create multiple, shifting selves:

> "A feedback loop is created between user and avatar whereby part of one's self is extended or projected onto the screen, enacting a dynamic of agency by proxy. The cyberspace avatar, as the new 'interpassive object' thus functions as a locus for our extended agency; a locus that is multifa-

> rious and polymorphous, displaced from the facticity of our real-space selves. This reiterates the necessity to not only acknowledge the ability of postmodern technologies to 'construct and mobilise a surrogate self' but also the ability of postmodern technologies to construct a plurality of *shifting* selves."

For our purposes, in language learning, this has certain implications. The use of avatars allows for close identification, but also for distancing and setting boundaries if desired. More introverted students might find different avenues of communication through their avatars. Mistakes are not directly associated with the 'real self' but with the 'screen self.' Dede (1996) argues that students can take risks through their avatars not afforded to them in real life. For example, students can choose and customize their virtual participants in a game show in the PlayStation 3 game *Buzz*. Students can make fun of each other's characters without hurting their real selves. In fact, they can laugh about themselves, i.e. their own avatar. This creates a zone of safety and stability. The multitude of avatars on the screen also creates a sense of belonging: on the screen, we see eight virtual characters lined up, and in front of the screen, their real selves, as equals, each represented through a virtual counterpart.

The social dimension of gaming is crucial for using games for language learning. Of course, there are single-player games that can be utilized for language learning, but if we look at languages as interpersonal communication, then we need to integrate other humans to foster communication. Games can function as a mediator and moderator, and thus the real exchanges happen between people, not between a person and a machine.

Young et al. (2012) find that computer games are more suitable for language learning than for other subject areas exactly because of this social dimension:

> "The difference in findings between language learning and other subjects may also be attributed to differences in classroom pedagogy that are often associated with the various subjects: Language learning is inherently social and relies on socially contextualized pedagogy teeming with scenarios and interactive dialogs that differ from other content areas (e.g., science or math) with emphasis on direct instruction." (75)

Communicative exchanges surrounding the game happen during the game to known or unknown people located elsewhere, but also to those sitting right next to one another (Piirainen-Marsh & Taino, 2009a; Piirai-

nen-Marsh & Taino, 2009b). The students mentioned above playing *Buzz* spent more time communicating with each other than with the game.
Places in which social interaction between players exchange ideas, feelings, and comments do not have to be physical ones. Virtual places, such as wikis, blogs, or discussion boards, are spaces that Gee (2004) calls "affinity spaces". Much of the exchange of ideas, and thus of learning, happens in these spaces. Gee (2011) refers to the "combination of the game (software) and the meta-game (social interactional system)" as Games with a capital 'G' (226). The reach and scope of games is larger than the software itself. We see this in transmedia storytelling (Jenkins, 2006), which involves more than one type of media and which extends to a whole system: "The combination of so many story pieces across that diversity of venues helps build an immersive experience" (Alexander, 2011: 131). Thus, when we look at integrating games into the language learning process, we must pay close attention to the other aspects that are connected to the game. We should support discussions around the gameplay and user experiences, include related media, and utilize the group identity that computer games help build. For example, students can write up help documents, walkthroughs, design character sheets or discuss strategies.
The spaces in which the game takes place take on many different forms: they may be realistic, historical, hypothetical or imagined spaces. Whatever form they take, they must be relevant to the user in order to have an impact. Users must feel a certain presence in order to inhabit the game space: "A virtual world that produces a greater sense of immersion will produce higher levels of presence. Factors that affect immersion include isolation from the physical environment, perception of self-inclusion in the virtual environment, natural modes of interaction, and control and perception of self-movement" (Sallnäs, 2002: 176). These spaces need not be graphic ones: early MUDs or MOOs displayed imagined places completely through text and thus created representations in the mind rather than the screen. Salen and Zimmerman (2003) refer to the widespread idea that "the pleasure of a media experience lies in its ability to sensually transport the participant into an illusory, simulated reality" as the "immersive fallacy" (450).
Relevance can be achieved by engaging the player, which may be realized by several strategies, such as player positioning and interactive choice. (Dickey, 2005: 71) Users can roam these spaces and experiment in them. The spaces have their own, defined rules, and the consequences are real to the avatar and may end the game. But the real, physical self is always free from harm. "This sense of being in a world where entropy is

suspended explains in part why flow-producing activities can become so addictive" (Csikszentmihalyi, 1990: 61).
Games can help motivate students by providing an autotelic experience, which "refers to a self-contained activity, one that is done not with the expectation of some future benefit, but simply because the doing itself is the reward" (Csikszentmihalyi, 1990: 67). The user will play again and again because of the experience itself, not because of extrinsic rewards. Garris, Ahlers, and Driskell (2002) characterize the game cycle as "repetitive, compulsive, or even addictive process, reflecting the manner in which users are engaged in and repeatedly return to game play" (458-459). This repetition is especially effective for language learning which relies on continued practice to allow students to achieve automaticity and help memorize large amounts of vocabulary items. According to Csikszentmihalyi (1999), any activity can be become enjoyable, even a wait in the dentist's office or mowing the lawn, "provided one restructures the activity by providing goals, rules, and the other elements of enjoyment" (51) found in games. Many games are actual work. From practicing skills to waiting tables, many popular game titles make the player perform actions that others do as their job. This idea – that gameplay holds valuable principles for making even the most mundane activity more engaging, is at the heart of good game design and language course integration.

From theory to practice: pedagogy and the implementation of gaming spaces

In order to realize the theoretical potential discussed above, I would like to propose three rules for identifying effective language learning computer game spaces:

1. virtual environments should be relevant to the user;
2. the physical space in conjunction with the game space is important; and
3. learning happens not only during, but also before and after the user experience within the game space.

Rule #1: Virtual environments should be relevant to the user

Game spaces need to offer the right level of difficulty for the user, and thus should be flexible enough to accommodate different types of learners in order to be motivating. There should be an aspect of novelty and surprise involved to generate interest and empower the user (Dede,

1996: 170), but not too much so that the user is overwhelmed by choice or confused. Malone (1981) sums up these characteristics: "In general, an optimally complex environment will be one where the learner knows enough to have expectations about what will happen, but where these expectations are sometimes unmet" (362). These spaces should provide embodied experiences (Gee, 2003) in which meanings are not decontextualized.

User actions do not have to be pleasurable per se as long as they are relevant. For example, when players improve their avatar, explore certain areas of the game, or solve side quests, the user may have to perform chores to achieve these goals: "Not only in networked games but also in entertainment programs of other kinds, the users simply *work*; the game is not always easy or pleasant" (Filiciak, 2003: 99). Thus, if the gaming mechanism allows work and tedious, repetitive tasks to become important to the user, then also learning tasks can be made not only palatable, but relevant.

Ideally the game space provides profound experiences that Murray (1997) suggests we strive for: "We need to find ways of drawing a player so deeply into the situated point of view of a character that a change of position will raise important moral questions" (147). One way of finding deeper meaning within the language learning context is to provide a "richly contextual immersive exolingual experience" through online games that involve native speakers (Young et al., 2012: 74). Another way is to situate the playing of the game within a group context, so that students compete with each other (as in the previously mentioned *Buzz*) or cooperatively solve an adventure game. Hutchison (2007) suggests that video game space descriptions are not only good for practicing writing but also to have student critically assess the places around them. As they become more and more common in our lives, virtual spaces have to be increasingly represented.

Rule #2: The physical space in conjunction with the game space is important

Games themselves are only sets of algorithms, of pre-programmed rules. Aarseth (1997) challenges the term "interactive" that we often use to describe computer games: "to declare a system interactive is to endorse it with a magical power" (48) and calls it a "purely ideological term" (51). Interactivity would mean that humans and machines are equal, thus diminishing the need for real human-to-human interaction. The real communication for language learners happens with other human beings, not with pre-programmed bots. While person-to-person interaction may happen through computer networks, other people can also be locally and physically present during gameplay and they can be integrated into the gameplay for a more meaningful gaming and communication experience. Soukup (2006) discusses the question whether the notion of third place, as proposed by Ray Oldenburg, can exist as a virtual space. Oldenburg's concept places a heavy emphasis on locality, geographic place, and a single culture and community, not cross-cultural spaces online. Thus Soukup suggests the term "virtual third place," which differs from Oldenburg's original concept, because "the interaction is 'virtual' or transcends space and time and alters identity and symbolic referents via simulation" (432). Physical space is an aspect we tend to forget about when dealing with virtual spaces, but the user does have to be somewhere in the physical world when he or she uses the computer. We have to see virtual game spaces as connected to "real", physical spaces and ask: where does the playing take place? By providing places for students to enter the virtual game domains, we can shape their experiences and use the interaction between virtual and physical locales. (Piirainen-Marsh & Taino, 2009a; Piirainen-Marsh & Taino, 2009b), for example, show through conversation analyses that players in the same room memorize, reuse and repeat parts of the game narrative and integrate them into their real world interactions as the game narrative unfolds. A language learning center can not only provide adequate games and hardware, a forum, and a context, but also add a social dimension to the game experience not possible in physical seclusion (Kronenberg, 2011).

Another example of the convergence of physical and virtual spaces are hybrid, location-based and location-aware mobile games. The gaming engine Aris[1] can be programmed to make use of specifically local resources. Players navigate the physical world by receiving input and clues, such as text, audio, or video, from a handheld device (iPhone or iPod Touch). It can be triggered by a variety of game events, including the reaching of GPS coordinates or the scanning of a barcode. One such project is the Mentira project at the University of New Mexico, in which Spanish language students solve a murder mystery in the target language (Holden & Sykes, 2011). Such hybrid experiences provide a rich, location-aware, augmented reality experience and show a convergence of the notions of virtual and physical game spaces.

[1] See <http://arisgames.org> (Accessed on June 3, 2012).

Rule #3: Learning happens not only during, but also before and after the user experience within the game space

The game narrative must provide an integral part of the game if the students are expected to interact with it, as Neville (2010) points out:

> "The primary purpose of embedded narrative, after all, is to advance the story presented by the computer game. If embedded narrative does not seem to serve this purpose, then students may opt quickly to skip over these instructional components in order to resume gameplay. Instead, it may be best to think of computer games as simulations of the real world, where people encounter emergent problems and then develop the skills, or reconfigure existing ones, to deal with these problems. Learning, therefore, would perhaps ideally take place outside of the gaming environment [...]" (463)

One way of fostering learning before and after the game is by creating affinity spaces to allow students to produce texts, media, and discussions about the game. These can come in the form of fan fiction, machinima, strategy fora or creation of walkthroughs. Debriefing, which is "a process in which people who have had an experience are led through a purposive discussion of that experience" (Lederman, 1992: 146), should thus be an integral part of successful game integration into an L2 curriculum. Scaffolding may also be necessary before, during, and after the game to guide students and make sure that the difficulty is adequate for the students' level of language and game competency.

Conclusion

Spaces in which language learning takes place, whether they are physical and virtual, matter. Users can identify with these spaces, make them their own, and explore worlds that would not be possible in the physical world: historical spaces, distant places, hypothetical fantasy worlds. They help mitigate the immediacy of physical spaces, such as classrooms. Learners can employ an avatar to create alternate identities, which helps them lower inhibition, test out different scenarios and possibilities, and stay motivated by having an emotional connection with the virtual world through their surrogate persona.

Gamers are presented with immense agentive power within a safe environment. This is especially important for beginning and intermediate language students who may experience a loss of agency. Games provide concrete tasks which are meaningful. If the task is not completed, the players do not advance or simply lose. Game worlds are ideally immersive, engulfing the player in a complete universe in which he or she is in control without the threat of negative consequences. Nonetheless, actions are real to the player and others, as games become increasingly social through online play, co-situated play, and interactions in affinity spaces. Game spaces are increasingly hybrid in nature, and the boundaries between physical and virtual worlds are blurring. Augmented reality and located-based games add a virtual layer to the physical world and thus transform learning spaces by providing more information and providing new meaning and relevance.

It is difficult to make these spaces and experiences come to life through the medium of writing. As Aarseth (1997) puts it when he discusses ergodic literature, "no matter how hard I describe these texts to you, the reader, their essential difference will remain a mystery until they are experienced firsthand" (Aarseth, 1997: 2). If games are to be successfully integrated into language learning situations, the instructor must experience them her or himself, which is much more time-consuming than traditional written texts. Video games are "'played' rather than 'read', 'watched' or 'listened to.' They have to be interacted with in ways that include interface design, verbal and multimodal communication as well as, importantly, the cybernetic feedback loop which integrates the gamer into a perpetual and mutual cause-and-effect, stimulus-response relationship with the gaming technology" (Ensslin, 2011: 25). Preparing a video game for instructional purposes is much more complicated and time-consuming than preparing a written text. But because of their immense potential and multiple advantages, including their immersive and agentive qualities, it is time and energy well spent.

References

Aarseth, E. J. (1997). Cybertext: Perspectives on ergodic literature. Baltimore, MD: Johns Hopkins University Press.

Alexander, B. (2011). The new digital storytelling: Creating narratives with new media. Santa Barbara, CA: Praeger.

Arnold, J. & Brown, H. D. (1999). A map of the terrain. In J. Arnold (Ed.). Affect in language learning (pp. 1–24). Cambridge: Cambridge University Press.

Blake, R. J. (2008). Brave new digital classroom: Technology and foreign language learning. Washington, D.C.: Georgetown University Press.

Bogost, I. (2011). How to do things with videogames. Minneapolis, MN: University of Minnesota Press.

Chatham, R.E. (2011). After the revolution: Game-informed training in the U.S. military. In S. Tobias & J. D. Fletcher (Eds.). Computer games and instruction (pp. 73–99). Charlotte, NC: Information Age Publishing.

Csikszentmihalyi, M. (1990). Flow: The psychology of optimal experience (1st ed.). New York: Harper & Row.
Dede, C. (1996). The evolution of constuctivist leanring environments: Immersion in distibuted, virtual worlds. In B. G. Wilson (Ed.). Constructivist learning environments : Case studies in instructional design (pp. 165–175). Englewood Cliffs, NJ: Educational Technology Publications.
deHaan, J., Reed, M. W. & Kuwada, K. (2010). The effect of interactivity with a music video game on second language vocabulary recall. Language Learning & Technology, 14(2), 74–94.
Dibbell, J. (1994). A rape of cyberspace; or how an evil clown, a Haitian trickster spirit, two wizards, and a cast of dozens turned a database into a society. In M. Dery (Ed.). Flame wars: The discourse of cyberculture (pp. 237–261). Durham, NC: Duke University Press.
Dickey, M.D. (2005). Engaging by design: How Engagement strategies in popular computer and video games can inform instructional design. Educational Technology Research and Development, 53(2), 67–83.
Dormann, C. & Biddle, R. (2009). A review of humor for computer games: Play, laugh and more. Simul. Gaming Simulation and Gaming, 40(6), 802–824.
Dörnyei, Z. (2005). The psychology of the language learner: Individual differences in second language acquisition. Mahwah, NJ: Lawrence Erlbaum Associates.
Ensslin, A. (2011). The language of gaming. Basingstoke: Palgrave Macmillan.
Filiciak, M. (2003). Hyperidentities: Postermodern identity patterns in massively multiplayer online role-playing games. In M. J. P. Wolf & B. Perron (Eds.). The video game theory reader (pp. 87–102). New York, NY: Routledge.
Friedlander, L. (2008). Narrative strategies in a digital age: Authorship and authority. In K. Lundby (Ed.). Digital storytelling, mediatized stories: Self-representations in new media (pp. 177–194). New York, NY: Peter Lang.
Garris, R., Ahlers, R. & Driskell, J. E. (2002). Games, motivation, and learning: A research and practice model. Simulation & Gaming, 33(4), 441–467. <doi:10.1177/1046878102238607> (Retrieved May 11, 2012).
Gee, J. (2003). What video games have to teach us about learning and literacy (1st ed.). New York: Palgrave Macmillan.
Gee, J. P. (2004). Situated language and learning: A critique of traditional schooling. New York, NY: Routledge.
Gee, J. P. (2011). Reflections on empirical evidence on games and learning. In S. Tobias & J. D. Fletcher (Eds.). Computer games and instruction (pp. 223–232). Charlotte, NC: Information Age Publishing.
Heeter, C. (1992). Being there: The subjective experience of presence. Presence: Teleoper. Virtual Environments, 1(2), 262–271.
Horwitz, E. (2001). Language anxiety and achievement. Annual Review of Applied Linguistics, 21(1), 112–126.
Horwitz, E. K. (2010). Foreign and second language anxiety. Lang. Teach. Language Teaching, 43(2), 154–167.
Howel, S. & Veale, T. (2011). Serious linguistic games as intelligent tutoring systems. In P. Felicia (Ed.). Handbook of research on improving learning and motivation through educational games multidisciplinary approaches (pp. 726–758). Hershey PA:

Information Science Reference. <http://site.ebrary.com/id/10464749> (Retrieved June 3, 2012).
Holden, C. L. & Sykes, J. M. (2011). Leveraging mobile games for place-based language learning. International Journal of Game-Based Learning (IJGBL), 1(2), 1–18.
Hutchison, D. (2007). Video games and the pedagogy of place. The Social Studies, 98(1), 35–40.
Jenkins, H. (2006). Convergence culture: Where old and new media collide. New York: New York University Press.
Johnson, R. K. & Swain, M. (Eds.) (1997). Immersion education : international perspectives. Cambridge: Cambridge University Press.
Kronenberg, F. (2011). Language Centers at Small Institutions.In F. Kronenberg (Ed.). Language Center Design (pp. 83–94). International Association for Language Learning and Technology.
Lederman, L. C. (1992). Debriefing: Toward a systematic assessment of theory and practice. Simulation & Gaming, 23(2), 145–60.
MacIntyre, P. D. (2002). Motivation, anxiety, and emotion in second language acquisition. In P. Robinson (Ed.). Individual differences and instructed language learning (pp. 45–68). Philadelphia, PA: J. Benjamins Pub.
Malone, T. W. (1981). Toward a theory of intrinsically motivating instruction. Cognitive Science, 5(4), 333–369.
Meyer, B. & Sørensen, B. H. (2009). Designing serious games for computer assisted language learning – a framework for development and analysis. In M. Kankaanranta & P. Neittaanmäki (Eds.). Design and use of serious games (Vol. 37, pp. 69–82). Dordrecht: Springer Netherlands.
<http://www.springerlink.com/content/r80324672m162445> (Retrieved July 11, 2012).
Murray, J. (1997). Hamlet on the holodeck: The future of narrative in cyberspace. New York: Free Press.
Neville, D.O. (2010). Structuring narrative in 3D digital game-based learning environments to support second language acquisition. Foreign Lang. Ann. Foreign Language Annals, 43(3), 446–469.
Neville, D.O., Shelton, B.E. & McInnis, B. (2009). Cybertext redux: Using digital game-based learning to teach L2 vocabulary, reading, and culture. Computer Assisted Language Learning, 22(5), 409–424.
Paiva (2011). Identity, motivation and autonomy in second language acquisition from the perspective of complex adaptive systems. In G. Murray, X. (Andy) Gao, & T. Lamb (Eds.). Identity, Motivation and Autonomy in Language Learning (pp. 57–72). Multilingual Matters.
Peterson, M. (2010). Computerized games and simulations in computer-assisted Language learning: A meta-analysis of research. Simulation Gaming, 41, 72–93.
Piirainen-Marsh, A. & Tainio, L. (2009a). Collaborative Game-Play as a Site for Participation and Situated Learning of a Second Language. Scandinavian Journal of Educational Research, 53(2), 167–183.
Piirainen-Marsh, A. & Tainio, L. (2009b). Other-Repetition as a Resource for Participation in the Activity of Playing a Video Game. The Modern Language Journal, 93(2), 153–169.

Purushotma, R., Thorne, S. L. & Wheatley, J. (2009). 10 Key principles for designing video games for foreign language learning. <http://lingualgames.wordpress.com/article/10-key-principles-for-designing-video-27mkxqba7b13d-2> (Retrieved June 6, 2012).

Rankin, Y. A. & Shute, M. W. (2010). Re-purposing a recreational video vame as a serious game for second language acquisition. In D. Kaufman & L. Sauvé (Eds.). Educational gameplay and simulation environments: case studies and lessons learned (pp. 178–194). Hershey PA: Information Science Reference.

Ryan, M.-L. (2004). Will new media produce new narratives? In M.-L. Ryan (Ed.). Narrative across media: The languages of storytelling (pp. 337–359). Lincoln: University of Nebraska Press.

Salen, K. & Zimmerman, E. (2003). Rules of play: Game design fundamentals. Cambridge, MA: MIT Press.

Sallnäs, E.-L. (2002). Collaboration in multi-modeal virtual worlds: Comparing touch, text, voice and video. In R. Schroeder (Ed.). The social life of avatars: Presence and interaction in shared virtual environments (pp. 172–187). New York, NY: Springer.

Soukup, C. (2006). Computer-mediated communication as a virtual third place: Building Oldenburg's great good places on the world wide web. New Media & Society, 8(3), 421–440.

Taylor, T. L. (2002). Living digitally: Embodiment in virtual worlds. In R. Schroeder (Ed.). The social life of avatars: Presence and interaction in shared virtual environments (pp. 40–62). New York, NY: Springer.

Turkle, S. (1995). Life on the screen: Identity in the age of the internet. New York, NY: Simon & Schuster.

Waggoner, Z. (2009). My avatar, my self: Identity in video role-playing games. Jefferson, NC: McFarland.

Wilson, L. (2003). Interactivity or interpassivity: A question of agency in digital play. Fineart Forum (Vol. 17). <http://media.rmit.edu.au/projects/dac/papers/Wilson.pdf> (Retrieved August 7, 2012).

Witmer, B. & Singer, M. (1998). Measuring presence in virtual environments: A presence questionnaire. Presence: Teleoperators and Virtual Environments, 7(3), 225–240.

Wolf, M. J. P. (2002). Space in the video game. In M. J. P. Wolf (Ed.). The medium of the video game (pp. 51–75). Austin: University of Texas Press.

Wolff, D. (2011). Individual learner differences and instructed language learning: An insoluble conflict? In J. Arabski & A. Wojtaszek (Eds.). Individual learner differences in SLA (pp. 3–16). Bristol: Multilingual Matters.

Young, M. F., Slota, S., Cutter, A. B., Jalette, G., Mullin, G., Lai, B., Simeoni, Z., Tran, M. & Yukhymenko, M. (2012). Our princess is in another castle: A review of trends in serious gaming for education. Review of Educational Research, 82(1), 61–89. <doi:10.3102/0034654312436980> (Retrieved May 11, 2012).

Literature for quick access

Gee, J. (2003). What video games have to teach us about learning and literacy (1st ed.). New York: Palgrave Macmillan.

Purushotma, R., Thorne, S. L. & Wheatley, J. (2009). 10 Key principles for designing video games for foreign language learning. <http://lingualgames.wordpress.com/article/10-key-principles-for-designing-video-27mkxqba7b13d-2> (Retrieved June 6, 2012).

Young, M. F., Slota, S., Cutter, A. B., Jalette, G., Mullin, G., Lai, B., Simeoni, Z., Tran, M. & Yukhymenko, M. (2012). Our princess is in another castle: A review of trends in serious gaming for education. Review of Educational Research, 82(1), 61–89. <doi:10.3102/0034654312436980> (Retrieved May 11, 2012).

MIRIAN CHECA, ANA BELÉN GARCÍA VARELA, NATALIA MONJELAT, DAVID HERRERO, HÉCTOR DEL CASTILLO

Participatory culture and skills for new media learning

Introduction

In this chapter we present some of the ideas that come from our research on the use of commercial video games in education. In our research projects we analyze the relationship between video games, education and integrated learning in primary and secondary education. These projects aim to generate new knowledge through innovative educational settings in schools, to help educate critical citizens of the new communication scenarios generated by the new technologies.

We understand games as one of the multiple educational tools available for teachers in the context of the learning processes. Games are not just another recreational activity, since its use in the classroom requires a good planning. Different issues should be considered to do so, as age, interests, needs, skills, and number of participants.

Thus, commercial video games are designed for leisure but can be powerful educational tools. In this context, authors like James Paul Gee (2003, 2008) or Henry Jenkins (2006a, 2006b) help us to provide the theoretical framework from which to ask questions that have guided this research. Their works justify the need to educate children and teens in new cultural expressions but, in rare cases, be given the necessary educational attention.

Students cannot be only just receivers of information, but also they can be a part of cultural creations, thanks to the opportunities of new media participation. For this, it seems necessary to provide students with new thinking skills. Within these new cultural objects, video games have great potential for the development of these skills which are so necessary for young people to develop in our society (P21, 2007).

In summary, this chapter is based on data collected in a large research project whose objective it is to explore how innovative commercial video games provide educational opportunities in the classroom for children and adolescents to develop in digital spaces. We will examine the relationships between different concepts, like participatory culture, new literacies and learning skills involving educational situations based on games of different types.

Video games, education and learning

Talking about video games supposes discussing about instruments that are present in children's everyday life. One might even say that, in the words of Buckingham (2002), the very meaning of childhood in modern societies is created and defined by the interactions of children with electronic media. However, our concern raises the question why a media so important for children and adolescents do not receive more attention in schools.

Sanchez Silva (1998a) explains that "gamers have the tremendous advantage of conducting the flow of events". It is precisely this feature that allows us to understand why video games can be a powerful educational tool. "Nobody denies that you can learn by playing" (Gros Salvat, 2000). That is why we see the need for this type of video games into the classroom.

It seems important to us to indicate that video games promote the values of the dominant culture (Austin Millan, 2000). Moreover, increasing technology has facilitated the formation of what Jenkins calls *participatory culture* (Jenkins, 2006a) where users feel some degree of social connection between them and can circulate media content in powerful new approaches creating a new form of democratic culture. As an educator, Jenkins defends to encourage young people to develop skills, knowledge, ethical frameworks and confidence necessary to fully participate in contemporary culture.

Other authors have argued that this new participatory culture represents ideal learning environments. As an example, Gee (2004) defines the concept of *affinity spaces* where people learn better when actively engaged and committed to popular culture. From this cultural perspective, what is required is to generate a general change in the ways to learn, communicate and produce (Trahtemberg, 2000).

In order to achieve a significant amount of learning requires that students are actively involved in the processes of study (Leonard, Van Scotter & Pakdil, 2009), processes which, in our opinion, require the necessary training to become confident with the use of video games (de Freitas, 2007). This involves moving from the concept of teaching to learning, from the curriculum to the needs (Balaguer, 2002). With good planning in the classroom, teachers can facilitate situations through games that encourage creative exploration, research and significant discoveries.

Before this media culture, children need to be literate to become critical citizens. Literacy can be understood as the people's interpretation of the cultural products, and also as the generation of products and ideas based on that interpretation. In this sense, video games as an integral part of this media culture, need to be interpreted.

New literacies

Given this media culture, children and adolescents need to be literate. In this sense, Mills (2010) believes that literacy is the interpretation that the individual does of cultural products and the generation of products and ideas thanks to that interpretation. Consequently, media need to be interpreted and therefore, the school, educators and researchers must be involved in such processes of literacy. More specifically, the digital media literacies are one of the most relevant educational challenges to face nowadays (Squire, 2002).

Interestingly, research suggests that while young people are frequent users of technology tools, they typically lack information literacy skills, and their critical thinking skills are often weak (Oblinger & Oblinger, 2005). They may be digital natives, but they do not necessarily understand how their use of technology affects their ways of learning.

Nowadays the school is a privileged setting to educate new generations to become free citizens able to actively participate in building the future. Following Mills (2010), to achieve this we must literate in their languages and develop responsibility from participation, criticism, dialectics, etc. Education, therefore, assumes social responsibility to transform these challenges into possibilities.

Given this framework, it is essential to go deeper into the concept of new literacies, highlighting those skills that following Jenkins (2006b) are necessary in our society.

Learning skills

Video games are changing our understanding of learning and this is a challenge for educators. This has led to investigations into the learning skills developed through the use of video games.

The Partnership for 21st Century Skills (P21) (2007) has identified six key elements for 21st Century education including, core subjects and learning skills as well as 21st Century tools, contexts, content, and assessment. These six elements shape an educational reform agenda that P21 argues will enable young people to develop a wide range of skills (e.g., media, communication critical thinking, creative, problem solving, interpersonal, collaborative) while using information and communication technologies in real world contexts.

Another group that has done advanced thinking in the area of 21st century skills is MIT Professor Henry Jenkins (2006) and his colleagues. Jenkins has articulated a new skill set that involves social skills developed through collaboration and social networking. These skills build on the foundation of traditional literacy, research skills, technical skills, and critical analysis skills taught in the classroom.

In this paper, we analyze in depth some *skills* that can be identified with the use of the game and how education professionals can use them in school in order to change the way students learn. These skills enable new ways of interacting with the culture, that are more participative, more creative and original appropriations. Based on the report developed by Henry Jenkins (2006), we focus on the following skills.

- One of these is defined as *Play*, which is the capacity to experiment with one`s surroundings as a form of problem-solving.
- The second ability is *Appropriation* which consists of the digital remix of available media content (music, video clips, images, etc.).
- Finally, we highlight the skill of *Transmedia Navigation*, the ability to follow the flow of stories and information across multiple media.

Expanding access to new technologies is not enough; we must also promote the skills and cultural knowledge necessary to use the tools for our own educational purposes. In this sense, for the most part, traditional schools are not set up to provide learning contexts that promote these skills. As educator, Jenkins (2006) highlight the relevance of encouraging young people to develop skills, knowledge, ethical frameworks and the confidence to fully participate in contemporary culture. In this context, participatory culture is reworking the rules governing the school, cultural expression and civic life.

Doing research inside the classroom

Our studies are carried out since 2000 in schools of Elementary and Secondary Education in the Community of Madrid (Spain). They involve teachers and pupils through various workshops, analyze the educational possibilities with commercial video games in order to teach students to go beyond passive reception of media content and can also be creators of their own information.

Our research projects are developed with an ethnographic approach (Anderson-Levitt, 2006; Lacasa & Reina, 2004) and performing a qualitative analysis (Denzin & Lincoln, 2011) from a case study (Stake, 2006, Yin, 2011) including also a perspective of discourse analysis (Gee & Green, 1998; Gee, 2011).

At the beginning of each research project we usually arrange preparatory meetings with the agents involved to plan workshops and data collection and pooling and the general methodology of work and the questions that may arise (Lacasa et al., 2009; Lacasa, 2011).

Workshop phases

The number of sessions in our workshops is different depending on the objectives, the game or the subject. However, always be structured in phases we described briefly in the following figure (Lacasa et al., 2009).

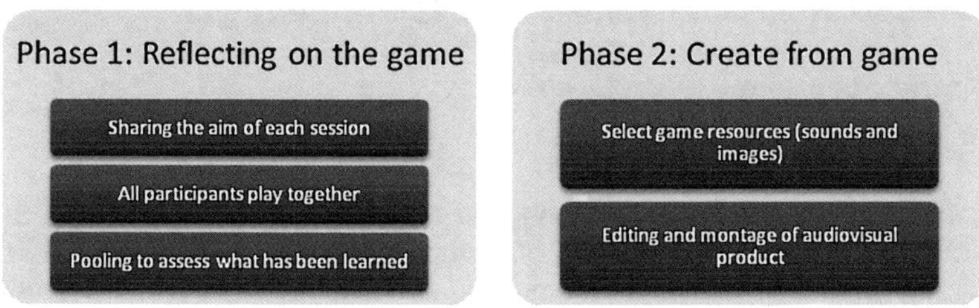

Workshop phases

Our experience over the years has shown the effectiveness of this educational methodology alternating dialogue, play and reflection. From this perspective, we aim the students to reflect upon their practice and to become aware of the learning processes related to the tools they have been using before.

Considering our previous studies, we will then analyze how can we develop the three main proposals learning skills, proposed by Jenkins (2006) and what are the specific video games that can help students in that development.

The skill of play: experiencing with the environment to solve problems

Through play children try on roles, experiment with culturally central processes, manipulate core resources, and explore their immediate environments (Jenkins, 2006). It is usual that in schools do not realize of the power of play to motivate students, even when they know that this could be a good learning resource.

Although the learning potential of video games has been associated in many cases with the motivation that students acquire (Foreman, 2004; Squire, 2006), there is a growing recognition that play itself may be a valuable skill children should master in preparation for subsequent roles and responsibilities in the adult world (Jenkins, 2006).

Some have expressed skepticism that schools should or could teach young people how to play. This resistance reflects the confusion between play as a source of fun and play as a form of engagement. This engagement encourages experimentation, provides goals and clearly defined roles that foster strong emotional identifications. For this reason, this ability is closely linked with simulation video games. Within this classification, we focus on two sports games used in our research.

Sports video games: NBA Live & FIFA

A sports game is one that simulates traditional sports. These games are very popular and have made recreations of most sports that exist, but we will focus on association football and basketball. Its close connection with the immediate reality of professional sports and the identification of the players with their favorite sports teams make them particularly attractive to young people (Peláez, 2009).

In this context, we use team sports games like EA Sports FIFA or NBA Live. Thanks to the characteristics of video games, we approach the ideal of uniting sport in real and virtual classroom space.

Considering what to Jenkins represents the ability to *play* may release two interesting concepts considering the sports games:

- *Abstraction:* This process requires decisions to be made specifically about which actions should be offered to the player to perform or initiate, and which actions should be left out of the game (Juul, 2007).
- *Transformation:* The process of mapping a real world matter onto the game world, saving only theme, meaning or function but changing other qualities is what Kayali and Purgathofer (2008) call transformation.

The importance of sports video games is that the person who has control experiences a new way of sport, one where still a single player takes control of everything that happens on the playing field (Gallardo, 2006). The player assumes the role of spectator and actor at the same time and thus has the total design experience. In analyzing the following screenshots belonging to game FIFA 13 shows a high degree of visual reproduction of reality representations.

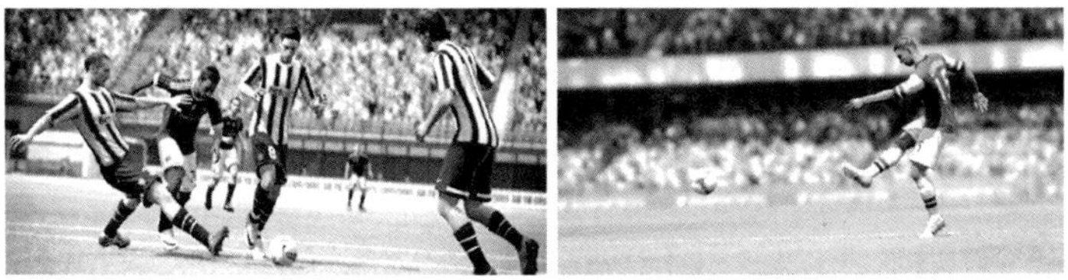

Images of video game FIFA 13

The skill to Play in relation to sports games can be useful for troubleshooting taking into account the following considerations:

- *Principle of achievement* „for trainees, of all skill levels, there are intrinsic rewards from the beginning of the game, different for each level of learning, effort and expertise, as well as recognition of the achievements achieved" (Gee, 2003).
- Gallardo (2006) highlights the usefulness of these interactive multimedia materials to facilitate learning of the regulations.
- Marqués (2006) notes that sports video games contribute to a deeper understanding of the rules and strategies of sports.
- Salazar and Villar (2007) note that the use of video games is an improvement of eye-hand coordination.
- Epstein et al. (2007) explains the interactive video games as a popular alternative to physical activity in young adolescents.

In conclusion, these games have a great potential to transform the classroom, invited to rethink the curriculum to consider the need to work on other skills beyond knowledge itself.

The skill of appropriation: the ability to mix multimedia content

The skill of "appropriation" described by Jenkins (2006b: 4) is the ability to meaningfully sample and remix media content. When the users play with video games, they engage in a multimedia medium, full with images, sound and semiotic codes, etc. Also, by using new technologies users can appropriate this resources and make new contributions to the culture, fostering what Jenkins called as "participatory culture" (Jenkins, 2006a).

No one can create from nothing, but we were inspired by the creations of others. However, schools remain hostile to overt signs of repurposed content, emphasizing the ideal of the autonomous artist. This limits the process of appropriation by students, because teachers do not provide them with the conceptual tools needed to analyze and interpret the resources used.

Appropriation enters education when learners are encouraged to dissect, transform, sample, or remix existing cultural materials (Jenkins, 2006a). A good example is the use of *Spore*, a strategy video game that students in our studies "appropriated" creating their own media content.

A strategy video game: Spore

Appropriation may be understood as a process that involves both analysis and commentary. Remembering the methodology used in our research, dialogue prior to the session and after sharing playing time are of particular relevance in this regard.

We are embarking on the ability of appropriation through strategy game *Spore*. The game begins with a single-celled creature that tries to make progress to create a civilization. To do this, the user must choose the best strategy, considering the most advantageous when advancing stages of the evolution of the creature. In this sense, with strategy video games there are *multiple ways* (Juul, 2005) to progress and learn, thus having many opportunities to practice and consolidate their skills, *transferring* (Shaffer, 2004) what they learn in the game to new challenges.

One of these challenges could be the appropriation of its elements to create audiovisual products from them (see next figure). To achieve this, our research workshops were created innovative contexts where the use of video games is combined with other media. Digital cameras for pictures and video were introduced in the classroom, along with audio recorders, laptops, and other tools provided by the students like their own phones, that they used to capture pictures or add music to their productions.

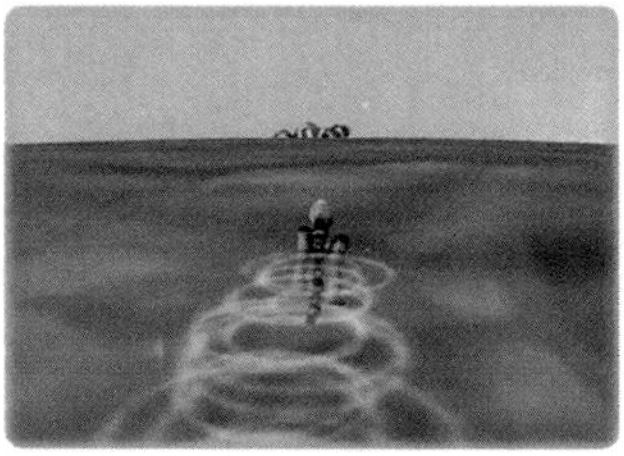
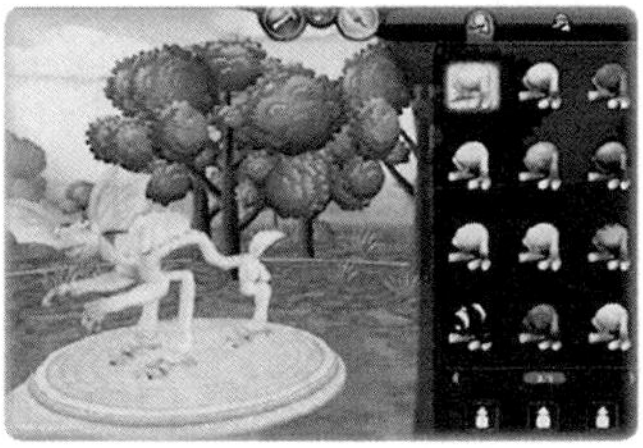

Images taken from the video game Spore used in student productions

For audiovisual production we developed the three key elements of any creative act: the message, the audience and resources (Kress, 2005). Likewise, worked in three distinct phases, as shown in the following scheme:

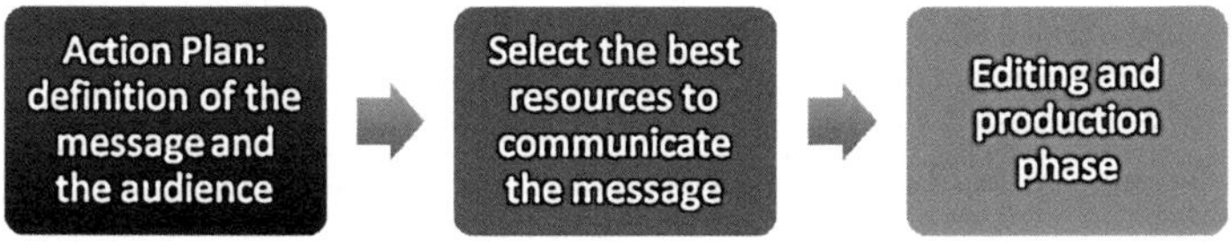

Phases for the creation of audiovisual productions

The products created by the students showed the creative power of thinking processes. Besides the ability of appropriation, collective creation of an audiovisual product helps to develop other social skills such as negotiation, decision making and problem solving.

The skill of transmedia navigation: the ability to understand the stories across multiple platforms

In the era of convergence, consumers combine together information from multiple sources to form a new synthesis. As they do so, we encounter the same information, the same stories, the same characters and worlds across multiple modes of representation. Transmedia stories at the most basic level are stories told across multiple media. At the present time, the most significant stories tend to flow across multiple media platforms (Jenkins, 2006a).

One dimension of this phenomenon points us back to what Kress calls *multimodality* (Kress, 2005). Consider a simple example: the same character (for example, Harry Potter) may look different when featured in an animated video than in a video game, in a printed comic book, as a

molded plastic action figure, or in a live-action movie. Participants must learn to navigate the different modes of representation and make significant decisions about the best ways to express the ideas.
In short, transmedia navigation involves a dual process: on the one hand, identify content that emerges from the different modes of representation and, on the other hand, the understanding of the connections between the different stories developed between different modes of communication.
An example of this phenomenon transmedia was developed in our research by analyzing the videogame adventure *Harry Potter and the Goblet of Fire*, conjugate addition by the novel and film of the same name.

An adventure video game: Harry Potter and the Goblet of Fire

In the game of Harry Potter and the Goblet of Fire, adventures can be borrowed from other media, primarily film and literature. This game is based on the novels by J.K. Rowling. After an initial analysis, we found that the quotes and dialogues presented are oriented to guide us through the different challenges of the video game. Almost always these elements relate to the music, with subtitles or oral dialogues between characters.
These elements are very valuable resources so that students could be placed in the plot of the adventure recounted. Comparing the stories told in video games and in the film we found they were able to make connections between them. The next figure shows images taken from the two means by which students were able to learn and compare different speeches.

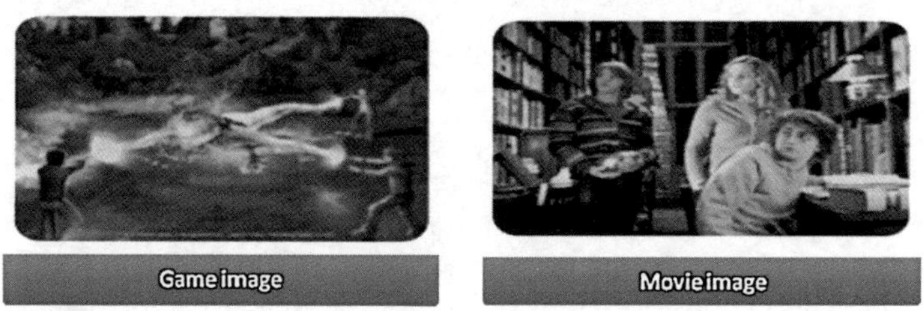

Comparison between the images of the video game and movie

The ability to be adaptable stories about media and others makes adventure video games instruments to learn the skill of transmedia navigation, where students must learn different speeches, depending on the medium they may be facing, associated with multiple literacies.

The use of this game in the classroom has a close relationship with the development in students of narrative thinking. But thanks to the interactivity of the game itself, it goes a step beyond what would the narrative analysis of film or literature, since students are not only those who believe the stories but also have to analyze and deduce.

To develop the ability to transmedia navigation it is necessary to find resources that encourage reflection on the game in relation to other narrative works related to it, promoting dialogue with other forms of discourse. In the case of video game, we should not only pay attention to its narrative, but also solve the problems and challenges that it offers. In this sense, it becomes clear what Bruner (2002) explained in relation to two of our human capacities, count and analyze.

In conclusion, thanks to the game of Harry Potter and the Goblet of Fire students developed the dual process of transmedia navigation ability, because on one side they were able to identify the specific content of each of the media in which the protagonist was present and, secondly, analyzed and understood the connections between the different stories and, through them, could advance more precisely in the game.

Conclusions

Our research analyzes the use of commercial video games in classrooms and its educational implications. This communication medium is combined with others to help the students in developing *new literacies* (Gee, 2003). Specifically, in this chapter, we have focused on three different learning skills (Jenkins, 2006) and their relation to the use of certain video games.

The use of video games in the classroom transforms learning spaces. It is only used to play, but the aim is to analyze, discuss and create from them, promoting innovative learning in students.

Throughout this chapter, we have pointed out three key concepts that are closely related, ranging from the general to the specific. First, we focus on the concept of *participatory culture* developed by Jenkins (2006) is that students can make contributions to culture through new technologies. They must enter *new literacy* processes and face different semiotic discourses to which they are accustomed to, such as the media. Finally, they need to acquire *new learning skills* that are intrinsic to the use of video games and that, without the guidance of teachers, could be hardly aware of them.

As discussed, the ability to *play* implies that students are faced with different challenges and proposes that video games are able to solve problems in the best way possible. That means that students have to develop their analytical skills, self-management and anticipation. To this end, we propose the use of simulation games and especially some sports games.
The ability of *Appropriation* means that students are able to extract those resources they deem relevant to the game in order to generate these inputs to the new media culture available to them. As we discussed, it is difficult to create from nothing and, in this sense, students are inspired by the original creations of video games to generate their own. We believe that strategy games are well suited to this skill because it is the user that marks, depending on the chosen strategy, the future of the game.
The ability of *Transmedia Navigation* is that students are able to analyze the stories told by different means and connections among them. This is an essential skill because making learning relevant and significant for children entail making connections between subjects and concepts. In this sense, adventure video games, with a high load narrative, are especially important to develop this skill.
In short, the school cannot continue to teach the traditional style but must adapt to the new challenges that are present in society, like mass media. Without media education, a gap could take place between the schools demands, and the future professional development of the students.

References

Anderson-Levitt, K. (2006). Ethnography. In J.L. Green, G. Camilli & P.B. Elmore (Eds.). Handbook of complementary methods in education research (pp. 279-296). Mahwah, NJ: Lawrence Erlbaum.

Austin Millán, T.R. (2000). Fundamentos sociales y culturales de la educación. Chile: Editorial Universidad Arturo Prat.

Balaguer, R. (2002) Videojuegos, Internet, Infancia y Adolescencia del Nuevo Milenio

Bruner, J. (2002). Making stories: Law, literature, life. New York: Farrar, Straus and Giroux.

Buckingham, D. (2002). Crecer en la era de los medios electrónicos, tras la muerte de la infancia, Madrid: Morata.

Burn, A. (2009). Making New Media. Creative Production and Digital Literacies. New York: Peter Lang.

Csikszentmihalyi, M. (1990) Flow: the psychology of optimal experience. New York: Harper.

de Freitas, S. (2007). Post-16 e-learning content production: a synthesis of the literature. British Journal of Educational Technology (BJET), 38(2), 349-364.

Denzin, N. K. & Lincoln, Y. S. (Eds.) (2011). The SAGE handbook of qualitative research (4th ed.). Thousand Oaks, CA: Sage.
Estallo, J. (2006). Juegos de simulación como herramienta de aprendizaje. Revista Comunicación y Pedagogía, (216), 55-60.
Epstein, L.H., Paluch, R.A., Roemmich, J.N. & Beecher, M.D. (2007). Family-based obesity treatment, then and now: Twenty-five years of pediatric obesity treatment, Healthy Psychology, 26, 381-391.
Foreman, J., Gee, J. P., Herz, J. C., Hinrichs, R., Prensky, M. & Sawyer, B. (2004). 'Game-Based Learning: How to Delight and Instruct in the 21st Century'. EDUCAUSE Review. Vol. 39, No 5, 50-66 [online]. <http://www.educause.edu/ir/library/pdf/erm0454.pdf> (Retrieved September 7, 2012).
Gallardo, M. A. (2006). Aprendizaje de las reglas del Fútbol a través del videojuego. Revista de Comunicación y Nuevas Tecnologías. Icono 14, N° 8.
Gee, J. P. & Green, J. L. (1998). Discourse analysis, learning and social practice A methodological study. Review of Research in Education, 23, 119-171.
Gee, J.P. (2003). What video games can teach us about literacy and learning. NewYork: Palgrave-McMillan
Gee, J. P. (2004). Situated language and learning. A critique of traditional schooling. New York: Routledge.
Gee, J. P. (2008). Video Games and Embodiment. Games and Culture, 3(3-4), 253-263.
Gee, J.P. (2011). How to do Discourse Analysis. Oxon: Routledge.
Gros Salvat, B. (Coord.) (2000). La dimensión socioeducativa de los videojuegos. Edutec. Revista Electrónica de Tecnología Educativa.12 /junio 2000
Gros, B. (2002). Constructivismo y diseños de entornos virtuales de aprendizaje Revista de Educación. 385, Mayo-Agosto.
Jenkins, H. (2006a). Convergence Culture. New York: New York University Press.
Jenkins, H. (2006b). Confronting the challenges of participatory culture: Media education for the 21st century. White Paper. MacArthur Foundation. <http://digitallearning.macfound.org/atf/cf/%7B7E45C7E0-A3E0-4B89-AC9C-E807E1B0AE4E%7D/JENKINS_WHITE_PAPER.PDF> (Retrieved October 10, 2012).
Jenkins, H. (2010). Tranmedia Education: the 7 Principles Revisted. <http://henryjenkins.org/2010/06/transmedia_education_the_7_pri.html> (Retrieved October 10, 2012).
Juul, J. (2005). Half-Real - Video Games between Real Rules and Fictional Worlds Massachusetts: MIT Press.
Juul, J. (2007). A Certain Level of Abstraction. In Situated Play: Proceedings of the DiGRA 2007 International Conference held at the University of Tokyo. Tokyo, The University of Tokyo.
Kayali, F. & Purgathofer, P. (2008). Two Halfes of Play. Simulation versus Abstraction and Transformation in Sports Videogames Design. Journal for Computer Game Culture, 2 (1), 105-127.
Kress, G. (2005). El alfabetismo en la era de los nuevos medios de comunicación, Granada, Ediciones El Aljibe-Enseñanza Abierta de Andalucía.
Lacasa, P. (2011). Los videojuegos: Aprender en mundos reales y virtuales. Madird: Morata.

Lacasa, P. et al. (2009). Videojuegos en el Instituto. Ocio digital como estímulo en la enseñanza. <www.aprendeyjuegaconea.com> (Retrieved October 10, 2012).
Lacasa, P., & Reina, A. (Coord.) (2004). La televisión y el periódico en la escuela primaria: Imágenes, palabras e ideas. Madrid: Ministerio de Educación, Cultura y Deporte. Centro de Investigación y Documentación Educativa.
Leonard, K., Van Scotter, J. & Pakdil, F. (2009). Culture and Communication: Cultural variations and media effectiveness, Journal of Administration & Society, 41: 7, 850–77
Manovich, L. (2001). The language of New Media. Cambridge: MIT Press.
Marqués, P. (2006). Los videojuegos. Web Pere Marqués. <http://dewey.uab.es/pmarques/>.
Mills, K. (2010). A review of the "Digital Turn" in the New Literacy Studies. Review of Educational Research, June vol. 80, 2, 246-271.
Morales, E. (2009). El uso de los videojuegos como recurso de aprendizaje en Educación Primaria y Teoría de la Comunicación. Revista Académica de la Federación Latinoamericanas de Facultades de Comunicación Social, Vol. 78
Oblinger D. G. & Oblinger, J. L. (2005). Educating the net generation. Boulder, CO: Educause.
Partnership for 21st Century Skills. (2007). Route 21. <http://www.21stcenturyskills.org/route21/> (Retrieved November 25, 2007).
Peláez, B. (2009). Fútbol y videojuegos: reinventando el fútbol. Razón y palabra, nº 69, 1-14.
Salazar, C. & Villar, M. (2007). El videojuego del tetris y su transferencia al golpeo del juego de la indiaca en alumnos de 1° ciclo de la ESO. Comunicación XII Congreso Internacional de Informática Educativa. UNED. Madrid
Stake, R. (2006). Multiple Case Study Analysis.New York: Guildford.
Shaffer, S., & National Endowment for the Arts. (2004). Imagine! introducing your child to the arts, 67. <http://purl.access.gpo.gov/GPO/LPS110770> (Retrieved October 10, 2012).
Sánchez Silva, H. A. (1998a). La otra cara de la tecnología en la educación. <http://www.vermic.com.mx/art_cara.htm> (Retrieved August 22, 2012).
Spires, H.A. (2008). 21st century skills and serious games: Preparing the generation. In L.A. Annetta (Ed.). Serious educational games (pp. 13- 23). Rotterdam, The Netherlands: Sense Publishing.
Squire, K. (2002). Cultural Framing of Computer/Videogames. Game Studies, vol. 2.
Squire, K. (2006). From content to context: Videogames as designed experience. Educational Researcher. 35(8), 19-29.
Trahtemberg, L. (2000). El impacto previsible en las nuevas tecnologías en la enseñanza y la organización escolar, Revista iberoamericana de educación, Nº 24.
Wolf, M. (2003). Abstraction: An Untapped Potential. [n.p.]
Yin, R. (2011). Case Study Research: Design and Methods. Sage Publications.

Literature for quick access

Gee, J.P. (2003). What video games can teach us about literacy and learning. NewYork: Palgrave-McMillan.

Gee, J. P. (2008). Video Games and Embodiment. Games and Culture, 3(3-4), 253-263.

Jenkins, H. (2006b). Confronting the challenges of participatory culture: Media education for the 21st century. White Paper. MacArthur Foundation. <http://digitallearning.macfound.org/atf/cf/%7B7E45C7E0-A3E0-4B89-AC9C- E807E1B0AE4E%7D/JENKINS_WHITE_PAPER.PDF> (Retrieved October 10, 2012).

MICHAEL FILSECKER, MICHAEL KERRES

Designing and studying educational games: Limitations of current design and research approaches in game-based learning

Introduction

Over the past 30 years the educational game industry has been designing games for learning purposes. The evidence of its effectiveness have been modest (e.g. Randel et al., 1992; Hays, 2005) and some have ironically referred to these games as either *shavian reversals* (Papert, 1998) or *chocolate-dipped broccoli* (Bruckman, 1999) or, simply, *crap* (Brenda Laural as cited in Fortugno & Zimmerman, 2005). We believe that this worrisome state of affairs has only two ways out: either the field think differently of games or think differently of educational content, or maybe both. This chapter focuses on the former alternative, that is, how the field of educational games thinks of games and the consequences for their design and study. The latter, concerning content, although important, has been already discussed by influential scholars (e.g. Gee, 2003).

The first section of this chapter reviews the basic ideas behind current design approaches of educational games and exemplifies them through selected examples from current innovative designs. We can distinguish between designs that emphasize the "endogenous" interaction between fantasy and content of the game and designs that emphasize the narrative aspects of games. The section ends arguing for the need to focus the research efforts in the idea of *gameplay*[1].

The second section of this chapter summarizes the characteristics of research conducted on educational games. Most studies are quasi-experiments focused on knowledge acquisition. The majority do not explore the process of gameplay as their counterpart do in the area of human-computer interaction dedicated to understand game experience or *GX* (e.g. Nacke & Lindley, 2008). Therefore, a closer look at the focus and methods of this research field is described to enrich the research conducted in the educational game field. The section ends with a description of a framework for studying at the same time the attributes of game that

[1] Gameplay refers to how the game is actually played and emerges from the interaction of a) the game's rules, b) the players' pursuit of the goal of the game, and c) the players' chosen repertoire of strategies and skills (Juul, 2005).

contribute to the gameplay as well as individuals' *engagement*. The framework focuses on the notion of engagement and is defined as a "meta-construct" entailing different cognitive, behavioral and emotional reactions from individuals as a result of their interaction with specific game attributes.
The chapter finalizes by summarizing the key points discussed on the previous sections and highlighting desirable direction for future research on educational computer games.

Design approaches in educational games

From the instructional design perspective, Kerres, Bormann, and Vervenne (2009) have distinguished two alternatives to harness the potential of games for learning purposes (see next figure). In the first one a game is embedded in a particular learning situation as a source of reflection or as a context for practicing the content delivered by instruction. At the end of the experience with the game, a reflection or de-briefing session is suggested to make sure learners acquire the knowledge as expected without misconceptions. Examples of this approach used mainly games for entertainment, but there are also examples using educational games such as *River City* (Nelson et al., 2005). In the second approach, the focus of this chapter, the gameplay is the reward for having solved different learning tasks. The game and the learning tasks can be more or less independent from each other. The general assumption is that the more dependent they are the better the learning effect of the general game experience.

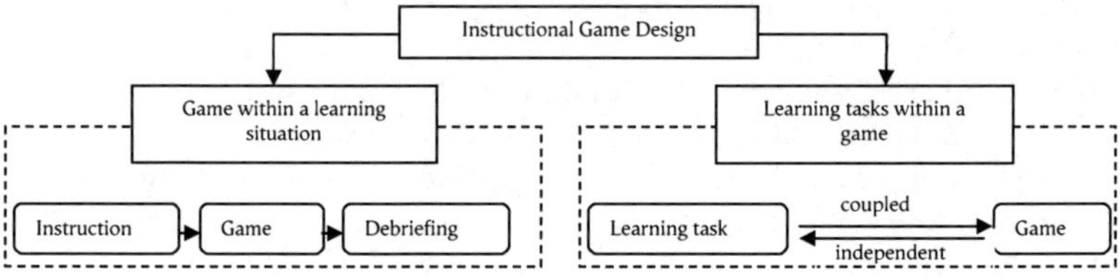

Main instructional game design approaches. Adapted from Kerres et al. (2009).

This second approach reflects to some extent the broader debate in the game design community concerning the centrality of interaction/interactivity (e.g. Juul, 2001) and storytelling/narrative (Adams, 2001) for the design of games. Consequently, the idea of *coupling* the academic content with the game elements has been addressed from two perspectives: the endogenous fantasy/intrinsic integration approach and the narrative approach. The former emphasizes the mechanics/interactivity side of games, and the latter emphasizes Bruner's idea of Narrative either as a particular structure for organizing knowledge (Bruner, 1996) or as a powerful metaphor (Barab et al., 2007). However, educational game design seems to overlook some key concepts and ideas from the game designers' community and maybe even to work under wrong assumptions concerning what is fundamental in a game. We now describe the common approaches to game design and highlight the missing aspects that are key factors in the game design field.

Endogenous/intrinsic fantasy perspective

Generally speaking, the effective instructional design of games is believed to reside in the manner in which the learning content is organized within a game. One possibility is represented by the highly cited work of Malone (1981). He claimed that intrinsic or endogenous fantasy is a powerful design goal for intrinsically motivated instruction. Malone defined "a fantasy-inducing environment as one that evokes 'mental images of things not present to the senses or within the actual experience of the person involved' (American Heritage Dictionary)" (360), and further distinguished between extrinsic and intrinsic fantasy — later called *exogenous/endogenous* with no change in meaning (Malone & Lepper, 1987). The extrinsic fantasy is exemplified in the game *Hangman* in which the player progresses to avoid the fantasy catastrophe of being hung up and it is *extrinsic* because the fantasy "depends on the use of the skills but not vice versa" (360). This means that the skills could be related to algebra, vocabulary and so on and the fantasy will remain the same. On the contrary, in intrinsic fantasies "not only does the fantasy depend on the skill, but the skill also depends on the fantasy", i.e., the "problems are presented in terms of the elements of the fantasy world, and players receive a natural kind of constructive feedback" (361). Malone exemplifies his idea with the game *Darts* (see next figure) in which players need to estimate distances on a number line on the basis of introducing fractional numbers (i.e., the skill) to determine how distant or near to each other are located a set of balloons on a number line, so that if the players apply the skill correctly they can aim at the balloons with an arrow and destroy them (i.e., the fantasy).

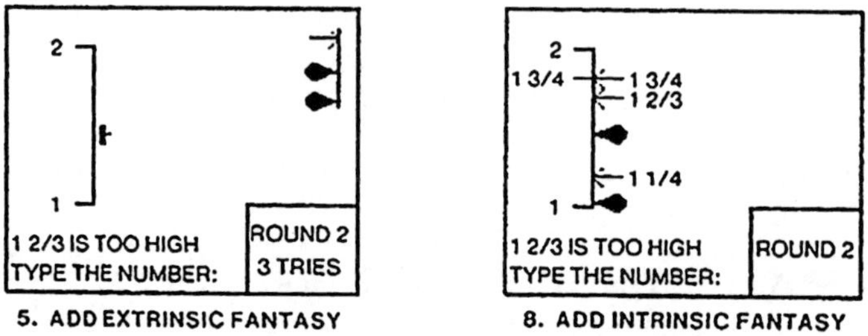

The extrinsic and intrinsic fantasy in *Darts*. Extracted from Malone (1981).

Among the few scholars that raised a critique to Malone's initial conceptualization of intrinsic fantasy are Habgood, Ainsworth and Benford (2005). They concluded that the concept of intrinsic/extrinsic fantasy was conceptually misleading and proposed to focus on the games' *core mechanics* and its assumed relation with *flow* experience to design effective instructional games. Specifically, the authors' basic design guidelines for the integration of learning in digital games were (494):

1. Deliver learning material through the parts of the game that are the most fun to play, riding on the back of the flow experience produced by the game and not interrupting or diminishing its impact.
2. Embody the learning material within the structure of the gaming world and the player's interaction with it, providing an external representation of the learning content that is explored through the core mechanics of the gameplay.

Under these guidelines they developed a math game for children called *Zombie Division*[2] from which they created and compared two versions: an intrinsically and extrinsically integrated version (see next figure). In general terms the authors presented the game as a 3D action-adventure game based on sword fighting; where the player destroys skeletons by dividing them according to the number the skeletons have in their chest.

[2] See <http://www.gamelearning.net/> (retrieved September 18, 2012).

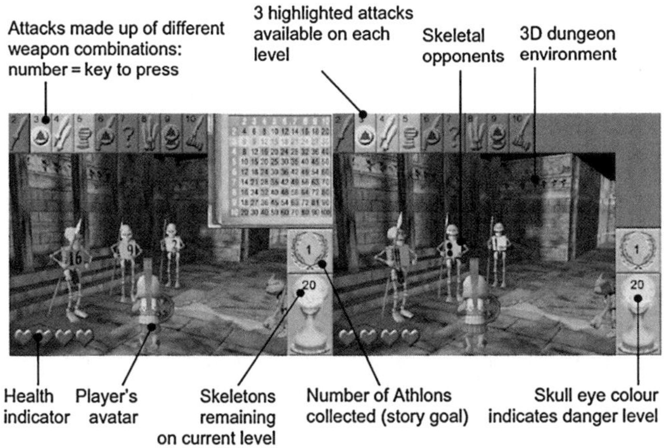

Intrinsic and extrinsic versions of *Zombie Division*. The extrinsic version has skeletons without numbers and a final test is embedded at the end of the game. Extracted from Habgood and Ainsworth (2011).

The authors described the core mechanics as "defeating enemies in combat by attacking each enemy with a divisor that divides its dividend into whole parts" (Habgood & Ainsworth, 2011: 176). They continued by identifying other mechanics for the purpose of learning math as well as *secondary* mechanics. Among the formers we find:

- Each game level contains 20 zombie skeletons (enemies)
- An appropriate attack is the one that matches the weapon-divisor used by the player and the dividend carried on the skeletons' chest
- Three different weapon-divisors are available to players
- Skeletons divided by an appropriate attack turn into equally-sized small ghosts (depending on the divisor used by the player) showing the quotient.
- Skeletons fight back if attacked using an inappropriate attack, diminishing player's health
- When Health is equal to zero, the player has to start the level again
- Skeletons gain weapons to parry the players' attacks
- Giant skeletons turn into small ones if attacked by weapon-divisors resulting in quotient greater than 10.

- Skeletons gain more ferocity as levels increase going from passive standing and blocking areas to overt pursue of the players. The skeletons' hostility is shown in their eyes' colors (from green to glowing red).

Concerning the secondary mechanics (i.e., the fantasy), the authors described them as related to exploration of a dungeon and collecting keys. The fantasy is rooted in the ancient Greece and the Olympic Games. The winners were Heroes that received *magical Athlons* which gave them strength to keep piece among people. However, a king wanting to have all the Athlons for himself mistakenly cursed the Athletes who disappeared. Since then people are hoping for a hero to bring back the Athletes. The hero is the player's avatar Matrices and the cursed athletes are the Skeletons. The curse will be dispelled if skeletons' numbers are divided with the magical attacks. In each level all the dividable skeletons should be defeated using the weapons available. The authors explicitly stated that this was an arbitrary fantasy to give the above mechanics a context and that "this fantasy...could very easily be replaced with an entirely different fantasy context...without changing the intrinsic relationship of the learning content with the game's core mechanic" (Habgood et al., 2005: 178).

However, as Juul (2005) argued in his book *Half-real*, the relationship between *rules* or mechanics and *fictions* or fantasy is more complex and interdependent than the design of Zombie Division suggests. According to Juul, "rules and fiction interact, compete and complement each other" (163). In video games, the rules of the game are inferred from the fictional world. The players have expectations about how the fictional world works and while playing the game they discover which of these expectations have been in actuality programmed and embedded into the rules of the game. This may turn into disappointments in particular in educational games given their limited implementation of the fictional world into the rules of the game. For example, in Zombie Division one could assume that the dungeon may contain hidden rooms or halls, torture chambers and so on as depicted in gothic fictions. Or if one has played *Dungeons Keeper* one could expect to be able to build a prison and have enemies who will turn into skeletons, ghosts or vampires depending on specific players' actions.

From a game design pattern perspective (Björk & Holopainen, 2004), a game is an activity in which the players encounter reoccurring designed parts of a game that relate to gameplay. These parts are called *patterns* and each of them has particular consequences on gameplay. The authors distinguished more than 200 patterns, so we will discuss just a few concerning directly Zombie Division. In Zombie Division, the design belongs basically to the action genre in which the motor skills are important to succeed in the game — usually a fight. When we look for the pattern that might govern these fights we found the *Combat* pattern. Additionally, Zombie Division reduces the players' health if skeletons have the opportunity of fighting back, which occurs when players choose the wrong weapon-divisor to attack skeletons. This can be identified as the *Damage* pattern. From a design pattern perspective the relationships between Combat and Damage and the consequences they might have on gameplay are much more complex and rich that the description provided by Zombie Division. Combat as a pattern in games refers to actions aim at killing or overcoming opponents. On the other hand, Damage refers to actions that can lead to negative consequences. This seems straightforward concerning Zombie Division: players choose the right weapon-divisor and divide (defeat) the skeletons, otherwise skeletons fight back and diminish the players' health. However, a deeper exploration of the pattern shows how these two patterns interact with other patterns to give gameplay tension and emotion. It is unknown how Zombie Division can achieve such a gameplay if does not address the other patterns as well (see next figure).

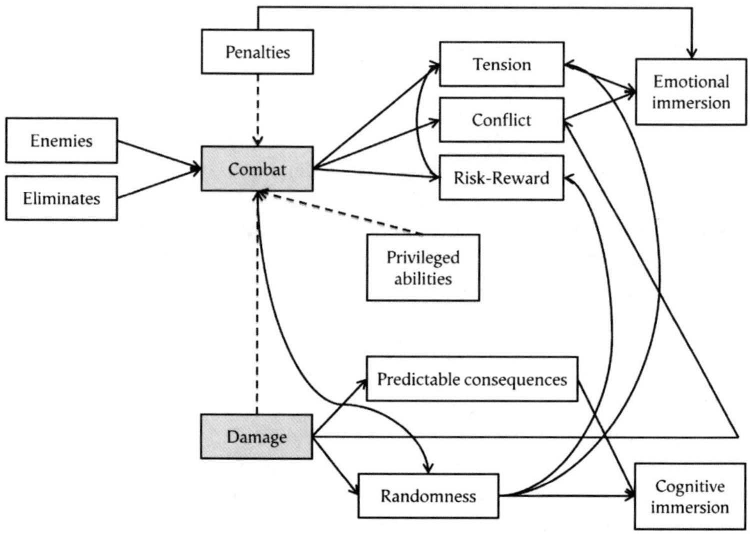

Diagram of Combat and Damage Game Design Patterns and their relationships to other patterns

The figure summarizes the main patterns identified in *Zombie Division* and their theoretical interaction. The solid arrows mean that the pattern *instantiates* or cause the other pattern in the direction of the arrow. *Enemies,* for example, instantiates Combat. That is, if one designs the existence of Enemies (avatars or units that try to avoid the players' completion of some goal) this will provoke a Combat situation between them. Similarly, Damage instantiates *Randomness* (events that cannot be exactly predicted), which in turn instantiates *Tension* (feeling of lack of control of the outcomes of actions or events in a game) and *Cognitive immersion* (focused attention upon problem-solving aspects of a game). On the other hand, segmented arrows indicate that one pattern *modulates* the other not causing it, but fine tuning its expression. In this theoretical model as applied to *Zombie Division,* it is important to note that emotional and cognitive immersions are opposing ends. This means that designers need to think of ways of making cognitive immersion more likely: which patterns instantiate this type of immersion? We have, among others, *puzzle-solving* and *budgeted actions points* (not represented in the diagram). The first one refers to actions solvable using inductive/deductive reasoning. In *Zombie Division* this could have been achieved by having some skeletons leaving *cues* or *traces* concerning either the king that first produced the cursing and that is being protected by the skeletons so that killing the king is another goal of the game. Or adding other creatures or game spaces in which the player needs to *Negotiate* or *Bluff* with the creatures in order to exchange game elements necessary for moving forward. For instance, in the dungeons the player may discover a torture room with different instruments that may serve as weapons or other elements that can support the player's journey in the dungeons. Another pattern relationship interesting to explore is *Risk-Reward* and *Tension.* Risk-Reward refer to the extent that the chance of receiving a *Reward* is linked to some risk of receiving a *Penalty* if the player fails to acquire the Reward. This pattern requires the non-existence of *Predictable consequences.* In the context of the fight between the player and the skeletons, it is not clear what the reward in *Zombie Division* is in terms of advancing the player chances of success in the game or giving some *Extra-Game Consequences.* Similarly, given that the player either chooses the right weapon defeating the skeleton or fail to do so diminishing her health, there is a predictable situation. With a predictable situation and no clear Reward, the *Risk-Reward* pattern is unlikely to emerge and therefore the *Tension* in gameplay could turn out to be weak.

The narrative perspective

The second broad design guideline is narrative (e.g. Barab et al., 2007). The core argument is that a curriculum would help students better in understanding the meaning and value of the underlying principles of an academic topic, such as Erosion, if the academic content is embodied within an interactive narrative, so that the person and the story are *coupled* together. In a game this interaction should be designed as to push back player's understanding of academic concepts, thus becoming games a type of *transactive curricula* that afford the interplay between player and the story line. Under these premises the authors develop *Quest Atlantis* (QA) a multiuser learning environment which was inspired by role-playing games such *Everquest,* in which a metagame provides context, coherence and meaning to the different Quests individuals are invited to solve (see next figure). QA's metagame consists of an online adventure to save Atlantis — a mythical world — from its complete disaster, a set of online 3D worlds, rewards systems and a homepage for each individual. Through the figure of an avatar, individuals respond to the Quests so as to help people of Atlantis to restore its wisdom. By responding to the Quests, individuals gain points (i.e., *Cols* and *Lumins*) that can be used to increase Atlantis wisdom and the player's status within the game. The points can be exchanged, for example, for trading items (e.g., pins and stickers), renting land to build buildings or in time they can open new privileges in the world (e.g., flying).[3]

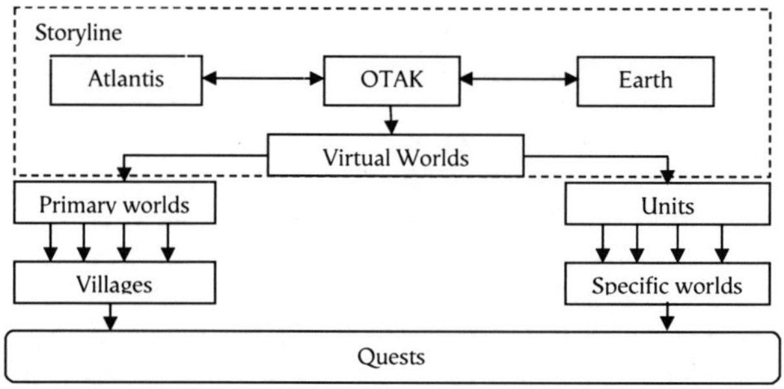

Diagram of Quest Atlantis general structure

According to the story, the OTAK represent the virtual world through which the Council of Atlantis communicates with the Earth (individual players). The OTAK is made of several primary worlds and villages reflecting social commitments (Unity world) and subject-matter units (Taiga unit[4]). In each case individuals explore the virtual world and the main gameplay consists of clicking on Non-Player Characters (NPCs) to gain information needed to complete a Quest. Through their avatars, individuals take the role of field investigators, mathematicians, etc., using the academic content embedded in the game so as to make inform decisions that change the environment.

[3] See <http://www.questatlantis.org/> (retrieved September 18, 2012).
[4] See <http://www.questatlantis.org/#42> (retrieved September 18, 2012).

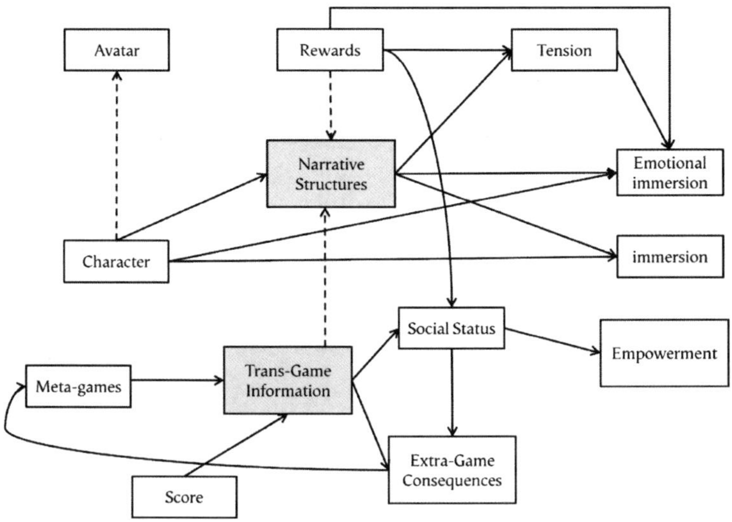

Diagram of Narrative Structures and Trans-Game Information their relationships to other patterns

The main patterns appropriate to discuss QA's gameplay are depicted in the figure above. As with the description of *Zombie Division*, solid arrows represent instantiations relations and segmented arrows represent modulation relations among the patterns. The main point here is the limited connection between the higher level components of QA's meta-game (i.e., the story) and the lower level components such as a particular Quests within a specific world (e.g., Taiga unit).

The *Narrative structures* pattern (the stories' structures unfolding while playing the game) motivates individuals to pursue certain goals and rewards them by "weaving the consequences of players' actions into an unfolding story" (Björk & Holopainen, 2004: 216). This pattern is instantiated by, among others, *Characters* (a representation of persons in a game), which together with Narrative Structures instantiate key patterns such as *Immersion* (immersion in the activity of play or deeply focused in the game interaction) and *Emotional Immersion* (being affected by the events of the game). In addition, the character of this immersion is modulated by, for example, *Rewards* (receiving something perceived as positive for completing goals in the game) and *Trans-Game Information*(Information passed from one game session to another). As a case in point, after completing a Quest, individuals in QA are given either *Cols* (i.e., QA's currency) to trade items and rent spaces in the world to build or individuals get *Lumins,* which, according to QA's story, may help Atlantis get its wisdom back. In both cases we are dealing with Trans-Game Information, that is, information concerning the degree of completion of the Quests. This information, in turn, may instantiate a particular *Social Status* (the degree of admiration, approval or esteem a player enjoy within the game) and bring about *Extra-Game Consequences* (consequences that do not affect the game state or how it is perceived). In QA, individual can buy pins and stickers, use badges and rent land to build houses and similar buildings. This situation, on the other hand, can lead individuals to feel they can affect the game, that is, experience the consequences of *Empowerment* (Players feel that they can affect the events and outcome of a game).

However, if the main gameplay in QA consists of clicking on different NPCs within specific worlds (see figure above) such as Taiga, how in actuality the patterns described are connected, if at all, within the metagame of QA is not obvious. For example, an individual in Taiga drafts a summary of the indicators (e.g., Nitrates) that may account for the erosion of rivers and gets teacher feedback plus, say, 5 Cols and 7 Lumins. How is this connected with the general storyline of QA? There is nothing in the gameplay of these specific worlds that indicates how these patterns might be connected and how they can generate the highly valued immersion and empowerment. For example, Narrative Structures need a degree of *Limited Foresight* (little knowledge of the next events in a game). In QA the overarching goal of helping Atlantis is very predictable, that is, one must solve Quests, accumulate points (e.g., Lumins) so as to illuminate Atlantis lost wisdom. The links between these events is direct and clear for the players. Similarly, the lack of Enemies and *Boss Monsters* (powerful enemy the players have to overcome to reach certain goals in the game), diminish the probability of experiencing dramatic points and challenges and, therefore, Tension. On the other hand, Social Status is accompanied with Rewards, which in QA are basically Cols and Lumins and are associated with trading, renting and performing special actions. An interesting variant could be that groups of individuals might be able to agree upon types of Rewards. Similarly, an individual could ask for permission to distribute these Rewards from a successful Quest. Another interesting pattern to explore is *Character Development* (improvement of skill and knowledge). Two alternatives to achieve this development are through either being more likely to succeed with actions in the game or make actions previously absent possible. The central point is that individuals should be able to perceive they can influence the game state with their current *Privileged Abilities* (players perform actions that are not readily available to other players) or *New Abilities* (gain new abilities during gameplay). Even though in theory individuals in QA can fly if they get enough points, this new ability does not have a perceivable change in the game state, that is, no matter how high or skillful one can fly, the level of wisdom of Atlantis remains unaltered. By changing QA's story, individuals could gain the ability to hire some secret agent or a group of mercenaries to find out, for example, who might be behind the decay of Atlantis.

This brief description of two different approaches to the design of educational game reflects the misunderstanding of the relationship between rules and fiction. In the first case, the notion that the fantasy/narrative side of the game can be interchanged by any other without altering the core mechanic of the game risks the development of simple games with poor gameplay, and hence, poor engagement power. The second case reflects an overemphasis on the narrative side of games, but with virtually no rules that connect the narrative as a context with the actions executed during the game. In particular for QA the idea of conflict, key to games, is in actuality non-existent. The whole metagame is about *helping* another society in danger, while the game *Everquest* (and other similar) is based mainly in combat, enemies, conspiracy and deception. Finally, the focus of weaving content such as Algebra or Water Quality with a game has made researchers and designers to put gameplay as a secondary design goal. The general point of this analysis is to show how richer could be the discussion on educational computer games if more attention is paid to the game design patterns approach and how useful could be for improving existing designs so that the field could advance toward more sophisticated educational games not in terms of features such as 3D or graphics, but in terms of interesting choices and high quality of gameplay. To achieve this though, an appropriate research is needed. Below is a brief description of our research framework.

Educational game research: A conceptual framework for future research

The empirical evidence concerning the effectiveness of educational games for promoting learning and motivation is inconclusive (e.g. Hays, 2005; Randel, Morris, Wetzel & Whitehill, 1992; Tobias & Fletcher, 2011) and the highly touted relationship between motivation and learning has barely been able to be replicated (Kebritchi, Hirumi & Bai, 2010; Lepper & Cordova, 1996). Research on educational games seldom develops a theory of action about how the designed instructional game will reach a particular learning goal (Honey & Hilton, 2011), or how specific game design patterns contribute to a particular learning goal. Most studies only postulate mechanisms and processes, but seldom measure them. For example, Habgood (2005), when studying *Zombie Division*, although a detailed description of the design was provided, the hypothesized mechanism of flow for explaining the effectiveness of his game was presented without data to explore how flow led to learning. Later Habgood and Ainsworth (2011) acknowledged "...most of the research on flow does not describe how flow enhances learning [...] all we can do is postulate some possible mechanisms..." (197). Similarly, research on QA has shown positive impact on understanding and achievement, but the mechanism that have led to those results has been left out. In addition, QA's research has not formally studied how Cols and Lumins, that is, Rewards, Score and Extra-Game Consequences might have affected the positive impact on achievement. What is needed then is a more *process-oriented* approach that considers the design of the game and how it impacts the quality of individuals' experience of the game. Some attempts have been made to study game "attributes". For example, Pavlas, Bedwell, Wooten, Heyne, and Salas (2009) mapped particular game attributes with different learning outcomes through experimental manipulation of the attributes selected. Similarly, Kickmeier-Rust, Hilleman, and Abert (2011) through eye movement analysis showed that good learners scanned visual field evenly with longer saccades, attending to relevant areas of the screen more frequently. Although promising, these types of studies tend to consider games as objects with different features that can be removed at will in order to explore their effect on learning. However, we contend that games are a unitary system in which gameplay is central and we do not know the effect that the removal of some features might have on the game and, hence, the experience of playing the game. Therefore, we believe that educational game research should focus on games as unit in order to explore individuals' gaming experience.

One alternative is represented by the field of games for entertainment which has adapted methods for capturing the players experience (GX) and the playability of the game design by studying games as a whole and not as pieces (e.g., Nacke & Lindley, 2008; Nacke, Drachen & Goebel, 2010). Their focus is to find how particular design attributes of games affect users' experiences by employing different game metrics (e.g., physiological and eye tracking measures together with self-reports and interviews). With an important focus on interface design and individuals' en-

joyment, this research community has investigated the process of gameplay or playability far more than the educational game community. For example, Nacke and Lindley (2008) tested three modes of play based on boredom, flow and immersion, using as dependent variables physiological measures (e.g., facial electromyography) and self-reports of individuals' game experience. Concerning the physiological measures, the authors found that the measures were sensitive to the different game modes. Interestingly, despite having different sources of data to analyze, the authors displayed measures separately and no correlation among the questionnaires and physiological data was reported. Although a promising line of research, to our knowledge there is no systematic study that captures the GX and relate it to identified game design patterns as described in the previous section. To this end we describe our proposal to study, in particular, how design patterns affect engagement and, ultimately, learning in an educational computer game.
The problem we are after is that of determining whether individuals who perform better and show higher learning outcomes in an educational computer game also engage differently during gameplay and, if so, whether these differences can be accounted for the features of gameplay — that is, specific game design patterns (Björk & Holopainen, 2004).

			Engagement	
Game Design Patterns	**Game Usability**	**Cognitive**	**Emotional**	**Behavioral**
GDP1...	Self-reports, Observations & Interviews	Self-reports, Interviews: Amount of invested mental effort Workload Strategies and reasoning employed	Self-reports, Sampling Experiential Method, Interviews, physiological measures: Flow, Enjoyment, Frustration, etc.	Eye tracking: Visual attention Focused versus scanning behavior Depth of reading Scanpath analysis
...GDPn				

A conceptual framework for studying relations among game design patterns and individuals' engagement. Here interview includes open ended, focused and think-aloud (concurrent and retrospective) alternatives. GDP: Game Design Pattern.

The table above presents a summary of the key experience we need to deeply understand: individuals' engagement. For this engagement to be relevant for educational purposes, we borrow the conceptual framework based on motivation and self-regulation literature. This framework portraits engagement as a multidimensional construct composed of different behaviors, emotions and cognitions: behavioral engagement refers to active participation and includes effort and concentration; emotional engagement refers to the extent the individual experiences positive and negative reactions such as interest, enjoyment, and enthusiasm; cognitive engagement is defined as investment in learning and includes self-regulation, thoughtfulness, and willingness to go beyond the basic requirements to master difficult skills (Fredricks, Blumenfeld & Alison, 2004). Therefore, an individual showing a high engagement is characterized by high attention, interest and enjoyment, and effort to master new skills. Meanwhile, a low engaged individual is characterized by boredom, inattentiveness, and passivity (Bohnert, Fredricks & Randall, 2010). This framework is to be used mainly under experimental designs in laboratory settings. However, the framework can be easily adapted by incorporating different strategies to collect information about engagement. These strategies may entail, among others, discourse and interaction analysis and data mining (e.g., sequence analysis) of log-files.

Conclusions

Researchers and designers of educational games have worked in a narrow version of what a game is (e.g., Salen & Zimmerman, 2004; Juul, 2005) and consequently used what we call a "black box" research design where the process of gameplay have been left out of the agenda and only pre and post questionnaires are the main sources of data to inform design practices. We argue that in order to improve the design of games we need to move from these broad design guidelines to discrete and concrete instantiations of design patterns of instructional games, to the extent that they can show a possible trend of effectiveness across individuals. To achieve this, we need to bring together both games and educational games research methods and instrumentation so that the weaknesses of each can be overcome. In doing so, we may start the development of an *instructional game design patterns repository* for effective instructional game design, similar to the principles already identified in other learning environments.

References

Adams, E. (2001). Replayability, Part One: Narrative. Gamasutra. <http://www.gamasutra.com/view/feature/3074/replayability_part_one_narrative.php> (Retrieved September 3, 2012).

Barab, S. A., Zuiker, S., Warren, S. J., Hickey, D., Ingram-Goble, A., Kwon, E.J. et al. (2007). Situationally embodied curriculum: Relating formalisms and contexts. Science Education, 91(5), 750–782.

Bohnert, A., Fredricks, J. & Randall, E. (2010). Unique dimensions of youth organized activity involvement: Theoretical and methodological considerations. Review of Educational Research, 80, 576-610.

Björk, S. & Holopainen, J. (2004). Patterns in Game Design. Boston, MA: Charles River Media.

Bruckman, A. (1999). Can educational be fun? Paper presented at the Game Developers Conference '99, San Jose, CA.

Bruner, J. 1996. The Culture of Education. Cambridge, MA.: Harvard University Press,.

Cordova, D. I. & Lepper, M. R. (1996). Intrinsic motivation and the process of learning: Beneficial effects of contextualization, personalization, and choice. Journal of Educational Psychology, 88, 715-730.

Fortugno, N. & Zimmerman, E. (2005, April 5). Soapbox: Learning to play to learn—lessons in educational game design. <http://www.gamasutra.com/view/feature/2273/soapbox_learning_to_play_to_learn_.php> (Retrieved August 28, 2012).

Fredricks, J. A., Blumenfeld, P. C. & Paris, A. H. (2004). School engagement: Potential of the concept, state of the evidence. Review of Educational Research, 74(1), 59.

Gee, J.P. (2003). What Video Games Have to Teach Us about Learning and Literacy. New York: Palgrave Macmillan.

Habgood, M. P. J., Ainsworth, S. E. & Benford, S. (2005). Endogenous fantasy and learning in digital games. Simulation & Gaming, 36(4), 483-498.

Habgood, M. P. & Ainsworth, S. E. (2011). Motivating children to learn effectively: exploring the value of intrinsic integration in educational games. The Journal of the Learning Sciences, 20, 169-206.

Hays, R. T. (2005). The effectiveness of instructional games: A literature review and discussion. Orlando, FL: Naval Air Warfare Center Training Systems Division

Honey, M. A. & Hilton, M. (2011). Learning science through computer games and simulations. National Academies Press.

Juul, J. (2001). Games telling stories?—A brief note on games and narratives. Game Studies: The International Journal of Computer Game Research. 1(1). <http://www.gamestudies.org/0101/juul-gts/> (Retrieved August 2, 2012).

Juul, J. (2005). Half real: Video games between real rules and fictional worlds. Cambridge, MA: MIT Press.

Kebritchi M., Hirumi A. & Bai H. (2010). The effects of modern mathematics computer games on mathematics achievement and class motivation. Computers & Education. 55(2), 427–443.

Kerres, M., Bormann, M. & Vervenne, M. (2009). Didaktische Konzeption von seriousgames: Zur Verknüpfung von Spiel- und Lernangeboten. MedienPädagogik. Zeitschrift für Theorie und Praxis der Medienbildung, pp. 1-16.
Kickmeier-Rust, M. D., Hillemann, E. & Albert, D. (2011). Tracking the UFO's paths: Using Eye-Tracking for the Evaluation of Serious Games. In R. Shumaker (Ed.). Virtual and Mixed Reality - New Trends (pp. 315-324). Lecture Notes in Computer Science, 6773. Berlin: Springer.
Malone, T. W. & Lepper, M. R. (1987). Making learning fun: A taxonomy of intrinsic motivations for learning. In R. E. Snow & M. J. Farr (Eds.). Aptitude, learning and instruction: Vol. 3. Cognitive and affective process analysis (pp. 223-253). Hillsdale, NJ: Erlbaum.
Malone, T. W. (1981). Toward a theory of intrinsically motivating instruction.Cognitive Science, 5(4), 333-369.
Nacke, L. & Lindley, C. (2008). Boredom, Immersion, Flow - A Pilot Study Investigating Player Experience. IADIS Gaming 2008: Design for Engaging Experience and Social
Interaction, Amsterdam, The Netherlands.
Nacke, L. E., Drachen, A. & Goebel, S. (2010). Methods for Evaluating Gameplay Experience in a Serious Gaming Context.International Journal of Computer Science, 9(2), 1-12.
Nelson, B., Ketelhut, D. J., Clarke, J., Bowman, C. &Dede, C. (2005). Design-based research strategies for developing a scientific inquiry curriculum in a multiuser virtual environment. Educational Technology, 45(1), 21–27.
Papert, S. (1998). Does easy do it? Games Developer. <http://www.papert.org/articles/Doeseasydoit.html> (Retrieved August 28, 2012).
Pavlas, D., Heyne, K., Bedwell, W., Lazzara, E. & Salas, E. (2010). Game-based Learning: The Impact of Flow State and Videogame Self-efficacy. Paper presented at the Human Factors and Ergonomics Society 54th Annual Meeting, San Francisco, CA.
Randel, J. M., Morris, B. A., Wetzel, C. D. & Whitehill, B. V. (1992). The Effectiveness ofGames for Educational Purposes: A Review of Recent Research. Simulation & Gaming, 23(3), 261-276.
Salen, K. & Zimmerman, E. (2004). Rules of play. Cambridge, Massachusetts. MIT Press.

Literature for quick access

Björk, S. & Holopainen, J. (2004). Patterns in Game Design. Boston, MA: Charles River Media.
Habgood, M. P. J., Ainsworth, S. E. & Benford, S. (2005). Endogenous fantasy and learning in digital games. Simulation & Gaming, 36(4), 483-498.
Kerres, M., Bormann, M. & Vervenne, M. (2009). Didaktische Konzeption von seriousgames: Zur Verknüpfung von Spiel- und Lernangeboten. MedienPädagogik. Zeitschrift für Theorie und Praxis der Medienbildung, 1-16.

CHAPTER 6:

GAMES AS CHALLENGE FOR SOCIETY

JASPER A. FRIEDRICH

Computerspiele und Medienethik. Zur Systematik des Forschungsfeldes

„Ich glaube, die Wahrscheinlichkeit, Amok zu laufen ist nach der Lektüre eines Luhmann-Buches (oder des SPON-Forums) 25 mal so hoch wie nach einer Counterstrike-LAN-Party. :)"
(*thinktwice* auf spiegel-online.de 2006)

Abstract

This contribution outlines the main topics and issues of media ethical discourse along the unique exploitation chain of computer games and systematizes media ethical assumptions. This outline is intended to serve as a decision support for finding arguments for and against positions of the various stakeholders in the production and distribution of computer games as well as general orientation in scientific discourse.
Thus, the article focuses on the one hand the theoretical systematization of ethical problems considering computer games as well as a combination of theoretical reasoning and practical implementation. The topic will be raised to a general level – regardless of technical origins. The widely discussed key category of "responsibility" and the subsequent analysis of acts and actors serve as a frame. It is thus intended as a basis and inspiration for comparative empirical studies as well as hermeneutic reflections.

Einleitung

Vorliegender Beitrag versteht sich als ein Angebot, die Hauptlinien medienethischen Diskurses[1] entlang der Entstehungs- und Verwertungskette von Computerspielen zu skizzieren (Seim, 2010) und nach medienethischen Grundannahmen zu systematisieren. Diese Skizze soll in der Folge als Entscheidungshilfe zur Findung von Argumenten für und wider von Positionen der verschiedenen *Stakeholder* im Verwertungsprozess von Computerspielen dienen wie auch generell als Orientierung im wissenschaftlichen Diskurs.[2] Damit widmet sich der Beitrag einerseits der

[1] Vgl. exemplarisch Seim, 2010; Wilke, 1996; Wunden, 2003; Hausmanninger & Bohrmann, 2002.
[2] Zu diesem Diskurs vgl. besonders Wolling, Quandt & Wimmer, 2008 sowie Klimmt, 2006.

theoretischen Systematisierung dieser ethischen Problemlage wie auch einer Verbindung theoretischer Begründung und praktischer Umsetzung. Das Thema wird auf eine allgemeine medienethische Betrachtungsebene gehoben, von welcher aus der Problembereich neu umrissen und die relevanten Aussagen zu den Teilbereichen systematisiert werden können - unabhängig von ihrer fachlichen Provenienz. Er soll damit auch als Grundlage und Inspiration für vergleichende Studien hermeneutischer wie auch empirischer Natur dienen.

Ausgangsmodell

Als medienethische Grundlage dient im Wesentlichen die von Funiok nach Max Weber (Funiok, 2002; Funiok, 2005; Funiok, 2007) pointierte und breit diskutierte Schlüsselkategorie „Verantwortung" und die darauf fußende Analyse der Handlungen und Handlungsträger. Auf dieser theoretischen Folie werden die Angebote auf der einen Seite und die Wirkungsmechanismen auf der anderen Seite identifiziert undanalysiert.
Funiok formuliert den Gegenstandsbereich der Medienethik unter den prozessualen Perspektiven der *Erstellung (Produktion)*, der *Bereitstellung (Distribution)* und der *Nutzung (Rezeption)* (Funiok, 2007). Damit werden gleichermaßen die Bereiche der Medienethik umrissen, in denen sich die Diskussionen im Computerspielbereich fokussieren: Produkte/Computerspiele, Produzenten/Distributoren, Rezipienten und die Ebene der institutionellen Steuerung - von wirtschaftlicher wie staatlicher und kultureller Seite.
Diese Dimensionen lassen nun direkt auf die im Verwertungsprozess involvierten Stakeholder schließen und im Sinne der Verantwortungsethik die jeweiligen Verantwortlichkeiten, die Produkte wie auch die unerwünschten Wirkungen auf die Nutzer und damit die verantwortbaren Handlungen aufschlüsseln.

Medienethische Grundlagen

Verantwortung

Die Bestimmung des Gegenstandes der Medienethik ist nicht Ziel dieses Beitrages, zurückgegriffen wird auf praktikable Modelle, die sich in der wissenschaftlichen Diskussion bewährt haben. Darunter zählt die von Funiok formulierte formale Ausdifferenzierung des Verantwortungsbegriffes (Funiok, 2005: 246), die ein Analyseschema vorgeben kann, betrachtet man die Dimensionen und Stakeholder im Prozess:

1. Handlungsträger identifizieren (Wer trägt Verantwortung?)
2. Handlung beschreiben (Was ist zu verantworten?)
3. Wofür trägt er Verantwortung? (Folgen der Handlung?)
4. Betroffene identifizieren (Wem gegenüber trägt er Verantwortung?)
5. Welche Instanz könnte ihn verurteilen? (Wovor muss er sich verantworten: Gewissen, Öffentlichkeit, Gericht?)
6. Welche Normen, Werte und Kriterien liegen zugrunde? Weswegen muss er sich verantworten?

Der Begriff der Verantwortung lässt sich zurückführen auf die Formulierung Max Webers einer sozialethische Verpflichtung eines jeden, „dass man für die (voraussagbaren) Folgen seines Handels aufzukommen hat" (zit. n. Funiok, 2002: 43). Insbesondere geht es um die Festschreibung der Verantwortung als Zuständigkeit und Zurechenbarkeit bis hin zu Pflichten der jeweilig im Handlungsprozess Beteiligten.

Stakeholder

Funiok differenziert (2005: 247) das heuristische Schema bezüglich der Träger medienethischer Verantwortung nach Debatin (1998: 121-124) wie folgt in Personengruppen und institutionelle Akteure:

Direkt am Prozess beteiligte Personengruppen:

1. Medienschaffende
2. Besitzer und Betreiber von Massenmedien
3. Mediennutzer.

Indirekt involviert sind zudem verschiedene Institutionen:

4. Gremien der freiwilligen Selbstkontrolle
5. Medienkritische Öffentlichkeit
6. Gesetzliche Kontrolle und Gestaltung.

Diese Kategorien umreißen grob die am Prozess der Verwertung von Computerspielen beteiligten Akteure, die hier zusammenfassend Stakeholder benannt werden.

Produkte und Medienschaffende – Computerspiele und Produzenten

Typologisierung von Computerspielen

Der Gegenstand des Interesses medienethischer Auseinandersetzung ist das Computerspiel als Medienprodukt. Dieses weist verschiedene Dimensionen auf, die Relevanz für medienethische Betrachtung besitzen. Gleichermaßen ist es der Gegenstand, bei dem Verantwortungsethik nach dem „Was ist zu verantworten?" fragt im Sinne des Auslösers für problematische Prozesse und Phänomene. Für eine Typologisierung von Computerspielen im medienethischen Kontext erscheinen von besonderem Belang die Kategorien Plattform, Genre und Interaktionsmodi. Diese werden im Folgenden im Zusammenhang mit ihrer medienethischen Relevanz diskutiert.

Technische Kategorien

Ohne hier in die Details der Computerspielindustrie einzutauchen, zeigt sich, dass bereits auf der Ebene der technischen Verfügbarkeit und Bereitstellung Unterscheidungen nötig sind. Tatsächlich sind die technischen Plattformen Kriterien, welche Phänomene medienethischer Tragweite nach sich ziehen.
Grob zu unterscheiden sind Computerspiele nach den technischen Plattformen, auf denen sie gespielt werden: Neben dem klassischen Arcade-Spielcomputer etwa in Spielhallen, sind Computerspiele auf Desktopcomputern und Notebooks etabliert (entweder als eigenständige Software oder als Browsergame, Flashgame oder als so genanntes Social Game innerhalb eines Social Networks. Daneben gibt es Spiele für portable Konsolenhandhelds (z. B. Nintendo DS) wie für Tablets und Smartphones und stationäre Konsolen (u. a. Xbox, Playstation, Wii), die in Verbindung mit einem Fernsehgerät funktionieren.
Auch hier sind eine Reihe von Hybridformen bekannt, viele Spiele können ohne technische Portierung auch auf anderen Endgeräten gespielt werden, insbesondere jene, die auf Grundlage einer Basissoftware wie Browser oder Flashplayer vertrieben werden.
Bereits die Plattform entscheidet in nicht zu vernachlässigender Weise über die Verfügbarkeit und das dazugehörige Klientel. So sind – insbesondere am Anfang kostenfreie – Browsergames auf Grund der schnellen

und unkomplizierten Verfügbarkeit beliebt bei Kindern und Jugendlichen und sozial einkommensschwachen Schichten.[3]
Insbesondere Konsolen verursachen hohe Anschaffungskosten, die sich nicht nur aus den Geräten selbst, sondern auch durch Zusatzgeräte wie Microsoft Kinect, Infrarot Controller für Playstation 3 oder Wii sowie die Spiele selbst wie auch kostenpflichtige Online-Zusatzangebote ergeben. Diese Geräte werden vorwiegend von einkommensstärkeren Personengruppen genutzt.
Bereits die Kaufentscheidung z. B. der Eltern impliziert mögliche medienethische Folgen: Welche Spiele wurden überhaupt für die jeweiligen Endgeräte erstellt oder portiert? Daraus ist zwar kaum ein „technisches" Auswahlkriterium für Gefährdungspotentiale ethischer Natur abzuleiten geschweige denn wissenschaftlich zu begründen. Diese technischen Unterschiede und die damit verbundenen Voraussetzungen jedoch sollten vor allem in der Medienpädagogik und hier vor allem besorgten Eltern bekannt sein, die oft und gern „Computer" als solche gleichsetzen und sie somit im Kontext der Kindererziehung als Instrument ausschließen.

Das Produkt Computerspiel– Genres und Modi

Der Genrebegriff umfasst die inhaltliche Typologie der Spiele, die gleichermaßen relevant ist, da die Spiele je nach Genrezugehörigkeit im Verdacht stehen, unterschiedlich (schädliche) Wirkungen zu entfalten. Anders als beispielsweise bei Filmen unterscheiden sich Genres bei Computer- und Videospielen dabei nicht nur hinsichtlich ihrer Inhalte und Darstellungsformen. Auch die Formen der Interaktion mit und durch das Spiel sind deutlich verschieden. Ein exemplarischer Genre-Katalog findet sich u.a. bei Herz (1997): Actionspiele, Adventures (Abenteuerspiele), Kampfspiele, Puzzlespiele, Rollenspiele, Simulationen, Sportspiele, Strategiespiele. In einer weiteren deutschen Publikation finden sich die Genre-Überbegriffe Geschicklichkeit, Abenteuer, Strategie, Simulation und Produktion mit jeweils mehreren Unterkategorien (Westphal, 2009). Unterschiedlich fällt auch die Typologisierung von Klimmt (2001b) aus. Für Online-Spiele findet man eine Zusammenfassung bei Jöckel & Schumann (2010).
Die Hybridisierung der Spiele ist nicht nur technischer Art, also plattformübergreifend, sondern inhaltlicher und spieltechnischer Natur. Das verhindert zuverlässig eine eindeutige Zuordnung von Spielen zu Ge-

[3] Bei der Art der Nutzung des Internets zeigt sich erneut eine soziale Spaltung – insbesondere bei den männlichen Nutzern (Shell Jugendstudie, 2010). Vgl. auch Jöckel & Schumann, 2010 und Quandt & Wimmer, 2008.

fährdungspotenzialen medienethischer Kategorien. Dennoch ist vorauszusetzen, dass zumindest die Entwickler und Vertriebsexperten der Game Studios diese Genregrenzüberschreitungen bewusst vorantreiben – mithin auch Verantwortung für die entstehenden Produkte und die Desorientierung der Nutzer tragen müssen.
Möglicherweise könnten sich aus dieser Tatsache Implikationen für ein (selbst-)geregeltes Vorgehen der Industrie ergeben, die nicht nur eine offizielle verbandseigene und transparente Zuordnung von Spielen zu Genres entwickelt, sondern auch jeweilige Standards, die diesen Kategorien zu eigen sind und für die Nutzergruppen größtmögliche Klarheit über Inhalte und medienethische Problemzonen verschaffen – jenseits der USK-Etikettierungen.

Modi der Vernetzung

Als Modi des Computerspieles kann man die Funktionalitäten zur Interaktion mit dem Spiel und nichtcomputergesteuerten Charakteren (andere Spieler) bezeichnen. So unterscheidet man prinzipiell in Singleplayer- und Multiplayer-Spiele (Klimmt, 2004: 700 f.). Hier sind wiederum verschiedene Modi möglich – das gleichzeitige Spielen und Interagieren in einem Koop-Modus, die bloße Vernetzung mit anderen Spielern, die Chats etc. zulassen oder prinzipiell auf einen sportlichen Vergleich ausgerichtete Spiele. Die technische Art der Vernetzung spielt eine weitere Rolle – temporäre und räumlich begrenzte Netzwerke (LANs) stehen dem immer verfügbaren und global zugänglichen Onlinenetz (Jöckel & Schumann, 2010) gegenüber. Zudem werden vernetzte Spiele noch nach der Anzahl der Mitspieler (und dem Genre) unterschieden. Online-Spiele, bei denen mehrere tausend Spieler ein Rollenspiel spielen, werden Massively Multiplayer Online Role-Playing Game, kurz MMORPGs, genannt. Prominente Beispiele sind *World of Warcraft* mit mehr als 9 Millionen angemeldeten Spielern (Activision Blizzard, Inc., 2012).
Somit ist es zur Einschätzung von Gefährdungspotentialen wichtig, die entsprechenden Modi der Spiele zu kennen, die man analysieren möchte. Evident ist auch hier, dass es zu bestimmten Übergriffen wie Beleidigungen, Cybermobbing, Cyberbulling etc. nur kommen kann, wenn man entsprechende Spiele auswählt, die eine Schnittstelle zur Sprachübermittlung bieten. Das können Spiele mit direkter Headsetfunktionalität (z. B. *CounterStrike*) genauso wie Fußballspiele oder Virtual-World Anwendungen (wie *Home* auf der Playstation 3) sein, in denen hauptsächlich über Texteingabe gechattet wird.

	Grad der Vernetzung
Einzelspieler	1. ohne oder 2. mit Non-Player-Charakteren (Bots)
Mehrspieler	1. Zwei bis mehrere tausend Mitspieler 2. LAN 3. Internet a. Desktop-Games mit Online-Modus b. MMOG (Clientbasiert - Onlinespiel), (MUDs etc.) c. Browsergames ohne Desktop-Client
Kommunikationsmöglichkeit	1. Permanenter offener Chat im Spiel selbst 2. Gescripteter Chat (z. B. Emoticons, Textbausteine) 3. Textbasiert - audiobasiert - visuell (Videoinserts) - non-verbal- avatarbasiert 4. Email-, Communityfunktionen (Twitter, Facebook-Timeline - Was mache ich gerade? - Google+ etc.)
Ladder-, Highscore und Gamecenter-systeme	1. Gamecenteranbindung (zentrale Erfassung und Veröffentlichung von Spielerfolgen (Playstation, X-BOX, iPhone Game Center, Steam)) 2. Internetwebseitenanbindung - Clans- und Laddersysteme

Systematik nach dem Grad der Vernetzung/Beteiligung menschlicher Mitspieler

Insbesondere die beiden letzten Punkte dieser Systematik sind noch nicht im Bewusstsein der wissenschaftlichen Auseinandersetzung mit möglichen Problembereichen der Spielekultur verankert. Hier sei nur auf das weite Feld dieser mittlerweile zum Standard moderner Computerspiele gehörenden Funktionalitäten und deren hohe medienethische Relevanz verwiesen. Die Anbindung an textbasierte Kommunikationsmöglichkeiten mit vorgegebenen Textbausteinen (und Aktionen), sei es über diverse Spezialanwendungen wie bei der Playstation (Home) oder die direkte unmittelbare Ear-to-ear-Kommunikation via Headset (vgl. Heinecke, 2007: 28f.) und Avatar-basierter Kommunikation (Rüggenberg, 2007) in den verschiedensten Koop-Shootern, erweitert das Gefährdungspotential beträchtlich.

Selbst in „harmlosen" und für Kinder freigegebenen Spielen wie den Fußballsimulationen *PES* oder *FIFA* sind (nach eigener Exploration) Beleidigungen, Beschimpfungen etc. unter den Kontrahenten gang und gäbe. Ähnliches gilt für die Wirkungsmacht von Laddersystemen; d. h. von vergleichenden Listen, in denen die Spieler ihren Spielstand und somit oftmals ihre erworbene „Ehre" und ihren direkten „Erfolg" mit anderen vergleichen können. Welche erworbenen Spielstände und -werte sind es wirklich „wert", verglichen zu werden? Sind die Anzahl von Headshots (Kopfschüssen) in Ego-Shootern und die Siegerplätze in solch virtuellen Listen wirklich erstrebenswerte Erfolge?

Mikroebene der Wirkungsmacht

Mit der Analyse der Mikroebene der technisch-inhaltlichen Realisierung von Computerspielen soll der Frage nachgegangen werden, welche Details des Produktes Wirkungsmacht entfalten können. Hier gibt die USK-Selbstverpflichtung bereits eine brauchbare Kategorisierung vor, die in vielen Punkten ergänzt wird. Im Hintergrund steht eine prinzipielle Wirkungsvermutung, die letztendlich den Ausschlag gibt, diese Details als „wirkmächtige" Auslöser von medienethisch relevanten Prozessen und Erscheinungen zu klassifizieren. Diese Wirkungsvermutungen werden im letzten Kapitel des Beitrages behandelt.

Spielstrukturen – Gameplay

Das Drehbuch des Spieles, die Gesamtstruktur, welche auch als Gameplaybezeichnet wird, enthält bereits Charakteristiken, die verschiedene Gefährdungspotentiale enthalten.
Abhängig vom Genre können folgende Punkte des Gameplays herangezogen werden, wie es zum Teil auch von der USK bei der Bewertung der Spiele realisiert wird:

	Gameplay
1. Aufgabenstellungen, Problemlösungsstrategien	a. alternativlos, alternativ b. Gewalt als einzige Lösung, gewaltlos, strategisch, kämpferisch, Geschicklichkeit c. kooperativ, kompetitiv etc.
2. notwendige Spielercharaktereigenschaften	a. Skills b. Einsatz von Avataren

3. Belohnungs-system	a. virtuell b. virtuell-realökonomisch c. vorrangig geldwert etc.
4. Spielaufbau	a. linear, gescriptet, open world etc. b. Persistenz und Permanenz[4]
5. Grad des Realismus	a. Ästhetisches Gesamtsetting und Detailgrad: abstrakt, fantastisch-futuristisch, realistisch etc. b. Darstellung und grafische Nutzeroberfläche (GUI): textbasiert, 2D, 3D etc. c. Zielgruppensetting und Identifikationspotential: Kinderwelt, Jugendwelt, Erwachsenenwelt i. Auswahl der Musik, Kleidung, Accessoires ii. Verhalten und die Sprache der handelnden Figuren: Hochsprache - Kunstsprache - Vulgärsprache d. Glaubwürdigkeit des Settings und Einfluss auf Immersionsgrad: i. Storyline ii. Sounds und Musik iii. Menschendarstellung, Charakterdarstellung, Gestaltung der Leidensfähigkeit der Spielfiguren iv. Gegenstände, Handlungen, Orte, Ereignisse und Szenarien: Wohngebiet oder Fantasieinsel etc.
6. Gesamt-atmosphäre	a. Geschwindigkeit/ Handlungsdruck/ Spannung: rasant - langsam b. Rhythmus von Spannung und Entspannung
7. Gewalthaltigkeit und Aggressions-potential	a. Darstellung von Gewalt: gewalthaltig/ aggressiv - ausgleichend, kontemplativ b. Art von Gewalt gemäß der Genretypik - strukturell, symbolisch, sportlich, verbal, körperlich c. Treffer- und Gewaltfolgenvisualisierung (siehe Realismusgrad)

[4] Zu Persistenz und Permanenz vgl. Fritz, 2012: 4: „Besondere Gefährdungen gehen auch von speziellen Computerspielen aus, die über Strukturen verfügen, die starke zeitliche Inanspruchnahme und deutliche soziale Anbindungen fordern und dies voraussetzen, um mit den jeweiligen Spielen Erfolg zu haben. Dies gilt vor allem für Spiele mit persistenten Spielstrukturen. Das sind Spiele, die kein Ende haben, immer weitergehen. Auch wenn der Spieler nicht Online ist, entwickelt sich die virtuelle Spielwelt weiter. [...] Ähnlich starke Effekte gehen von permanenten Spielstrukturen aus. Das Spiel geht immer weiter und betrifft den Spieler auch dann, wenn er nicht Online ist. Der Spieler ist z. B. durch ‚Angriffe' von Mitspielern zu jeder Tages- und Nachtzeit gefährdet und besitzt kaum Möglichkeiten, sich dieser Permanenz zu entziehen. Er entwickelt dadurch ‚emulsive Bewusstseinsprozesse'."

	d. Gewaltsetting: Einzelpersonen – Kriegsszenarien, zum Einsatz kommende Waffen
8. Detail-darstellungen	a. Angstpotential je Zielgruppe: verängstigend – optimistisch b. Nacktheit und Pornografie i. Sprache ii. Grafische Darstellung iii. Handlungskontext c. Diskriminierung, Herabwürdigung und Rassismus i. Explizit – implizit ii. Einzelpersonen – Bevölkerungsteile – Ethnien – Völker d. Darstellung von Drogen(-konsum) i. Leistungssteigernd, erfolgversprechend - unkritischer Konsum – kritisch kriminalisierend ii. Arten, Namen, Brands, Icons – reale, fiktionale Drogen/ Marken – legale, illegale

Spielstrukturen im Gameplay

Wirkungsmacht der Details und Anteil an der Wirkungsvermutung

Im Rahmen dieser Systematik kann hier nicht eine Diskussion aller Einzelfaktoren erfolgen. Während die Punkte 1 bis 4, 7 und 8 nach Maßgabe ihrer Ausprägung eher additiv zu betrachten sind, wirken Realismusgrad und Atmosphäre eher als Multiplikatoren hinsichtlich einer Wirkungsvermutung. D. h., problematische Gewaltdarstellung erhält durch einen hohen Realismusgrad eine „multiplikative" Aufwertung wohingegen sich verschiedene Darstellungen von z. B. Drogenmissbrauch als Gefährdungspotentiale im Interesse einer Bewertung medienethischer Problematik addieren ließen. Dies kann hier nur eine Empfehlung für ein mögliches methodisches Setting im Rahmen empirischer Studien sein und erhebt keinen Anspruch auf Konsistenz.
Zusammenfassend sei auf die Konzepte des Erlebens von Flow, Spatial Presence, Self-Presence und Social-Presence (Tamborini & Skalski, 2006: 232 f.; Jöckel & Schumann, 2010: 469) sowie dem Faktor „Immersion" (Yee, 2006: 777; Yee 2008: 90) im Rezeptionsprozess von Computerspielen verwiesen. Dieses Präsenzerleben ist als Resultat oben genannter Faktoren zu identifizieren und dessen medienethische Relevanz zu beachten.

Direkt Beteiligte und Medienschaffende in der Entwicklung von Computerspielen

In seltenen Fällen ist eine Einzelperson für Entwicklung einer Story wie auch Programmierung, Grafik, Vertrieb und Verkauf zuständig. Der Personenkreis, der an der Entwicklung beteiligt sein kann, ist bei großen Unternehmen umfangreich wie bei Hollywood-Filmproduktionen. Am technischen und inhaltlichen Entwicklungsprozess eines Spiels sind u. a. Gamedesigner, Produzenten, Autoren, Grafiker, Programmierer, Leveldesigner, Tongestalter, Komponisten und nicht zuletzt Spieletester beteiligt.

Es ist offensichtlich, dass im medienethischen Sinne jede dieser Professionen verantwortlich für einen bestimmten und verschiedenen Teil problematischer Inhalte sein kann. Im günstigsten Fall verfügen bereits Gamedesigner, die eine Art Spieldrehbuch schreiben, wie auch Leveldesigner und Grafiker über ein professionelles ethisches Grundverständnis, welches ihr Handeln dergestalt regelt, dass es von Marketingüberlegungen der Verkaufsabteilung unbeeindruckt bleibt.

Zu hinterfragen sind auch die Positionen von Qualitätsmanagement insgesamt und Testern im Einzelnen. Auf der Folie der Verantwortungskategorie ist gerade hier eine Professionalisierung wünschenswert, die eine breite medienwissenschaftliche und medienpädagogisch-praktische Ausbildung mit sich bringt. Dies widerspricht den bisherigen Erfahrungen, da Spieletester vor allem die Eigenschaften von Programmierern und Spielern vorweisen müssen, um vor allem technische Prozesse und das Gameplay zu optimieren (Debugging etc.). Ein Berufsfeld für professionelle Spieletester mit medienwissenschaftlicher Ausbildung müsste noch geschaffen werden. Zugleich würde die Sicherstellungder Akzeptanz solcher Experten eine gleichermaßen medienethische Ausbildung der Projektleiter und Auftraggeber und deren Wertschätzung solcher Fragestellungen bedingen. Letztendlich ist auch hier organisierte Selbstregulation der Berufsverbände und Branchenunternehmen ein vielversprechender Ansatz, solchen Idealzuständen nahezukommen.

Publisher

Geschäftsleitungen und Vorstand der beteiligten Unternehmen sorgen – in enger Kooperation mit dem Entwickler (Müller-Lietzkow, Bouncken & Seufert, 2006: 34) des jeweiligen Titels – dafür, dass ein Eingreifen staatlicher Instanzen etwa wegen einer Verletzung des Jugendschutzgesetzes gar nicht erst nötig ist: „I will ignore outright illegal activities as those are a trivial concern because the law has them covered [im Rahmen der Be-

trachtung der Rechte und Verantwortlichkeiten eines Publishers; d. A.]" (Skews, 2012).
Herausragendes Beispiel sind solche Unternehmen, die ihren Profit gerade über die starke Langzeitbindung von Online-Spielern in so genannten Rollenspielen erwirtschaften. Unkooperativ und resistent gegenüber medienethischer Verantwortung über das geforderte Maß hinaus zeigen sich insbesondere global agierende Unternehmen wie Activision/Blizzard, die jüngst dadurch im Bereich auffielen, als sie gemeinsam mit anderen Teilen der US-Unterhaltungsindustrie Jugendschutzverordnungen des Staates Kalifornien (Schwarzenegger v. EMA [No. 08-1448]) und anderer US-Staaten erfolgreich bekämpften.[5]
Diese Position illustriert eine Aussage des Journalisten Matti Sandqvist. Danach haben Publisher gegenüber der Jugend keine Verantwortung, wie er in einem Interview erklärt: „Publisher sind wie alle Firmen auf der Welt darauf erpicht, möglichst viel Gewinn zu machen. Da aber ein Großteil der Spieler Jugendliche sind, will ein Hersteller zumeist, dass seine Titel eine USK-Freigabe von 12 oder 16 Jahren bekommen und sieht deshalb zu, dass die Spiele nicht zu brutal ausfallen. Amerikanische und japanische Publisher schneiden für den deutschen Markt Inhalte aus dem Spiel, damit sie eine passende USK-Freigabe erhalten. Ich persönlich bezweifle, dass sie es aus moralischen Gründen tun" (Künnemann, 2012: Anl. B).

Werbeagenturen, Vertrieb und Handel

Die Abhängigkeit der Werbeagenturen, die von den Unternehmen akquiriert werden, reduziert die Kritikfähigkeit wie auch die Bereitschaft zu effektiver Kritik mit medienethischem Tiefgang. Gerade jedoch in diesem Bereich wäre eine fachliche Beratung der Auftraggeber zu den Implikationen aggressiver Werbung für aggressive Spiele nicht nur notwendig,

[5] "Our First Amendment has survived intact for 219 years amid far greater technological, historical and social challenges," said Bobby Kotick, CEO of Activision Blizzard. "The argument that video games present some kind of new ominous threat that requires a wholesale reassessment of one of our nation's most treasured freedoms and to take that freedom away indiscriminately from an entire group of our population based on nothing but age is beyond absurd. These are the same attacks Americans have witnessed against every previous emerging entertainment medium and genre including books, comics, rock 'roll, movies, TV and the Internet. In each case, freedom prevailed. We are thrilled to be able to be an important part of this historic effort to protect our Constitution and to ensure that video games remain vibrant form of expression for every gamer in our constituency." Bobby Kotick, CEO of Activision Blizzard (Activision Blizzard, Inc., 2012b: 3).

sondern auch besser möglich als z. B. im Umfeld der Programmierer und technischen Entwickler, da die Mitarbeiter von Agenturen oftmals über zumindest rudimentäres medienwissenschaftliches Knowhow verfügen und in möglichen universitären Ausbildungen auch im PR-Bereich mit medienethischen Fragestellungen in Kontakt gekommen sind.
Ein weiteres Problem stellt die mittlerweile als Erwerbsquelle entdeckte In-Game-Werbung dar, welche nach Nutzerpräferenzen dynamisch Werbung im Spiel einblendet – z. B. als Bandenwerbung in der Fußballsimulation *FIFA*. Ein weites Feld ist zudem der Markt der kostenfrei angebotenen Ad-Games, die ausnahmslos durch Initiative von Werbern und Unternehmen entstehen(von der Linden, 2010). Bemerkenswert in dieser Hinsicht ist eine weitere Tendenz, Businessanwendungen zu „gamifizieren“, indem man spielerische und kompetitive Elemente (z. B. Laddersysteme oder Minispiele) direkt in Geschäftssoftware integriert (Deterding et al., 2011). Diese drei Werbeformen, die eng mit dem „klassischen“ Productplacement verbunden sind, werfen medienethische Fragestellungen insbesondere hinsichtlich des Jugend- und Datenschutzes auf.
In den wenigsten Fällen wird großen Handelsketten oder Online-Kaufhäusern ein Vorwurf gemacht, bestimmte Spiele zu verkaufen oder massiv zu bewerben, die nicht von vornherein indiziert sind. Aber die Werbeindustrie, die lediglich das Produkt „im Auge“ und dessen Attraktivität hat, ist genauso involviert wie Entwicklerstudios und Produzenten. Auch hier wird nur unterlassen, was explizit verboten ist. Einfach ist es gerade für diese Unternehmen, die Rolle des lediglich ausführenden und neutralen Verkäufers einzunehmen, der sich keiner Verantwortung gegenüber den Kunden stellen muss. Verantwortungsvolles Handeln im Wortsinne nun aber umfasst genau dieses Handeln, welches Jugendliche wie auch sozialschwächere Kundschaft vom Kauf bedenklicher Ware fernhält. Denn mit dem Händlerist gewissermaßen die letzte Möglichkeit gegeben, Nutzer aufzuklären und positiv in ihren Kaufentscheidungen zu beeinflussen – positiv im Sinne eines gemeinwohlfördernden Einwirkens hinsichtlich des Verkaufs medienethisch unbedenklicher und förderlicher Produkte. Das widerspricht offensichtlich den Prinzipien der Marktwirtschaft bzw. des Computerspielmarktes, der nur selten seine Erwerbsquellen selbst versiegelt. Dennoch müssen sich Vertriebs- und Handelsgesellschaften die Frage stellen, inwieweit sie dazu beitragen, das Wohlergehen ihrer Klienten und damit der Gesellschaft bewusst zu destabilisieren, indem sie fraglos die Verkaufsofferten ihrer Zulieferer umsetzen.

Nutzer

Im Zentrum einer Publikumsethik im Bereich Computerspiele stehen vor allem kulturelle Praxen im Kontext von Computerspielen, Fankulturen, Gilden, Communities und natürlich die Nutzungsgewohnheiten selbst. Die systematischen medienethischen Fragestellungen beziehen sich auf individuelle und kollektive Nutzungsweisen, auf gesellschaftliche Kontexte, auf ökonomische Aspekte, auf das Verhältnis der Spielenden zu den Spielen, auf Spieler- und Spielkulturen sowie auf das spielerische Lernen. Damit werden die zentralen Themenbereiche der aktuellen Computerspielforschung abgedeckt, wie sie sich in der Literatur (Raessens & Goldstein, 2005; Vorderer & Bryant, 2006; Mäyrä, 2008) und Konferenzen (de Castell & Jenson, 2007) zeigen.

Im Zentrum einer medienethischen Diskussion stehen zum einen die Communities, Administratoren von Chatrooms, Fan-Webseitenbetreiber, Metacommunities (Cheater und Hackercommunities), die Modderszene und Firmen, die für diese Communities Inhalte und Programme anbieten. Zum anderen sind in diesem Bereich insbesondere jene gefragt, die für ihre Klienten Verantwortung wahrnehmen müssen: Einrichtungen der sozialen Arbeit, Beratungsstellen, Schulen, Kindergärten, Eltern und Elternverbände.

Die Literatur zum Thema Medienpädagogik ist Legion. Von Interesse für den wissenschaftlichen und alltäglichen Diskurs ist insbesondere die Verantwortung der Nutzer ihrem eigenen Spielverhalten gegenüber. Das Diktum des Erwerbs von umfassender Medienkompetenz, die die Kompetenzen im Umgang mit Computerspielen einschließt, kann nicht nur für die Pädagogik, Soziale Arbeit, Politik oder Justiz gelten. In hervorragender Weise steht jeder für sich in der Verantwortung. Funiok (2003) formuliert, wie ähnlich auch Hasebrink (2007) und Herzog et al. (2006), drei typische Rollen oder lebensweltliche Bezüge (Funiok, 2003: 235), in welchen sich die Rezipienten befinden und an die entsprechende Pflichten oder Verantwortlichkeiten geknüpft sind: Der Nutzer/Rezipient als Staatsbürger, als Gestalter der eigenen Freizeit und als Erzieher.

Die Rolle als Staatsbürger ist medienethisch relevant, wenn man sie von der Warte der nicht direkt beteiligten Öffentlichkeit aus betrachtet – also zu einem späteren Zeitpunkt hier. Interessant und beständig im Fokus der öffentlichen Diskussionen ist die Rolle als Eltern/Lehrer/Erzieher. Kammerl stellt zum Einfluss des familiären Umfeldes auf die Computernutzung durch Jugendliche fest: „In der Vergangenheit richtete sich der Fokus in erster Linie auf die Medien. Der Einfluss der Familie und die subjektiven Einschätzungen von Jugendlichen und Eltern wurden kaum berücksichtigt. [...] Die Häufung des Phänomens exzessive Computer- und Internetnutzung im Jugendalter weist auf die Rolle spezifischer Entwicklungsaufgaben hin. Die Bewältigung dieser Aufgaben hängt auch vom Verhalten der Eltern ab." Eine von Kammerl durchgeführte Studie (BMFSFJ, 2012) zeigt, „dass allgemeine Merkmale der Beziehungsqualität in den Familien, wie zum Beispiel die Nähe beziehungsweise die Distanziertheit der Familienmitglieder untereinander eine große Rolle spielen" (Lorber, 2012).

Sozio-ökonomisch benachteiligte Eltern beaufsichtigen und begleiten das Medienverhalten ihrer Kinder z. T. in geringerem Umfang, ihnen fehlt zudem häufig die Medienkompetenz und der Zugang zu Informationen, wie sie ihre Kinder anleiten können, einen verantwortungsvollen Umgang mit Medien zu pflegen (Hasebrink, Bichler & Wijnen, 2007). Funiok formuliert den Zusammenhang von Erziehung zur selbstbestimmten Rolle als Mediennutzer treffend: „Gegen ein maßloses und kritikloses Konsumieren brauchen wir in jüngeren Jahren Orientierung und erzieherische Hilfe, in späteren Jahren der Selbstdisziplin und Selbstbildung. [...] Wir bleiben nur durch Arbeit an uns selbst medienkompetent. Ohne Medien(selbst)erziehung gibt es kein greifbares Publikumsethos" (2010: 236 f.).

Gremien der freiwilligen Selbstkontrolle

Die Unterhaltungssoftware Selbstkontrolle (USK) ist seit Novellierung des Jugendschutzgesetzes von 2003 die verantwortliche Stelle in Deutschland für die Alterskennzeichnung von Computer- und Videospielen. Zuvor gab es unverbindliche Altersempfehlungen. Die USK-Kennzeichnungen beziehen sich nur auf eventuell problematische Inhalte. Sie sagen nichts über die Spielbarkeit oder die Schwierigkeit aus, sind also keine pädagogischen Altersempfehlungen.

Wenn die Software einen Straftatbestand erfüllt, Krieg verherrlicht oder leidende Menschen in einer die Menschenwürde verletzenden Weise zeigt, vergibt die USK keine Kennzeichnung. Sie leitet das Spiel für ein Indizierungsverfahren an die Bundesprüfstelle für jugendgefährdende Medien (BPjM) weiter. Die BPjM ist die oberste deutsche Bundesbehörde für medialen Jugendschutz, die dem Bundesministerium für Familie, Senioren, Frauen und Jugend nachgeordnet ist. Ihre Zuständigkeit liegt in der Prüfung und Aufnahme jugendgefährdender Medien in die sogenannte Index-Liste.

Die Institutionen der Selbstregulation wie die Unterhaltungssoftware Selbstkontrolle (USK) unterliegen wie vergleichbare Organisationen in anderen Medienbereichen dem Diktum des Marktes. Verkaufsbehinderungen oder Aufklärungsverpflichtungen, denen sie sich zum Beispiel die Tabakindustrie ausgesetzt sieht, sind nicht erwünscht und werden wenn möglich vermieden. Und, um das größte Manko aller üblichen Prüfstellen und Zertifikaten zu benennen, es geht fast ausnahmslos um den Kinder- und Jugendschutz im Sinne der BPjM. Viele nicht direkt darunter fallende ethische Problemfelder, wie die Frage nach möglichen suchtähnlichen Effekten von Computerspielen oder die Verwendung dubioser Kostenmodelle fallen nicht in die Zuständigkeit der Behörden und Institutionen. Ein weiteres Problem ist, dass Browser- und Flashspiele, die man kostenlos im Internet spielen kann, in Deutschland derzeit von keiner Seite aus klassifiziert werden. Sie fallen aufgrund des Telemedien-Gesetzes in den Zuständigkeitsbereich der Kommission für Jugendmedienschutz (KJM). Auch hier im Bereich der Browser- und Flashgames ist dringender institutionalisierter Regelungsbedarf festzustellen.

Weitere Institutionen sind gefragt – die sich zum Teil bereits jetzt intensiv um die Belange der Nutzer, insbesondere der kindlichen und jugendlichen, kümmern. Zum einen sind dies die Landesmedienanstalten, die über die Beschäftigung mit Rundfunk und Presse hier viele Handreichungen bieten und zum anderen die zahleichen pädagogisch inspirierten Verbände und Organisationen wie auch das Bundesfamilienministerium.

Gefragt wäre aber in einem größerem Rahmen auch das über die Beteiligung am USK hinaus gehende Engagement der Industrievereinigungen der Softwarehersteller[6] wie auch der PR-Unternehmen (DRPR etc.), wie die Problematik im vorigen Kapitel nahelegt. Insbesondere mit öffentlich gemachten Firmenleitbildern und Selbstverpflichtungen der Einzelunternehmen auch in Bezug auf kontinuierliche Evaluation und Qualitätssicherung wäre ein Anfang gemacht. Funiok (2005: 249) mahnt insbesondere die Entwicklung von prozeduralen Normen zur Überprüfung der selbstauferlegten medienethischen Normen an: „Darin sollte zum Beispiel festgelegt sein, wer in welchen Abständen Rechenschaft über die Wertrealisierung bzw. die aufgetretenen Schwierigkeiten und Beschwerden ablegen muss, welchem Gremium gegenüber in welcher Öffentlichkeit das geschehen soll, ferner, welche Rechte Ethikkommissionen oder ein Ombudsmann bzw. Ombudsfrau besitzen. Ohne solche prozedura-

---

[6] Industrieverbände der Spiele entwickelnden, produzierenden und in Deutschland vertreibenden Industrie sind z. B. der Bundesverband Interaktive Unterhaltungssoftware e. V. BIU sowie der Bundesverband der Entwickler von Computerspielen e. V. – G.A.M.E.

len Normen gewinnt die Wertorientierung nicht die Kraft einer wirklichen Steuerungsgröße."

Die medienkritische Öffentlichkeit – Bürger und Medienjournalismus

Eine wichtige Rolle im öffentlichen Diskurs um medienethische Problembereiche fällt naturgemäß den Medien selbst zu, d.h. insbesondere der reflektierenden Fachpresse und den tagesaktuellen Medien. Diese Öffentlichkeit „kann die Arbeit der [...] Selbstkontrollgremien [...] aufmerksam und kritisch begleiten. [...] In der Wahrnehmung dieser Aufgabe ist die Öffentlichkeit auf einen qualitätsvollen und unabhängigen Medienjournalismus, die rezensierende Berichterstattung über Medienprogramme und -ereignisse, angewiesen" (Funiok, 2005: 248).
Verschiedene Akteure und Institutionen der relevanten Medienöffentlichkeit können systematisiert werden:

	Akteure in der Medienöffentlichkeit
Klassische Massenmedien: Presse, Rundfunk, Film und Buch	1. Fachpresse/ Fachbücher: Softwareentwicklung, Spieleentwicklung 2. Institutionelle Publisher: Landesmedienanstalten, Ministerien, Organisationen für Politische Bildung etc. 3. Special Interest Publikumszeitschriften: Computerspielzeitschriften, Technikzeitschriften 4. Allgemeine Publikumszeitschriften mit Medien als Thema: Life Style Magazine, Technikzeitschriften, Kinder- und Jugendzeitschriften 5. Relevante Tages- und Wochenzeitungen/-zeitschriften
Computergestützte journalistische Medien	1. Internet gestützte Angebote der oben genannten Medienanbieter (Apps, Portale, RSS-Feeds etc.) 2. Presseähnliche Internetangebote der Spielehersteller, Produzenten und Verkäufer (Spielewebseiten, Herstellerwebseiten, Shopwebseiten von Amazon bis Zynga) 3. Webcommunityaktivitäten aller Stakeholder (Facebook, Twitter, Google+ etc.) 4. Sonstige Angebote (Video, Demos, Informationen, Werbung etc.)
Bürgerjournalismus	1. Fancommunities (vorwiegend involvierte (spielende) Bürger): Blogs, Foren, Social Web, Modderszene, Machinimaszene 2. Watch-Blogs für Spieleindustrie (vorwiegend beobachtende Bürger), sonstige Angebote

Akteure in der Medienöffentlichkeit

Darüber hinaus ist es jedem Medienmacher, der Medien mit relevantem Inhalt produziert, nahegelegt, differenziert medienethische Problematiken zu behandeln.

Eine besondere Rolle, respektive eine Sorgfaltspflicht, kommen den Computerspielezeitschriften zu, die es für jede Plattform und Sprache, jedes Genre und Gerät in mehrfacher Ausführung gibt. Verschiedene Problembereiche behindern eine adäquate Behandlung medienethischer Problemlagen in Bezug auf die Spielekritiken und -vorstellungen. Zum einen existiert ein Spannungsverhältnis zwischen PR und Journalismus sowohl hinsichtlich der Abhängigkeit der Verlage von Anzeigenschaltungen als auch der Abhängigkeit der Redaktionen von exklusivem Informationszugang (Beta-Test, Trailer, Demos etc.). Zum anderen

herrscht eine mangelhafte journalistische Professionalität der Tester in den Computerspielmedien vor.
Inwieweit eine Einflussnahme auf Bewertungen und Berichterstattung genau vor sich geht, müssen empirische Untersuchungen zeigen. Im Sinne einer Auslegung des Medienrechtes scheint klar, eine aktive Einflussnahme von Seiten der Publisher auf die Wertung eines Redakteurs würde neben der im Grundgesetz verankerten Pressefreiheit (Art. 5) auch den Pressekodex verletzen, der u.a. die Unabhängigkeit der Presse von Werbemaßnahmen festlegt (Pressekodex, 2008: Ziffer 7). Nach Aussage dessen ist es auch Aufgabe des jeweiligen Publishers, „derartige Versuche" (ebd.) abzuwehren - diese haben „auf eine klare Trennung zwischen redaktionellem Text und Veröffentlichungen zu werblichen Zwecken" zu achten. Im Falle eines Eigeninteresses „muss dieses erkennbar sein" (ebd.).

Gesetzliche Kontrolle und Gestaltung

Die Leitkriterien für die rechtliche Bewertung von Computerspielen bilden sich auf Grundlage von geltenden Gesetzen. Insbesondere werden hier das Jugendschutzgesetz und das Strafgesetzbuch in Anschlag gebracht. Im Zentrum der Auseinandersetzungen stehen zumeist rechtliche Fragen zum Kinder- und Jugendschutz.
Der Kinder- und Jugendschutz ist gemäß dem Grundgesetz (Art. 74 Abs. 1 Nr. 7) ein Teilbereich der konkurrierenden Gesetzgebung des Bundes („Öffentliche Fürsorge"), wird also auf Bundesebene geregelt. Die BPjM ist für den gesetzlichen Jugendmedienschutz und die Medienerziehung verantwortlich und stellt Informationen u.a. zum Jugendmedienschutz sowie zum Indizierungsverfahren bereit (Bundesprüfstelle für jugendgefährdende Medien, 2012). „Um Kinder und Jugendliche vor schädlichen Einflüssen zu bewahren, wurde 1953 vom Deutschen Bundestag ein Gesetz über die Verbreitung jugendgefährdender Schriften (GjS) beschlossen, das am 14. Juli 1953 in Kraft trat" (Fromm, 2003: 90) - welches „einer konkreteren Definition" bedürfe, insbesondere hinsichtlich der Begriffe „‚unsittliche' oder ‚verrohend wirkende' Gewalt" (ebd.: 91). Diese Definition sei durch einen Katalog der Bundesprüfstelle gegeben.

Kontrollgremien und Prävention

Gesetzgebung und Rechtsprechung sind Instrumente, die im Nachhinein, also nach Verstößen reagieren und sanktionieren. Wünschenswert ist im Sinne des Gemeinwohls eine präventive Wirkung von Gesetzen und Initiativen.

Gefragt sind, so Funiok (2005: 6), desgleichen aber auch die Rundfunkräte der Landesmedienanstalten, Parlamente und Ministerien. Im Bereich der aktivierenden Jugendmedienarbeit sind in den letzten Jahren ebenfalls eine Vielzahl von Projekten und Initiativen entstanden, die die Auseinandersetzung um virtuelle Spielwelten vorangebracht haben (Geisler, Ring & Sleegers, 2012). Zu erwähnen ist aktuell das vom Bundesfamilienministerium initiierte und geförderte Vorhaben „Dein Spiel. Dein Leben". Integriert sind hier im Beirat neben Electronic Arts Deutschland und Turtle Entertainment als Vertreter der Industrie das Institut für Medienpädagogik (JFF) und die Fachstelle für internationale Jugendarbeit der Bundesrepublik Deutschland (IJAB).

Wirkungsvermutungen

Verantwortung „für etwas" lässt sich nach negativen Wirkungen, Schadens-oder Gefährdungskategorien unterteilen. Zumeist ist das Vorhandensein von negativen Wirkungsvermutungen der eigentliche Anstoß zu medienethischem Diskurs in der Gesellschaft.

In Bezug auf Computerspiele geben vor allem die staatlichen und freiwilligen Organisationen Gefährdungskategorien für Kinder und Jugendliche vor, die z. T. vermischt sind mit Gefährdungspotentialen, die durch die alleinige Nutzung des Internets gegeben sind, in vielen Fällen aber auch auf die Nutzung von Computerspielen anwendbar sind (Glaser et al., 2011).

Allgemeiner Konsens herrscht in der Wirkungsforschung darüber (Fileccia, Fromme & Wiemken, 2010), dass sich menschliche Verhaltensweisen nicht monokausal erklären lassen. Bei aggressiven Verhaltensweisen greifen genetische, neurobiologische, psychodynamische, biografische und soziologische Faktoren ineinander. Computerspiele schaffen kurzfristig keine neuen Einstellungen und Handlungsbereitschaften, können aber vorhandene Dispositionen stabilisieren und verstärken. D. h., manche Formen von Mediengewalt können für manche Individuen unter manchen Bedingungen negative Folgen nach sich ziehen (ebd.).

Fasst man die wissenschaftlichen Befunde zusammen, lässt sich erkennen, dass das Spielen von gewaltdarstellenden Computerspielen *an sich* nicht direkt zu einer problematischen Entwicklung eines Heranwachsenden führt. Erst das Zusammenwirken verschiedener Risikofaktoren erhöht die Wahrscheinlichkeit einer negativen Beeinflussung von Kindern und Jugendlichen durch gewaltdarstellende Computerspiele.

Von einer generellen Gefährdung Heranwachsender durch die Nutzung von Computerspielen kann demnach nicht gesprochen werden, allerdings besteht ein *Gefährdungspotenzial* bei gewaltdarstellenden Computerspielen.
Mit diesem vagen Tatbestand kann und will man sich im medienethischen Diskurs nicht zufrieden geben – weder von medienpädagogisch-praktischer Seite noch von wissenschaftlich-theoretischer oder medienöffentlicher. Um weitestgehend verbindliche (Selbst-)Verpflichtungen, rechtlich verbindliche Gesetze und medienethische Vorschläge zu entwerfen, gehen die verschiedenen Institutionen von unterschiedlichen Wirkungsvermutungen aus.
Als Grundlage der folgenden Systematisierung von ausschließlich negativen Wirkungsvermutungen wird der aktuelle Katalog der USK (siehe vorige Kapitel zur Wirkungsmacht) zu Rate gezogen. Da diese, wie bereits bemerkt, das Wirkungsspektrum vor allem im Sinne des Jugendschutzes im Blick haben, muss dieser Katalog um evidente Gefährdungspotentiale, die auch volljährige Nutzer betreffen, erweitert werden.
Die im Folgenden aufgeführten Kategorien von negativen Wirkungen schöpfen sich zudem aus dem Gesamtfeld empirischer und theoretischer Forschung zum Thema Wirkung.[7] Diese Wirkungsvermutungen beziehen sich zum Teil auf ganz eigene technische und inhaltliche Details von Computerspielen. Dieser Bezug wird hier in der Systematik vernachlässigt.

[7] Siehe insbesondere zusammenfassende Artikel zum Thema von Jöckel & Schumann, 2010.

	Wirkungsvermutungen
jugendschutzrechtliche, persönlichkeitsrechtliche und sexual-ethische Problembereiche	1. Pornografie im Sinne der jugendschutzrechtlichen Wirkungsvermutungen des Gesetzgebers 2. Kontaktrisiken (z. B. bei Multiplayergames, Chatfunktionen) a. Beschimpfungen, b. sexuelle Belästigung c. Anbahnung eines realen Missbrauchs d. Cyberbullying-Attacken e. Cybermobbing f. Verleumdung g. Bedrohung h. Sexuelle Ausbeutung (Videochats) i. Stalking
psychosoziale und medizinische Problembereiche	1. Kommunikationsprobleme a. Beeinträchtigung realweltlicher Kontakte b. Leistungsabnahme in Schule und Beruf 2. Schwierigkeiten der Emotionskontrolle a. Aggression – aggressives Verhalten b. Androhung und Ausübung von Gewalttaten 3. Exzessive oder suchtförmige Nutzung[8] und Folgen a. Abhängigkeit b. Kontrollverlust c. Vereinsamung d. Verwahrlosung e. Kultivierungseffekte[9] 4. Depressionen 5. neurotische Störungen 6. Selbstgefährdungen a. Suizid b. kollektive Selbsttötungen c. Selbstverletzungen d. Essstörungen 7. Extremismus

[8] vgl. Grüsser et al., 2007: 290-292.

[9] „Welche Kultivierungseffekte auftreten, hat Williams (2006) in einem Quasiexperiment untersucht, bei dem Personen ohne vorherige Spielerfahrung einen Monat lang ein MMO(RP)G spielten: Spieler der Treatment-Gruppe hielten am Ende der Studie kriminelle Handlungen wie z. B. Raub, die häufig in MMO(RP)Gs vorkommen, auch im Hinblick auf die reale Welt für wahrscheinlicher als Personen der Kontrollgruppe, was im Sinne eines Kultivierungseffektes zu verstehen ist" (zit. nach Jöckel & Schumann, 2010: 476).

	a. Politischer Extremismus
	b. Rassismus
	c. Gewaltverherrlichung
Problembereich Daten und ökonomische Güter	1. Datenschutzverletzungen
	a. Herausgabe persönlicher Angaben
	i. Eigene Daten, Fotos, Texte persönlicher Natur
	ii. Einkaufsgewohnheiten
	iii. Surfverhalten, Profilerstellung
	iv. Kontaktdatenherausgabe (Telefon, Emails, Adressen etc.)
	v. Aufenthaltsorte
	vi. Protokollierung von Computernutzung und Computerausstattungsdaten
	b. Spamming
	c. Datenweiterverkauf
	2. Ökonomische Ausbeutung
	a. Aggressive Werbeformen
	b. Kostenfallen
	c. intransparente Kostenmodelle
	d. Betrug
	3. Eigentumsdelikte
	a. Trojaner, Viren, Computerschadsoftware
	b. Diebstahl virtueller Güter

Systematische Aufstellung von Wirkungsvermutungen

Resümee

Der vorliegende Ansatz zur Systematisierung zeigt zum einen die Vielfalt der relevanten Sachverhalte, Prozesse, Personen und Institutionen, die in Herstellung, Vertrieb und Nutzung von Computerspielen involviert sind und zum anderen, dass längst nicht alle ethischen Belange eindeutig der Mediensphäre allein zuzuordnen sind: Die Herstellung umweltverträglicher Spiele im Hinblick auf Rohstoffe und Stromverbrauch, die Sozialverträglichkeit der individuellen Mediennutzung oder die Problematik einer gesamthaften humanen und demokratischen Medien- und damit auch Spielekultur (Funiok, 2010: 240) entziehen sich einer ausschließlich medienethischen Betrachtung.

Verschiedene genannte Faktoren bedürfen einer intensiven empirischen Prüfung, bei anderen, wie die der Gewaltwirkung in Computerspielen, gestaltet sich das Forschungsfeld auf Grund der großen Anzahl an Arbeiten unübersichtlich und heterogen. Bei vielen hier genannten Faktoren, z. B. die der Wirkungsmacht von Spieldetails, wäre eine aussagekräftige und belastbare Skalierung nach empirischen Befunden empfohlen (z. B. Problemlösungsstrategien: gewalthaltig, alternativlos etc.). Die hier angegebenen Ausprägungen sind Diskussionsangebote, die sich aus medientechnischer Praxis und theoretischer Vermutung schöpfen.

Desweiteren wäre zu diskutieren, inwieweit Themen allein schon medienethische Beachtung herausfordern genauso wie die Zielgruppenansprache per se über die Gesetzgebung eine verantwortungsvolle Betrachtung des Gegenstandes Computerspiel bedingt. Da gerade im Bereich der Themensetzung hohe Güter wie die Meinungs- und die Kunstfreiheit eine gleichermaßen wichtige Rolle spielen wie z. B. Kinder- und Jugendschutz, ist es schwer - ohne in Zensurverdacht zu geraten - Themen mit bestimmten medienpädagogischen und -ethischen Forderungen zu verknüpfen. Schließlich ist auch Pornographie und exzessive Gewaltdarstellung für Erwachsene nicht sanktioniert - letztendlich entscheidet also die Zielgruppenansprache der Produzenten formal über die Schwere der Verantwortung, die den Stakeholdern zukommt.

Schließlich muss eine Ethik der Computerspiele Teil eines gesellschaftlichen Gesamtkonzeptes „Medienethik" sein, welches alle Beteiligten in die Pflicht ihrer Verantwortung nimmt: Qualitätsbewusstsein und -sicherung sowie professionelle Ausbildungsstandards seitens der Produzenten, Händler und Werber, sachverständige und transparent agierende Gremien der öffentlichen Kontrolle, breite Angebotspalette in der medienwissenschaftlichen und medienpraktischen Ausbildung an Schulen und Universitäten, Medienkompetenz und Mitverantwortung von Nutzern, Eltern und Pädagogen, ausgewogene und lobbyfreie Gesetzgebung könnten die Eckpunkte solch eines gesamtgesellschaftlichen Konsens sein.

References

Breuer, J. (2010). Spielend lernen? Eine Bestandsaufnahme zum (Digital) Game-Based Learning . Düsseldorf: Landesanstalt für Medien Nordrhein-Westfalen (LfM).

de Castell, S. & Jenson, J. (Eds.) (2007). Worlds in Play. International Perspectives on Digital Games Research. New York u. a.: Lang.

Deterding, S., Khaled, R., Nacke, L. & Dixon, D. (2011). Gamification: Toward a Definition, Proc. Workshop on Gamification at the ACM International Conference on Human Factors in Computing Systems (CHI). Hamburg: Hans-Bredow Institut.

Ewald, K. (7.7.2011). LG Berlin: Unzulässige Werbung in Browsergames. <http://spielerecht.de/lg-berlin-unzulassige-werbung-in-browsergames/> (Retrieved September 18, 2012).

Fileccia, M., Fromme, J. & Wiemken, J. (2010). Computerspiele und virtuelle Welten als Reflexionsgegenstand von Unterricht. Düsseldorf: Landesanstalt für Medien Nordrhein-Westfalen (LfM).

Fritz, J. (17.9.2012). Gemeinsam ins Spiel kommen. Nutzung von Computerspielen und aktivierende Jugendmedienarbeit. <http://www.dialog-internet.de/web/de/blog/-/asset_publisher/cH2t/blog/gemeinsam-ins-spiel-kommen-nutzung-von-computerspielen-und-aktivierende-jugendmedienarbeit/55253> (Retrieved September 19, 2012).
Fromm, R. (2003). Digital spielen - real morden?: Shooter, Clans und Fragger - Videospiele in der Jugendszene. Marburg: Schüren Verlag, S. 90-91, 96-97.
Funiok, R. (2002). Medienethik: Trotz Stolpersteinen ist der Wertediskurs über Medien unverzichtbar. In M. Karmasin (Ed.) (2002). Medien und Ethik (pp. 37-58). Stuttgart: Reclam.
Funiok, R. (2005). Medienethik. In J. Hüther (Ed.). Grundbegriffe Medienpädagogik (pp 243-251). München: KoPäd Verlag.
Funiok, R. (2007). Medienethik. Verantwortung in der Mediengesellschaft. Stuttgart: UVK.
Funiok, R. (2010). Publikum. In C. Brosda, & C. Schicha. Handbuch Medienethik (pp. 232-243). Wiesbaden: VS Verlag für Sozialwissenschaften.
Geisler, M., Ring, S. & Sleegers, J. (2012). Medienpädagogische Projekte zu Computerspielen. Themen, Methoden und Zielrichtungen. merz, Zeitschrift für Medienpädagogik, 4, 30-45.
Glaser, S., Günter, T., Hammann, K., Lichtenstein, K. & Schindler, F. (2011). Jugendschutz im Internet. Bericht 2011. Mainz: Jugendschutz.net.
Grimm, P. & Capurro, R. (Eds.) (2010). Computerspiele - Neue Herausforderungen für die Ethik? Schriftenreihe Medienethik, Band 8. Stuttgart: Steiner.
Grüsser, S. M., Thalemann, R. & Griffiths, M. D. (2007). Excessive computer game playing: Evidence for addiction and aggression? Exzessives Computerspielen: Evidenz für Sucht und Aggression? CyberPsychology & Behavior, 10(2), 290-292.
Hasebrink, I., Bichler, M. & Wijnen, C. W. (2007). Kinderfernsehen bei sozial benachteiligten Kindern. MedienPädagogik. Zeitschrift für Theorie und Praxis der Medienbildung, Themenheft Nr. 13, 1-15.
Hasebrink, U. (2007). Mediennutzer als Akteure der Medienpolitik. In O. Jarren, P. Donges (Eds.). Ordnung durch Medienpolitik? (pp. 303-324) Konstanz: UVK.
Hausmanninger T. & Bohrmann T. (Eds.) (2002). Mediale Gewalt. Interdisziplinäre und ethische Perspektiven. München: W. Fink (UTB).
Heinecke, G. (2007). Words of Warcraft: Kommunikation im Massively Multiplayer Online Roleplaying Game *World of Warcraft*. Magisterarbeit, Universität Konstanz. <http://kops.ub.unikonstanz.de/volltexte/2007/3191/pdf/MA_Guido_Heinecke.pdf > (Retrieved April 15, 2009).
Heise Online (30.11.2010). Apples Game Center versieht Einladungen mit Klarnamen. <http://www.heise.de/newsticker/meldung/Apples-Game-Center-versieht-Einladungen-mit-Klarnamen-1144792.html> (Retrieved September 20, 2012).
Herz, J. C. (1997). Joystick Nation: How Videogames Ate Our Quarters, Won Our Hearts and Rewired Our Minds. Boston: Little, Brown & Co.
Herzog, A., Hasebrink, U. & Eilders, Ch. (2006). Medien-Qualitäten aus der Sicht des Publikums. Europas Mediennutzer zwischen Konsum, Kritik und Partizipation. In S. Weischenberg, W. Loosen, M. Beuthner (Eds.): Medien-Qualitäten. Öffentliche Kommunikation zwischen ökonomischen Kalkül und Sozialverantwortung (pp. 399-414). Konstanz: UVK.

Hilgert, F. (7.7.2011). Spielerecht.de. <http://spielerecht.de/tag/altersfreigabe/> (Retrieved September 18, 2012).

Jöckel, S. & Schumann, C. (2010). Spielen im Netz. Online-Spiele als Kommunikation. In W. Schweiger, & K. Beck. Handbuch Online-Kommunikation (pp. 461-484). Wiesbaden: VS Verlag für Sozialwissenschaften.

Klimmt, C. (2001b). Ego-Shooter, Prügelspiel, Sportsimulation? Zur Typologisierung von Computer- und Videospielen. Medien & Kommunikationswissenschaft, 49(3), 480-497.

Künnemann, L. (2012). Digitale Spiele. Die soziale und moralische Verantwortung von Publishern. Studienmaterial: HTWK Leipzig.

Landesanstalt für Medien (LfM) des Landes NRW (7.9.2012). < http://www.lfm-nrw.de/aktuell/pressemitteilungen/pressemitteilungen-detail/article/88000-eltern-in-3300-elternabenden-fuenf-jahre-initiative-eltern-medien.html > (Retrieved September 19, 2012).

Lorber, M. (14.3.2012). Neue Studie über die Zusammenhänge zwischen exzessiver Computer- und Internetnutzung Jugendlicher. <http://spielkultur.ea.de/kategorien/jugendschutz/bundesministerium-fur-familie-senioren-frauen-und-jugend-stellt-studie-zur-exzessiven-computer-und-internetnutzung-in-familien-vor> (Retrieved September 19, 2012).

Luibl, J. (2006a). Special: Der kritische Herbst. <http://www.4players.de/4players.php/dispbericht/PC-CDROM/Test/8684/5009/0/Der_kritische_Herbst.html> (Abgerufen am 14.7.2012).

Luibl, J. (2006b). Spielebranche am Apparat: Bei Anruf Award?. <http://www.4players.de/4players.php/kolumne/Spielkultur/134/index.html> (Retrieved July 14, 2012).

Mäyrä, F. (2008). An Introduction to Game Studies. Games in Culture. Los Angeles u. a.: Sage.

Müller-Lietzkow, J., Bouncken, R. B. & Seufert, W. (2006). Gegenwart und Zukunft der Computer- und Videospielindustrie in Deutschland. Dornach: Entertainment Media Verlag.

Nguyen-Khac, T. & Brasch, T. (2007). Browser-Games – „Rising Star" der internationalen Spieleindustrie mit deutschen Wurzeln. Medienwirtschaft, 4: 40–42.

PEGI (9.9.2010). PEGI. <http://www.pegi.info/de/index/id/49/> (Retrieved September 18, 2012).

Quandt, T. & Wimmer, J. (2008). Online-Spieler in Deutschland 2007. Befunde einer repräsentativen Befragungsstudie. In J. Wolling, T. Quandt, & J. Wimmer. Die Computerspieler. Studien zur Nutzung von Computergames (pp. 170-192). Wiesbaden: VS-Verlag für Sozialwissenschaften.

Raessens, J.J. (2010). Handbook of Computer Game Studies. Cambridge, Mass./London: MIT Press.

Rüggenberg, S. (2007). So nah und doch so fern. Soziale Präsenz und Vertrauen in der computervermittelten Kommunikation. Dissertation Universität zu Köln. <http://deposit.ddb. de/cgi-bin/dokserv?idn= 985764015> (Retrieved March 15, 2009).

Schultheiss, D. (2009). Im Reich der interstellaren Händler: Internetgames als innovative Spielform - Eine Längsschnittstudie zu Spielmotivationen, Spielerleben und

Spielverhalten am Beispiel eines Langzeit Browsergames. Ilmenau: Ilmenauer Universitätsverlag.
Seim, R. (2010). Zensur und Nicht-Öffentlichkeit. In C. Schicha, & C. Brosda. Handbuch Medienethik (pp. 406-416). Wiesbaden: VS Springer Medien.
Shell Jugendstudie 2010 (1. August 2010). Shell.de Internet Deutschland. <http://www.shell.de/home/content/deu/aboutshell/our_commitment/shell_youth_study/2010/internet/> (Retrieved August 13, 2010).
Skews, D. (2012). Rights and Responsibilities - The Publishers. <http://www.videogamesinteractive .com/2012/04/rights-and-responsibilities-publishers.html> (Retrieved July 8, 2012).
Tamborini, R. & Skalski, P. (2006). The role of Presence in the Experience of Electronic Games. In P. Vorderer & J. Bryant (Eds.). Playing Video Games. Motives, Responses, and Consequences (pp. 225-240). Mahwah, NJ: Lawrence Erlbaum.
tv diskurs. Heft 3/2012, 97.
von der Linden, S. (2010). Games als Werbeträger - Entwicklungen, Barrieren, Potentiale. Tönning: Der Andere Verlag.
Vorderer, P. & Bryant, J. (Eds.) (2006). Playing Video Games. Motives, Responses, and Consequences. Mahwah, N.J./London: Lawrence Erlbaum.
Westphal, A. (2009). Die Einbettung von Lerninhalten in Serious Games. In J. Sieck & M. A. Herzog (Hrsg.). Kultur und Informatik: Serious Games (pp. 115-142). Boizenburg: Verlag Werner Hülsbusch.
Wolling, J., Quandt, T. & Wimmer J. (2008). Die Computerspieler. Studien zur Nutzung von Computergames. Wiesbaden: VS-Verlag für Sozialwissenschaften.
Wunden, W. (2003). Medienethik - normative Grundlage der journalistischen Praxis? In H.-J. Bucher & K.-D. Altmeppen (Hrsg.). Qualität im Journalismus. Grundlagen - Dimensionen - Praxismodelle (pp. 55-78). Wiesbaden: Westdeutscher Verlag.
Yee, N. (2006). Motivations for play in online games. CyberPsychology & Behavior, 9(6), 772- 775.
Yee, N. (2007). The Proteus Effect. Behavioral Modification via Transformations of Digital Self-Representation. Dissertation Stanford University. <http://www.nickyee.com /pubs/Dissertation_Nick_Yee.pdf> (Retrieved April 15, 2009).
Yee, N. (2008). Maps of Digital Desires: Exploring the Topography of Gender and Play in Online Games. In Y. Kafai, C. Heeter, J. Denner & J. Sun (Eds.). Beyond Barbie and Mortal Kombat: New Perspectives on Gender and Gaming (pp. 83-96). Cambridge, MA: MIT Press.

Literature for quick access

de Castell, S. & Jenson, J. (Eds.) (2007): Worlds in Play. International Perspectives on Digital Games Research. New York u. a.: Lang.
Raessens, J.J. (2010). Handbook of Computer Game Studies. Cambridge, Mass./London : MIT Press.
Wolling, J., Quandt, T. & Wimmer J. (2008). Die Computerspieler. Studien zur Nutzung von Computergames. Wiesbaden: VS-Verlag für Sozialwissenschaften.

THOMAS-GABRIEL RÜDIGER

Gamecrime und Metacrime – Kriminogene Aspekte virtueller Welten

Abstract

Virtual worlds have become a mass cultural phenomenon, but also a highly profitable economic factor. To the extent in which the use of virtual worlds is becoming an accepted form of social life, there is also socially deviant behavior established. According to present knowledge, the possible and observed actions can be divided into property offences and harassment, as well as into sexual, monitoring and acquisitive offences. These offences, which can be described according to the different worlds as Metacrime and Gamecrime – at least according to recent research – are traditional criminal law forms with a high dark field – similar to the infringement of copyright in the Internet. First dark field studies suggest the legitimate conclusion that millions of acts are committed in connection with virtual worlds every year. This article describes and classifies this phenomenon and presents first results.

Der französische Soziologe Émile Durkheim hat einmal Kriminalität als einen normalen und nichtpathologischen Zustand für jede Form von Gesellschaft bezeichnet (Durkheim, 1965). Nach Durkheim bedarf gerade ein gesundes Gemeinwesen krimineller Handlungen, da nur durch Begehungen dieser Handlungen die jeweiligen Verbotsnormen immer wiederkehrend auf ihre Gültigkeit hin überprüft werden.
Gelten diese Gedankengänge aber auch für Gemeinschaften, die sich virtuell bilden, insbesondere für solche, die sich in virtuellen Welten wie *Second Life* oder World of Warcraft bilden? Kommen also auch hier kriminelle oder zumindest durch die Nutzer als sozial abweichend definierte Handlungen vor? Diesen Fragen soll im nachfolgenden Kapitel nachgegangen werden.

Virtuelle Welten

Etwas mehr als zwei Milliarden Menschen sind täglich online (Pingdom, 2012). Das Internet beeinflusst dabei fast alle Aspekte des Lebens, insbesondere unser Freizeitverhalten. Millionen von Menschen verbringen bereits unzählige Stunden in einer Vielzahl von virtuellen Welten. In diesen findet ein Miteinander statt, das sich in der Menge der möglichen sozialen Handlungsoptionen mit dem sozialen Leben in der Offline-Welt messen, wenn nicht sogar übertreffen, kann. Immerhin fast 15 Millionen Deutsche nutzen bereits diese mediale Form der Freizeitgestaltung (BIU, 2011) und annähernd jeder dritte europäische Minderjährige hat sich bereits einmal einen Account in virtuellen Welten kreiert (Livingstone et al., 2010).

Virtuelle Welten stellen dabei eine Form von programmierten gedanklichen (Fantasie-) Welten im Rahmen der Nutzung eines elektronischen Verarbeitungssystem dar, in denen eine fast unbegrenzte Anzahl an Menschen zumeist mit verbildlichten und interaktiv steuerbaren Abbildern ihrer selbst - den sogenannten Avataren - interagieren kann. Eine verbindliche Definition von virtuellen Welten hat sich noch nicht durchgesetzt- jedoch werden üblicherweise zur Abgrenzung die Merkmale Immersion (das emotionale Einsinken in der Umgebung zumeist durch den Avatar), Persistenz (die Weiterentwicklung der Welt unabhängig von der Frage, ob der Nutzer online ist) sowie der Konsistenz (alle Nutzer können dasselbe wahrnehmen) genutzt (Meyfarth, 2007). Unter diesen Vorgaben erscheint es naheliegend, virtuelle Welten als Online-Umgebungen mit einer zwei- oder dreidimensionalen grafischen Oberfläche, in denen eine große Anzahl an Nutzern in einer persistenten und konsistenten Umgebung, zumeist mit Hilfe von Avataren interagieren und kommunizieren und somit eine mehr oder weniger starke immersive Erfahrung erleben zu definieren.

Diese Definition ermöglicht es der Vielzahl medialer Programme einen Rahmen zu geben, die den heutigen Markt für virtuelle Welten - insbesondere Onlinegames - umfassen. So existieren Games für den Webbrowser, Massively Multiplayer Online Games (MMOGS)[1], Metaversen[2], Spiele-Applikationen für Smartphones[3], 2D- und 3D-Communitys[4] sowie

[1] Der Begriff MMOGS wird zumeist als Sammelbezeichnung für verschiedene Genres von Onlinegames wie Shooter, Strategie- und Sportspiele verwendet. Das bekannteste Genre stellen dabei die Massively Online Role Playing Games (MMORPGS) wie *World of Warcraft, Aion* und *Tera* dar.

[2] Als Metaversen oder *LifeSimulations* (Lebenssimulationen) werden virtuelle Welten wie *Second Life, There* und *Secret City* bezeichnet, die primär versuchen die Offline-Welt mit allen Handlungsmöglichkeiten nachzubilden. Metaversen geben dem Nutzer üblicherweise keine Spielinhalte oder -ziele vor, vielmehr steht hier alleine die Interaktion und Kommunikation mit anderen Nutzern im Mittelpunkt des Geschehens (Krebs & Rüdiger, 2010: 17).

[3] Im Sinne dieses Kapitels sind jedoch nur Gameapplications von Relevanz, die einen Onlinegame-Modus beinhalten oder die Möglichkeit einer Kommunikation vorsehen.

Social Games[5]. Aus einer sozialwissenschaftlichen Betrachtung heraus müssen hierzu auch onlinebasierte Multiplayerparts von Video- und Computerspielen (z. B. die *Battlefield* und *Call of Duty* Reihen) gezählt werden[6]. Faktisch kann man diese Programme zudem in spielbezogene (Games) oder lebensimitierende (Metaversen) aufteilen.

Gamecrime und Metacrime

Virtuelle Welten ermöglichen es dem Nutzer, Teil einer aktiven Gemeinschaft zu werden und mit anderen Nutzern über Grenzen hinweg Zeit miteinander zu verbringen. Obwohl diese positiven Aspekte zu Recht das Erleben definieren, liegt auch in jeder Interaktion und Kommunikation zwischen Menschen das Risiko, dass es zu Handlungen kommt, mit dem einer von beiden nicht einverstanden ist oder die gegen die jeweils gültigen Strafgesetze verstoßen. Prinzipiell ist dieser Umstand nichts Neues: Auch in der physischen Welt geht fast jeder kriminellen Handlung eine nicht immer unbedingt beiden Seiten bewusste Interaktion zwischen Täter und Opfer voraus.
In virtuellen Welten sind daher annähernd dieselben kriminellen Handlungen denkbar, die man auch aus der physischen Realität kennt. Dabei hat sich in der Wissenschaft die Begrifflichkeit Gamecrime, wenn es sich bei dem „Tatort“ um ein Onlinegame handelt, und Metacrime, wenn es sich bei dem Tatort um ein Metaversum handelt, etabliert (Krebs & Rüdiger, 2010: 18). Diese Unterscheidung ist nicht nur akademischer Natur, vielmehr bedingen die unterschiedlichen Inhaltsausrichtungen das Vorhandensein differenter Phänomenologien. Bei Onlinegames überwiegt die ökonomische Komponente, so dass hier sehr viele Vermögensdelikte stattfinden. Die Fokussierung von Metaversen – insbesondere von *Second Life* – auf die Nachbildung des physischen Lebens bedingt hingegen das vermehrte Vorliegen von Sexualdelikten. In beiden Ausprägungen kommen zudem nach deutschem Recht strafbare Meinungsäußerungsdelikte vor.

---

[4] Unter 2D- und 3D-Communitys werden in Abgrenzung zu LifeSimulations virtuelle Welten wie *Habbo Hotel* oder *Freggers* verstanden, die die Kommunikation der Nutzer in den Mittelpunkt der Erfahrung stellen.
[5] Als Social Games werden in Social Communitys integrierte Spiele wie City- und Farmeville von *Zynga* verstanden, die insbesondere auf ein aktives Anwerben von Freunden aus der Community setzen.
[6] Die für eine virtuelle Welt notwendige Persistenz wird in Multiplayer-Spielen üblicherweise durch das Erfahrungs- und Ranglistensystem verkörpert, da sich das Spiel – die Mitspieler – stetig weiter entwickeln, auch wenn der Nutzer selbst nicht spielt.

Ein weiteres Phänomenfeld sind Begleit- und Beschaffungsdelikte. Die exzessive Nutzung virtueller Welten kann bei einigen Nutzern zu suchtartigen Erscheinungsformen führen, die wiederum in Begleit- und Beschaffungskriminalität enden können. Letztlich können die vorhandenen Kommunikationsmöglichkeiten auch zur Verabredung und Planung von Straftaten genutzt werden.

Vermögensdelikte

Fast jede virtuelle Welt hat kommerziellen Charakter, sie erwirtschaftet Umsatz. Allein für das Jahr 2011 wird dieser Umsatz auf ca. 18 Mrd. US-Dollar geschätzt. Hinzu kommen noch einmal ca. 7 Mrd. US-Dollar für den Verkauf von virtuellen Gütern (Items) und Zusatzleistungen. Marktanalysten gehen davon aus, dass sich alleine der Umsatz, der mit dem Verkauf von Items erlangt wird, bis zum Jahr 2015 auf annähernd 15 Mrd. US-Dollar verdoppeln wird (InStat, 2011).
Die Betreiber setzen gegenwärtig auf zwei Wirtschaftsmodelle, um diese Umsätze zu erzeugen. Das bisher gängigste wird als „pay to play" (p2p) Modell bezeichnet. Dieses basiert auf einem Finanzierungsmodell bei dem der Nutzer eine monatliche Grundgebühr entrichtet und dafür die jeweilige Welt nutzen darf. Teilweise wird dieses Modell auch noch durch den Verkauf von speziellen Items ergänzt. Zudem hat sich ein Schwarzmarkt für virtuelle Güter etabliert. Das Prinzip dahinter ist, dass Items, die die Nutzer z. B. durch Looten[7] erlangen, mit fortdauernder Nutzungsdauer immer wertvoller, aber auch seltener werden. Einige Nutzer sind daher bereit, spezielle Items zu kaufen, um das kosten- und zeitintensive Erspielen zu umgehen. Gehandelt werden diese Items dann über unterschiedlichste Methoden. So können Items auf eBay oder speziellen Internetseiten für reales Geld ver- und gekauft oder auch in der Welt selbst für virtuelle Währungen gehandelt werden. Dieser auch als Real-Money-Trade (RMT) bezeichnete Handel erfolgt einerseits zwischen den Nutzern untereinander und andererseits zwischen Nutzer und Betreiber (Schneider, 2010: 42). Einige Nutzer engagieren zudem professionelle Spieler, die ihre Avatare steuern, damit diese noch stärker und erfahrener werden (sog. Powerleveling). Gerade im asiatischen Raum hat sich ein eigener Markt für das professionelle Erspielen von Items, Gold und Erfahrung entwickelt. Im Spielerjargon werden die entsprechenden Spieler, als China- oder Goldfarmer bezeichnet (Heeks,

[7] Looten bedeutet im Spieljargon Beute machen, indem z. B. Monster in einem Onlinegame getötet oder Aufgaben (Quests) erfüllt werden.

2008: 10). Man schätzt, dass alleine auf der deutschsprachigen Version der Verkaufsplattform eBay jährlich virtuelle Güter in einem Wert von annähernd 11,5 Mio. Euro gehandelt werden (Kaspersky, 2011).
In den letzten Jahren hat sich aber gezeigt, dass immer weniger Betreiber dieses System anwenden. Vielmehr hat sich das sog. „free to play Modell" (f2p) verbreitet. Bei diesem Modell ist die eigentliche Nutzung kostenfrei, für besondere Zusatzleistungen oder Items muss jedoch bezahlt werden. Konkret versucht der Betreiber möglichst viele Nutzer zunächst zum Spielen zu animieren, das Weiterspielen für ihn interessant zu gestalten, um dann darauf zu setzen, dass diese die Wartezeit zwischen den Aktionen z. B. durch den Ankauf von Energie verkürzen. Bezahlt wird üblicherweise durch eine interne Währung (z. B. Gold). Diese Währung muss wiederum durch reales Geld erworben werden. Durch diese Wirtschaftsmodelle erlangen Items und Währungen einen realen Vermögenswert (Schneider, 2010: 96), andererseits erlangen auch konkret die Zugangsdaten zu einem Account einen Wert. Dieser Wert manifestiert sich wiederum in ggf. hinterlegten Kreditkarteninformationen und anderen Onlinebezahlsystemen sowie in der Kombination der Zugangsdaten (Nutzername- und oder Emailadresse sowie das genutzte Passwort) und der Möglichkeit, diese für illegale Zwecke zu nutzen.
Für einen Angreifer können sich also mehrere lukrative Ziele ergeben. Dabei kann man zwischen Delikten, die in der virtuellen Umgebung als solches - sog. Inworld-Delikte - und solchen, die kein Vorgehen in der Welt selbst benötigen - sog. Outworld-Delikte -, unterscheiden (Krebs & Rüdiger, 2010: 88).

Inworld-Delikte

Die Modi Operandi von Tathandlungen, die auf virtuelles Eigentum gerichtet und in die jeweilige virtuelle Umgebung eingebettet sind, basieren überwiegend auf kommunikativen Betrugstechniken. Das Vorgehen selbst ist dabei wiederum von dem abhängig, was die jeweilige Welt an Interaktionen erlaubt. So ist eine der Grundbedingung für Vermögensdelikte, die Möglichkeit eines Austausches von Items und virtuellen Währungen in Verbindung mit einer Kommunikationsmöglichkeit zwischen den Nutzern. Insbesondere steht hierbei auch das sogenannte Social Engineering, das gezielte und manipulative Einwirken auf einen Nutzer zur Erlangung von Items, im Mittelpunkt. Social Engineering kann z. B. darin bestehen, sich mit einem Nutzer anzufreunden und diesen anzubieten in dessen Urlaub seinen Charakter weiterzuspielen, um dann die erlangten Güter bei *eBay* zu verkaufen.

Insgesamt gehen Täter sehr vielfältig vor und nutzen spielimmanente Mechanismen zum so genannten „scamming"[8]. So wird ausgenutzt, dass nicht jedem Item immer ein individuelles Icon zur Identifikation zugeteilt wird. Insbesondere Items aus derselben Kategorie (z. B. Schwerter oder Rüstungen) haben häufig optisch identische Icons. Der Wert des Items bestimmt sich wiederum an dessen Eigenschaften sowie der Häufigkeit, in der dieses durch den Betreiber in der Welt eingespeist wird. Häufig kann der Wert eines Items einwandfrei nur erkannt werden, indem der Mauszeiger einige Zeit auf dem Item verweilt, woraufhin dessen Eigenschaften erscheinen. Bei Handelsgeschäften hinterlegt einer der Partner das Item, der andere die Bezahlung, in ein für beide einsehbares Handelsfenster. Üblicherweise sehen die Partner dabei nur die Icons, jeder von den Handelspartnern muss diesem Geschäft nun zustimmen. Kurz bevor der Verkäufer zustimmt, schließt der Täter das Handelsfenster und stellt dies als ein Versehen dar. Der Täter legt nun ein mit dem zu tauschenden Item optisch identisches Icon in das Handelsfenster und fordert zur Annahme des Geschäftes auf. Hierbei setzt er darauf, dass sein gutgläubiges Opfer die zu handelnde Ware nicht noch einmal überprüft und das Geschäft annimmt (ebd.). Bei einer anderen Methode möchte der Täter ein Ingame-Geschäft mit Gold abwickeln. Dabei einigt er sich mit dem Opfer auf einen festen Betrag. Kurz vor Abschluss des Geschäftes schließt er immer wieder das Handelsfenster, bis er überraschend den Betrag reduziert und hofft, dass der andere Nutzer nicht mehr auf den Preis achtet und annimmt.

Die Inworld-Handlungen im Bereich der Vermögensdelikte sind maßgeblich davon geprägt, dass ein Nutzer über die Absichten des Täters getäuscht wird. Den Betrugshandlungen sind daher nur die Grenzen in der Kreativität der Täter und der Naivität der Opfer gesetzt.

Bei den Inworld-Delikten kommen noch eine Vielzahl an weiteren Modi Operandi in Betracht, wie das gezielte Ausnutzen von Exploits[9], Betrugshandlungen bei internen Tauschplattformen und der so genannte Nachnahmebetrug sowie das Erlangen von Zugangsdaten der Opfer durch deren Täuschung[10].

---

[8] Scamming steht als Sammelbegriff für alle Formen von illegalen Betrugshandlungen zur Erlangung virtueller Güter.

[9] Exploits stellen Fehler im Programmcode dar, die zum eigenen Vorteil ausgenutzt werden können.

[10] Dies versuchen Täter, indem sie etwa eine Art Ingame-Phishing Nachricht versenden. Hierzu geben sie sich als sog. Gamemaster (Ordnungskräfte) aus, indem sie typischerweise im Chat/Email mit einem [GM] erscheinen und die Opfer auf angebliche Sicherheitslücken oder begangene Verstöße aufmerksam machen. Entweder soll das

Outworld-Delikte

Die verbreitetsten Modi Operandi zur Erlangung von virtuellen Vermögenswerten stellendie Nutzung von Schadsoftware (sog. Malware) wie Gametrojaner, der Einsatz von Phishing-Techniken sowie Social Engineering dar.
Nach einer vom Internetsicherheitsdienst *Kaspersky* 2012 veröffentlichten Analyse existieren im Internet annähernd 3,3 Millionen Programme, die nur zum Ziel haben, Accounts von virtuellen Welten zu hacken (Kaspersky, 2012). Da sich die Zugangsdaten zu fast allen virtuellen Welten stets aus einem Nutzernamen und/oder Emailadresse und einem Passwort zusammensetzen, ist die Erlangung dieser Daten das vorrangige Ziel der Angreifer.
Eine typische Vorgehensweise stellt z. B. die Nutzung eines sogenannten Keyloggers dar. Ein Keylogger ist ein schädigendes Programm, welches nach der Installation verdeckt sämtliche Tastatur-Eingaben vollautomatisch in Form eines Textprotokolls aufzeichnet und den jeweiligen Angreifer übermittelt. Dieser muss die Datei nur noch nach der Kombination des Namens der Zielwelt und einer Emailadresse durchsuchen und kann davon ausgehen, dass der nächste Eintrag das zugehörige Passwort ist. Ein Keylogger wird häufig innerhalb eines als nützlich getarnten Trägerprogrammes (sog. Trojaner) versteckt. In der Gamingszene sind als Gametrojaner insbesondere Cheat-Programme, die dem Spieler besondere Vergünstigungen offerieren, beliebt. Besonders problematisch ist zudem, dass viele dieser Programme die Option eines automatischen Downloadens von weiteren schädigenden Programmteilen beinhalten (sog. Backdoor-Programme).
Neben der Nutzung von Malware ist der Einsatz von Phishing-Methoden weit verbreitet. Bei dieser Angriffsmethode erstellt der Täter zunächst eine echt aussehende Kopie der Anmeldeseite des jeweiligen Spielsund versendet dann Emails, die den Nutzer auffordern, sich wegen angeblicher Sicherheitsprobleme unbedingt über den in der Email angegebenen Link erneut einzuloggen. Sobald der Nutzer seine Daten über die „gefakte" Anmeldeseite eingibt, werden diese aufgezeichnet. Sofern sich der Täter eines Bot-Netzwerkes bedient, kann er diese Phishing-Emails massenhaft versenden. Die Emailadressen der Opfer kann sich der Täter entweder in den Foren der Underground Economy kaufen, aus

---

Opfer dann gleich seine Zugangsdaten zur Verifizierung mitteilen, oder es wird auf eine Phishing-Seite weitergeleitet.

öffentlichen zugänglichen Quellen beziehen oder er erlangt sie aus Hacking-Angriffe auf jeweilige Betreiber (Benzmüller & Ester, 2009).
Sobald der Täter an die Anmeldedaten des potentiellen Opfers gelangt, folgt eine regelrechte Wertschöpfungskette zur Verwertung der in dem Account innewohnenden Werte (Items, virtuelle Währungen, Daten für Bezahlmethoden etc.). Eine Möglichkeit, die Items zu verwerten besteht darin, sich mit den erbeuteten Nutzerdaten einzuloggen und alle virtuellen Werte auf einen sog. Komplizenavatar zu übertragen (Krebs & Rüdiger, 2010: 111). Im Anschluss können von diesem Avatar die entsprechenden Gegenstände bei einschlägigen Handelsplattformen oder direkt in der jeweiligen Welt verkauft werden.
Auch viele Game-Accounts wechseln über gängige Handelsplattformen-ihren Besitzer. Bedingt durch eine fehlende Stofflichkeit der Nutzerkonten wechseln bei einem solchen An- oder Verkauf nur die Zugangsdaten den Besitzer. Sobald der Täter diese erlangt hat, kann er sich in den Account einloggen, das zugehörige Passwort ändern und den so kompromittierten Account zum Verkauf anbieten. Um eine Gewinnmaximierung zu erreichen, nutzen professionelle Täter Malware sowie die Möglichkeiten, die ihnen die Underground Economy bieten. Die Foren der Underground Economy stehen auch im Mittelpunkt der professionellen Verwertung virtueller Güter. In diesen Foren ist es unter anderem möglich, andere Nutzer für die Programmierung von speziell auf die eigenen Bedürfnisse angepasster Malware zu engagieren. Im Gegenzug ist es auch möglich, die gewonnenen Zugangsdaten, Kreditkarten-Informationen zu verkaufen. Dahinter steht vor allem der Gedanke, dass viele Nutzer häufig dieselben Passwörter oder nur leicht modifizierte Formen davon nutzen. Eine Studie aus den USA kam zu dem Ergebnis, dass annähernd 60 Prozent aller Internetnutzer mehr als zwei Accounts mit demselben Passwort besitzen (Perdomo, 2012). Wenn ein Täter also einmal eine Emailadresse mit zugehörigem Passwort erlangt hat, kann er versuchen, sich bei den typischen Handelsgeschäften (eBay, Amazon etc.) und Social Communitys (Facebook, Google+ etc.) mit diesen einzuloggen. Sollte der Täter diese Accounts für weitere Taten nutzen, spricht man von einem Identitätsdiebstahl (Identitytheft) (Benzmüller & Ester, 2009; Rüdiger, 2011). Dieser Handel mit virtuellen Gütern eröffnet auch die Möglichkeit der Geldwäsche. Chambers leitet derzeit ein Forschungsprojekt, welches die Geldwäsche-Ströme in virtuellen Welten erforscht (Chambers, 2010).
Zahlen über die Größe der jeweiligen Deliktsformen zu erlangen, ist bedingt durch die Neuartigkeit des Phänomens relativ schwierig. Im Jahr 2007 hat die European Network Information Security Agency (ENISA) eine Studie veröffentlicht, der zu Folge bereits jeder dritte Nutzer virtuel-

ler Welten zumindest einmal durch ein Vermögensdelikt viktimisiert wurde. Eine Untersuchung aus dem deutschsprachigen Raum aus dem Jahr 2010 lässt auf eine leicht niedrigere Viktimisierungsrate von 25 Prozent schließen (Krebs & Rüdiger, 2010: 86). Betreiber von virtuellen Welten halten sich mit Zahlen zu entsprechenden Delikten - vermutlich aus Imagegründen - zurück. Eine Auswertung des Ingame-Prangers des Onlinegames Metin 2 ergab, dass von etwa 26.000 Verbannungen in einem Jahr ca. die Hälfte (47 Prozent) auf Vermögensdelikte basierte (ebd.). Allein in China finden nach einer Analyse des Internet-Sicherheitsexperten Kaspersky täglich 860.000 Angriffe auf Gameaccounts statt. In Deutschland sind es immerhin noch 16.000 (Hosbach, 2011).
Die einzige deutschsprachige Hellfeldstudie kam zu dem Ergebnis, dass im Jahr 2009 insgesamt 54 Strafanzeigen im Zusammenhang mit Vermögensdelikten in Deutschland registriert wurden (Krebs & Rüdiger, 2010).

Meinungsäußerungsdelikte

Die relative Anonymität sowie die gruppendynamischen Prozesse können zu einem Herabsenken der moralischen Hemmschwelle der Nutzer auch in ihrer Kommunikation führen. Je nach geltendem Recht können aber auch Beleidigungen (§ 185 Strafgesetzbuch [StGB][11]), Bedrohungen (§ 241 StGB), rassistische Begrifflichkeiten usw. unter den Nutzern eine verfolgbare Straftat darstellen. Diese Kommunikation kann in virtuellen Welten in unterschiedlichster Form stattfinden und ist davon abhängig, was der Betreiber erlaubt. Typischerweise findet sie entweder in einem integrierten Chat-Fenster, über ein spezielles Nachrichtensystem - ähnlich einer Email - oder über ein integrierten Voice-Chat statt. Zudem bieten manche Welten noch die Möglichkeit, mit den Avataren Gesten (sog. Emotes) zu vollführen, um somit in eine nonverbale Kommunikation mit anderen Nutzern zu treten. Üblicherweise versuchen Betreiber die Nutzung von Schimpfwörtern mit Filtersystemen einzudämmen. Die Community lotet im Gegenzug jedoch aus, wie sie diese Einschränkungen umgehen kann. Bereits mit der Auswahl des Nutzernamens beginnt dieser Prozess. Normalerweise filtert der Betreiber bereits hier Namen, Zahlenkombinationen sowie Symboliken, die nicht erwünscht sind, heraus. Die Nutzung von Anagrammen wie „FlodaReltih" für Adolf Hitler ist hier ein beliebtes Mittel um die Einschränkungen zu umgehen. Alleine auf den europäischen Servern des Spiels *World of Warcraft* führen 159 Avata-

[11] Die in diesem Kapitel genannten Strafgesetze beziehen sich stets auf das deutsche Rechtssystem.

re den Namen Floda[12]. Alternativ ersetzt der Nutzer einzelne Buchstaben durch Satzzeichen wie, „A***lf H!!!tler".
Dieselben Mechanismen kommen zum Tragen, wenn die Nutzer Beschränkungen im Rahmen eines Chat-Gespräches aushebeln wollen. Beliebt ist es, ganze Wörter durch wiederkehrende Satzzeichen zu ersetzen, die jedoch in der Kombination den Sinn oder die Intention verständlich werden lässt, bspw. „ich f11kdxxh".
Die schon erwähnten Studien lassen den berechtigten Schluss zu, dass bereits mind. jeder zweite bis dritte Nutzer einmal Opfer eines Meinungsäußerungsdeliktes geworden ist (ENISA 2008; Krebs & Rüdiger, 2010). Die Auswirkungen dieser teilweise mit Beleidigungen durchzogenen Kommunikation auf das Real-Life wurden bisher noch nicht erforscht.

Sexualdelikte

Sexualdelikte in virtuellen Welten gibt es prinzipiell in zwei Erscheinungsformen. Die verbreitetste Form ist das sogenannte Cybergrooming. In Metaversen existieren zudem interaktionsbezogene Sexualdelikte.

Cybergrooming: Unter Cybergrooming versteht die Wissenschaft die gezielte Anbahnung sexueller Kontakte insbesondere mit Minderjährigen über das Internet (Rüdiger, 2012). Dabei beschränkt sich Cybergrooming nicht nur darauf Minderjährige für einen realweltlichen Missbrauch zu gewinnen, vielmehr erfasst dieses Phänomen bereits die sexualisierte Kommunikation in Chatsystemen sowie die Übersendung bzw. Life-Übertragung von pornografischen Medien an Minderjährige. Letzteres umfasst auch die Videoübertragung in Systemen wie *Skype, The Microsoft Network Messenger* (*MSN*) und *ICQ*, indem Minderjährige vor der Kamera sexuelle Handlungen vornehmen oder sexuelle Handlungen durch den Kommunikationspartner am Bildschirm beobachtet werden sollen. Bisherige wissenschaftliche Untersuchungen bezogen sich überwiegend auf klassische Chaträume (Katzer, 2007; Choo, 2009). Katzer hat für Deutschland herausarbeiten können, dass bereits im Jahr 2005 fast jedes zweite Kind in der Untersuchungsgruppe unter 14 Jahren ungewünschte sexuelle Kommunikation im Internet erlebt hat. Annähernd jeder zehnte Minderjährige hat von der ungewollten Übersendung von pornografischer Medien berichtet. In jüngster Zeit hat sich gezeigt, dass auch virtuelle Welten durch Sexualtäterzur Opferfindung genutzt werden kön-

[12] Alleine 33 Avatare in *WoW* tragen als Bestandteil ihres Namens Hess und 27 Avatare Himmler (Stand: 25. August 2012).

nen (Rüdiger, 2012). Besonders die einfache und ohne eine effektive Überprüfung der Angaben vorzunehmende Anmeldung etwa in Onlinespielen, die bereits auf Grund des optischen Erscheinungsbildes offensichtlich für eine jüngere Zielgruppe programmiert wurden (*Habbo Hotel, Freggers* usw.), vereinfachen den Viktimisierungsprozess. Bereits eine einfache Emailadresse reicht zumeist, um sich anzumelden. *Habbo Hotel*, die größte virtuelle Welt für Minderjährige in Deutschland, hat nach eigenen Angaben ca. 1,5 Mio. regelmäßig deutschsprachige Nutzer, von denen 90 Prozent zwischen 13 und 18 Jahren sind (*Habbo Hotel*, 2012). Zudem kann in *Habbo* beobachtet werden, dass viele Nutzer in Gesprächen ihr Alter auch mit zehn, elf oder zwölf Jahren angeben.
Insbesondere Cybergroomer machen sich diese Umstände zu Nutze. So stellt *Habbo* in einem Sicherheitsquiz die Frage, was ein Nutzer machen soll, wenn er von jemandem, den er gerade kennengelernt hat, regelmäßig teure virtuelle Möbel geschenkt bekommt. Dies ist offensichtlich eine Handlung, mit der Täter Kontakt zu ihren Opfern aufnehmen. Üblicherweise findet die Kontaktaufnahme in *Habbo* in den öffentlich einsehbaren Hotellobbys statt. In diesen findet die Chatkommunikation für alle Besucher des Raumes sichtbar statt. Während die Nutzer mit ihren Avataren z. B. tanzen, versuchen Täter potentielle Opfer auszuspähen. Dabei orientieren sich diese offensichtlich am Geschlecht, Nickname oder dem Profil des Avatars. Ein weiblicher Avatar mit dem Nickname „Susi12" oder „Susi99" deutet etwa auf ein 12jähriges Mädchen hin. Diese Form der Opfersuche scheint bei den festgestellten Tätertypen ähnlich zu sein, jedoch unterscheidet sich dann das weitere Vorgehen. So konnten für virtuelle Welten zwei primäre Tätertypologien festgestellt werden. Den Erpresser-[13] sowie den guten Freundtypus. Der Erpresser setzt auf eine möglichst schnelle und effektive sexuelle Kommunikation mit dem Opfer. Dabei agiert er offen und erkennbar. Es ist z. B. nicht untypisch bei *Habbo*, dass Fragen gestellt werden wie „Welches Mädchen mit *Skype*, *ICQ* will meinen Schwa.Z sehen? Alter egal, schick FA[14]" (Rüdiger, 2012). Sollte ein Opfer aus kindlicher Neugier auf diese Anfrage reagieren, beginnt die eigentliche Erpressungsphase. Zunächst versucht der Täter, die Kommunikation insbesondere auf *Skype*, *MSN* oder *ICQ* zu verlagern, da diese eine Videoübertragung ermöglichen. Im weiteren Verlauf versucht der Täter häufig an die Telefonnummer des Opfers zu gelangen. Bereits

[13] Bedingt durch die Direktheit dieses Tätertypus, wird er auch als Direkter-Täter-Typus bezeichnet.
[14] FA steht für Freundschaftsanzeige, über die ein privater Chatdialog, der nicht von den anderen Nutzern einsehbar ist, gestartet werden kann.

mit dem ersten Eingehen des Opfers auf Anfragen des Täters kann er weiteren Druck ausüben. Er droht dem Opfer damit, die geführte Kommunikation etwa Eltern oder Freunden zu zeigen oder im Internet einzustellen, sollte das Opfer keine weiteren Fotos von sich machen oder eine Videokonferenz mit dem Täter führen. Dem Erpresser geht es dabei nicht primär um einen realweltlichen Missbrauch, sondern originär um die mediale Viktimisierung. Einige Täter aus dieser Gruppe setzen dabei schlicht auf eine Bestechung. Eine vom Autor selbst erlebte Frage lautete z. B. „Suche Girl mit *Skype*, die sich 70-100 Taler verdienen will. Bitte FA" (ebd.). Dieser Erpressertypus kann in der dargestellten Form jedoch nur in Welten vorkommen, in denen der Betreiber nur einen mangelnden Schutz vor Sexualtätern gewährleistet. So würden die dargestellten Beispiele bereits mit einer einfachen, aber effektiven Live-Moderation durch geschultes und geprüftes Personal größtenteils unterbunden werden.

Anders sieht dies jedoch bei einem „guten Freund" aus. Dieser kann prinzipiell in jeder virtuellen Welt die eine Kommunikation zulässt, oder ein nachträgliches Hinzufügen von Spielerbegegnungen zu dem eigenen Freundkreis ermöglicht (*PS3, Xbox*), vorkommen. Diesem Typus geht es primär darum, Vertrauen zu gewinnen, um die Opfer zu einem realweltlichen Treffen zu bewegen, welches im schlimmsten Fall in einer physischen Missbrauchshandlung münden kann. Der Täter geht dabei konspirativ und vereinnahmend vor. Die Opferauswahl findet nach denselben Gesichtspunkten wie beim Erpressertypus statt. Das weitere Vorgehen ist jedoch different. So gibt sich dieser Typus zunächst als ein in etwa gleichaltriger Junge/Mädchen aus, um leichter das Vertrauen des Kindes zu gewinnen. Dabei kann ein Bindungsprozess bereits durch das Interagieren und dem gemeinsamen Spielerlebnis initiiert werden. Der Täter versucht so, in den nächsten Tagen und Wochen eine Bindung mit dem Opfer aufzubauen. In virtuellen Welten, die nicht primär das gemeinsame Spielen fokussieren, erfolgt die emotionale Bindung über andere Formen der Interaktion.

Ein Beispiel aus den Niederlanden aus dem Jahr 2010 verdeutlicht dies. Ein 28jähriger Nutzer von *Habbo* hatte sich als ein minderjähriger Junge ausgegeben und ist so ins Gespräch mit einer tatsächlich elfjährigen Nutzerin gekommen. In der Folge finanzierte er virtuelle Möbel für einen gemeinsamen Hotelraum und führte ein imaginäres Familienleben mit dem Kind. Nach einigen Wochen begann der Täter damit, die sogenannte Geheimnisphase überzuleiten (Bullens, 1995). In dieser offenbarteer dem Opfer sein wahres Alter, um die emotionale Bindung zu verstärken (Middelburg, 2010). In der Folge gelang es dem Täter, sich mit dem Kind zu verabreden und es kam zu sexuellen Handlungen in einem realen Hotelzimmer (ebd.).

Virtureale Sexualdelikte: Cybergrooming stellt im Kern ein bekanntes Sexualdelikt aus der physischen Realität mit den Möglichkeiten des Internets dar. In *Second Life* haben sich in der Vergangenheit aber eigene virtuelle Formen von Sexualdelikten herausgebildet, die zumindest als sozial abweichende Verhaltensweisen definiert werden können.
Das sogenannte „Sexual Children Age Play“ beschreibt ein Phänomen, dass insbesondere in Deutschland im Jahr 2007 einige Beachtung erlangt hat (Stöcker, 2007). Grundlagen für diese Deliktsform war es, dass *Second Life* einerseits die Einbindung von Usercontent, also von den Nutzern selbst erstellten Inhalten und andererseits die pornografische Darstellung von sexuellen Handlungen sehr explizit ermöglicht. Um in *Second Life* überhaupt animierten Sex zu haben, muss man sich zunächst ein Geschlechtssteil für *Linden*-Dollar kaufen oder auf einige kostenlose Exemplare zurückgreifen. *Linden*-Dollar wiederum können für reales Geld erworben werden. Der virtuelle Geschlechtsverkehr kann dabei mehrere Handlungen umfassen. So ist die häufigste Form ein Ablauf von interaktiv steuerbaren Sexanimationen zwischen zwei oder mehreren Avataren. Diese Handlungen können wiederum ergänzt werden, indem die Nutzer miteinander per integriertem Chat oder Headset kommunizieren. Zudem können durch den Austausch von Bildern oder die Überleitung auf Kommunikationsplattformen wie *Skype* diese Handlungen um mediale Elemente erweitert werden. Nicht selten verlangen dabei die weiblichen Konterparts Linden-Dollar als Bezahlung. Nachdem man sich entsprechend ausgestattet hat, können die Avatare mit von anderen Nutzern erstellten Animationspunkten interagieren. Hierbei öffnen sich bei der Nutzung Untermenüs mit entsprechenden Handlungsoptionen. Dabei muss aber konkretisiert werden, dass Sexualhandlungen nicht überall in *Second Life* möglich sind, sondern nur in speziellen Ab-18-Bereichen. Bei den bekannt gewordenen Sachverhalten kamen nun all diese Faktoren zusammen. Dabei erstellten Nutzer Kinder- und Jugendavatare, um mit diesen den virtuellen Geschlechtsverkehr zu praktizieren (ebd.). Die deutsche Staatsanwaltschaft leitete ein Ermittlungsverfahren wegen des Besitzes kinderpornografischer Schriften ein, da der § 184b StGB auch eine wirklichkeitsnahe Darstellung unter Strafe stellt. Dies ging so weit, dass in Deutschland ein Sachverhalt bekannt wurde, bei dem sich eine Dreizehnjährige als Kinderprostituierte in *Second Life* für Sex mit ihrem Kinderavatar bezahlen ließ (Widuwilt, 2008). Das Age-Play diente zudem Pädokriminellen als Kontaktplattform – insbesondere

da auch Bilder mit kinderpornografischen Darstellungen einfach und anonym getauscht und verkauft werden konnten[15]. In diesem Zusammenhang ist es auch festzustellen, dass in *Second Life* pornografische Handlungen zwischen Avatar und Tier dargestellt werden. Hierbei kommt es immer wieder vor, dass an den Wänden als Texturen reale tierpornografische Fotos eingebunden sind.

„Dolcett Plays" beschreibt hingegen das Ausleben von schweren Sexual- und Gewalthandlungen. Diese Handlungen basieren dabei auf einen Comic Künstler, der Zeichnungen von Frauentötungen und schweren Gewalthandlungen - bis hin zu kannibalistischen Elementen - angefertigt hatte (Alphaville, 2007). In *Second Life* hat sich eine ganze Community herausgebildet, die exakt diese Handlungsweisen virtuell nachlebt. *In* entsprechenden Gebieten können Avatare beispielsweise auf einen Tisch mit einer Motorsäge geschnallt werden, auf ein Brett gefesselt und Gliedmaßen mit einer Axt abgeschlagen oder in einer Box vergast werden (ebd.). Hierbei kann es auch zur Einbindung realer Gewalt(pornografischer) Bilder kommen.

Begleit- und Beschaffungskriminalität

Es ist nicht verwunderlich, dass bei einer so immens großen Anzahl an Nutzern auch stets Individuen existieren, welche die Grenzen zwischen Spiel und Wirklichkeit nicht korrekt ziehen können. Die meisten Studien, die sich mit der Thematik einer Onlinespielsucht beschäftigen, unterscheiden sich daher auch nur in der Betroffenenhäufigkeit (Pfeiffer et al., 2009; Fritz et al., 2010; Rumpf et al., 2011). Das Menschen in gewissen Grundzügen eine Abhängigkeit von Medien entwickeln können, ist dabei kein neues Phänomen und betrifft im Prinzip alle Unterhaltungsmedien. Genauso wenig überrascht, dass die Reaktionsformen ähnlich sind zu anderen Abhängigkeiten. So muss die Spielleidenschaft ab einem gewissen Punkt immer stärker durch die Ressourcen Geld (Spieleabonnements, Spielvorteile) und Zeit erkauft werden. Nicht jeder Spieler ist dazu in der Lage, die Ressourcen stets in dem notwendigen Umfang bereitzuhalten, um im Spiel weiterhin erfolgreich zu sein. Die Folgen können unterschiedlichste Formen von strafbaren Handlungen nach sich ziehen. Prinzipiell dienen die Handlungen entweder dazu das Nutzungsverhal-

[15] Second Life verschärfte nach diesen Ereignissen den Jugendschutz. So musste eine Passnummer eingeben werden, um sich für Inhalte ab 18 Jahren freischalten zu lassen. Der Jugendschutz wurde in den letzten Jahren jedoch wieder aufgeweicht. Heutzutage gibt man nur noch ein Alter bei der Anmeldung an, dessen Richtigkeit nicht überprüft wird, und wird automatisch freigeschaltet.

ten zu finanzieren, sog. Beschaffungsdelikte, oder eventuelle Störfaktoren beim Nutzungsverhalten zu unterbinden, sog. Begleitdelikte. In den letzten Jahren haben sich global Meldungen über beide Deliktsformen gehäuft. Erst im Januar 2012 berichteten Medien über die Verurteilung eines 17jährigen Vietnamesen zu 18 Jahren Haft, der drei Mitglieder eines Juwelenhändlers umgebracht hatte und als Begründung angab, dass er sein Online-Spiel „*Kiem The*" finanzieren wollte (Spiegel, 2012). In den USA erpresste im August 2012 ein Siebzehnjähriger mit einer Schusswaffe von einem anderen Spieler die Übergabe von Vermögenswerten des MMORPG *Runescape* (Bain, 2012). In den Niederlanden wurde bereits im Jahr 2010 ein ähnlicher Sachverhalt abgeurteilt, bei dem zwei Jugendliche das Opfer durch Gewaltanwendung und Morddrohungen zwangen, eine virtuelle Kette auf ihren *Runescape*-Account zu übertragen (Middleburg, 2008). Handlungen, die keinen oder nur einen geringen Vermögensaspekt haben, fallen zumeist unter die Kategorie der Begleitkriminalität. Solche Delikte können sich direkt aus der exzessiven Nutzung von virtuellen Welten ergeben, wenn Eltern etwa die Zeit nicht mehr aufbringen, sich um ihre eigenen Kinder zu kümmern. So soll in Taiwan ein Kind verhungert sein, weil die Eltern ihre Zeit in einem Onlinespiel verbrachten, anstatt sich um das Kind zu kümmern (Standart, 2011). In einem anderen Fall wurde eine 22jährige Frau aus den USA zu 50 Jahren Haft verurteilt, da sie ihren drei Monate alten Sohn zu Tode schüttelte, weil dessen Weinen ihr *Farmville* Spiel unterbrach (Hunt, 2011).

Resümee

Immer mehr Menschen verbringen ihre Freizeit in virtuellen Welten und kaum ein Computer- oder Videospiel kann sich heutzutage noch erlauben ohne einen Online-Spielmodus zu erscheinen. Insbesondere die Faszination eines gemeinsamen Interagierens und Kommunizierens machen den Reiz, aber auch die Risiken dieser Freizeitgestaltung aus. Wie aufgezeigt manifestieren sich diese Risiken in einer Vielzahl unterschiedlichster Kriminalitätsformen sowohl in Metaversen als auch in Onlinegames. Dabei steht überraschenderweise die Erforschung der Bedeutung und des Vorkommens von sozial abweichenden Handlungen im Zusammenhang mit virtuellen Welten sowohl national als auch international noch ganz am Anfang. Allein aber die enorme Anzahl an aktiven Nutzern, der damit einhergehenden unzähligen Interaktionen sowie der immer wieder geführten politischen Diskussionen im Bereich des Kinder- und Jugendschutzes verdeutlichen wie dringend notwendig, aber auch gewinnbringend, weitergehende wissenschaftliche Untersuchungen zu den hier beschriebenen Phänomenen wären.

References

Alphaville Herald (2007). Dolcett Play: Broadly offensive? Naw, ist what's for dinner, 10.06.2007. <http://alphavilleherald.com/2007/06/dolcett_play_br.html> (Retrieved August 29, 2012).

Bain, J. (2012). Douglas Montero Todd Venezia. <http://www.nypost.com/p/news/local/bronx/game_over_for_vid_kid_robber_DQgYQB3lApPVWB4FXXRiFN> (Retrieved August 29, 2012).

Benzmüller, R. & Ester, M. (2009). G Data Whitepaper 2009. Underground Economy. Herausgegeben von G Data Software AG. <http://www.gdata.de/uploads/media/Whitepaper_Underground_Economy_9_2009_DE.pdf> (Retrieved August 8, 2012).

Bullens, R.(1995). Der Grooming-Prozess – oder das Planen des Missbrauchs. In B. Marquardt-Mau (Hrsg.). Schulische Prävention gegen sexuelle Kindesmisshandlung. Grundlagen, Rahmenbedingungen, Bausteine und Modelle. Weinheim: Juventa Verlag.

Bundesverband Interaktive Unterhaltungssoftware e. V. (BIU) (2011). 14,5 Millionen Deutsche spielen Online- oder Browser-Games. <http://www.biu-online.de/de/fakten/marktzahlen/online-und-browser-games/nutzerzahlen.html> (Retrieved August 29, 2012).

Chambers, C. (2010). Real criminals use virtual worlds to launder money. Herausgegeben von University of the West of England (Bristol UWE). <http://info.uwe.ac.uk/news/uwenews/article.asp?item=1708> (Retrieved August 29, 2012).

Choo, K. (2009). Australian Institute of Criminology Online child grooming: a literature review on the misuse of social networking sites for grooming children for sexuale offences. <http://www.aic.gov.au/documents/3/C/1/%7B3C162CF7-94B1-4203-8C57-79F827168DD8%7Drpp103.pdf> (Retrieved August 29, 2012).

Durkheim, E. (1965). Kriminalität als normales Phänomen. In (ders). Die Regeln der soziologischen Methode. 2. Aufl. Neuwied 1965. Auch wiederabgedruckt in F. Sack, R. König. (Hrsg.). Kriminalsoziologie. 2. Aufl. Frankfurt 1974, 3-8.

Erenli, K. (2008). Virtuelle Welten – Ausgewählte Aspekte des Vertrags- und Urheberrechts unter Berücksichtigung praxisrelevanter Problemstellungen. Universität Wien, Universitätslehrgang für Informationsrecht und Rechtsinformation.

European Network Information Security Agency (ENISA) (2008). Survey Results Security and Privacy in Massively-Multiplayer Online Games and Socials and Corporate Virtual Worlds. <http://www.enisa.europa.eu/act/it/oar/massively-multiplayer-online-games-and-social-and-corporate-virtual-worlds/survey-on-security-issues-in-virtual-worlds> (Retrieved August 29, 2012).

Fritz, J., Lampert, C., Schmidt, J. & Witting, T. (2011). Kompetenzen und exzessive Nutzung bei Computerspielern: Gefordert, gefördert, gefährdet. Zusammenfassung der Studie. Hans Bredow Institut. Hamburg (Schriftenreihe Medienforschung der Landesanstalt für Medien NRW (LfM)). <http://www.hans-bredow-institut.de/webfm_send/563> (Retrieved August 29, 2012).

Habbo Hotel. (2012). Check in to check it out! <http://www.sulake.com/Habbo/index.html?navi=2.1> (zuletzt geprüft am 29.08.2012).
Heeks, R. (2008). Current Analysis and Future Research Agenda on Gold Farming: Real-World Production in Developing Countries for the Virtual Economies of Online Games. (IDPM Development Informatics Working Paper, no. 32). <http://www.manchaster.ac.uk/research/richard.heeks/publications> (Retrieved August 29, 2012).
Hosbach, W. (2011). Phishing und Trojaner. Angriff auf Online-Gamer. <http://www.pc-magazin.de/ratgeber/angriff-auf-online-gamer-1038386.html> (Retrieved August 29, 2012).
Hunt, D. (2011). Jacksonville mom who killed baby while playing FarmVille gets 50 years. <http://jacksonville.com/news/crime/2011-02-jacksonville-mom-who-killed-baby-while-playing-farmville-gets-50-years> (Retrieved August 29, 2012).
Kaspersky (2011). Gamer im Fadenkreuz der Cybercriminals. <http://www.kaspersky.com/de/news?id=207566472> (Retrieved August 29, 2012).
Kaspersky (2012). Gamer zunehmend im Visier von Cyberkriminellen: Kaspersky Lab kennt 3,3 Millionen Gaming-Schadprogramme. <http://newsroom.kaspersky.eu/de/texte/detail/article/gamer-zunehmend-im-visier-von-cyberkriminellen-kaspersky-lab-kennt-33-millionen-gaming-schadprogra/?no_cache=1&cHash=24c274a214fdb50ad035a9ea17d5299e> (Retrieved August 29, 2012).
Katzer, C. (2007). Gefahr aus dem Netz. Der Internet Chatroom als neuer Tatort für Bullying und sexuelle Viktimisierung von Kindern und Jugendlichen. Dissertation, Universität Köln.
Krebs, C. & Rüdiger, T.G. (2010). Gamecrime und Metacrime. Strafrechtlich relevante Handlungen im Zusammenhang mit virtuellen Welten. Frankfurt, M: Verl. für Polizeiwiss.
Krebs, C. & Rüdiger, T.G. (2011). Neue Welten mit Deliktpotenzial Gamecrime und Metacrime. Strafrechtlich relevante Handlungen im Zusammenhang mit virtuellen Welten. Deutsche Polizei 2(2011), 20–28.
InStat (2011). Virtual Goods in Social Networking and Online Gaming. Hg. v. IN-STAT. <http://www.instat.com/abstract.asp?id=212&SKU=IN1004659CM> (Retrieved August 29, 2012).
Livingstone, S., Haddon, L. & Görzig, A. (2010). Risks and safety on the internet. The perspective of European children Full findings and policy implications from the EU Kids Online survey of 9-16 year olds and their parents in 25 countries. London: The London School of Economics and Political Science. <http://www.eukidsonline.de/img/D4FullFindings-1_110113.pdf> (Retrieved August 29, 2012).
Meyfarth, M. (2007). Zusammenspiel virtueller und realer Raum Beispiele und Möglichkeiten. Institute of Electronic Business. <http://www.mr-meyf.de/docs/Zusammenspiel%20virtueller%20und%20realer%20Raum.pdf> (Retrieved August 29, 2012).
Middelburg (2010). Urteil Gericht Niederlande Aktenzeichen: 2010/12/700056-10 vom 03.11.2010.

Perdomo, D. (2012). Harris Poll: 3 in 5 Americans Think They're Vulnerable To Hacking, But Most Still Engage in Risky Behaviors Online Anyway. <http://www.dashlane.com/blog/2012/08/02/harris-poll-3-in-5-americans-think-theyre-vulnerable-to-hacking-but-most-still-engage-in-risky-behaviors-online-anyway/> (Retrieved August 29, 2012).

Pfeiffer, C., Mößle, T., Kleimann, M. &Rehbein, F. (2009). Computerspielabhängigkeit und „World of Warcraft". Fünf Thesen zu politischen Folgerungen aus aktuellen Forschungsbefunden des KFN. Hannover: Kriminologisches Forschungsinstitut Niedersachsen. <http://www.kfn.de/home/WoW_Thesen_zu_politischen_Folgerungen.htm> (Retrieved August 29, 2012).

Pingdom (2012). Internet 2011 in numbers. <http://royal.pingdom.com/2012/01/17/internet-2011-in-numbers/> (Retrieved August 27, 2012).

Rumpf, H. J., Meyer, C. & John, U. (2011). Prävalenz der Internetabhängigkeit (PINTA) Bericht an das Bundesministerium für Gesundheit. <http://drogenbeauftragte.de/fileadmin/dateien-dba/DrogenundSucht/Computerspiele_Internetsucht/Downloads/PINTA-Bericht-Endfassung_280611.pdf> (Retrieved August 29, 2012).

Rüdiger, T.G. (2011). Hacking Die neue Massenkriminalität mit geringem Risiko. <http://www.lto.de/de/html/nachrichten/4345/hacking-die-neue-massenkriminalitaet-mit-geringem-risiko/> (Retrieved August 29, 2012).

Rüdiger, T.G. (2012). Cybergrooming in virtuellen Welten. Neue Chancen für Sexualtäter. Deutsche Polizei 2(2012), 31–37.

Schneider, M. (2010). Virtuelle Werte. Der Handel mit Accounts und virtuellen Gegenständen im Internet. Univ., Diss. u.d.T.: Schneider, Matthias: Virtuelles Eigentum--Düsseldorf, 2010. 1. Aufl. Baden-Baden: Nomos.

Spiegel (2012). 17-Jähriger tötet Familie aus Videospielsucht. <http://www.spiegel.de/panorama/justiz/vietnam-17-jaehriger-toetet-familie-aus-videospielsucht-a-808299.html> (Retrieved August 27, 2012).

Standard (2011). Paar in Taiwan ließ Kind wegen Internetspiels verhungern. Einjähriges Mädchen tot mit vier Kilogramm Körpergewicht gefunden. <http://derstandard.at/1297818940335/Paar-in-Taiwan-liess-Kind-wegen-Internetspiels-verhungern> (Retrieved August 29, 2012).

Stöcker, C.(2007). „Second Life" Staatsanwaltschaft ermittelt wegen Sex mit virtuellen Kindern. Herausgegeben von Spiegel Online. <http://www.spiegel.de/netzwelt/web/0,1518,481467,00.html>(Retrieved August 29, 2012).

Wieduwilt, H. (2008). 13jährige virtuell zerstückelt, vergewaltigt - und Strafrecht hilft nicht? <http://rechtreal.blogspot.de/2008/01/13jhrige-virtuell-zerstckelt.html> (Retrieved August 27, 2012).

Literature for quick access

Krebs, C. & Rüdiger, T.G. (2010). Gamecrime und Metacrime. Strafrechtlich relevante Handlungen im Zusammenhang mit virtuellen Welten. Frankfurt, M: Verlag für Polizeiwiss.

Rüdiger, T.G. (2012). Cybergrooming in virtuellen Welten. Neue Chancen für Sexualtäter. Deutsche Polizei Ausgabe 2(2012), 31–37.

Contributors

Matthew Barr, M.Sc. | is a PhD researcher and research developer at the Humanities Advanced Technology & Information Institute, University of Glasgow, Scotland. He teaches on, and co-ordinates, the MSc IT Multimedia Systems course and lectures on various video game-related topics. Matthew's PhD research focuses on the relationship between video games and learning.

Juan F. Belmonte, M.A. | is a research associate and PhD candidate at the University of Murcia, Spain. His dissertation explores the ways in which discourses about gender identity and sexuality are produced and reproduced in computer games. He was a Graduate Fulbright Scholar at Indiana University (2009-2011) and co-organizer of the 6th International Conference on the Philosophy of Computer Games (Madrid, 2012).

Rafael Bienia, M.A. | is a PhD candidate at the Department of Literature and Arts at Maastricht University, The Netherlands. He is part of the project "Narrative Fan Practices", funded by the national research council "Nederlandse Organisatie voor Wetenschappelijk Onderzoek". In his dissertation he approaches three types of role-playing games: Pen & Paper, MMORPG, and larp with actor-network theory. Beside research, Rafael teaches in the university's Bachelor and Master Programs. He has studied Comparative Literature and English Studies at the Johannes-Gutenberg Universität, Mainz, Germany.

Benjamin Bigl, M.A. | is a research assistant at the Institute for Communication and Media Studies at the University of Leipzig, Germany. His research currently focuses on the reception of computer games as well as topics related in the field of online communication. Benjamin has studied Communication and Media Studies, Journalism and History at the University of Leipzig from 2001 to 2007. He is a member of Deutsche Gesellschaft für Publizistik und Kommunikationswissenschaft (DGPuK) and Deutsche Gesellschaft für Onlineforschung (DGOF). He is director of Polyvideo Medienproduktion & Medienforschung.

Dr. Héctor del Castillo | is assistant professor at the Faculty of Education of Universidad de Alcala, Spain. He holds a degree in Sociology and a PhD in Psychological Development, Learning and Education; he is interested in the analysis of multimedia and digital literacy contexts, focusing his teaching and research on the fields of Education and Sports. Academically, he has concentrated on exploring new virtual educational environments participating on various innovation projects.

Dr. Mirian Checa | is assistant professor at the Faculty of Education of Universidad de Alcala, Spain. She holds a degree in Psychology and Education and a PhD in Psychological Development, Learning and Education. Mirian is interested in the analysis of media such as film or video games, understood as tools that promote digital literacy in different contexts of development and learning.

Michael Filsecker, M.Sc. | is a research associate at the Media Didactic and Knowledge Management Department, Duisburg-Essen University, Germany and a Fulbright scholar at the Center for Learning and Technology, Indiana University, USA. He is currently finishing his doctoral thesis about cognitive engagement and learning ineducational computer games. Michael has studied Psychology and Learning Sciences at La Frontera University and Indiana University, respectively.

Dr. Jasper A. Friedrich | is a senior lecturer at the Institute for Communication and Media Sciences at the University of Leipzig, Germany. Previously he was a communication consultant and visiting lecturer at various universities in Germany, e.g. at the Leipzig School of Media. He graduated with a PhD in 2007. Jasper has studied Communication and Media Studies and Philosophy in Leipzig and Bologna, Italy.

Dr. Ana Belén García-Varela | is assistant professor at the Faculty of Education of Universidad de Alcala, Spain. She holds a PhD in Developmental Psychology and Education. Her research interest is related to new literacies and the analysis of different contexts of development. She also has participated in projects related to innovation and improvement in the quality of teaching, focusing on the analysis of virtual teaching environments.

David Gause, M.A. | holds a degree in Mass Communication. He graduated at the University of Münster, Germany.

Prof. Dr. Volker Gehrau | is professor of Mass Communication at the University of Münster, Germany. He graduated with a PhD at the Freie Universität Berlin, Germany, in 2000. His publications and research focus media use, media effects, mass and interpersonal communication, and methods in social science.

David Herrero, M.A. | is a research assistant at the Faculty of Education of Universidad de Alcala, Spain. He has a background in Physical Education and Psychopedagogy, and a master degree in Communication and Learning. His research interests are directed to the links between videogames and learning, focusing his PhD dissertation in the possibilities to transfer that learning to other contexts.

Dr. Stefan Höltgen | studied German Literature, Sociology, Philosophy, and Media Studies in Jena between 1996 and 2000. In 2009 he earned his doctoral degree with a thesis about „Discourses of Media and Violence in Serial Killer Movies" at the Department for Literature in Bonn. He lives in Berlin where he works as a scholar for Media Studies at the Humboldt University, Germany. Stefan's research topic concerns about the archaeology of early micro computers and their programming languages.

Prof. Dr. Michael Kerres | holds the Chair of the Educational Media and Knowledge Management Department, Duisburg-Essen University, Germany. He is full professor of education and head of Duisburg Learning Lab at University Duisburg-Essen. Before he has been professor of educational psychology at Bochum University, and professor of media didactics and media psychology at Furtwangen University of Applied Sciences. He has earned a Dr. phil. in psychology at Bochum University. His present research interests include learning innovations in education, instructional design of learning infrastructures/e-learning.

Florian Kiefer, M.A. | is a research assistant at the Chair for Media Literacy and Adult Education at the Otto-von-Guericke-Universität Magdeburg, Germany. Florian is currently working on his PhD thesis about the Relation between Involvement and Engagement in digital games. He holds a degree in pedagogy and sociology.

Sebastian Koch, M.A. | is a research assistant and lecturer at the Institute for Communication and Media Sciences at the University of Leipzig, Germany. His current research focus for the doctoral thesis is on media effects of climate change communication. He has studied Communication and Media Sciences and Political Sciences at the the University of Leipzig, Germany and at the University of Bath, UK.

Dr. Felix Kronenberg | is assistant professor at the Department of Modern Languages and Literatures and director of the Language Learning Center at Rhodes College, Memphis, Tennessee, USA. He received his B.A., M.A. in English and History, a postgraduate certificate in Teaching German as a Foreign Language, and his Ph.D. in German Philology from the University of Regensburg, Germany. His dissertation was entitled "From Trade Cards to the Internet: Depiction of Germans and Germany in American Advertising."

Pascaline Lorentz, M.A. | is completing her PhD in Sociology at the University of Strasbourg, France. Her sociological research investigated the impacts of video gaming at *The Sims* on teenager-gamers' life.
Under the supervision of Professor Jeffrey Brand, she has been a research fellow at the Faculty of Humanities and Social Sciences at Bond University in Gold Coast, Australia. The study documented the social context of an intense practice of virtual world attachments and the comparison of two kinds of gamers, those who continue to play MMOs heavily and those who have decided to stop playing MMOs or curtail their play.

Raphaël Marczak, M.Sc. | is a research associate and PhD candidate at the University of Waikato, New Zealand. Raphaël is currently identifying which quantitative data sets, from psychophysiological data to gameplay metrics can be used to assess the game-play experience. Raphaël has studied Computer Science at the University of Bordeaux, France.

Janina Maric, M.A. | is a participant of the research programme ComDigMed (Communication and Digital Media) at the Universität Erfurt, Germany. She received a MA degree in Communication and Media Studies from the Universität Bremen, Germany and a BA degree in Media Studies and French Language from the Metropolitan University in London, England. Currently preparing the PhD thesis, her empirical research focuses on gaming communities and gaming cultures. Research interests also include media sociology, digital media, gender and sport studies.

Natalia Monjelat, M.A. | is a research assistant at the Faculty of Education of Universidad de Alcala, Spain. She has a background in Psychology and Education and a master degree in Communication and Learning. Natalia is interested in the relationship between technologies and learning, focusing her PhD dissertation in the new media and technologies that may be used as resources to tackle learning difficulties and create innovative scenarios in the school.

Dipl.-Wirt.-Inf. Danny Pannicke | holds a master degree in Commercial Information Technology from the Technical University of Braunschweig, Germany. After his studies, he worked for six years at SAP in the R&D department where he contributed to the development of R/3 Enterprise and SAP's SME solution within the "Financials" development area. Since 2007, Danny has been working at the Chair of Information and Communication Management at the Berlin Institute of Technology. His research focus is on hedonic information systems, especially the business model aspects of these systems.

Letícia Perani, M.Sc. | is a PhD candidate at the Graduate Program in Communication Studies of the Rio de Janeiro State University (UERJ), Brazil. She is an assistant researcher at the CiberCog Laboratory, Rio de Janeiro State University, journalist and graphic designer. She is currently preparing her doctoral thesis about the influence of games on the early HCI studies. Letícia has studied games, HCI, and Cyberculture studies.

Antonio José Planells de la Maza, M.A. | is a research and teaching scholar at University Carlos III of Madrid, Spain, Department of Journalism and Audiovisual Communication. He is currently preparing his doctoral thesis about fictional worlds in video games. Antonio has studied Law, Audiovisual Communication and the Master of Applied Research to Mass Media at University Carlos III of Madrid.

Gabriela T. Richard, M.P.S. | received her master's degree from the Interactive Telecommunications Program at New York University, USA. She is the recipient of fellowships from the National Science Foundation and the American Association of University Women in support of her doctoral research. Currently, she is completing her doctorate in the Educational Communication and Technology Program at NYU. Gabriela's dissertation explores gender and intersectionality in video game culture as a means to inform equitable educational game design.

Thomas-Gabriel Rüdiger, M.A. | is criminologist and researcher at the University of Applied Police Sciences of the State of Brandenburg, Germany. His research interests focus on social aspects of cybercrime and behavioral deviations in online behavior. He owns a Master of Arts in Criminology (University of Hamburg, Germany) and a Diploma in Public Administration for Police (University of Applied Police Sciences of the State of Brandenburg). He is currently preparing his doctoral thesis about "Cybergrooming in Virtual Worlds" at the University of Potsdam, Germany.

Dr. Gareth Schott | is a senior lecturer in the School of Arts, Screen and Media Programme at the University of Waikato, New Zealand. He is the principal investigator on a Royal Society of New Zealand: Marsden Grant that funds the research disseminated in this volume. Gareth has published widely in the field of game studies prior to, and since its inception in 2001. He is co-author of *Computer Games: Text, narrative and play* (Polity Press).

Arne Schröder, M.A. | is a doctoral researcher at Ruhr-Universität Bochum, Germany. He is currently preparing his doctoral thesis on identity constructions in MMORPGs, funded by a fellowship from Hans Böckler Foundation. He was a visiting lecturer at Georg-August-Universität Göttingen, Germany and is a member of the Editorial Board of *Eludamos. Journal for Computer Game Culture.* He has studied Communication and Media Studies, Sociology, and Gender Studies at Georg-August-Universität Göttingen.

Sebastian Stoppe, M.A. | is a research associate at the Research Academy at the University of Leipzig, Germany. He is visiting lecturer at the Institute for Communication and Media Studies (2009-2012), film author and director. Sebastian is currently preparing his PhD thesis about Star Trek as a political utopia at the Martin-Luther-University Halle-Wittenberg, Germany. He has studied Communication and Media Studies, Political Sciences and History at the University of Leipzig.

Matthias Stork, M.A. | is a student in cinema and media studies at University of California, Los Angeles, USA. He is co-editor-in-chief of *Mediascape*, media practitioner and video essayist. His research focuses on the intersections of film and digital media. Texts and films have appeared in *Frames Cinema Journal, Mediascape, Media Fields Journal,* and *Press Play*. Matthias is co-editing the collection *Superhero Synergies: Studying Genre in the Age of Digital Convergence.*

Dr. Anne Mette Thorhauge | has a PhD in media studies with a special focus on video games. She is an assistant professor at the Department of media, cognition and communication, University of Copenhagen, Denmark.

Jasper van Vught, M.A. | is a research associate and PhD candidate at the University of Waikato, New Zealand. Jasper is currently studying the activation and understanding of violent game content and the cognitive and affective impact this content exerts during play. Jasper has studied Literary and Cultural Studies at the University of Groningen, Netherlands.

Prof. Claus Wohlgemuth, M.A. | is professor of Game Design at Hochschule für Technik und Wirtschaft Berlin, Germany. He has worked on video games such as „Gothic" (2001, PC) by Piranha Bytes. Claus is co-founder of Replay Studios in Hamburg who released the titles „Crashday" (2006, PC) and „Velvet Assassin" (2009, XBOX 360, PC) with Atari and Ubisoft Japan as partners. He currently does research with Prof. Thomas Bremer and Prof. David Strippgen at gameslab in Berlin. He has studied Fine Arts at Universität der Künste Berlin.

Prof. Dr. Rüdiger Zarnekow | holds the Chair for Information and Communication Management at the Berlin Institute of Technology, Germany. His research focuses on the areas of IT service management, strategic IT management and business models for the ICT industry. Previously, he worked at the Institute of Information Management at the University of St. Gallen, Switzerland, where he lead the competence center "Industrialization of Information Management". He has been working as a consultant in the area of IT management for many years and is co-founder of IT Management Partner St. Gallen AG. As an author he has published various books and research articles.

MedienRausch –
Schriftenreihe des Zentrums für Wissenschaft und Forschung

Die Bände 1-4 sind im Martin Meidenbauer Verlag erschienen und können über den Verlag Peter Lang, Internationaler Verlag der Wissenschaften, bezogen werden: www.peterlang.de.

Ab Band 5 erscheint diese Reihe im Verlag Peter Lang, Internationaler Verlag der Wissenschaften, Frankfurt am Main.

Band 5 Benjamin Bigl / Sebastian Stoppe (Eds.): Playing with Virtuality. Theories and Methods of Computer Game Studies. 2013.

www.peterlang.de